Thomas Jäger · Anna Daun · Daniel Lambach
Carmen Lopera · Bea Maass · Britta Margraf

Die Tragödie Kolumbiens

D1662042

Thomas Jäger · Anna Daun
Daniel Lambach · Carmen Lopera
Bea Maass · Britta Margraf

Die Tragödie Kolumbiens

Staatszerfall, Gewaltmärkte
und Drogenökonomie

VS VERLAG FÜR SOZIALWISSENSCHAFTEN

‚he Information Der Deutschen Nationalbibliothek
Biblioche Nationalbibliothek verzeichnet diese Publikation in der
Dir en Nationalbibliografie; detaillierte bibliografische Daten sind im Internet über
D/dnb.d-nb.de> abrufbar.

1. Auflage März 2007

Alle Rechte vorbehalten
© VS Verlag für Sozialwissenschaften | GWV Fachverlage GmbH, Wiesbaden 2007

Lektorat: Frank Schindler

Der VS Verlag für Sozialwissenschaften ist ein Unternehmen von Springer Science+Business Media.
www.vs-verlag.de

Umschlaggestaltung: KünkelLopka Medienentwicklung, Heidelberg
Druck und buchbinderische Verarbeitung: Krips b.v., Meppel
Gedruckt auf säurefreiem und chlorfrei gebleichtem Papier
Printed in the Netherlands

ISBN 978-3-531-15462-6

Inhaltsverzeichnis

Tabellenverzeichnis

Abbildungsverzeichnis

Vorwort

Der Herausforderung, die Komplexität des kolumbianischen Konfliktes zu analysieren und zu beschreiben, haben wir uns als Autorenteam gemeinsam gestellt. Dafür gab es gute Gründe: Zum einen konzentriert sich sozialwissenschaftliche Analyse jeweils auf bestimmte Aspekte der beobachtbaren Wirklichkeit und so trug es zur besseren Einsicht bei, dass unterschiedliche Blickwinkel geöffnet und unterschiedliche Sehweisen eingebracht wurden. Zum anderen brachten wir dabei verschiedene Kenntnisse und Erfahrungen mit, die in die Analyse einflossen. Im Verlauf der Entstehung dieses Buches haben wir die großen Vorteile dieses Vorgehens kennen gelernt und erfahren, wie unsere gemeinsame Analyse des Konfliktes in Kolumbien davon profitierte.

Dass die Kommunikation zwischen den in alle Welt verstreuten Autoren dabei nicht immer einfach war, stellte eine große Herausforderung dar. Auch angesichts globalisierter Kommunikation will ein Autorenteam zusammengehalten werden. So sind wir dankbar, dass Anna Daun hierin und in die Erfassung, Überarbeitung und Fertigstellung des Manuskripts viel Zeit investierte. Unterstützt wurde sie am Ende von Katharina Holzfuß, der wir an dieser Stelle herzlich danken.

Köln, im Juli 2006

Thomas Jäger
Anna Daun
Daniel Lambach
Carmen Lopera
Bea Maass
Britta Margraf

Einleitung

Im Mai 2006 wurde Álvaro Uribe mit 62 Prozent der abgegebenen Stimmen zum zweiten Mal in Folge zum Präsidenten Kolumbiens gewählt. Der Wählerauftrag ist klar. Uribe soll das seit Jahrzehnten von Gewalt beherrschte Land befrieden, er soll Kolumbiens Tragödie beenden.

Ein Großteil des Landes am Tor zum südamerikanischen Subkontinent befindet sich seit langem in der Gewalt von Rebellen, Kriminellen und paramilitärischen Verbänden. Über einen Zeitraum von einem viertel Jahrhundert haben sich die ursprünglich zugrunde liegenden politischen Konflikte insbesondere um die Landverteilung zu einem komplexen und scheinbar unentwirrbaren Knoten verwoben. Angetrieben wurde diese Entwicklung zudem von außen, vor allem durch die amerikanische Außenpolitik, die mit militärischen Mitteln versucht, dem Drogenanbau Herr zu werden. Das Zusammenwirken der äußeren und inneren Gewaltspirale hat drastische Auswirkungen: seit langem rangiert Kolumbien in den ruhmlosen Statistiken dieser Welt auf den vordersten Plätzen: längster Krieg des Kontinents, größter Kokainproduzent überhaupt, und bei den Raten für Morde, Entführungen und Vertreibungen steht das Land stets unter den Ersten weltweit.

Uribe ist indes nicht der erste Präsident, der sich die Befriedung seines Landes auf die Fahnen geschrieben hat. Bereits von seinen Vorgängern wurden seit Beginn der 90er Jahren so genannte Friedensprozesse initiiert. Allerdings stets ohne Erfolg. Obwohl alle möglichen Rezepte versucht wurden – einerseits mehr Demokratie, andererseits mehr Repression, schließlich mehr ausländische Hilfe – ist die Gewalt immer weiter eskaliert. Entgegen ihrer jeweiligen Intention führten alle Versuche, die kolumbianischen Konflikte zu lösen, zu einer Steigerung der Gewalt.

Allerdings strebt Uribe mit seiner „Politik der demokratischen Sicherheit" nicht, wie einige seiner Vorgänger, direkte Verhandlungen mit der Guerilla zur Auflösung der Bürgerkriegssituation an. Zuletzt hatte sein unmittelbarer Vorgänger Andrés Pastrana (1998-2002) als Vorbedingung für Verhandlungen mit der größten Guerillagruppe des Landes, den FARC, alle staatlichen Sicherheitskräfte aus einem Gebiet von der Größe der Schweiz abgezogen und dieses Territorium den FARC damit komplett überlassen. Dies sollte eine politische Lage herstellen, in der beide Seiten der Konfliktlösung näher kommen. In Wirklichkeit diente diese Zone dann aber nicht dem Friedenschluss, sondern zielstrebigen Kriegsvorbereitungen, denn die Rebellen nutzten das vom Staat befreite Gebiet, um ihre militärischen Fähigkeiten ungestört auszubauen.

Álvaro Uribe verfolgte seit Beginn seiner Präsidentschaft (2002) eine grundsätzlich andere Strategie. Nicht mit der Guerilla wollte er Frieden schließen, sondern zunächst deren schärfste Gegner, die Paramilitärs, in die Legalität zurückführen. Pünktlich zum Ende seiner ersten Amtszeit im April 2006 – seine Wiederwahl hat er erst durch eine Verfassungsänderung ermöglicht –, hat er diese erste Komponente seines Plans für abgeschlossen erklärt: 35.000 paramilitärische Kämpfer haben, jedenfalls nach offiziellen Angaben, ihre Waffen dem Staat übergeben. Mit der Kooptierung der Paramilitärs, die ein viertel Jahrhundert ihren Kampf damit begründet hatten, an Stelle des versagenden Staates privates Eigentum zu schützen und die Guerilla zu bekriegen, macht Uribe die Aufstandsbekämpfung wieder zur Staatsaufgabe. Dies stellt die zweite Komponente seiner Strategie dar: Mit stark aufgerüsteten militärischen Kräften der Regierung die Guerilla in die Knie zu zwingen, so dass sie sich schließlich auf Verhandlungen einlässt.

Auf den ersten Blick zeigt diese Politik zumindest teilweise Erfolge: So sind die jahrelang eskalierenden Gewalttaten seit 2002 deutlich gesunken. Der Grund liegt offen; die Paramilitärs, vormals die Hauptverantwortlichen für Massaker an der Zivilbevölkerung, haben ihre Waffen niedergelegt, jedenfalls einige davon und für den Augenblick. Auf der anderen Seite und damit zusammenhängend werden nun aber zunehmend Menschenrechtsverletzungen durch das kolumbianische Militär beklagt. Das ist die Kehrseite der Medaille und gar nicht erstaunlich, denn die Aufstandsbekämpfung, die sich erfahrungsgemäß strategisch und taktisch immer auch gegen den Umkreis der Rebellen, also ihre zivile Basis richtet, liegt nun wieder stärker in den Händen der Streitkräfte. Ebenso sind die Vertreibungen von Zivilisten im letzten Jahr wieder gestiegen, eine direkte Folge der Eroberungen ehemaliger Rebellengebiete durch die Truppen der Regierung. Dies sind allerdings nur die oberflächlichen Zusammenhänge, die die derzeitige Tendenz des Krieges beschreiben. Denn das Gesamtbild des Konfliktes ist viel komplizierter.

So reicht es nicht, diese situativen Entwicklungen zu betrachten, sondern es ist zum Verständnis der Lage in Kolumbien notwendig, zu verstehen, wie sich diese politischen und militärischen Geschehnisse zu der weitaus komplexeren Konfliktlage verhalten, die ihnen zugrunde liegt. Welche Verbindungen haben sie zu dem Konfliktknoten, dessen Stränge in den letzten Jahrzehnten immer fester von verschiedenen Enden aus – und das heißt von verschiedenen Handelnden und den sie motivierenden Interessen – zusammengezurrt wurden?

Darüber möchten wir in diesem Buch Aufschluss geben, über die in den Konflikt verstrickten Akteure, über ihre Entwicklung, die Interessen die sie verfolgen und die Ressourcen, die sie hierfür aufbringen können. Indem wir einzelne Aspekte aus diesem Konfliktknoten herauslösen und aus verschiedenen

Blickwinkeln unter die Lupe nehmen, möchten wir die vertrackte Lage Kolumbiens theoretisch entwirren. Dabei haben wir jedoch stets das Gesamtbild im Blick, denn weder die Wissenschaft noch die Politik können – hier findet das Bild vom Knoten seinen Bezug – als Alexander das Schwert zur Lösung heranziehen, um mit einem Hieb Klarheit in die Verhältnisse zu bringen.

Am Anfang unserer Analyse stehen deshalb unter anderem folgende Fragen: Welche Akteure bekämpfen sich im kolumbianischen Konflikt? Welche Ziele und welche Fähigkeiten haben sie? Wie stehen die Gewaltparteien im Laufe der Zeit zueinander? Wie ist das Verhältnis von bewaffneten Akteuren und Zivilbevölkerung? Hat sich der Krieg im Laufe der Zeit quantitativ und qualitativ verändert? Welche Wirkungen entfaltet der Konflikt regional und auf den gesamten Kontinent?

Auf dieser Grundlage werden wir weitere Fragen stellen und beantworten, unter anderem nach Ursachen und Bedeutung des Staatszerfalls, der katalytischen Wirkung der Drogenökonomie, der Ausbreitung lokaler Gewaltmärkte, der paradoxen Wirkungen von Demokratisierung, um dann am Ende unserer Studie eine theoriegeleitete Gesamtschau über die vielen Facetten der Konflikte in Kolumbien zu geben.

Denn erst wenn die einzelnen Stränge und ihre Zusammenhänge im Einzelnen analysiert und dargestellt sind, lässt sich einschätzen, welche Interessen Uribes „Politik der demokratischen Sicherheit" tragen, welche Interessen ihr entgegenstehen und welcher erwartete Nutzen sich aus einer Veränderung der Lage in Kolumbien für die einzelnen Akteure abzeichnet. Die regionale und internationale Verstrickung einzelner Konflikte trägt zur Komplexität wesentlich bei. Denn auch wenn Drogenhandel und Gewaltmärkte in Kolumbien existieren, reichen ihre Ursache und Wirkungen doch über die nationalen Grenzen hinaus.

Teil I: Schwacher Staat und Kriegsökonomie

1. Staatszerfall in Kolumbien

1.1. Einleitung

Die politischen Probleme Kolumbiens können analytisch als Manifestationen von *Staatszerfall* erfaßt werden. Dieses Konzept erfasst eine Entwicklung, in der Staaten zunehmend ihr einstmals legitimes Gewaltmonopol verlieren. Um die Prozesshaftigkeit dieses Phänomens zu verdeutlichen, wird in der Literatur häufig das Bild eines Kontinuums verwendet, das sich durch fließende Grenzen auszeichnet und dessen Extreme auf der einen Seite der *starke Staat* und auf der anderen Seite der *zerfallene Staat* bilden.[1] Entlang dieses Kontinuums lassen sich sodann verschiedene Verfallsgrade ausmachen.[2] Während ein *schwacher Staat (weak state)* zwar die Voraussetzung für Staatszerfall stellt, jedoch noch nicht von der eigentlichen Abwärtsspirale erfasst ist, befindet sich ein *zerfallender Staat (failing state)* in eben diesem Prozess. Ein *zerfallener Staat (failed state)* ist schließlich ein anarchischer Raum, der ausschließlich durch die Machtverhältnisse privater Akteure geordnet ist. William Zartman hat den Begriff des *collapsed state* als eine extreme Variante von Staatsversagen geprägt, für die Somalia ein typisches Beispiel ist.[3]

Staatszerfall betrifft vor allem Länder der einstmals so genannten Zweiten und Dritten Welt. Die seit den 1990er Jahren einsetzende Ursachenforschung beschäftigt sich zum Großteil mit Staatszerfall auf dem afrikanischen Kontinent, auf dem in den 1990er Jahren eine Reihe von extremen Fällen wie z.B. Liberia

---

1 Vgl. etwa Nicholson 1998, 10 f.; Holsti 1996, S. 90 f., sowie Mason 2001, S. 4.

2 Eine Bestandsaufnahme im Rahmen dieser Klassifizierung bietet Rotberg. Rotberg bestimmt Haiti und Sri Lanka als *weak states*; Kolumbien, Indonesien und Zimbabwe als *failing states*; Angola, Burundi, DRC, Liberia, Sierra Leone, Sudan, Afghanistan als *state failure* und Somalia als *collapsed state* (vgl. Rotberg 2002, S. 90 ff.).

3 Vgl. Zartman 1995.

und Sierra Leone aufgetreten sind. *Collapsed states* sind seit vielen Jahren Somalia, Burundi und Sudan, ein jüngerer Fall eines *collapsed state* ist die Elfen-
beinküste (seit 2002). Während in Afrika beispielsweise Nigeria als ein *failing
state* zu definieren ist, befinden sich in Asien Nepal und Usbekistan in einem
fortgeschrittenen Zerfallsprozess.[4] Lateinamerika wird hingegen vergleichsweise wenig beleuchtet. Staatlichkeit wurde in dieser Region traditionell in syste-
matischer Weise von den Revolutionsbestrebungen der Guerillabewegungen
herausgefordert, welche jedoch mit dem Ende des Ost-West-Konfliktes an Substanz verloren haben.[5] Dieses Muster gilt nicht für Kolumbien: Hier setzte
Staatszerfall in den 1980er Jahren ein und ist über die 1990er Jahre bis über die
Jahrtausendwende hinaus vorangeschritten. Inzwischen ist Kolumbien im lateinamerikanischen Kontext kein Ausreißer mehr. Inwieweit auch andere Staaten der Andenregion von einer zunehmenden Destabilisierung erfasst sind, soll
im zweiten Teil dieses Buches gezeigt werden.

1.2. Die Messung von Staatszerfall in Kolumbien

Zunächst möchten wir zeigen, wie und in welchem Ausmaß der Staat in
Kolumbien zerfallen ist. Voraussetzung hierfür ist eine Definition der Institution
Staat, für die wir auf Max Weber rekurrieren, der den Staat als eine bestimmte
Form des *politischen Verbands* definierte:

> „*Politischer Verband* soll ein Herrschaftsverband dann und insoweit heißen, als sein Bestand
> und die Geltung seiner Ordnungen innerhalb eines angebbaren geographischen *Gebiets* kon-
> tinuierlich durch Anwendung und Androhung *physischen* Zwanges seitens des Verwaltungs-
> stabes garantiert werden. *Staat* soll ein politischer Anstaltsbetrieb heißen, wenn und insoweit
> sein Verwaltungsstab erfolgreich das *Monopol legitimen* physischen Zwanges für die Durch-
> führung der Ordnungen in Anspruch nimmt.“[6]

Während also für einen *politischen* Verband ein bestimmtes Territorium, über
das Herrschaft[7] ausgeübt wird, entscheidend ist, trägt der *Staat* als eine
Teilmenge des politischen Verbandes zwei weitere, ihm spezifische
Eigenschaften: das *Monopol* und die *Legitimität* der physischen Gewalt.
Staat definiert als *legitimes Gewaltmonopol* ist nicht Selbstzweck, sondern
immer Mittel zum Zweck. Der Staat ist:

---

4 Vgl. Akude 2005, S. 70.
5 Vgl. Chojnacki 2000.
6 Weber 1972, S. 29 (Hervorhebungen im Original).
7 *Herrschaft* ist nach Weber „die Chance, für einen Befehl bestimmten Inhalts bei angebbaren Personen Gehorsam zu finden.“ (Weber 1972, S. 28).

„nicht aus dem Inhalt dessen zu definieren, was er tut. Es gibt fast keine Aufgabe, die nicht ein politischer Verband hier und da in die Hand genommen hätte, andererseits auch keine, von der man sagen könnte, dass sie jederzeit, vollends [...] denjenigen Verbänden, die man als politische, heute: als Staaten, bezeichnet [...] eigen gewesen wäre. Man kann vielmehr den modernen Staat soziologisch letztlich nur definieren aus einem spezifischen *Mittel*, das ihm, wie jedem politischen Verband eignet: das der physischen Gewaltsamkeit."[8]

Der Staat ist also inhaltsleer, ein Mittel zum Zweck der Durchführung von *Ordnungen* in einem bestimmten Raum und über eine bestimmte Bevölkerung. Aus dieser Definition können drei entscheidende Fragen für die Bestimmung von Staatlichkeit überhaupt hergeleitet werden:

Kann der Staat generell seinen Anspruch auf das Monopol der physischen Gewalt auf einem definierten Territorium über eine definierte Bevölkerung durchsetzen?

Inwieweit wird die Macht des Staates durch Legitimität gestützt, d.h. von den Beherrschten als rechtmäßig anerkannt?

Ist der Staat fähig, seine verfassungsmäßige Ordnung zu verwirklichen oder ist die Verfassungspraxis davon fundamental verschieden?

Die erste Frage zielt auf die Mittel und die Effektivität des staatlichen Zwangsapparates. Diese *instrumentellen Fähigkeiten* des Staates können in der Fallstudie anhand der Zahl der staatlichen Kombattanten im Vergleich zur Menge seiner Herausforderer eingeschätzt werden. In welchem Maße diese wirksam werden, lässt sich an der Ausdehnung des Territoriums ablesen, das die illegalen Gewaltakteure effektiv kontrollieren. Ebenso weist die Anbaufläche illegaler Drogen auf den Zerfallsgrad des Staates hin, insofern als dort staatlich gesetztes Recht nicht durchgesetzt werden kann.

Über die *Legitimität* der staatlichen und nichtstaatlichen Akteure geben eine Reihe von Umfragedaten Auskunft. Die Kontrolle über das Territorium und die Folgebereitschaft der Bevölkerung sind letztlich die Voraussetzungen für den *Zweck* des Staates, der darin besteht, eine als legitim geltende Ordnung aufrechtzuerhalten, an welcher soziales Handeln orientiert ist und die entsprechend Sicherheit gewährt. Ist eine solche legitime Ordnung äußerlich garantiert, nennt Weber sie *Recht*. Inwieweit der kolumbianische Staat Recht effektiv durchsetzt beziehungsweise inwieweit das Unvermögen, dies zu tun zu Unsicherheit führt, möchten wir schließlich in Beantwortung der dritten Frage zeigen.

Die Definition von Staatlichkeit und Staatszerfall kann nur durch Gegenüberstellung der staatlichen Fähigkeiten mit jenen seiner Herausforderer erfolgen. Es ist evident, dass die bloße Messung absoluter staatlicher Größen nichts

---

8 Weber 1972, S. 821 f. (Hervorhebung im Original).

über die Macht nichtstaatlicher Akteure aussagt. Umgekehrt ist es unzureichend, zur Messung von Staatszerfall ausschließlich die absolute Stärke nichtstaatlicher Gewaltakteure einzuschätzen, ein Verfahren, das beispielsweise die amerikanische *State Failure Task Force* anwendet.[9] Denn ein Rebellenverband von 1.000 Kämpfern hätte zum Beispiel in China eine andere Bedeutung als etwa in Panama. Erst im Vergleich der Kräfte können Aussagen darüber gemacht werden, ob es sich um eine eher unerhebliche Beeinträchtigung des legitimen Gewaltmonopols handelt oder um das Scheitern eines Staates. Und erst in der Relation kann bestimmt werden, auf welcher Etappe ein zerfallender Staat sich auf dem Kontinuum zwischen den Polen schwacher Staat einerseits und zerfallener Staat andererseits befindet. Der Prozess des Zerfalls ist im Zeitverlauf an der Entwicklung des Kräfteverhältnisses von legalen und illegalen Machtapparaten ablesbar.

1.2.1. Die physische Staatsgewalt

Die Kräfteverhältnisse der auf einem bestimmten Territorium miteinander streitenden Akteure können mit Hilfe verschiedener Indikatoren quantifiziert werden. Verfügbar sind Daten über die Truppenstärke des Staates und der mit ihm konkurrierenden Gewaltakteure sowie über deren territoriale Ausdehnung, die Aussagen zulässt über die effektive Kontrolle von Gebiet und Bevölkerung durch die staatlichen Institutionen.

1.2.1.1. Kombattanten

In Kolumbien gibt es grob klassifiziert drei konkurrierende – und zum Teil kooperierende – Gruppen von Kämpfern: die staatlichen Streitkräfte, die Guerillabewegungen und die paramilitärischen Gruppierungen. Die beiden großen Guerillabewegungen FARC (*Fuerzas Armadas Revolucionarias de Colombia* = Vereinigte revolutionäre Streitkräfte von Kolumbien) und ELN (*Ejercito de Liberación Nacional* = Nationales Befreiungsheer) streiten mit dem Staat um die Macht in Kolumbien und haben als ihr jeweiliges Ziel die Ersetzung oder Erlangung der Staatsgewalt definiert. Die FARC bildeten sich Mitte der 1960er Jahre aus kommunistischen Bauernverbänden. Nach einer anfänglich eher defensiven Ausrichtung, die sich in erster Linie auf die

---

9 Vgl. Center for International Development and Conflict Management: State Failure Task Force, http://globalpolicy.gmu.edu/pitf/.

Verteidigung von Landbesitz konzentrierte, gingen die FARC mit wachsender
Mitgliederzahl zügig in die Offensive und strebt seit 1966 nach der Übernahme
der Zentralgewalt in Kolumbien. Die Bewegung konnte ihre Anhängerschaft
schnell in Regionen ausdehnen, die vor allem durch Kleinbauern und Pächter
bevölkert werden. Ihre Mitgliederzahl konnte sie von 350 Mann Mitte 1964 in
den nächsten fünf Jahren bereits mehr als verdoppeln. Sensationelle
Steigerungsraten verzeichneten die FARC seit Mitte der 1980er Jahre und
erreichte zu Beginn des Jahrtausends eine geschätzte Stärke von 18.000 Mann.[10]

Das ELN wurde, inspiriert von der kubanischen Revolution, im Jahre 1964
gegründet. Es unterscheidet sich von den FARC durch eine Anhängerschaft, die
sich vornehmlich aus den gebildeteren Mittelschichten rekrutiert. Ihr Ziel ist:

> „Die Erlangung der Macht durch das Volk und die Zerstörung der nationalen Oligarchie und
> der staatlichen Streitkräfte, welche diese unterstützen sowie der ökonomischen, politischen
> und militärischen Interessen des nordamerikanischen Imperialismus."[11]

Von ursprünglich 16 Gründungsmitgliedern kam das ELN mit einem
langsamen, aber kontinuierlichen Wachstum in der folgenden Dekade auf circa
300 Mitglieder. Ähnlich wie die FARC verzeichnete das ELN seit Mitte der
1980er bedeutende Zuwachsraten. Von rund 5000 Kämpfern Ende der 1990er
Jahre ist die Zahl seiner Mitglieder bis 2004 jedoch auf circa 3.500 Kämpfer
geschrumpft.[12]

Die paramilitärischen Gruppen sahen ihren Zweck ursprünglich in der Unterstützung des Staates gegen die Guerilla. Sie begannen in den 1980er Jahren
als private Sicherheitskräfte, die einerseits den von der Guerilla oder dem Drogenhandel bedrohten Großgrundbesitzern Schutz boten. Andererseits waren es
die Drogenhändler selbst, die sie ins Leben riefen, um ihre illegalen Interessen
zu verteidigen und Konflikte außerhalb staatlicher Institutionen auszutragen.[13]
Bis Ende der 1980er Jahre erhielten die paramilitärischen Gruppen offizielle
Unterstützung von Seiten der staatlichen Streitkräfte, die in ihnen Hilfstruppen
im Kampf gegen die Guerilla sahen. Infolge des Drucks von Menschenrechtsor-
ganisationen, welche die von den Paramilitärs verübten Massaker öffentlich
machten und anklagten, kriminalisierte die kolumbianische Regierung die Paramilitärs im Jahr 1989. Seither bestehen personelle und materielle Bande, die
sporadisch an die Öffentlichkeit dringen, inoffiziell. In einem jüngeren Fall be-

---

10 Vgl. Echandía Castilla 2000, S. 4.
11 Medina Gallego, Carlos: Violencia y Lucha Armada, zitiert in: Vélez 2000, S. 11 (Übersetzung: AD).
12 Die Hauptursache für die Schwächung des ELN dürfte die Tatsache sein, dass es nicht in Drogenproduktion und –handel involviert ist. Vgl. ebd., S. 12 sowie Center for International Policy:
   Information about the combatants.
13 Vgl. Echandía Castilla 1999, S. 64 ff.

richtete etwa die kolumbianische Zeitschrift *Semana*, dass die nationale Geheimpolizei DAS dem paramilitärischen Block unter *Jorge 40* eine schwarze Liste von zivilgesellschaftlichen Akteuren, u.a. Gewerkschaftern und Akademikern übergeben hat, die in der Folge z.Tl. bedroht oder ermordet wurden.[14]

Paramilitärische Gruppen unterschiedlichen Ursprungs schlossen sich 1997 im Dachverband der AUC (*Autodefensas Unidas de Colombia* = Vereinigte Selbstverteidigungsgruppen Kolumbiens) zusammen. Die Paramilitärs verzeichneten über die 1990er Jahren hinaus die höchsten Zuwachsraten aller nichtstaatlichen Gewaltakteure, wobei die zunehmende Involvierung in die Drogenökonomie den bedeutendsten Faktor ihrer Expansion darstellt. Laut Regierungsangaben belief sich die Stärke der Paramilitärs im Jahr 2004 auf 13.500 Kombattanten, die in 49 Blöcken organisiert waren.[15] Seit Beginn des Jahrtausends ist der Dachverband zunehmend auseinander gefallen, wobei sich die einzelnen Blöcke zum Teil auch als Konkurrenten bekämpfen.

Der Expansion der illegalen Gewaltapparate der Guerilla und Paramilitärs seit Mitte der 1980er Jahre steht ein traditionell schwaches kolumbianisches Militär gegenüber. Trotz erheblichen Ausbaus seiner Kapazitäten, wodurch die Rate Soldaten pro 1000 Einwohner von drei im Jahre 1982 auf 4.4 in den 1990er Jahren gesteigert werden konnte, liegt dieser Wert unter dem lateinamerikanischen Durchschnitt von 4.6 Soldaten pro Einwohner.[16] Dies ist bemerkenswert angesichts der Tatsache, dass kein anderes lateinamerikanisches Land nach dem Ende des Ost-West-Konflikts über eine auch nur annähernd starke Guerilla verfügt. Zur Einschätzung der tatsächlichen Schlagkraft der Streitkräfte muss diese Rate zudem nach unten korrigiert werden, da die kolumbianische Armee über einen enorm großen bürokratischen Apparat verfügt. Dies ergibt sich vor allem aus dem Gesetz, dass ein kolumbianischer Mann mit Abitur nur mit zivilen Aufgaben betraut werden darf. In den 1990er Jahren belief sich der Anteil von Abiturienten in der Armee auf circa 30-40.000 (Abiturienten sind in der folgenden Graphik nicht mit einbezogen).[17] Marcella und Schulz bringen es auf den Punkt: „Thus peasant soldiers fight against peasant guerrillas, while the middle and upper classes are spared the nastiness of war."[18]

Der Umstand, dass sich Kolumbianer ohne weiteres vom Militärdienst freikaufen können, trägt in zusätzlicher Weise dazu bei, dass die Kosten des Krieges in der Hauptsache von den unteren Schichten getragen werden, was

---

14 Semana, 1.-7. April 2006, zitiert in: International Crisis Group 2006, S. 4.
15 Se preden las alarmas por síntomas avanzados de paramilitarización de Colombia, El Tiempo, Bogotá, 26.09.2004.
16 Vgl. Ladrón de Guevara 2000, S. 1.
17 Vgl. ebd. S. 3 f.
18 Marcella / Schulz 1999, S. 31.

dem Interesse der gesellschaftlichen Eliten an der Beendigung des Krieges nicht förderlich sein kann.[19]

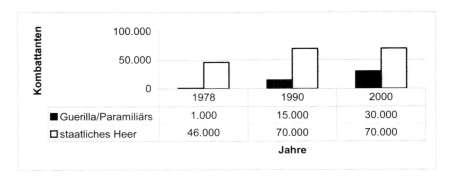

Abbildung. 1: Staatliche und nichtstaatliche Kombattanten in Kolumbien 1978-2000[20]

Im Säulendiagramm sind die absoluten Größen staatlicher und nichtstaatlicher Kombattanten einander gegenüber gestellt. Die für das Militär angegebenen 70.000 Mann entsprechen der Zahl effektiv einsetzbarer Soldaten. Im Jahr 2000 hat sich die offizielle Stärke der Streitkräfte von 144.000 Mann um ein Drittel reduziert, das sind diejenigen Kräfte, die an festen Stützpunkten oder in Trainingslagern stationiert sind. Weitere 13 Prozent der Soldaten sind zur Verteidigung und zum Schutz von gefährdeten Anlagen der Infrastruktur wie Brücken, Straßen, Kommunikationssystemen, Ölpipelines, Anlagen der Stromversorgung sowie an Flughäfen abgestellt und fünf Prozent bewachen die Grenzen. Insgesamt steht also weniger als die Hälfte für militärische Operationen zur Verfügung.[21] Isacson schätzt die Zahl effektiv einsetzbarer Soldaten sogar höchstens auf 50.000 und Marcella und Schulz auf lediglich 30.000 Mann.[22]

---

19 Vgl. Echandía Castilla 2000, S. 6 sowie Gespräche mit Betroffenen.
20 Quellen: Daten über das staatliche Heer stammen aus einem Datensatz der State Failure Task Force (http://globalpolicy.gmu.edu/pitf/pitfdata.htm) sowie Ladrón de Guevara 2000. Daten über die Truppenstärke der Guerilla und Paramiliärs stammen aus: Vélez 2000 sowie Center for International Policy, Information about the combatants, http://ciponline.org/colombia/infocombat.htm. Die Größen sind als Richtwerte zu verstehen, da die Daten je nach Quelle zum Teil erheblich variieren.
21 Vgl. Rabasa / Chalk 2001, S. 103.
22 Vgl. Isacson 2000, S. 3 sowie Marcella / Schulz 1999, S. 30.

Es wird deutlich, dass die Möglichkeiten physischer Gewaltanwendung aller nichtstaatlichen Akteure zusammengerechnet von einem recht unerheblichen Maß im Jahre 1978 (einem Sechsundvierzigstel im Vergleich zu den staatlichen Truppen) auf einen Anteil von circa einem Fünftel in Relation zur staatlichen Macht im Jahr 1990 ansteigt. Zehn Jahre später, an der Jahrtausendwende, zählen die illegitimen Gewaltakteure sogar nahezu die Hälfte der gegen sie einsetzbaren Soldaten. Dem stellen die Militärexperten Marcella und Schulz die Faustregel gegenüber, derzufolge zur erfolgreichen Aufstandsbekämpfung ein Verhältnis von zehn Soldaten zu einem Rebellen erforderlich sei.[23] Insgesamt weisen diese Zahlen darauf hin, dass sich der kolumbianische Staat rein militärisch nicht gegen die konkurrierenden Gewaltakteure durchsetzen kann.

In Anerkennung der bestehenden Kräfteverhältnisse haben kolumbianische Regierungen wiederholt versucht, einen Friedensprozess einzuleiten, um so die illegalen Kampfverbände aufzulösen. So hat Präsident Pastrana (1998-2002) ein Friedensabkommen mit den FARC versucht, das am Willen der FARC scheiterte, das legitime Gewaltmonopol des Staates anzuerkennen. Anstattdessen hat sie die für die Friedensgespräche vorgesehene Zone San Vicente del Caguán von der Größe der Schweiz zu einem Rückzugsraum genutzt und hatte dort bis zum offiziellen Scheitern der Friedensverhandlungen das faktische Gewaltmonopol inne.

Pastranas Nachfolger Uribe (seit 2002) hat sich dagegen im Dezember 2003 mit den Antagonisten der FARC, den Paramilitärs auf deren offizielle Demobilisierung geeinigt, die er (pünktlich zu seiner Wiederwahl 2006) für abgeschlossen erklärt hat. In einem demilitarisierten Gebiet im nördlichen Departement Córdoba haben circa 35.000 Kämpfer der AUC offiziell ihre Waffen niedergelegt.[24] Diese Zahl, die noch nicht alle AUC-Einheiten umfaßt, ist wesentlich höher als frühere Zahlen über den Gesamtbestand der Paramilitärs, die auf etwa gleich viele Kämpfer wie die FARC, d.h. etwa 18.000, geschätzt wurden. Dass damit der Paramilitarismus in Kolumbien der Vergangenheit angehört, ist allerdings höchst unwahrscheinlich. Die physische und ökonomische Sicherheit der Paramilitärs wird vom Demobilisierungsprozess weitgehend unberührt bleiben, andernfalls hätten sie dem Friedensabkommen kaum zugestimmt. Das im Juni 2005 verabschiedete Rahmengesetz für die Demobilisierung *Ley de Justicia y Paz* zeigt, in welchem Maße paramilitärische Kräfte die politischen Bedingungen diktieren. Das Gesetz verhindert nicht nur die Auslieferung von demobilisierten Drogenhändlern an

---

23 Ebd.
24 Vgl. Oficina del Alto Comisionado para la Paz: Informe ejecutivo de desmovilizaciones colectivas 2003 – 2006, http://www.altocomisionadoparalapaz.gov.co/libro/librofinal.pdf.

die USA, sondern fixiert auch praktisch das Absehen von signifikanten Strafen.[25] Zudem weisen Presseberichte und empirische Studien darauf hin, dass die Macht der Paramilitärs heute durch gesellschaftsweite Netzwerke und den Einfluss auf staatliche Institutionen, sowohl auf lokaler als auch auf nationaler Ebene, abgesichert ist. Diese Macht wird darauf gerichtet sein, sich selbst zu erhalten, d.h. über die Beeinflussung der Politik die Strukturen der Drogenökonomie zu schützen und über privates Unternehmertum die Umwandlung von illegaler Wertschöpfung in legale Tauschmittel sicherzustellen. Entsprechend finden sich Lotterien, Immobilien und Baufirmen ebenso wie Agrarindustrien und Viehzuchtbetriebe in paramilitärischer Hand. Daher ist die derzeitige Demobilisierung auch nicht als erfolgreicher Schritt zur Staatenbildung durch die Eingliederung der ehemals illegalen Kampfverbände in die staatlichen Institutionen und ihre gleichzeitige Unterwerfung unter das legitime staatliche Gewaltmonopol zu verstehen. Denn solange diesem relativ gestärkten Gewaltapparat Mittel -etwa durch illegale Ökonomien oder ausländische Mächte- zufließen, ohne dass er dabei auf die Akzeptanz von Seiten der Bevölkerung angewiesen wäre, ist die Erzeugung von Legitimität und die Errichtung staatlicher Strukturen über die Extraktion von Ressourcen kaum möglich.

Unter gegebenen Umständen muss die ökonomische Basis der Paramlitärs, die als Machtfaktor bestehen bleiben, entweder offiziell legalisiert werden oder aber die Fortführung der bisherigen Praxis, in der illegale private Bereicherungen und eine unter amerikanischem Druck implementierte Antidrogenpolitik parallel laufen. Dass die erste Option von den USA nicht akzeptiert würde ist durch tief verwurzelte kulturelle Werte garantiert.[26] Daher wird im Schatten des Demobilisierungsprozesses eine Umstrukturierung privater Sicherheit erfolgt sein, um den Schutz Vermögen spendender illegaler Aktivitäten weiterhin zu garantieren. Auch dies belegen Medienberichte, nach denen sich nicht nur neue paramilitärische Gruppen gebildet haben, sondern auch bereits demobilisierte Kämpfer wieder ins Sicherheitsgeschäft zurückgekehrt sind.[27]

Die FARC wurden von der Regierung Uribe währenddessen zu einer terroristischen Organisation erklärt und seit Mitte 2003 mit verstärkten Mitteln und personeller, materieller und finanzieller Unterstützung der USA im Rahmen des *Plan Patriota* militärisch bekämpft.[28] Gleichzeitig hat die kolumbianische Re-

---

25 Vgl. auch Fußnote 81.

26 Vgl. dazu auch Kapitel 7 dieses Buches.

27 Vgl. Ebd., S. 4-8.

28 Dem *Plan Patriota*, der in die südlichen, von der FARC dominierten Guerilladepartements vorstößt und dessen Umsetzung genau genommen im Januar 2004 begann, ging in der zweiten Hälfte

gierung ihren Militärhaushalt seit 2000 von 2,6 Milliarden US-Dollar auf 3,9 Milliarden US-Dollar um circa 30 Prozent erhöht.[29] Der *Plan Patriota* ist die bisher größte Militäroffensive gegen die Rebellen und wird derzeit von circa 18.000 Soldaten ausgeführt. Die USA sind in den Bereichen Training, Intelligence, Logistik und Eradikation mit 800 Militärangehörigen und 600 Mitarbeitern privater Militärfirmen involviert.[30] Die FARC beantworten die Offensive mit 5.000 Kämpfern unter dem Namen *Plan Resistencia*. Das Militär gibt für die Jahre 2004 und 2005 insgesamt 2.518 Opfer bei den FARC an.[31] Dagegen behaupten die FARC, allein in insgesamt 1.825 Soldaten und 31 Polizisten getötet zu haben.[32] Obwohl die Streitkräfte offenbar Territorium zurückgewinnen und die FARC zu einer Umstrukturierung in Richtung kleinere Kampfeinheiten zwingen konnten, bleiben die FARC offensiv. Laut dem kolumbianischen Think Tank *Fundación Seguridad y Democracia* gab es im ersten Quartal 2006 insgesamt 555 bewaffnete Auseinandersetzungen zwischen Staat und Rebellen (gegenüber 466 in derselben Periode des Vorjahres), bei denen die Armee 53 Verluste erlitten habe.[33]
01.02.2007

1.2.1.2. Territoriale Präsenz und Kontrolle

Territoriale Präsenz des Staates

Mit seinen relativ geringen Kapazitäten ist der kolumbianische Staat nicht in der Lage, sein ausgedehntes Territorium zu kontrollieren. Weite Landesteile sind unter Absenz des Staates zu Einflusszonen seiner Konkurrenten geworden. Rabasa und Chalk schätzen in einer RAND-Studie aus dem Jahr 2001, es gebe in einem Viertel der Gemeinden keinerlei Präsenz von staatlichen Sicherheitskräften.[34] Gerade an der Peripherie des Landes sind Armee- und Polizeieinheiten nur unzureichend oder überhaupt nicht vertreten. Dagegen befinden sich die urbanen Zonen weitgehend unter staatlicher Kontrolle. Zu den Gebieten mit äußerst geringer militärischer Präsenz gehören die dünn

---

des Jahres 2003 die Operation *Libertad Uno* voraus, die die FARC in dem zentralen, um Bogotá herum gelegenen Departement Cundinamerca bekämpfte.

29 Vgl. U.S. Department of State: Background Note: Colombia,
  http://www.state.gov/r/pa/ei/bgn/35754.htm.
30 Vgl. hierzu auch Teil II dieses Buches.
31 Vgl. Staff Trip Report to the Committee on Foreign Relations United States Senate: "Plan Colombia": Elements for Success, December 2005, S. 12.
32 Vgl. Fuerzas Militares de Colombia: Las FARC perdieron 6.000 hombres en 2 años, Enero 19 de 2005.
33 International Crisis Group: Uribe's Reelection: Can the EU help Colombia develop a more balanced peace strategy?, Crisis Group Latin America Report No. 17, 8 June 2006.
34 Vgl. Rabasa/Chalk 2001, S. 50.

besiedelten Urwaldgebiete im Südosten Kolumbiens und an den Grenzen zu Brasilien und Peru, die Departements Meta, Guaviare und Caquetá, in denen ein großer Teil der Kokaanbauflächen liegt, die Pazifikküste und Teile des Nordostens, insbesondere das Departement Chocó, einschließlich der Grenze zu Panama.

Auch der Ausbau der Infrastruktur ist in den Städten deutlich weiter entwickelt als in den ländlichen Gebieten. So hatten im Jahr 2002 insgesamt 99 Prozent der urbanen Bevölkerung Zugang zur Strom- und Wasserversorgung, 97 Prozent hatten Zugang zur Kanalisation und 84 Prozent der städtischen Bevölkerung waren an das Telefonnetz angeschlossen. Demgegenüber verfügten in ruralen Regionen zwar immerhin 84 Prozent der Bevölkerung über einen Stromanschluss, aber nur 62 Prozent der Landbewohner hatten fließendes Wasser, 32 Prozent Anschluss an die Kanalisation und 15 Prozent einen Telefonanschluß.[35] Die vorhandene Infrastruktur wird unterdessen in hohem Maße durch Sabotageakte beschädigt. Allein in den Jahren 2002 und 2003 registrierten die Behörden Sprengungen von 133 Brücken, 253 Ölpipelines, über 800 Strommasten und 81 Fernmeldetürmen. In weiten Teilen des Landes kann die Zentralregierung die Stromversorgung nicht mehr garantieren, da sie nicht in der Lage ist, die Energie-Infrastruktur vor Anschlägen der Guerilla zu schützen. Zwischen 1995 und 1999 verzeichnete die Weltbank landesweit eine rückläufige Entwicklung in der Stromversorgung, in ländlichen Regionen verschlechterte sich darüber hinaus auch die Versorgung mit Trinkwasser.[36]

Auch das Stadtleben wird in den letzten Jahren zuhauf von den Aktionen der Aufständischen gestört. So haben die Sabotagen des ELN 1999 und 2000 zu zahlreichen Stromausfällen in dicht bevölkerten Regionen wie Bogotá oder Medellín geführt. In den Städten richten sich die Anschläge der Guerilla auch direkt gegen die Zivilbevölkerung. Terrorakte wie die Bombenanschläge auf den Nachtclub *El Nogal* in Bogotá und ein Wohnviertel in Neiva zielen darauf, Aufmerksamkeit und Präsenz staatlicher Kräfte in den urbanen Zentren zu bündeln und von den strategisch bedeutenden Gebieten in den ländlichen Zonen abzulenken.[37]

Die öffentlichen Verkehrswege werden ebenfalls nur unzureichend durch die staatlichen Sicherheitskräfte geschützt und deshalb häufig zum Ziel von Guerillaaktivitäten. Zahlen des kolumbianischen Verteidigungsministeriums belegen für die Periode zwischen Januar und September 2004 insgesamt 105 Sprengungen von Strassen. Im gleichen Zeitraum des Vorjahres waren es 94

---

35 Vgl. Worldbank/Colombia Country Management Unit, PREM Sector Management Unit, Latin America and the Caribbean 2002, S. 23-24.
36 Vgl. Worldbank/Colombia Country Management Unit 2002, S.23 ff.
37 Vgl. Echandía Castilla 2003, S. 11.

und in der zweiten Hälfte des Jahres 2005 insgesamt 32 Straßensprengungen.[38] Zudem wird beispielsweise die zentrale Straßenverbindung zwischen Medellín und Bogotá regelmäßig durch das ELN blockiert. Auch die FARC, die über vier *frentes* im städtischen Raum verfügen und Beziehungen zu urbanen Milizen unterhalten, errichten immer wieder Straßensperren rund um die größten Städte, in denen Reisende angehalten, kontrolliert und zum Teil auch entführt werden.

	2001	2002	2003	Januar bis September 2004	Januar bis Juni 2005
Strommasten	254	483	326	111	70
Fernmeldetürme		62	19	4	1
Brücken	29	100	33	6	3
Wasserleitungen	0	12	3	1	0
Ölleitungen	263	74	179		62
Straßen			94	105	32

Tabelle 1: Sprengungen staatlicher Infrastruktur 2001 - 2005[39]

In der Gesundheitsversorgung konnte Kolumbien in den letzten Jahren durch die Aufnahme von Weltbankdarlehen Verbesserungen erzielen. In einer Veröffentlichung des *Movimiento Nacional por la Salud y la Seguridad* wird jedoch darauf hingewiesen, dass nur 60 Prozent der Bevölkerung durch die medizinische Versorgung erreicht würden.[40] Vor allem in ruralen Gebieten, in denen unzureichende Ernährungs- und Wohnbedingungen zu Erkrankungen wie Tuberkulose, Malaria, Ruhr und Typhus führen, fehlt es an medizinischen Einrichtungen. In den wenigen, zum Teil sehr weit voneinander entfernten Krankenhäusern, kann eine angemessene Versorgung von Patienten häufig nicht gewährleistet werden. Regionale Gesundheitsstationen sind meist sehr schlecht ausgestattet und es mangelt an gut ausgebildetem medizinischem Personal. Zusätzlich erschweren die gewaltsamen Auseinandersetzungen die medizinische und soziale Arbeit in Kolumbien erheblich und führen dazu, dass Arztbesuche in entlegenere Dorfgemeinschaften und die Lieferung von Medikamenten zeitweise ausgesetzt werden müssen.[41]

Auch bei den staatlichen Leistungen im Bildungswesen muss zwischen der Entwicklung in ländlichen und in städtischen Regionen differenziert werden.

---

38 Vgl.Ebd.
39 Quelle: Kolumbianische Regierung (vgl. http://www.derechoshumanos.gov.co/observatorio/ indicadores/2004/septiembre/infraestructuraseptiembre.pdf).
40 Vgl. Fundación Friedrich Ebert en Colombia (FESCOL) 2002.

Nach Angaben der *Colombia Country Management Unit* der Weltbank besuchten im Jahr 1999 in den Städten 95 Prozent der 7 bis 17-jährigen die Grundschule und 90 Prozent beendeten sie, 60 Prozent der 18 bis 22-jährigen machten darüber hinaus einen Sekundarschul-Abschluss. In ländlichen Regionen besuchten im gleichen Jahr 90 Prozent der schulpflichtigen Kinder die Grundschule, allerdings wurde diese nur von 66 Prozent der entsprechenden Altersstufe abgeschlossen. 21 Prozent der Jugendlichen auf dem Land beendeten die Sekundarschule.[42] Es fällt auf, dass der Anteil der Kinder und Jugendlichen, welche die Schule besuchten, auf dem Land zwischen 1995 und 1999 in allen Altersstufen leicht anstieg, in den Städten im gleichen Zeitraum aber bei allen Altersstufen sank, insbesondere bei den 18 bis 22-jährigen, von denen 1995 41 Prozent die Schule besuchten, 1999 aber nur noch 36,3 Prozent. Die Weltbank-Studie führt diese Entwicklung vor allem auf die wirtschaftliche Rezession, an der das Land 1999 litt, zurück.[43] Trotz der aufgeführten Mängel, die insbesondere die ländlichen Gebiete betreffen, sind die Leistungen des kolumbianischen Staates in den Bereichen Infrastruktur, Gesundheitsversorgung und Bildungswesen im Vergleich zu seinen Nachbarländern positiv zu bewerten. So hat Kolumbien unter den sechs Ländern zwar die niedrigste Einschulungsrate, aber auch die beste Trinkwasserversorgung, den besten Zugang zu Sanitäreinrichtungen und die niedrigste Analphabetenrate:

	Nettoein-schulungsrate (in %) 2002/2003	Analphabetis-mus der über 15-jährigen (in %) 2003	Anteil der Bevölke-rung mit Zugang zu Sanitäreinrichtungen (in %) 2002	Anteil der Bevölke-rung mit Zugang zu Trinkwasser (in %) 2002
Brasilien	97	11,6	75	89
Ecuador	100	9,0	72	86
Kolumbien	87	5,8	86	92
Panama	100	8,1	72	91
Peru	100	12,3	62	81
Venezuela	91	7,0	68	83

Tabelle 2: Entwicklungsdaten von Kolumbien und Nachbarländern[44]

Ein wichtiger Indikator für mangelnde Präsenz des Staates ist schließlich das Ausmaß der Fläche, die zum illegalen Anbau von Drogenpflanzen verwendet

---

42 Vgl. Worldbank/Colombia Country Management Unit 2002, S.23 ff.
43 Vgl. Ebd., S.23 ff.
44 Baratta 2002; Central Intelligence Agency 2002; United Nations Development Programme 2005.

wird. Einerseits erweist sich der Staat in diesen Gebieten als unfähig, Kontrolle auszuüben und den gesetzeswidrigen Anbau zu verbieten. Andererseits bieten Gegenden, die vom Zentralstaat vernachlässigt werden, ideale Voraussetzungen zur Entfaltung illegaler Ökonomien. Als weltweit größter Kokainproduzent, der durch die Vereinigten Staaten unter starkem Druck steht, sein Drogenangebot zu reduzieren, ist es dem kolumbianischen Staat nicht gelungen, den illegalen Anbau einzudämmen. Es kam im Gegenteil im Verlauf der 1990er Jahre zu einer immensen Ausweitung des Kokaanbaus von rund 38.000 Hektar im Jahr 1992 auf geschätzte 270.000 Hektar im Jahr 2002. Der starke Anstieg der Kurve seit Mitte der 1990er Jahre ist auf die erfolgreiche Drogenpolitik der traditionellen Kokaanbauländer Bolivien und Peru zurückzuführen. Die strikte Drogenpolitik in diesen beiden Ländern führte zu der Verlagerung des überwiegenden Teils des Anbaus und der Produktion von Kokain auf Kolumbien. Wie in Teil II zu zeigen ist, ist dies vor allem durch Kolumbiens staatliche Schwäche bedingt und verursacht den in der zweiten Hälfte der 1990er Jahre zu beobachtenden Schub von Staatszerfall. Zwar konnte der steile Aufwärtstrend seit 2002 mit Hilfe von massiven Eradikationsmaßnahmen zum ersten Mal umgekehrt werden, jedoch ist gleichzeitig die Kokaanbaufläche in anderen Ländern der Region, u.a. Bolivien und Peru, wieder angewachsen (vgl. Anhang).[45] Zudem haben die amerikanischen Behörden für das Jahr 2005 zum ersten Mal seit 2002 wieder ein Ansteigen der Kokaanbaufläche um 39.000 Hektar (auf insgesamt 144.000 Hektar) festgestellt.

---

45 Vgl. dazu auch Kapitel 8 dieses Buches.

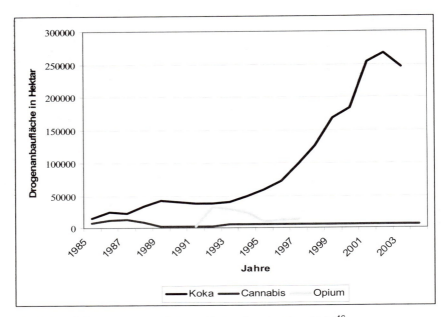

Abbildung 2: Drogenanbaufläche in Kolumbien 1985 – 2004[46]

Territoriale Präsenz nichtstaatlicher Gewaltakteure

Die Ausweitung der Drogenanbaufläche in den 1990er Jahren korreliert mit der zunehmenden Kontrolle kolumbianischen Territoriums durch nichtstaatliche Akteure. Hier kann auf die Arbeit des kolumbianischen Sozialwissenschaftlers Camilo Echandía Castilla zurückgegriffen werden, der die Entwicklung der Guerilla jahrelang minutiös verfolgt und in Konfliktlandkarten geographisch verortet hat.[47] *Guerillapräsenz* vermerkt Echandía Castilla in den Kartogrammen dort, wo jährlich mindestens zwei bewaffnete Aktionen der Guerilla registriert wurden.[48]

---

46 Datenquelle: International Narcotics Control Strategy Reports 1996-2005.

47 Vgl. Echandía Castilla 1999.

48 Als bewaffnete Handlungen gelten: Kampfhandlungen zwischen Guerilla und Armee / Paramilitärs, Hinterhalte, Sabotageakte, Angriffe auf Polizei und Armee, Angriffe auf die Bevölkerung,
Piraterie, Entführungen (vgl. Ebd., S. 87).

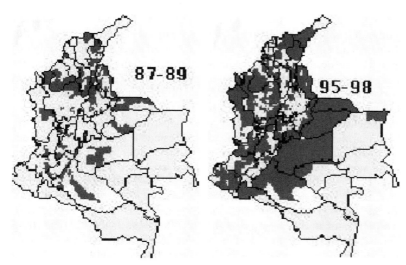

Abbildung 3: Guerillapräsenz 1987 – 98 und 1995 – 98[49]

Die Kartogramme zeigen, dass die Guerilla ihre Präsenz innerhalb einer Dekade von ihren historischen Zentren in den kleinbäuerlich geprägten agrarischen Gebieten des andinen Hochlandes (horizontaler Balken in der nördlichen Landeshälfte) über weite Landesteile ausweiten konnte. Von einer Präsenz in 173 (von insgesamt 1098) Gemeinden Mitte der 1980er Jahre auf 622 Gemeinden ein Jahrzehnt später vergrößerten die Aufständischen ihren Aktionsradius nahezu um ein Vierfaches. Dabei hatte die Guerilla, grob differenziert, vier große Zielgebiete: 1. Den Norden mit Zugang zum Atlantik; 2. die östlichen, erdölreichen und an Venezuela angrenzenden Gebiete; 3. die weiten Drogenanbaugebiete im Süden des Landes und 4. den erdölreichen Südwesten mit Zugang zum Pazifik und der Grenze nach Ecuador.[50] Es zeigt sich, dass der flächenmäßig größte Zuwachs in den südlichen und südwestlichen Departements erreicht werden konnte, die als staatsferne Kolonisierungsgebiete in besonderer Weise für den Anbau von Drogenpflanzen verwendet werden. Eine erhebliche Zunahme verzeichnet die Guerilla aber auch in den traditionell dicht besiedelten zentralen Regionen im andinen Hochland, wo die territoriale Kontrolle mit sehr viel mehr militärischen Auseinandersetzungen verbunden ist.

---

49 Aus: Rubio 1999, auf der Grundlage von Daten von Echandía Castilla 1999.
50 Vgl. Echandía Castilla 2000, S. 4 ff.

Guerillapräsenz ist zwar nicht gleichbedeutend mit der vollständigen Verdrängung der staatlichen Kräfte. Doch entspricht die Vermehrung der Guerillafronten von einem Dutzend im Jahre 1978 auf über hundert Fronten in der zweiten Hälfte der 1990er Jahre einer Verzehnfachung des Gebietes, um dessen Kontrolle gekämpft wird, d.h. dessen staatliches Gewaltmonopol faktisch gebrochen ist. Wie die Karte der Jahre 1995 – 1998 zeigt, ist dies auf deutlich mehr als der Hälfte des kolumbianischen Staatsgebietes der Fall, wobei zusätzlich beachtet werden muss, dass die südöstlichen Departements, die jenseits der markierten Gebiete liegen, kaum besiedelt sind. Ihrem Ziel der Kontrolle über ein zusammenhängendes Gebiet unter der vollständigen Verdrängung staatlicher Gewalt kamen die FARC zwischen 1998 und 2002 am nächsten, als die kolumbianische Regierung ihrer Forderung nach einer demilitarisierten Zone nachgab und den FARC ein 42.000 km² großes Gebiet (3,7 Prozent der gesamten Landesfläche) zur Verfügung stellte. Die Aufständischen besaßen in dieser Zone eine von den staatlichen Kräften völlig ungehinderte Kontrolle. Sie nutzten es zur Rekrutierung neuer Kämpfer und als Aufmarsch- und Rückzugsgebiet bei militärischen Operationen. Ferner befand sich dort auch ein bedeutender Anteil der kolumbianischen Kokapflanzungen mit entsprechenden Laboratorien zur Kokainherstellung. Bis zum Antritt der Regierung Uribe im Jahre 2002 existierte damit in den Departements Meta und Caquetá im südöstlichen Andenvorland unter dem Namen *Farclandia* ein Staat im Staat.[51]

Entsprechend ihren immensen Wachstumsraten verzeichnen die paramilitärischen Gruppen einen gegenüber den Aufständischen noch bedeutend stärkeren Gebietszuwachs. Während sich die Paramilitärs in den 1980er und 1990er Jahren in bestimmten Gegenden formierten, agieren sie in den letzten Jahren auf nahezu dem gesamten Staatsgebiet. Nach Behördenangaben sind die insgesamt 49 paramilitärischen Blöcke in 26 der 32 Departements (und in 382 der 1.098 Munizipien) des Landes präsent.[52]

---

51 Die FARC hatte einen Rückzug der Streitkräfte aus diesem von ihnen faktisch bereits kontrollierten Gebiet zur Vorbedingung für die Aufnahme von Friedensverhandlungen gemacht. Dieser Zug wurde von der Öffentlichkeit je nach Standpunkt als Schritt zur „nationalen Versöhnung" oder aber als „Kapitulation" gegenüber der Macht der Rebellen beurteilt. Seit mit dem Amtsantritt von Präsident Uribe im Jahr 2002 - auch unter dem Einfluß des weltweiten Antiterrorkrieges nach dem 11. September 2001 - der Status der kolumbianischen Aufständischen von „Guerilleros" zu „Terroristen" geändert wurde, sind staatliche Truppen in „Farclandia" einmarschiert (vgl. Neue Zürcher Zeitung, 22.02.02).
52 Se prenden las alarmas, El Tiempo, September 2004.

Territoriale Konflikte

Guerilla und Paramilitärs agieren zum Großteil in denselben Gebieten. Hierfür gibt es zwei Ursachen: Erstens begründen die Paramilitärs ihre Existenzberechtigung mit dem Ziel der Vernichtung der Guerillatruppen und ihrer sozialen Basis; und zweitens konkurrieren Guerilla und Paramilitärs um die Kontrolle von ressourcenreichen und strategisch bedeutsamen Territorien.

Abbildung 4 zeigt die Konzentration von Konflikten auf kolumbianischem Staatsgebiet in den Jahren 1998 bis 2001, wobei die dunkel markierten Zonen diejenigen Munizipien bezeichnen, in welchen die Kampfhandlungen nichtstaatlicher Gewaltakteure die höchsten Opferzahlen hervorgebracht haben. In der hier betrachteten Periode (1997-2001) fanden über ein Drittel aller bewaffneten Handlungen in gerade 40 von 1098 Munizipien statt.[53]

---

53 Vgl. Echandía Castilla 2003, S. 6.

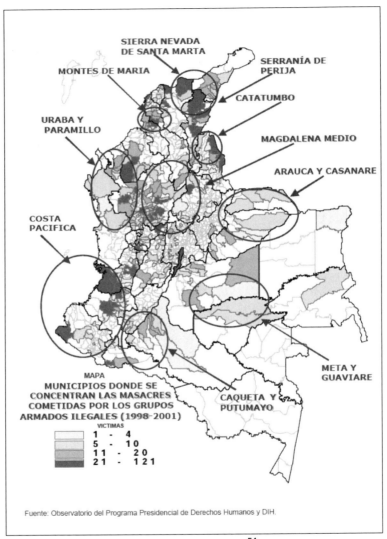

Abbildung 4: Konfliktkonzentration in Kolumbien[54]

---

54 Aus: Observatorio del Programa Presidencial de Derechos Humanos y DIH, http://www.derechoshumanos.gov.co/.

Die höchsten Gewaltraten sind auf geostrategische Interessen zurückzuführen. Sie folgen einerseits dem Ziel der Kontrolle ressourcenreicher Gebiete (Drogen, Öl, Smaragde u.a.) sowie andererseits den Transportwegen für Drogen, Öl, Zusatzchemikalien, Waffen und andere Schmuggelgüter. Dies betrifft vor allem die Departements Caquetá, Putumayo, Nariño, Arauca, Norte de Santander.

Das Massaker von Bellavista vom Mai 2002 am Ufer eines als Schmuggelroute zum Atlantik dienenden Flusses im Department Chocó illustriert den Kampf um die Kontrolle strategisch wichtiger Gebiete in Abwesenheit des Staates:

„Der Bürgerkrieg erreichte Vigía und Bellavista am 22. Mai 1997. An jenem Tag marschierten die Paramilitärs in Vigía del Fuerte ein, und die Polizei schaute von ihrer Wache am Hafen zu, wie sie den Ort unter ihre Gewalt brachten. Die Präsenz der Milizen rief die Guerilleros der FARC auf den Plan. Im März 2000 nahmen sie den Ort ein und zerstörten die Polizeistation, wobei 21 Polizisten ihr Leben kamen. Auf der anderen Flussseite in Bellavista mussten sich die Polizisten ergeben, weil sie keine Munition mehr hatten. Seit damals hatte die Guerilla das Sagen in den Dörfern. Die Polizei kam nie wieder zurück aus „Strafe", weil sie vor dem Angriff nicht gewarnt worden war. Seither ist Bellavista praktisch Niemandsland. Als die Paramilitärs vor gut einem Monat zurückkamen, und Bellavista am 21. April einnahmen, hatten sie ein leichtes Spiel. Hilferufe verhallten im fernen Bogotá ungehört. Am 1. Mai schließlich startete die FARC eine Offensive, die 119 zivile Opfer forderte. Diese Tragödie war vorhersehbar gewesen. Die Diözese in Quibdó hatte die Behörden in Bogotá mehrfach darauf hingewiesen, dass eine Aktion der AUC zur Rückeroberung der Dörfer am Atrato bevorstehe. Am 24. April warnte der kolumbianische Ombudsmann, Eduardo Cifuentes, eindringlich davor, dass es in Bellavista zu Konfrontationen zwischen Paramilitärs und der Guerilla kommen könnte. Seine Warnung ging an den kolumbianischen Vizepräsidenten, an den Oberkommandierenden der Streitkräfte, an den Innenminister, an die Polizeiführung sowie an die zuständigen Militär- und Polizeikommandanten und an den Gouverneur des Departements. Einen Tag später, so vernimmt man in Diplomatenkreisen in Bogotá, sei das Oberkommando der Streitkräfte darauf hingewiesen worden, dass mindestens sieben Boote der Paramilitärs mit jeweils 30 bis 40 Kämpfern an Bord den Atrato flussaufwärts in Richtung Bellavista und Vigía unterwegs seien. Dabei haben sie den Militärposten in Ríosucio passiert, ohne dass sie aufgehalten worden wären – das Militär will nichts gesehen haben."[55]

1.2.2. Die Legitimation von Gewalt

Inwieweit stützen sich nun die drei großen Gewaltakteure Kolumbiens auf die Akzeptanz der Bevölkerung? Beanspruchen auch die nichtstaatlichen Akteure Legitimität und streben damit nach dem Charakteristikum stabiler und *staatlicher* Herrschaft?

---

55 Vgl. Neue Zürcher Zeitung, 17.05.2002.

Über Webers Staatsbegriff hinausgehend schärft Kalevi Holsti den Blick für die Bedeutung von Legitimität insbesondere für *schwache* Staaten.[56] Holsti definiert einen Staat dann als schwach, wenn er über ein geringes Maß an Legitimität verfügt. Damit misst er die Stärke eines Staates nicht an seinen instrumentellen Kapazitäten, sondern an seiner immateriellen Fähigkeit, Folgebereitschaft hervorzurufen. Staatsstärke ist für ihn:

> " .... the capacity of the state to command loyalty – the right to rule - to extract the resources necessary to rule and provide services, to maintain that essential element of sovereignty, a monopoly over the legitimate use of force within defined territorial limits, and to operate within the context of a consensus-based political community."[57]

Die Loyalität der Bevölkerung speist sich in modernen Staaten nicht mehr aus einer göttlichen Quelle, sondern basiert auf der Erfüllung staatlicher Leistungen. Die grundlegendste Verpflichtung, die der Staat durch den theoretischen Akt des Staatsvertrages eingeht, ist die Herstellung von Sicherheit. Ist der Staat nicht mehr in der Lage, Sicherheit durch ein effektives Gewaltmonopol zu gewähren, verliert er Legitimität. Der Verlust von Legitimität ist also nicht nur per se ein Verlust von Staatlichkeit im Sinne von Herrschaft als „legitim ausgeübter Macht" (Weber), sondern auch eine Folge des Verlustes des Gewaltmonopols und damit auch aus dieser Perspektive ein Indikator für Staatszerfall.

1.2.2.1. Die Legitimität des Staates

Herrschaft bedeutet rechtmäßig anerkannte Macht. Wie Holsti zeigt, ist für die Legitimität eines Staates heute die Performanz seiner Institutionen von grundlegender Bedeutung. Ob die Bevölkerung den Institutionen des Staates Funktionsfähigkeit zuspricht, kann anhand von Umfragedaten oder von Näherungsvariablen wie zum Beispiel der Wahlbeteiligung gemessen werden. Im Falle Kolumbiens weisen Umfragedaten des *Latinobarómetro* darauf hin, dass die Legitimität der demokratischen Institutionen seit der zweiten Hälfte der 1990er Jahre abgenommen hat. Wie Tabelle 3 zeigt, hat zwischen 1996 (Beginn der jährlichen Umfragen) und 2004 der Anteil der Bevölkerung, deren bevorzugte Staatsform die Demokratie ist, insgesamt um 14 Prozent abgenommen.[58] Bei der Einschätzung dieser Werte ist zu berücksichtigen, dass

---

56 Vgl. Holsti 1996, S. 83 ff.
57 Ebd., S. 83.
58 Latinobarómetro führt in Kolumbien erst seit 1996 Umfragen durch. Für frühere Jahre gibt es daher keine Ergebnisse.

sich laut *Latinobarómetro*-Daten die Einstellung der meisten lateinamerikanischen Gesellschaften zur Demokratie im betrachteten Zeitraum verschlechtert hat.[59] So ist im lateinamerikanischen Durchschnitt der Anteil der Bevölkerung mit Präferenz für die Demokratie um acht Prozentpunkte gesunken. Nach einem drastischen Abfall in der zweiten Hälfte der 1990er Jahre sind die Werte zwischen 2001 und 2003 wieder gestiegen.

Jahr	1996	1997	1998	2000	2001	2002	2003	2004
Präferenz für Demokratie	60 %	69 %	55 %	50 %	36 %	39 %	46 %	46 %

Tabelle 3: Prozentualer Anteil der Bevölkerung mit Präferenz für die Demokratie in Kolumbien[60]

Ein weiterer Indikator für die Bewertung der Funktionsfähigkeit staatlicher Institutionen durch die Bevölkerung ist die Wahrnehmung von Korruption. Diesbezüglich weist Kolumbien in der Tendenz relativ schlechte Werte (d.h. hohe Korruption) auf, wobei vereinzelt auch relativ positive Einschätzungen erzielt werden.

Auf die spezifische Frage, wie ernst das Korruptionsproblem in ihrem Land sei, antworteten im Jahr 1997 insgesamt 87 Prozent der Befragten mit „sehr ernst"; im Jahr darauf waren es 82 Prozent. Im makro-regionalen Vergleich steht Kolumbien damit für diese beiden Jahre zweiter Stelle. Nur in Argentinien (1997) bzw. Venezuela (1998) nahm die Bevölkerung das Problem der Korruption als noch gravierender wahr.[61] Laut einer Umfrage, welche die Handelskammer des Departements Cartagena in den großen Städten Kolumbiens im Jahr 2002 durchführte, nehmen zwischen 80 und 90 Prozent der Befragten die Korruption auf allen Ebenen des öffentlichen Sektors in den letzten zwei Jahren als steigend wahr.[62] Auch Salomón Kalmanovitz, der aus ökonomischer Perspektive einen institutionellen Verfall für Kolumbien

---

[59] Einen wachsenden Bevölkerungsanteil mit Präferenz für die Demokratie gab es demnach lediglich in Mexiko, Venezuela, Chile und Honduras. Eine abnehmende Präferenz für die Demokratie konstatierte das Latinobarómetro in Nicaragua (-20 Prozent), Paraguay (-20 Prozent), Bolivien (-19 Prozent), Peru (-18 Prozent), Guatemala (-16 Prozent), Costa Rica (-13 Prozent), Panama (-11 Prozent), Brasilien (-9 Prozent), Argentinien (-7 Prozent), Ecuador (-6 Prozent), El Salvador (-6 Prozent) und Uruguay (-2 Prozent), (vgl. Latinobarómetro: Informe – Resumen Latinobarómetro 2004. Una Década de Mediciones, S. 5, http://www.latinobarometro.org/ fileadmin/documentos/ prensa/Espanol/Informe%20Prensa%202004.pdf).

[60] Ebd.

[61] Vgl. Latinobarómetro: Gráficos Informe de Prensa, 1998. Vergleichbare aktuellere Zahlen zur Wahrnehmung von Korruption stellt Latinobarómetro nicht zur Verfügung.

[62] Vgl. http://www.cccartagena.org.co/encuestas/probidad/informe2392cartagena.pdf.

konstatiert, stützt diese These auf Korruptionswerte, die Kolumbien zusammen mit Brasilien, Nigeria, Russland und der Dominikanischen Republik als einen internationalen Spitzenreiter auszeichnet.[63]

Ein deutlich besseres Ergebnis erzielt Kolumbien hingegen im jüngsten *Corruption Perception Index* von *Transparency International*, in welchem es im weltweiten Ranking Platz 60 belegt. Demnach wird die Korruption in Latein-amerika im Jahr 2003 nur in Chile, Uruguay, Costa Rica, El Salvador, Trinidad und Tobago und Brasilien als geringer eingestuft.

Land	Rang
Chile	20
Uruguay	28
Costa Rica	41
Brasilien	59
Kolumbien	60
Kuba, Panama	62
Peru	67
Dominikanische Republik	87
Nicaragua	97
Argentinien	108
Ecuador	112
Honduras, Venezuela	114
Bolivien, Guatemala	122
Paraguay	140
Haiti	145

Tabelle 4: Lateinamerikanische Staaten im weltweiten *Transparency Internatio-nal Corruption Perceptions Index*[64]

In eine ähnliche Richtung geht ein paralleles Forschungsergebnis von *Transparency International*, wonach die Kolumbianer die zukünftige Entwicklung der Korruption weltweit am optimistischsten einschätzen.[65] Generell bescheinigen sie in 2003 den kolumbianischen Finanzinstitutionen eine hohe Transparenz und Effizienz. Im Gegensatz dazu ordneten die befragten

---

63 Vgl. Kalmanovitz 1999, S. 20.
64 Transparency International Corruption Perceptions Index (CPI) 2004, http://www.transparency.org/cpi/2004/cpi2004.en.html#cpi2004.
65 Transparency International 2003, Colombians and Indonesians are most optimistic that corrup-tion will fall, http://unpan1.un.org/intradoc/groups/public/documents/ AP-CITY/UNPAN016537.pdf.

Kolumbianer den beiden Kammern des Parlaments (*Cámera de Representantes* und Senat) ein „hohes" bzw. „sehr hohes" Korruptionsrisiko zu. Im Vorjahr (2002) waren die Werte beider Volksvertretungen noch erheblich schlechter.[66]

Zieht man die Wahlbeteiligung als einen Indikator von Legitimität heran, ist im Fall Kolumbiens in den 1990er Jahren vor allem auf lokaler Ebene ein starker Legitimitätsschwund zu beobachten. Während 1988 noch 66,8 Prozent der wahlberechtigten Bevölkerung an den Kommunalwahlen teilnahm, sank dieser Anteil zu Beginn der 1990er Jahre um mehr als 20 Prozentpunkte.[67] Dies entspricht dem Faktum, dass die staatlichen Institutionen der Bevölkerung ihre Dienste - in den Bereichen Sicherheit, medizinische Versorgung, Infrastruktur - besonders auf lokaler Ebene versagen. Die zunehmende Wahlenthaltung ist jedoch auch ein Ergebnis illegitimer Gewalt, mit der private Akteure Kontrolle über die Gemeinden anstreben. Zum Beispiel hat die Guerilla im Vorfeld der Gemeindewahlen von 1997 in 162 Gemeinden den Rückzug legitimer Kandidaten erpresst.[68] Im Zuge der Lokalwahlen von 2003 wurden über 30 Bürgermeisterkandidaten ermordet und mehr als 200 zogen aufgrund von Drohungen ihre Bewerbung zurück.[69] Beide hier angeführten Lesarten der sinkenden Wahlbeteiligung weisen indes auf die realen Machtverhältnisse auf kolumbianischem Staatsgebiet hin und unterstützen die in diesem Kapitel vertretene These des faktischen Monopolverlusts der legitimen staatlichen Gewalt.

---

66 Dem „hohen Korruptionsrisiko" des Repräsentantenhauses von 52 Punkten in 2003 steht ein Wert von 15,28 im Vorjahr gegenüber. Auch das „sehr hohe Korruptionsrisiko" des Senats aus dem Jahr 2003 (40,90) ist immer noch weitaus höher als das Ergebnis des Vorjahres (26,17).

67 Vgl. Bejarano / Pizarro 2001, S. 12.

68 Echandía Castilla 2000, S.2 sowie http://www.nadir.org/nadir/initiativ/agp/free/colombia/txt/2003/1027rueckschlag.htm.

69 Die Statistiken der kolumbianischen Regierung, zu finden unter: Vicepresidencia de la República: Programa Presidencial de Derechos Humanos y Derecho Internacional Humanitario, http://www.derechoshumanos.gov.co/. Die offiziellen Statistiken werden allerdings von vielen Nichtregierungsorganisationen angezweifelt (vgl. etwa amnesty international Länderkurzbericht Kolumbien, Bonn 2005).

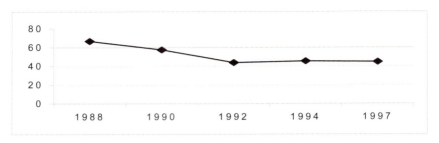

Abbildung 5: Beteiligung an Lokalwahlen 1988 – 97[70]

Auf nationaler Ebene beteiligten sich im Jahr 2006 nur 38,9 Prozent der Wahlberechtigten an den Kongresswahlen, vier Jahre zuvor lag dieser Wert bei 42,9 Prozent. Die Beteiligung an den Präsidentschaftswahlen ist ebenfalls 2006 (45 Prozent) im Vergleich zu 2002 (46,5 Prozent) gesunken.[71] Auch wenn berücksichtigt werden muss, dass Guerilla und Paramilitärs in einigen Bezirken versucht haben, die Wahl durch die Einschüchterung der Bevölkerung zu boykottieren, erscheinen die Daten noch immer sehr gering, zumal im Vergleich mit Kolumbiens Nachbarländern, in denen die Beteiligung an den jeweils letzten Wahlen mit Ausnahme von Ecuador (62,9 bzw. 63,5 Prozent) überall 70 Prozent überschritt.[72]

1.2.2.2. Die Legitimität nichtstaatlicher Gewaltakteure

Über die Legitimität nichtstaatlicher Akteure gibt es auf nationaler Ebene keine Daten. Hier kann nicht auf staatlich organisierte Datenerhebungen wie die Wahlbeteiligung oder auf Erhebungen internationaler Organisationen wie *Transparency International* oder *Latinobarómetro* zurückgegriffen werden. Einzelne empirische Forschungsergebnisse geben jedoch Aufschluss über die relativen Fähigkeiten staatlicher und nichtstaatlicher Akteure, in bestimmten Regionen bzw. unter einer bestimmten Bevölkerung Folgebereitschaft zu erzeugen.

---

70 Quelle: Bejarano / Pizarro 2001, S. 12.
71 International Crisis Group 2006, S. 3.
72 Vgl. CIA: World Fact Book 2002.

Die Legitimität der Guerilla

Bis in die 1990er Jahre verfügten die Guerilla-Gruppen über einen beachtlichen Rückhalt bei der kolumbianischen Landbevölkerung. Für die Bewohner ländlicher Gebiete stellten vor allem die FARC eine echte Alternative zum Staat dar, der in ihren Augen jede Glaubwürdigkeit verloren hatte. Die FARC bezogen ihre Legitimität ursprünglich aus der Unterstützung, die sie den Bauern im Kampf gegen die Vertreibung durch reiche Viehzüchter boten. Außerdem schützten die FARC die Bauern vor der Ausbeutung und den Schikanen durch Händler und setzten durch, dass ihnen „faire Preise" und den Kokapflückern „gerechte Löhne" gezahlt wurden. Darüber hinaus realisierten sie entwicklungspolitische Maßnahmen, indem sie beispielsweise das Straßennetz verbesserten oder den Bau von Schulen und Krankenhäusern unterstützten.

Gegen Ende der 1980er Jahre musste selbst die Regierung eingestehen, dass die FARC in den Regionen, in denen der Staat aufgrund fehlender Mittel nicht präsent war, als Staatsersatz fungierten. So führten die FARC im Departement Cauca mit Billigung der Regierung UN-Landwirtschaftsprogramme zur Kokasubstituierung durch. In einem Bericht des Landwirtschaftsministeriums wurde schließlich explizit anerkannt, dass „die Guerilla nicht nur negative Auswirkungen hat: Sie initiiert bäuerliche Organisationsformen, die der landwirtschaftlichen Produktion in den Siedlungsgebieten zugute kommt".[73]

Heute besitzen die FARC jedoch nur noch eine relativ geringe Legitimität bei der kolumbianischen Bevölkerung. Die politische und soziale Herrschaft, welche sie in ihren Einflusszonen ausüben, beruht zum Großteil auf Terror und Einschüchterung und weit weniger auf Legitimität, so wie es ihre selbst gewählte Bezeichnung als „Volksarmee" impliziert. Emmerich weist allerdings darauf hin, dass die Einführung der *leyes 001-003* (s.u.) in den FARC-kontrollierten Gebieten zu einem Anstieg der Popularität der Guerillagruppe führte.[74]

Meinungsumfragen kommen zu unterschiedlichen Ergebnissen über den Anteil der Bevölkerung, welche die FARC heute aktiv unterstützen oder mit ihnen sympathisieren. In einer Umfrage des kolumbianischen Verteidigungsministeriums vom Juli 2002 gaben nur noch 1-2 Prozent der Befragten an, sie hätten eine „positive Meinung" über die FARC. In anderen Quellen wird davon ausgegangen, dass zumindest 6-11 Prozent der Bevölkerung mit den FARC sympathisieren, wobei es sich dabei fast ausschließlich um Angehörige der ländlichen Unterschicht handelt.[75]

---

73 Labrousse 1999, S. 318 f.

74 Vgl. Emmerich 2002, S. 53.

75 República de Colombia – Ministerio de Defensa Nacional, Concepto de la población sobre su fuerza pública, Sistema de Información de la Defensa Nacional (SIDEN), http://www.mindefensa. gov.co/fuerza/fpconcepto.html.

Eine detaillierte Studie führte Buscaglia in kolumbianischen Regionen durch, die durch Guerillapräsenz geprägt sind und kam zu folgenden Ergebnissen:[76] In den Guerilla-starken Departements Putumayo, Caqueta, Bolivar und Norte de Santander nahmen 91 Prozent der Bevölkerung die lokalen Autoritäten als korrupt wahr und bescheinigten ihnen damit mangelnde Funktionsfähigkeit. Ein Bevölkerungsanteil von 67 Prozent betrachtete die staatlichen Institutionen als unfähig, öffentliche Güter bereitzustellen, nach Holsti eine Ursache für Legitimitätsverlust.[77] Eine weitere Umfrage ergab, dass 57 Prozent der Haushalte in den betroffenen Regionen Konfliktlösungsmechanismen von Nachbarschaftsräten in Anspruch genommen hatten. Und mit Bezug auf den Gesundheitsbereich gaben 68 Prozent der Befragten an, auf medizinische Dienste der Guerilla zurückgegriffen zu haben. Diese Daten können als Indikatoren entweder für das gäzliche Fehlen staatlicher Institutionen oder für die fehlende Effektivität beziehungsweise Legitimität bestehender staatlicher Institutionen gelesen werden. Einen deutlichen Hinweis auf die Legitimität der Guerilla-Herrschaft gaben hingegen 35 Prozent der ansässigen Bevölkerung, die aussagten sich an der öffentlichen Arbeit der Guerilla zu beteiligen. Buscaglia und Ratliff schließen:

> "... thus the armed insurgents have been legitimizing their occupation by institutionalizing their presence. In short, the FARC and to a lesser extent the ELN are well under way to establishing a state within the colombian territory, not just in military terms but in political terms as well."[78]

Die Guerilla übt in den von ihr dominierten Gebieten nicht nur Macht aus, sondern kann ihr Ziel, die Ersetzung staatlicher Herrschaft, zu einem beträchtlichen Teil verwirklichen. In diesen Regionen ist Staatszerfall somit aus zwei Perspektiven feststellbar: Erstens ist mit dem fehlenden Gewaltmonopol des Staates eine Quelle von Legitimität versiegt. Und zweitens fungiert in der Wahrnehmung der befragten Bevölkerung Legitimität nicht mehr als unterscheidendes Merkmal zwischen staatlicher und nichtstaatlicher Macht.

Auf nationaler Ebene hat die Guerilla hingegen in den 1990er Jahren besonders bei den Mittelschichten an Legitimität eingebüsst; dies ist auf ihre Praxis von Raub und Entführungen zurückzuführen, die sie auf alle Bürger, bei denen sie „etwas zu holen" vermutet, unabhängig von deren politischer Gesinnung anwendet.[79] Es ist im Ergebnis zu konstatieren, dass die Guerilla in einigen Re-

---

76 Buscaglia / Ratliff 2001, S. 8.
77 Vgl. Holsti 1996, S. 108 ff.
78 Buscaglia / Ratliff 2001, S. 9.
79 Vgl. Mason 2001, S. 16.

gionen, die hauptsächlich von sehr armen ländlichen Schichten bewohnt sind, quasistaatliche Funktionen wie das Eintreiben von Steuern einerseits und die Bereitstellung öffentlicher Dienste wie z.B. Gesundheitsfürsorge andererseits ausübt und dort als rechtmäßige Ordnungsmacht anerkannt wird. Auch wird bezweifelt, dass die staatlichen Kräfte im Rahmen des *Plan Patriota*, im Zuge dessen die Armee seit 2004 in die südlichen FARC-Gebiete vorstößt, die ansässige Bevölkerung für sich gewinnen konnte.[80]

Im Großteil des nationalen Territoriums übt die Guerilla jedoch illegitime Macht aus. Das bedeutet allerdings nicht, dass die staatlichen Institutionen die Legitimation im Zuge eines Nullsummenspiels zurückerhalten würden. Vielmehr ist ein Teil der Legitimität auf den anderen Konkurrenten des Staates, die paramilitärischen Gruppen, übergegangen, wodurch die staatliche Autorität zusätzlich geschwächt wurde.

Die Legitimität der Paramilitärs

Seit den 1980er Jahren korreliert die Privatisierung von Gewalt mit dem Verfall staatlicher Legitimität. Um der Unsicherheit, die mit dem zunehmenden Verlust des staatlichen Gewaltmonopols einhergeht, Einhalt zu gebieten, sucht ein großer Teil der kolumbianischen Bevölkerung Schutz bei privaten Selbstverteidigungsgruppen. Trotz der von ihnen begangenen Menschenrechtsverletzungen, darunter zahlreiche Massaker und Vertreibungen, haben die Paramilitärs ihren Rückhalt in der Bevölkerung v.a. seit Mitte der 1990er Jahre deutlich ausbauen können. Gerade wegen ihres harten Vorgehens glauben viele, dass sie bei der Bekämpfung der Guerilla kompetenter seien als der Staat. Vor allem die Mittel- und Oberschichten nehmen die Guerilla aufgrund ihrer Praxis der Entführungen und Erpressungen als die größte Bedrohung wahr und projizieren zum Teil politische Glaubwürdigkeit auf die paramilitärischen Gruppen, die sich die Aufstandsbekämpfung anstelle des Staates zum Ziel gemacht haben. In konservativen und sozial besser gestellten Bevölkerungskreisen sowie unter der politischen Führung des Landes sehen viele Kolumbianer den Paramilitarismus deshalb als ein notwendiges Übel an. Sie glauben, dass das langfristige Ziel, die Gesellschaft durch die physische Eliminierung oder Einschüchterung der Guerilla von einem subversiven Zerstörungspotential zu befreien, notfalls auch Menschenrechtsverletzungen rechtfertigt. Von der Bekämpfung der Guerilla erhoffen sie sich eine Stärkung der staatlichen Autorität und eine Verbesserung des Verhältnisses der Gesellschaft zur Zentralgewalt. Mit wachsender finanziel-

---

80 Sierra, Luz María: Análisis / ¿Por qué apenas ahora? ¿Se agotaron las otras dos batallas?, in: *El Tiempo*, Marzo 22 de 2006.

ler und militärischer Stärke, die sich nicht nur aus der steigenden Nachfrage nach Schutz, sondern substantiell aus den nicht versiegenden Gewinnen des Drogenhandels speist, konnten sich die Paramilitärs unter ihrem charismatischen Führer Carlos Castaño über die 1990er Jahre hinaus als *Vereinigte Selbsthilfegruppen Kolumbiens* (AUC) zu einem gewissen Grad als politischer Akteur etablieren. Gegenüber der Öffentlichkeit sind sie nicht nur als Ergänzung, sondern als Alternative zum Staat aufgetreten, wobei ihr Hauptanliegen, die Vernichtung der Guerilla, eingebettet ist in ein Wertegefüge aus Recht, Tradition und Ordnung. Dieses vermitteln sie zeitgemäß über die Medien, etwa über einen professionellen Internetauftritt sowie Interviews in Radio und Fernsehen.[81] Inwieweit die seit Ende der 1990er Jahre andauernde politische Offensive auf die Anerkennung der Bevölkerung stößt, variiert regional - mit einem Schwerpunkt im Norden - und strukturell - mit einem Schwerpunkt auf den urbanen Zentren.

Auf der lokalen Ebene vor allem im Norden des Landes konnten Vertreter der AUC die Lokalwahlen gewinnen und Verwaltungen stellen. Allerdings ging diesen politischen Erfolgen immer die militärische Kontrolle voraus, so dass die paramilitärisch kontrollierten politischen und administrativen Posten nicht als direkter Legitimitätsindikator herangezogen werden können. Während so in den bevölkerungsreicheren Gebieten die Paramilitärs mit den staatlichen Strukturen verflochten sind, dominiert in ländlichen Konfliktzonen die offene Gewalt. Dort wird die Bevölkerung schlichtweg gezwungen, sich zur Kollaboration mit den Paramilitärs zu bekennen, andernfalls drohen Tod oder Vertreibung.

Auf der nationalen Ebene hingegen hat sich die Tatsache, dass ein hartes Durchgreifen gegen die Guerilla von großen Teilen der Bevölkerung gewünscht wird, gerade auch in der Wahl von Álvaro Uribe Vélez zum Staatspräsidenten im Mai 2002 gezeigt. Uribe zeigt sich als Hardliner der Aufstandsbekämpfung und gilt als Sympathisant der Paramilitärs. Bereits in seinem Wahlprogramm kündigte er eine militärische Aufrüstung an, um härter gegen die Guerilla

---

81 Internetseite der AUC: http://www.colombialibre.org. Die kolumbianische Zeitschrift Semana kommentiert: „Mit einer geschickten Medienstrategie, die umfassende Fernsehinterviews, einen Bestseller, permanente Erklärungen im Radio und eine elaborierte Internetseite umfasst, hat Castaño verschiedenen paramilitärischen Gruppen des Landes ein nationales Sprachrohr verliehen. Diese Strategie hat funktioniert und den Kolumbianern den Eindruck vermittelt, die AUC seien eine ebenso vertikal strukturierte Bewegung wie ihre erbitterten Feinde, die FARC. Durch die Eroberung der Medien gelang es Castaño, die Massen mit einem Diskurs zu erreichen, der kohärent, offen und direkt erschien und ihn als Verteidiger einer vor den Greueltaten und der Inexistenz des Staates schutzlosen Mittelschicht darstellte. Was viele Kolumbianer nicht hinter dieser betrügerischen Fassade eines postmodernen Robin Hood sahen, war das Blut, der Terror und die Vertreibung, welche hinter seien Medienauftritten standen." (Semana, 02.10.2002, Übersetzung: AD).

durchgreifen zu können. Unmittelbar nach seinem Amtsantritt nahm er Verhandlungen mit den Paramilitärs zu deren Demobilisierung auf.

Die Demobilisierung der seit dem Tod von Carlos Castaño stark fragmentierten (und teilweise konkurrierenden) Blöcke der AUC wirkt sich auf zweifache Weise auf die Konfliktlage des Landes aus. Erstens auf die militärischen Verhältnisse, indem die meisten AUC-Blöcke das Verhandlungsangebot der Regierung rasch annahmen und vielfach noch Ende 2002 den Waffenstillstand ausriefen. Entsprechend ist die offizielle Gewaltrate im Land insgesamt gesunken (vgl. Abbildung 6). Jedoch haben die Behörden seitdem immerhin noch 492 Tötungen durch paramilitärische Akteure registriert, wobei Schätzungen von Nichtregierungsorganisationen um ein Vielfaches darüber liegen.[82] Zudem haben die Demobilisierungen von etwa 35.000 Kämpfern häufig dazu geführt, dass das durch die Auflösung des Gewaltakteurs entstandene Machtvakuum durch andere paramilitärische Elemente wieder eingenommen wurde und die Entwaffneten selbst in anderen Landesteilen ihre paramilitärische Funktion erneut aufgenommen haben. Der militärische Erfolg der Demobilisierung ist demnach begrenzt und wird eher vorübergehender Natur sein. Bedeutender ist der politische Effekt der Amnestierung paramilitärischer Kämpfer. Im formalen Austausch gegen die Aufgabe militärischer Fähigkeiten und die Akzeptanz einer übergeordneten physischen Staatsgewalt werden einflussreiche Paramilitärs mit Zugang zu bedeutenden wirtschaftlichen Ressourcen – sei es aus Viehzucht, Bodenschätzen oder Drogenproduktion – unter symbolischen Strafen legalisiert und reintegriert.[83]

Am politischen Geschehen partizipieren die Paramilitärs nun vermehrt über legitimierte staatliche Kanäle, etwa als Mitglieder der neu gegründeten

---

82 Zur begrenzten Aussagekraft der offiziellen kolumbianischen Quellen (vgl. etwa amnesty international Länderkurzbericht Kolumbien, Bonn 2005, http://www2.amnesty.de/internet/deall.nsf/0/04a6a82243b00c5ac125703b00450b6b?OpenDocument). Von Bedeutung ist auch eine Umfrage der Universidad de los Andes (Bogotá) aus dem Jahr 2003, bei der 88 Prozent der befragten Journalisten äußerten, sie glaubten, dass die Informationen zum internen Konflikt in Kolumbien vom Staat, namentlich den Institutionen Militär, Regierung und Polizei manipuliert seien (Vgl. dazu auch Kapitel 4.4).

83 Das im Juni 2005 verabschiedete Rahmengesetz (*Ley de Justicia y Paz*) definiert paramilitärisches Handeln als politische Delikte, was impliziert, dass die Akteure nicht an die amerikanische Justiz übergeben werden können. Zudem begrenzt das Gesetz die Zeit, die Richter für die Untersuchung selbst schwerer Fälle aufwenden können, auf 60 Tage. Im Fall von Verbrechen gegen die Menschlichkeit sieht es eine Gefängnisstrafe von fünf bis acht Jahren vor - abzüglich der Verhandlungszeit und eines möglichen Straferlasses für gutes Benehmen - die wahrscheinlich in Form von Hausarrest auf der eigenen *hacienda* geleistet werden kann. (Vgl. Isacson 2005; Colombia aprueba Ley de Justicia y Paz, http://news.bbc.co.uk/hi/spanish/latin_america/newsid_4117000/4117878.stm.)

Partei *Colombia Viva*, die im Sommer 2005 insgesamt 13 Kongressabgeordnete, 27 Bürgermeister und 388 Stadträte stellte. So haben die Paramilitärs versucht, ihren ehemals Legitimität stiftende Zweck, die Vernichtung der Guerilla, von einem politischen Programm abzulösen, das über die klassisch paramilitärischen Werte hinaus auch zunehmend populistische Forderungen wie beispielsweise den Ruf nach einer Landreform (ein Kernanliegen der Guerilla) übernimmt. Ob es ihnen jedoch gelingt, sich als eigenständiger Akteur Legitimität über ein bestimmtes politisches Programm zu verschaffen, ist zweifelhaft. In den Wahlen von 2006 erhielt *Colombia Viva*, die in ihren Reihen Politiker der liberalen und pro-Uribe-Listen aufnimmt, die aus ihren Mutterparteien aufgrund allzu offensichtlicher paralmilitärischer Verbindungen suspendiert wurden, bloß zwei Senatssitze.[84] Im Großen und Ganzen konzentriert sich die Strategie der Paramilitärs daher noch stärker als bisher auf die Infiltrierung und Korrumpierung staatlicher Institutionen, um dadurch die Gestaltung der politischen Rahmenbedingungen für die Wahrung ihrer ökonomischen und territorialen Macht mitbestimmen zu können. Dabei ist ihr politischer Einfluss umso größer, je direkter ihr Zugang zur Regierung ist. Ein führender Paramilitär, Salvatore Mancuso, behauptete nach den Wahlen 2002, dass die AUC 35 Prozent des kolumbianischen Kongresses kontrolliere.[85] Eine Quelle der *International Crisis Group* geht davon aus, dass nach den Kongresswahlen von 2006 circa 10-20 Prozent der Senatoren paramilitärische Verbindungen haben.[86]

In dem Maße wie die Kooptation von Paramilitärs tatsächlich mit deren Entwaffnung einhergeht, verfügt der Staat über die Chance, seine Autorität durch die schrittweise Rückerlangung des Gewaltmonopols zu erhöhen. Bisher deutet jedoch alles darauf hin, dass die Paramilitärs weiterhin Gewalt organisieren, um Teile der legalen und der illegalen Wirtschaft unter ihrer Kontrolle zu halten und daraus maximale Profite zu erpressen. So sind sie nicht nur tief in den Drogenhandel - kolumbianische Sicherheitsbeamte schätzen, dass 7 von 10 Drogenhändlern eng mit den Paramilitärs zusammen arbeiten - und andere illegale Wirtschaftsaktivitäten (Schmuggel, Erpressungen, Geldwäsche, Prostitution) verwickelt, sondern kontrollieren auch legale Sektoren wie private Fernsehkanäle, Sicherheitsfirmen oder Transport- und Bauunternehmen. Über die Infiltrierung staatlicher Institutionen verschaffen sie sich zudem Zugang zu öffentli-

---

84 Direkte paramilitärische Verbindungen hat die kolumbianische Presse ebenfalls bei vier Senatoren der Partei *Convergencia Ciudadana*, die 2006 insgesamt sieben Sitze im erhielt, aufgedeckt (Vgl. International Crisis Group 2006, S. 5.)

85 Vgl. Ballén, Rafael: La paramilitarización de Colombia, in: Pueblos. Revista de información y debate, Madrid 16.11.2004, http://www.revistapueblos.org/article.php3?id_article=54.

86 International Crisis Group 2006, S. 5.

chen Pfründen.[87] Insofern sich die Paramilitärs zu bloßen Akteuren des organisierten Verbrechens wandeln, wird dies ihre eigene Legitimität, die bisher aus ihrem militärischen Zweck resultierte, verringern. Darüber hinaus wird von dieser Entwicklung jedoch auch die Legitimität des Staates betroffen sein. Dessen Delegitimierung erfolgt dann nicht mehr aufgrund der Unfähigkeit, sich gegenüber äußeren Rivalen zu behaupten, sondern von innen heraus, durch Verschmelzung mit einem illegitimen Akteur. Quellen von Illegitimität sind dabei vor allem die außergerichtliche Rechtsprechung zur Durchsetzung von Geschäftsinteressen und andererseits die - von den Vereinigten Staaten initiierte und garantierte – Illegalität der Drogenproduktion.[88]

Die amerikanische Position gegenüber der angestrebten Reintegrierung der Paramilitärs ist gespalten. Während die USA die Demobilisierung der paramilitärischen Basis im Rahmen der *Andean Counterdrug Initiative* (ACI) sowie über die OAS unterstützen, sieht sich die amerikanische Regierung gerade im Hinblick auf die eng mit dem Drogenhandel verstrickte paramilitärische Führungsriege in einem Zielkonflikt. Vor allem im Kongress und im Justizministerium gibt es starke Vorbehalte gegenüber einer Amnestierung der hohen paramilitärischen Ränge, die von den USA als Drogenbarone im Rahmen des Auslieferungsabkommens und/oder als Mitglieder einer *Foreign Terrorist Organization* (FTO) verfolgt werden.

Für Brisanz sorgt dabei insbesondere die Tatsache, dass sich von den USA gesuchte Drogenhändler in die AUC eingekauft haben, um im paramilitärischen Gewand den Fängen der kolumbianischen und amerikanischen Behörden zu entgehen. So haben sich an vorderster paramilitärischer Front Diego Fernando Murillo alias Don Berna, seit den Tagen des Medellínkartells einer der führenden Köpfe des kolumbianischen Drogenhandels und Víctor Manuel Mejía Múnera, einer der vom FBI meistgesuchten Drogenhändler des heute dominanten Kartells Norte del Valle positioniert.[89] Andererseits wird Uribe von der amerikanischen Administration als mittlerweile engster lateinamerikanischer Partner im Kampf gegen Drogen und Terrorismus hoch gehalten, obwohl diese seit spätestens 2000 von Uribes (früheren) Verbindungen zum Drogenhandel gewusst haben muss. Dies wurde offenbar angesichts eines an die amerikanische Regierung adressierten Dokuments des militärischen Geheimdienstes DIA (*Defense Intelligence Agency*) aus dem Jahr 1991, das eine enge Freundschaft zwischen

---

87 Ebd., S. 6.
88 Seit den 1970er Jahren haben die USA maßgeblich dazu beigetragen, das Streben der Drogenbarone nach Integrierung in die kolumbianischen Eliten zu vereiteln, ein zentrales Instrument war dabei die Forderung nach Auslieferung von Drogenhändlern an die amerikanische Justiz (vgl. Teil II, Kapitel 2).
89 Vgl. hierzu Isacson 2005, S. 5.

Uribe und Pablo Escobar, dem legendären Chef des Medellínkartells, aufdeckt. In diesem Dokument, das bedeutende Individuen des kolumbianischen Drogenmarktes identifiziert, heißt es über Uribe:

> *Álvaro* Uribe Velez – A colombian politician and senator dedicated to collaboration with the Medellin cartel at high government levels. Uribe was linked to a business involved in narcotics activities in the US. His father was murdered in Colombia for his connection with the narcotic traffickers. Uribe has worked for the Medellin Cartel and is a close personal friend of Pablo Escobar Gaviria. He has participated in Escobar's political campaign to win the position of assistant parliamentarian to Jorge ((Ortega)). Uribe has been one of the politicians, from the senate, who has attacked all forms of the extradition treaty."[90]

Insgesamt werden die Paramilitärs trotz ihrer Gewalttaten in der öffentlichen Meinung als weniger schlimm eingestuft als die Guerilla. In der bereits erwähnten Umfrage des kolumbianischen Verteidigungsministeriums erklärten zumindest 6-7 Prozent der Befragten, sie hätten „eine positive Meinung" von den AUC.[91] In anderen Umfragen erhielten sie bis zu 13 Prozent Zustimmung.[92] Hans Blumenthal erklärt dazu:

> „Im Grunde wird eine Art Doppelmoral verfolgt: Von Militär und kolumbianischem Unternehmertum werden jegliche Verbindungen zu Paramilitärs geleugnet und man gibt sich indigniert und spricht von kriminellen Organisationen, privat wird jedoch ohne Scheu über die Notwendigkeit ihrer Unterstützung gesprochen."[93]

Trotz begrenzter Legitimität der Guerilla vor allem in den peripheren, staatsfernen Zonen und der Paramilitärs in zentraleren und urbanen Gebieten begründen beide nichtstaatlichen Gewaltakteure die Kontrolle über ihre Gebiete in der Hauptsache auf Zwang. Andernfalls wäre nicht ein solch hohes Maß an Gewalt zur Unterwerfung der jeweils ansässigen Bevölkerung notwendig.

---

90 Uribe figuriert in dieser Liste an 82. von insgesamt 104 Stellen, die die Köpfe des Medellínkartells (u.a. Pablo Escobar), führende Paramilitärs (u.a. Fidel Castaño), Berufskiller (sicarios), die für das Medellínkartell arbeiten sowie Schlüsselfiguren illegaler transnationaler Geschäfte wie den saudischen Waffenhändler Adnan Khashoggi und den ehemaligen panamesischen Präsidenten Manuel Noriega einschließen. Die DIA qualifiziert die Intelligence zwar nicht als endgültig ausgewertet, die Informationen wurden jedoch von anderen US-Behörden gegen geprüft. Die Herausgabe des Dokuments erfolgte im August 2004 aufgrund eines Antrages im Rahmen des *Freedom of Information Act* (vgl. U.S. Intelligence listed Colombian President Uribe among "Important Colombian Narco-Traffickers" in 1991, http://www.gwu.edu/~nsarchiv/ NSAEBB/NSAEBB131/. Das Originaldokument ist unter eben dieser URL abrufbar.

91 República de Colombia – Ministerio de Defensa Nacional: Concepto de la población sobre su fuerza pública, Sistema de Información de la Defensa Nacional (SIDEN), http://www.mindefensa. gov.co/fuerza/fpconcepto.html.

92 Vgl. Blumenthal 2001, S. 6.

93 Blumenthal 2000, S. 7.

Offensichtlich ist vielmehr, dass die Macht der illegalen Gewaltakteure durch Erschließung lukrativer ökonomischer Quellen, wie vor allem dem Drogenhandel, in zunehmendem Maße unabhängig geworden ist: Im Falle der Paramilitärs unabhängig vom Bedarf an Sicherheit vor Dritten und im Falle der Guerilla unabhängig von der politischen Unterstützung.

Rekrutierung von Kämpfern

Die Unterstützung für private Gewaltakteure läßt sich auch an ihrer Rekrutierungspraxis erkennen. Nach den Untersuchungen von *terre des hommes* verbindet nur ein Drittel der Kämpfer der verschiedenen bewaffneten Gruppierungen mit dem Krieg den Kampf für Ideale. Die Mehrzahl der Soldaten schließt sich den Aufständischen an, da ihnen dies ein Gefühl von Sicherheit und Verantwortung vermittelt, ihnen Identität und Status gibt und vor allem aber, weil der bewaffnete Kampf eine Lebens- und Arbeitsperspektive darstellt.[94] Ein Mitglied der revolutionären oder paramilitärischen Armeen zu sein bedeutet gut ausgestattet zu werden, gut zu essen zu bekommen, ein relativ sicheres und vergleichsweise hohes Gehalt zu beziehen und in der jeweiligen Region Autorität zu genießen.[95] Für viele Bauern geht mit dem Eintritt in die Guerilla eine deutliche Verbesserung der Lebenssituation und ein sozialer Aufstieg einher. Ähnliches gilt für die Paramilitärs, die außerdem höhere Löhne zahlen als die Guerilla. Deshalb laufen immer wieder Soldaten und sogar Guerilleros zu paramilitärischen Truppen über. Beispielsweise beschäftigen die Paramilitärs mehrere hundert Söldner, die ehemals Mitglieder des *Ejército Popular de Liberación* (EPL) waren.[96]

Eine besondere Problematik stellt die Rekrutierung von Kindern durch die bewaffneten Bewegungen dar. Im Jahr 2002 waren etwa 18 Prozent der Mitglieder der im ländlichen Raum operierenden Guerillaeinheiten minderjährig (d.h. unter 18 Jahre alt), bei den städtischen Milizen beträgt der Anteil Minderjähriger sogar bis zu 85 Prozent.[97] *Human Rights Watch* schätzt die Anzahl von Kindersoldaten in Kolumbien Ende 2003 auf 11.000. Damit weist Kolumbien nach Birma und der Demokratischen Republik Kongo die dritthöchste Anzahl

---

94 Vgl. Terre des hommes 1999, Gewalt und Kriminalität als Herausforderung für die entwicklungspolitische Zusammenarbeit von terre des hommes in Kolumbien, http://www.oneworldweb.de/tdh/themen/artibero.html.
95 Vgl. Serafino 2001, S. 5-9.
96 Vgl. Fischer / Cubides 2000, S. 123.
97 Vgl. Terre des Hommes/ International Coalition to Stop the Use of Child Soldiers 2003: Aktionsappell: Kolumbien, http://www.oneworldweb.de/tdh/materialien/files/ aktionsappell_kolumbien.doc.

von Kindersoldaten weltweit auf.[98] Während sich vor allem in urbanen Zonen viele Kinder und Jugendliche auf Grund fehlender Ausbildungs- und Beschäftigungsmöglichkeiten freiwillig der einen oder anderen bewaffneten Gruppierung anschließen, werden in ländlichen Gebieten häufig Zwangsrekrutierungen vorgenommen. Fluchtversuche werden sowohl von den FARC als auch vom ELN in der Regel mit dem Tod bestraft.

Der Einsatz von Kindern bietet den bewaffneten Akteuren – horribile dictu – verschiedene Vorteile: Sie sind leichter zu manipulieren, werden nach Festnahmen in der Regel bald wieder freigelassen und sind agiler bei Spionage- oder Logistikaufgaben. Bei der Landguerilla werden unter 16-jährige vorwiegend zur Informationsbeschaffung oder zur Herstellung und Auslegung von Minen eingesetzt. Mitglieder der Milizen werden dagegen schon im Alter von 12 oder 13 Jahren im Gebrauch von Handfeuerwaffen unterwiesen und zu Kampfeinsätzen eingeteilt.[99]

Unter paramilitärischen Truppen ist der Anteil Minderjähriger mit durchschnittlich 30 bis 50 Prozent noch wesentlich höher als bei der Guerilla. Die jüngsten Mitglieder sind erst 8 oder 9 Jahre alt. Die AUC haben in ihren Einflusszonen einen obligatorischen zweijährigen „Wehrdienst" eingerichtet, der jede Familie verpflichtet, mindestens ein Kind für den Kriegseinsatz bereitzustellen. Viele Familien sehen sich gezwungen, in andere Gebiete Kolumbiens zu fliehen, um ihre Kinder vor der Rekrutierung durch die bewaffneten Gruppen zu bewahren.[100]

1.2.3. Die Durchsetzung staatlicher Ordnung

Der Zweck des Staates ist es, mittels seines legitimen Gewaltmonopols die Geltung bestimmter Ordnungen zu garantieren. Max Weber unterscheidet zwischen zwei Arten von legitimer Ordnung: die *Konvention* (die als nichtpolitische Variante in unserem Zusammenhang nicht interessiert) und das *Recht*. Ordnung definiert er dann als „*Recht*, wenn sie äußerlich garantiert ist durch die Chance (physischen oder psychischen) *Zwanges* durch ein auf Erzwingung der Innehaltung oder auf Ahndung der Verletzung gerichtetes Handeln eines eigens darauf eingestellten Stabes von Menschen."[101] Webers Definition ist deshalb nützlich, weil sie als entscheidendes Merkmal die Existenz eines *Erzwingungsstabs* hervorhebt, unter die er im modernen Staat „Richter,

---

98 Vgl. Human Rights Watch 2003.
99 Vgl. Terre des Hommes 1999.
100 Vgl. Ebd sowie Terre des Hommes 2002.
101 Weber 1951, S. 562.

Staatsanwälte, Verwaltungsbeamte, Exekutoren usw." subsummiert.[102] Ein Ausdruck von Staatszerfall ist es in diesem Sinne, wenn der Staat seine Fähigkeit verliert, die eigenen Gesetze insbesondere bei Kapitalverbrechen durchzusetzen. Per se sind Mord- und Entführungsraten direkte Indikatoren für Sicherheit als vorrangigem Ziel staatlicher Ordnung. Andererseits liegt Staatszerfall in dem Maße vor, wie private Akteure Recht setzen und Verstöße dagegen ahnden.

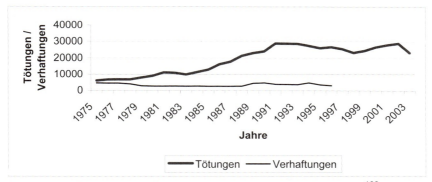

Abbildung 6: Tötungen und Verhaftungen in Kolumbien 1975-2003[103]

Abbildung 6 zeigt zunächst die Rate gewaltsamer Tode im Zeitverlauf. Diese stieg seit Mitte der 1970er Jahre dramatisch an, bis sie Anfang der 1990er Jahre ihren Zenit erreichte. Die Jahre mit der höchsten Zahl an gewaltsamen Toden korrelieren mit dem Drogenkrieg, den die aufstrebenden Drogenhändler von 1989 bis 1991 zur Durchsetzung ihrer Interessen gegen die staatliche Ordnungsmacht führten (vgl. hierzu Kapitel 5). Einen weiteren Höhepunkt zeigt die Kurve zu Beginn des Jahrtausends. Dieser jüngste Gipfel gewaltsamer Tode folgt mit einer leichten zeitlichen Verzögerung sowohl dem 2001 erreichten Extrem der Drogenanbaufläche (Abbildung 2) als auch dem der absoluten Entführungen (Abbildung 7). Insgesamt hat sich die Zahl der gewaltsamen

---

102 Ebd., S. 563.

103 Dateanquelle: Echeverry / Partow 1998, S. 30. Die angegebenen Tötungsraten seit 1998 beruhen auf Polizeidaten (vgl. http://www.derechoshumanos.gov.co/observatorio/indicadores/ diciembre/homicidiodic.pdf)._Die offiziellen Zahlen für das Jahr 2004 betragen 20.210 und für 2005 insgesamt 18.111 (vgl. Indicadores de Situación y Resultados Operacionales de la Fuerza Pública, http://www.derechoshumanos.gov.co/).

Todesfälle in den letzten zwei Dekaden des vergangenen Jahrhunderts vervierfacht.

Die Unfähigkeit des kolumbianischen Staates, für die Sicherheit seiner Bürger zu sorgen, zeigt sich auch im internationalen Vergleich. Während Kolumbien Mitte der 1990er Jahre eine Quote von 77 Tötungen pro 100.000 Einwohner aufwies, lag diese Rate im Falle Brasiliens bei 25, in Mexiko bei 20, in Venezuela bei 16, in den USA bei 10, in Italien bei 3, in Japan bei 2 und in China bei 1. Häufig bemühten Erklärungsansätzen, die eine lange Tradition der Gewalt für die kolumbianische Misere verantwortlich machen, ist entgegen zu halten, dass die kolumbianische Tötungsrate *vor* dem Bürgerkrieg der *Violencia* (1948-53), d.h. in den 1940er Jahren, einstellig war und *nach* der *Violencia*, in den 1960er und in der ersten Hälfte der 1970er Jahre, bei circa 20 gewaltsamen Toden pro 100.000 Einwohner lag.[104]

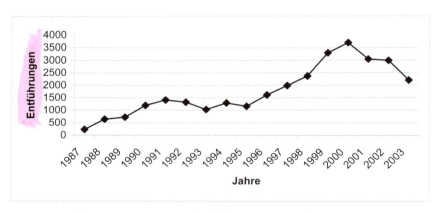

Abbildung 7: Entführungen 1987-2003[105]

Ein ähnliches Bild zeigt sich mit Bezug auf die Entführungsrate (Abbildung 7). Hier steht Kolumbien im internationalen Vergleich mit Abstand an erster Stelle.[106] Die Zahl der Entführungen ist von 227 im Jahr 1987 auf 3.706 im Jahr 2000 um mehr als das 16-fache nahezu kontinuierlich angestiegen. Seit dem um

104 Vgl. Echeverry / Partow 1998, S. 128.
105 Datenquellen: Für die Jahre bis 1998 Echandía Castilla 1999, S. 231; für die Jahre 1999 bis 2003
    http://www.derechoshumanos.gov.co/observatorio/indicadores/diciembre/secuestrosdic.pdf.
106 Vgl. Rubio 2001, S. 24. Kolumbien verzeichnet nach diesem Ranking eine fünf Mal so hohe
    Entführungsrate wie das Land auf dem zweiten Platz (Mexiko).

die Jahrtausendwende erreichten Gipfel sinkt die Rate wieder und misst 2003 mit 2.200 Entführungen das Niveau von 1998. Entführungen sind – worauf wir später noch detaillierter eingehen – zu einem bedeutsamen politischen und ökonomischen Faktor geworden.

Zudem zeigt Abbildung 6 das Verhältnis von Tötungsdelikten zu erfolgten Verhaftungen. Danach hat sich der kolumbianische Rechtsstaat im Verlauf von 20 Jahren empirisch aufgelöst: Während Mitte der 1970er Jahre ein Mord generell zur Verhaftung eines Verdächtigen führte, erfolgte in den 1990er Jahren ein Tötungsdelikt im allgemeinen straflos. Nur noch 15 Prozent aller Tötungsdelikte werden strafrechtlich verfolgt. Noch dramatisch niedriger ist die Quote der Tötungsdelikte, die zu einer Verurteilung führen. Sie liegt in den 1990er Jahren bei unter vier Prozent. Insgesamt korreliert im Zeitverlauf das Ausmaß an illegitimer physischer Gewalt positiv mit der Lähmung der Institutionen der Justiz.[107]

Marcella und Schulz weisen darüber hinaus darauf hin, dass Kolumbien in den 1990er Jahren trotz dieses totalen Kollapses der Strafgerichtsbarkeit von allen Demokratien die höchste Richterrate aufweist. So gibt es beispielsweise in den USA pro 100.000 Einwohner zwei und in Spanien drei Richter. Dagegen liegt dieses Verhältnis in Kolumbien bei mehr als 17 Richtern pro 100.000 Einwohner.[108] Diese Zahlen verdeutlichen die Kapitulation des staatlichen Justizapparates vor den faktischen Macht- und Gewaltverhältnissen im Land. Das Machtstreben der bewaffneten Akteure erfolgt im zunehmend rechtsfreien Raum.

Die „Gesetzgebung" der Guerilla

In den Regionen, in denen Guerilla oder Paramilitärs jeweils die Territorialgewalt beanspruchen, üben sie oftmals gleichzeitig die politische und ökonomische Gewalt aus und haben bestimmenden Einfluss auf die Regelung der sozialen Kontrolle. Obwohl sie politische und militärische Gegner sind, haben Guerilla und Paramilitärs sehr ähnliche Strategien zur Kontrolle der Bevölkerung und Mobilisierung von Ressourcen entwickelt. In ihren Einflusszonen stellen sowohl AUC als auch FARC eigene Gesetze auf und halten öffentlich Gericht, wenn diese übertreten werden. Zwar finanzieren sich beide Bewegungen zu einem großen Teil durch die Drogenökonomie, in ihren Territorien verbieten sie der Bevölkerung jedoch den Eigenkonsum von *pasta básica* (Rohkokain). Ein rigides Strafregime sorgt außerdem dafür, dass Betrug, Erpressung, Diebstahl und andere Verbrechen geahndet werden, wobei die

---

107 Vgl. Echeverry / Partow 1998, S. 127-149.
108 Vgl. Marcella / Schulz 1999, S. 8 ff.

ausgesetzten Sanktionen von Bußgeldern und Strafarbeit bis zur Todesstrafe reichen. Angesichts der strikten Überwachung der Einhaltung der Vorschriften ist es den bewaffneten Gruppierungen gelungen, Kriminalität und Drogenkonsum in den von ihnen kontrollierten Regionen stark einzuschränken und so, obgleich zu einem hohen Preis, Zonen relativer Ordnung zu schaffen.

Vor allem die FARC vertreten in den von ihnen beherrschten und vom kolumbianischen Staat vernachlässigten Gebieten Recht und Ordnung. In ihrem Einflussbereich erwarten sie von der Bevölkerung, dass diese sich an ein „Handbuch des Zusammenlebens" (*Manual de convivencia*) hält, das die FARC-Kommandanten seit Mitte der neunziger Jahre verbreiten. Die darin enthaltenen Vorschriften reichen von Umweltschutz über das Verbot der Prostitution bis zur Einschränkung der Öffnungszeiten von Lokalen. Bei Nichtbeachtung der Vorschriften drohen harte Strafen, beispielsweise werden Faustkämpfe und üble Nachrede jeweils mit 200.000 Pesos Bußgeld geahndet, einer Summe, die in etwa dem wöchentlichen Lebensbedarf einer Familie entspricht. Bei einem Messerkampf drohen bereits 500.000 Pesos Strafe. [109]

Die Ambitionen der FARC gehen allerdings weit über die lokale Kontrolle der Bauern in den Kokaanbaugebieten hinaus. Im Frühjahr 2000 veröffentlichte der Generalstab der FARC insgesamt drei landesweit geltende Gesetze (*leyes*), die anschaulich machen, wie sehr die Gruppierung sich selbst als alternative Regierung versteht. Das wichtigste Gesetz ist das *ley 001* über die Agrarreform. Es wurde bisher nur in den von den FARC kontrollierten Gebieten implementiert, soll aber auf ganz Kolumbien ausgedehnt werden, falls es den FARC jemals gelingen sollte, die kolumbianische Regierung zu übernehmen. Das *ley 001* beinhaltet folgende Punkte bzw. Forderungen:

- die kostenlose Verteilung von Land an die Bauern,
- die Konfiszierung des Landes von Großgrundbesitzern,
- die Aufhebung der Schulden der Bauern gegenüber dem Staat,
- die Vergabe von Krediten und Hilfe beim Kauf von Samen und Werkzeugen,
- die Kontrolle der Preise im familiären Warenkorb,
- Respekt vor dem Landbesitz der indigenen Bevölkerung,
- die Konfiszierung von Gütern multinationaler Unternehmen.

Norberto Emmerich ist der Meinung, dass die Einführung des *ley 001* in den von den FARC kontrollierten Gebieten eine relative Verbesserung der Bedingungen für die Subsistenzwirtschaft erwirkt habe, so dass die Krise der

---

109 Vgl. Semana: Historias Paralelas, 09.08.1999.

Nahrungsmittelproduktion, die durch das neoliberale Entwicklungsprogramm ausgelöst wurde, in solchen Gebieten überwunden werden könne.[110]

Das *ley 002* führt eine „Friedenssteuer" für alle in Kolumbien ansässigen Personen oder Unternehmen mit einem Eigentum über einer Million US-Dollar ein. Melden sich die Betroffenen nicht freiwillig bei der Guerilla, droht ihnen zunächst eine Erhöhung des zu zahlenden Tributs und schließlich die Entführung durch die Rebellen.[111]

Das *ley 003* verurteilt Korruption und führt Strafen für alle ein, die sich an öffentlichen Gütern oder Geldern bereichern.[112] Der Presse gegenüber erklärten die FARC, dass sie damit eines der Grundprobleme des Landes angehen wollten. Und während die Justiz ihre Aufgaben nicht wahrnähme, wären die FARC als Regierung durchaus in der Lage, Ordnung herzustellen. Die Strafen für Verstöße gegen das *ley 003* reichen von der Arbeit in Armenvierteln bis zu lebenslangen Freiheitsstrafen.[113] Die FARC haben bereits demonstriert, dass sie es mit der Einführung dieser Gesetze ernst meinen. Im August 2000 entführten sie beispielsweise James Cañas, den Bürgermeister der Gemeinde Puerto Rico im Departement Caquetá und rechtfertigten dies, indem sie ihn der Korruption und damit der Übertretung des *ley 003* beschuldigten.[114] Aus Angst vor Entführungen zahlen viele vermögende Kolumbianer auch den durch das *ley 002* eingeforderten „Friedenstribut".

1.3. Fazit

In Kolumbien existieren Symptome von Staatszerfall seit Mitte der 1980er Jahre, aber seit Mitte der 1990er Jahre hat sich die Lage erheblich verschlechtert. Dies konnte nachgewiesen werden, indem wir in unserer Analyse von der Staatsdefinition Max Webers ausgingen, nach der ein solcher das „legitime physische Gewaltmonopol zur Durchführung der Ordnungen" für sich

---

110 Vgl. Emmerich 2002, S. 69.
111 Vgl. Fuerzas Armadas Revolucionarias de Colombia – Ejército del Pueblo (FARC-EP) 2000: Ley 002, Sobre la tributación, http://www.contrast.org/mirrors/farc/comunicados/leyes/ley002.html.
112 Vgl. Fuerzas Armadas Revolucionarias de Colombia – Ejército del Pueblo (FARC-EP) 2000: Ley 003, Sobre la corrupción administrativa, http://www.contrast.org/mirrors/ farc/comunicados/leyes/ley003.html, sowie Emmerich 2002, S. 69.
113 Vgl. Padilla, Nelson 2000: Las FARC lanzaron una ley anticorrupción, in: Clarín digital, http://www.clarin.com/diario/2000/05/26/i-02801.html.
114 Fuerzas Armadas Revolucionarias de Colombia – Ejército del Pueblo (FARC-EP): Detención del Alcalde de Puerto Rico, Comunicado de las FARC-EP, http://www.geocities.com/yefundacion/ comunicircahtm, 15.05.2003.

in Anspruch nimmt. Die in dieser Definition enthaltenen Komponenten des Staates wurden für die Untersuchung des Falles operationalisiert. Gemessen wurde der Zerfall des physischen Gewaltmonopols anhand der relativen Fähigkeiten des Staates zu denen seiner Herausforderer sowie die faktische Gebietskontrolle durch die konkurrierenden Gewaltakteure. Es hat sich gezeigt, dass sich das Kräfteverhältnis von Staat und illegalen Gewaltakteuren seit Ende der 1970er Jahre stark gewandelt hat. Der drastischen Zunahme der Guerilla- und paramilitärischen Gruppen seit Mitte der 1980er Jahre konnten die relativ schwachen staatlichen Streitkräfte nicht standhalten: Trotz Verstärkung der staatlichen Kräfte dehnten sich Guerilla und der Paramilitärs insbesondere in den 1990er Jahren über einen Großteil des Territoriums aus haben das staatliche Gewaltmonopol in circa 80 Prozent des kolumbianischen Territoriums gebrochen. Über die Größe des Gebietes, das von privaten Gewaltakteuren effektiv kontrolliert wird bzw. in welchem der Staat niemals präsent war, gibt es keine eindeutigen Zahlen. Die Angaben schwanken diesbezüglich zwischen 40 und 60 Prozent des Staatsgebietes. Dies gilt für die Drogenanbaugebiete, für die historischen Zentren der Guerilla sowie die heftig von Paramilitärs und Guerilla umkämpften strategisch wichtigen Gebiete im Norden, an der Pazifikküste und im Zentrum des Landes. Allerdings konnten die Streitkräfte die Guerilla seit 2004 im Zuge des *Plan Patriota* in einigen der von ihr beanspruchten Gebiete zurückdrängen.

Mit Bezug auf die Legitimität der konkurrierenden Mächte kann festgehalten werden, dass die Guerilla aufgrund ihrer zunehmend kriminellen Handlungen seit den 1980er Jahren immer weniger von der Bevölkerung akzeptiert wird. Deshalb ist ihr Anspruch auf die Staatsgewalt im Weber'schen Sinne kaum begründet. Im Gegensatz zur Guerilla konnten die Paramilitärs ihre Reputation in einem gewissen Rahmen verbessern, da sie sich fähiger als die staatlichen Kräfte erwiesen, die Guerilla zu zerschlagen. In direkter Konkurrenz zum Staat in der Bereitstellung von Sicherheit korreliert der Legitimitätszuwachs der Paramilitärs direkt mit dem durch den Verlust des Gewaltmonopols bedingten Legitimitätsverlust des Staates. Sollte zudem die Demobilisierung der Paramilitärs nicht nachhaltig gelingen, läuft der Staat Gefahr, sich durch die Einverleibung organisierter illegitimer Gewalt von innen heraus weiter zu delegitimieren.

Zuletzt wurde gemessen, in welchem Maße der Verlust des Gewaltmonopols zu Unordnung und Unsicherheit führt. Die Werte der Indikatoren Straffreiheit sowie sowie der Mord- und Entführungsraten haben sich seit den 1970er Jahren drastisch verschlechtert. Beide Variablen erreichten zu Beginn des Jahrtausends nicht nur im Zeitverlauf, sondern im internationalen Vergleich Spitzenwerte.

Wo kann Kolumbien nun auf dem Kontinuum zwischen den Extremen *starker Staat* einerseits und *zerfallener Staat* andererseits verortet werden? Im Gegensatz zu einem *zerfallenen Staat* wie Somalia *ist* Kolumbien durchaus ein Staat, wenn es auch zu Teilen korrumpiert bzw. den „gesellschaftlichen Konvulsionen zum Opfer gefallen"[115] ist, wie Spanger Staatszerfall umschreibt. Definiert man andererseits das Gros der lateinamerikanischen Staaten als *schwache Staaten*, die sich durch strukturelle Merkmale wie Korruption und personale Legitimität (*Caudillismo*) auszeichnen, so neigt doch Kolumbien aufgrund des Verlusts seines Gewaltmonopols auf dem Kontinuum ein gutes Stück weiter zum Extrem des *zerfallenen Staates*. Da in Kolumbien die Ausübung von Politik seit den 1980er Jahren in zunehmendem Maße von den staatlichen Institutionen auf diejenigen Akteure übergegangen ist, welche über faktische – aber nicht legitime – Macht verfügen, platzieren wir Kolumbien für diesen Zeitraum als *failing state* auf dem Kontinuum zwischen dem *weak state* einerseits und dem *failed state* andererseits.

Abbildung 8: Staatszerfall als Kontinuum

---

115 Spanger 2002, S. 8.

2. Die kolumbianische Kriegsökonomie

2.1. Einleitung

Die gewaltsamen Auseinandersetzungen zwischen staatlichen Sicherheitskräften und Guerilla, die seit der Gründung der FARC im Jahre 1964 die politische und soziale Realität Kolumbiens prägen, sind mit ihrer Dauer von mehr als vier Jahrzehnten mittlerweile zum ältesten Krieg Lateinamerikas avanciert.[116] Die lange Dauer des kolumbianischen Krieges ist kein Einzelfall. Viele andere innerstaatliche Kriege oder bewaffnete Konflikte zeichnen sich ebenfalls durch eine bemerkenswerte Persistenz aus. Zu den markantesten Beispielen hierfür zählen die Kriege im Libanon (1975 bis 1990), Angola (1975-2002), Afghanistan (seit 1978) und Birma/Myanmar (1948 bis 1993). Von weltweit 23 größeren Bürgerkriegen, die das *Stockholm International Peace Research Institute* (SIPRI) im Jahr 2000 registrierte, waren alle bis auf vier bereits über neun Jahre alt.[117]

In den letzten Jahrzehnten beschäftigt sich eine breite Literatur mit der inneren Dynamik dieser Kriege.[118] Hierbei wird der wissenschaftliche Diskurs

---

116 Krieg wird hier nach der Arbeitsgemeinschaft Kriegsursachenforschung (AKUF) definiert als: „gewaltsamer Massenkonflikt, der alle folgenden Merkmale aufweist: (a) an den Kämpfen sind zwei oder mehr bewaffnete Streitkräfte beteiligt, bei denen es sich mindestens auf einer Seite um reguläre Streitkräfte (Militär, paramilitärische Verbände, Polizeieinheiten) der Regierung handelt; (b) auf beiden Seiten muss ein Mindestmaß an zentralgelenkter Organisation der Krieg-führenden und des Kampfes gegeben sein, selbst wenn dies nicht mehr bedeutet als organisierte bewaffnete Verteidigung oder planmäßige Überfälle (Guerillaoperationen, Partisanenkrieg usw.); (c) die bewaffneten Operationen ereignen sich mit einer gewissen Kontinuität und nicht nur als gelegentliche, spontane Zusammenstöße, d.h. beide Seiten operieren nach einer planmä-ßigen Strategie, gleichgültig ob die Kämpfe auf dem Gebiet eines oder mehrerer Gesellschaften stattfinden und wie lange sie dauern". Nach der AKUF gelten Kriege als beendet, soweit die Kampfhandlungen für mindestens ein Jahr eingestellt oder nur unterhalb der Kriterien in der Definition fortgesetzt werden. Gewaltsame Auseinandersetzungen bei denen die Kriterien der Kriegsdefinition nicht in vollem Umfang gegeben sind werden als „bewaffneter Konflikt" be-zeichnet (vgl. Schreiber 2002, S. 10).

117 Vgl. Sollenberg / Wallenstein 2001, zitiert aus Ehrke 2002, S.136.

118 Vgl. Genschel / Schlichte 1997, S. 501-517 sowie Waldmann in Sevilla / von Haldenwang 1999, S. 259-281.

zunehmend von solchen Ansätzen geprägt, die nach der materiellen Basis der Konfliktakteure fragen und die wirtschaftlichen Prozesse und Interessen analysieren, welche das Kriegsgeschehen über lange Zeit aufrecht erhalten.

Im Hinblick auf Kolumbien kam die Diskussion um die ökonomischen Aspekte des Krieges in den 1990er Jahren auf und befasste sich zunächst vor allem mit der Problematik der Drogenwirtschaft, welche durch die Verlagerung der Kokaproduktion von Bolivien und Peru nach Kolumbien zunehmend an Bedeutung gewann. Vor allem die Frage, inwieweit die Guerilla in die Drogenökonomie involviert sei und in welchem Maße sie ihre sozialrevolutionären Ziele zugunsten von bloßem Profitstreben aufgegeben habe, löste eine rege Kontroverse aus: In den USA werden Drogenunternehmer und Guerilla häufig als ein einziger krimineller Akteur und Konfliktherd angesehen, wohingegen europäische und lateinamerikanische Wissenschaftler einer solchen These einer terroristischen *Narcoguerilla* meist sehr kritisch gegenüberstehen. Im Rahmen des *Plan Colombia* und der zunehmenden Beteiligung der USA an der Drogen- und Aufstandsbekämpfung in Kolumbien hat dieses Thema gerade in den letzten Jahren erneut an Brisanz gewonnen.[119]

Die Drogengeschäfte der Guerilla stellen jedoch nur einen Ausschnitt der kolumbianischen Kriegsökonomie dar. Auch die paramilitärischen Gruppen finanzieren sich in erheblichem Maße durch die Drogenwirtschaft. Wie im vorangegangenen Kapitel erwähnt, wurden diese Gruppen oftmals erst von Drogenhändlern ins Leben gerufen. Zudem gibt es neben der Drogenökonomie zahlreiche weitere Finanzierungsquellen der verschiedenen Konfliktakteure. Beispielsweise profitieren sowohl die Guerilla als auch die Paramilitärs zunehmend von der teils staatlichen, teils transnational geführten Ölindustrie Kolumbiens. Als weitere Sektoren der kolumbianischen Gewaltökonomie sind die Entführungsindustrie und das Geschäft mit erpressten Schutzgeldern zu nennen, die eng mit den beiden Hauptressourcen Drogen und Öl zusammenhängen.

In diesem und dem folgenden Kapitel soll untersucht werden, inwiefern der Gewaltökonomie eine konfliktverschärfende und –verlängernde Wirkung im kolumbianischen Bürgerkrieg zukommt. Um dies zu klären befasst sich das vorliegende Kapitel nach einer kurzen theoretischen Einführung in die Begriffe der Kriegs- und Gewaltökonomien zunächst mit der Form und Ausprägung der kolumbianischen Kriegsökonomie. Dazu fragen wir nach den Fähigkeiten der bewaffneten Gruppierungen zur Mobilisierung von Ressourcen. Insbesondere soll betrachtet werden, welche Strategien Guerilla und Paramilitärs entwickelt haben, um die Finanzierung ihrer Bewegungen langfristig sicherzustellen. Darüber hinaus ist zu analysieren, wie und wofür die Ressourcen verwendet werden. Die

---

119 Vgl. dazu Kapitel 8 dieses Buches.

Art und Weise wie die Kriegsparteien ihre Ressourcen verwalten lässt Rück-
schlüsse auf ihr Verhältnis zur Zivilbevölkerung zu und gibt gleichzeitig Hinweise über ihre Motive und Zielsetzungen. Darauf aufbauend werden in Kapitel
3 die Auswirkungen auf die Kriegsdauer analysiert.

2.2. Kriegs- und Gewaltökonomien

Die Begriffe der Kriegs- und Gewaltökonomien entstanden Ende der 1990er
Jahre, als neue Erklärungsmuster für die scheinbar irrational und unverständlich
gewordenen Gewaltentwicklungen in Somalia, Ruanda und dem ehemaligen
Jugoslawien gesucht wurden. Die bis dahin vorherrschenden ethnischen und
kulturellen Faktoren der Konfliktanalyse boten keine hinreichenden Erklärungen
für die lange Dauer und die spezielle Dynamik dieser Kriege. Erst die Frage
nach der materiellen Basis der Konfliktparteien und ihren wirtschaftlichen
Interessen bot befriedigendere Erklärungsmuster.[120]
    Je länger ein bewaffneter Konflikt oder Krieg andauert, desto wichtiger
wird es für die politischen und militärischen Akteure, die Finanzierung ihrer
Bewegung sicherzustellen. Nicht nur der Kauf von Waffen und Munition, sondern auch die Rekrutierung, Ausbildung und Besoldung der Kämpfer, die Un-
terhaltung von Verbindungsstellen im Ausland und die Verwaltung von Territorien sind äußerst kostspielige Vorgänge, die einen kontinuierlichen Zugang zu
Ressourcen erfordern.[121] Ihre materielle Basis finden die bewaffneten Gruppen
häufig in ökonomischen Praktiken der Grau- und Schattenzonen der Weltwirt-
schaft.
    Nach einer Definition des *Overseas Development Institute* von 2002 gehö-
ren zur Kriegsökonomie all diejenigen Wirtschaftsaktivitäten, die in Kriegssi-
tuationen von den an der Gewaltausübung beteiligten Gruppen (Milizen, Warlords, Militärs) bzw. ihren Führungseliten ausgeübt werden und die zur Finanzierung der Kampfhandlungen beitragen. Der wesentliche Unterschied zu klassischen Ökonomien des Krieges besteht also darin, dass in der Kriegsökonomie
nicht der Staat der zentrale Akteur dieser Wirtschaftssysteme ist, sondern aufständische Kräfte oder Warlords, welche sich gegen den Staat richten oder mit
ihm konkurrieren.[122] Kriegsökonomien stehen daher in engem Zusammenhang
mit dem Phänomen des Staatszerfalls, welches im vorangegangenen Kapitel
analysiert wurde. Je weniger der Staat in der Lage ist, seiner Funktion als regu-

---

120 Vgl. FRIENT 2004, S. 4.
121 Vgl. Endres 2002, S.25 sowie Jean / Rufin 1999, S. 9.
122 Vgl. Jean / Rufin 1999, S.11 f.

lierender und ordnender Instanz nachzukommen, desto mehr Bedeutung erhalten persönliche Netzwerke und inoffizielle, oftmals illegale, Organisationsstrukturen. Ehemals staatliche Aufgaben wie die militärische Verteidigung der Bevölkerung, werden zunehmend von Rebellengruppen, lokalen Warlords oder Familienclans übernommen. Parallel entstehen informale Wirtschaftsstrukturen.

Das in Kriegsökonomien verwendete Instrumentarium ist äußerst variabel und umfasst sowohl Methoden, die schlichtweg auf Raub basieren, als auch solche, die der organisierten Kriminalität zuzuordnen sind. Zu den gängigsten Strategien der Finanzierung zählen Drogenanbau und -handel, Diamanten- und Goldschmuggel, Raubbau und Export von Edelhölzern sowie Waffen-, Sklaven- und Mädchenhandel; außerdem die Erpressung von ausländischen Hilfsorganisationen, Flüchtlingen und Emigranten in ihren Gastländern, die Einforderung von Schutzgeldern und Zwangsabgaben der zivilen Bevölkerung sowie Entführungen mit anschließender Lösegelderpressung.[123]

Der gewaltsame Charakter des Großteils dieser Finanzierungsformen wird von vielen Wissenschaftlern als substantielles Merkmal der Kriegswirtschaft angesehen. So definiert beispielsweise Klaus Schlichte die Kriegsökonomie als „sozialen Raum, in dem die Verteilung und Aneignung von Ressourcen gewaltgesteuert verläuft: Physische Gewalt wird eingesetzt, um Güter zu erlangen, um Chancen ihrer Veräußerung abzusichern und um Ressourcen zu generieren."[124] Dieser Aspekt steht auch im Zentrum von Georg Elwerts sozialanthropologischer Theorie der Gewaltmärkte.[125] Unter Gewaltmärkten versteht Elwert „die Aneignung von Einkommen durch systematisch organisierte Gewalt" bzw. „als Bürgerkriege, Kriegsherrensysteme oder Räubertum bezeichnete Konflikte, bei denen das ökonomische Motiv des materiellen Profits dominiert".[126]

Kriegs- bzw. Gewaltökonomien können unterschiedliche Reichweiten und Dimensionen entwickeln. In einigen Fällen beschränken sich Gewaltökonomien auf die lokale Ebene und besitzen nur einen begrenzten Aktionsradius, beispielsweise eine Dorfgemeinde, einen Stadtteil oder ein Slumgebiet. In anderen Fällen reichen die Netzwerke der Gewaltakteure jedoch bis in die nationalen oder transnationalen Wirtschaftsstrukturen und teilweise in die internationalen Beziehungen hinein. Jean-Christophe Rufin unterscheidet dabei zwischen offenen und geschlossenen Kriegsökonomien. In geschlossenen Kriegswirtschaften haben aufständische Gruppierungen demnach lediglich Zugang zu solchen Ressourcen, die sie sich vor Ort beschaffen können, während die Aufständischen in

---

123 Vgl. Ganzel 2002, S. 14.
124 Schlichte 2002, S. 11.
125 Vgl. Elwert 1997.
126 Elwert 1998, S. 265-267.

offenen Kriegsökonomien über Rückzugsgebiete und finanzielle Unterstützung aus dem Ausland verfügen.[127] In lang andauernden innerstaatlichen Konflikten handelt es sich in der Regel um offene Kriegsökonomien. Wie Peter Lock betont, stellt die Einbindung in schattenwirtschaftliche globale Handelsströme für die bewaffneten Gruppierungen heute eine unbedingte Voraussetzung für die längere Aufrechterhaltung der Kampfhandlungen dar.[128]

2.3. Die Ressourcen des kolumbianischen Krieges

Obwohl FARC, ELN und AUC gänzlich unterschiedliche Ideologien vertreten, verfolgen sie ähnliche Strategien zur Mobilisierung von Ressourcen. Drei zentrale Einkommensquellen sind zu unterscheiden: Erstens die Drogenökonomie, zu der sowohl der Anbau und die Weiterverarbeitung von Drogen (vor allem von Kokain) als auch der Schmuggel und Verkauf von Drogen zählen; zweitens Einnahmen aus der Ölindustrie, vor allem durch die Erpressung von Schutzgeldern, aber auch durch die illegale Aneignung und den Weiterverkauf von Benzin und drittens Entführungen mit anschließenden Lösegelderpressungen.

2.3.1. *Der illegale Drogenhandel*

Der Ursprung des Kokaanbaus in Kolumbien lag im südlichen Departement Putumayo, an der Grenze zu Ecuador, von wo aus sich die Anbaugebiete später bis in den Nordosten des Landes ausbreiteten. Aufgrund fehlender staatlicher Kontrolle und ineffektiver Gegenmaßnahmen war es möglich, dass die in Kolumbien für den Kokaanbau genutzten Agrarflächen seit 1985 von ca. 5.000 Hektar auf über 250.000 Hektar im Jahre 2002 anwuchsen (vgl. Abbildung 2).

Die kolumbianische Drogenwirtschaft entstand zwar unabhängig von den bewaffneten Gruppierungen, in vielen der Kokaanbaugebiete waren aber bereits Guerillagruppen präsent, die sich die Abwesenheit der Staatsmacht in diesen Regionen zu Nutzen gemacht hatten. Guerilla und Kokabauern traten daraufhin in ein Kooperationsverhältnis ein, indem die Guerilla die Bauern vor der Ausbeutung durch die Drogenhändler schützte, während sie sich gleichzeitig eine lukrative Einnahmequelle durch die Besteuerung des Verkaufs von Koka und der Herstellung von Rohkokain sicherte.[129]

---

127 Vgl. Jean / Rufin 1999, S.15 ff.
128 Vgl. Lock 2004, S. 40.
129 Vgl. Lessmann 1996, S. 193.

Als geschulte Marxisten standen die FARC der Verwendung von Einnahmen aus Drogengeschäften zunächst ablehnend gegenüber, da sie Kokain oder Heroin als „Produkte kapitalistischer Dekadenz" ansahen. Als der Kokaanbau sich zu Beginn der 1980er Jahre in den Departements Guaviare und Caquetá auszudehnen begann, die von den FARC kontrolliert wurden, bestand die erste Reaktion der Guerillaführer deshalb darin, Drogenproduktion und –handel zu bekämpfen. Erst durch den Einfluss von Führern der M-19, die davon überzeugt waren, dass die Verwendung von Einnahmen aus dem Drogengeschäft für Revolutionäre taktisch zu rechtfertigen sei, änderten einige der FARC-Kommandanten ihre Einstellung. Dabei spielte nicht zuletzt auch die Tatsache eine Rolle, dass die Bauern, und damit die soziale Basis der FARC, vom Kokaanbau existentiell abhängig waren.[130] Seit den 1980er Jahren bauen einzelne *frentes* der FARC selbst Mohn und Koka an und verkaufen ihre Produkte an die Drogenmafia.

Auch die Verbindung der paramilitärischen Gruppen mit dem Drogengeschäft hat eine lange Tradition. Eine der ersten dieser Gruppen, die *Muerte a Secuestradores* (MAS), wurde von Drogenhändlern aus Medellín gegründet. Nachdem die großen Drogenkartelle von Medellín und Cali in der ersten Hälfte der 1990er Jahre zerschlagen wurden übernahmen die Paramilitärs einen Großteil des nationalen und internationalen Schmuggelhandels. Heute sind paramilitärische Gruppen an allen Stufen der Kokainherstellung beteiligt.[131]

Wie die in Tabelle 5 angegebenen Schätzungen der Kokaanbaufläche in den einzelnen Departements belegen, befinden sich die ausgedehntesten Anbauzonen heute in Putumayo, Nariño, Guaviare, Caquetá, Meta, Norte de Santander, Bolívar, Antioquia, Vichada, Cauca und Arauca. Außer Antioquia und Bolívar liegen alle diese Departements in den südlichen Kolonisationsgebieten, in welche sowohl FARC als auch Paramilitärs im Verlauf der 1990er Jahre vorgestoßen sind; außerdem im Osten an der Grenze zu Venezuela, wo AUC und ELN ihre Basen haben. Die teilweise starken quantitativen Unterschiede der Anbauflächen in den einzelnen Departements von Jahr zu Jahr zeigen wie flexibel die Kokawirtschaft auf die staatlichen Eradikationsmaßnahmen reagiert, indem der Anbau auf benachbarte Departements verlagert wird. So wurde zwischen den Jahren 2003 und 2004 zwar in 11 Departements eine Verringerung der Kokaanbaufläche registriert, gleichzeitig vergrößerte sich die Anbaufläche jedoch in 12 anderen Departments.

130 Vgl. Labrousse 1999b, S. 382 sowie Labrousse 1999a, S.329 f.
131 Vgl. Guáqueta 2003, S. 81.

Department	1999	2000	2001	2002	2003	2004	% Change 03-04	% of 2004 total
Meta	11.384	11.123	11.425	9.222	12.814	18.740	46%	23%
Narino	3.959	9.343	7.494	15.131	17.628	14.154	-20%	18%
Guaviare	28.435	17.619	25.553	27.381	16.163	9.769	-40%	12%
Caquetá	23.718	26.603	14.516	8.412	7.230	6.500	-10%	8%
Antioquia	3.644	2.547	3.171	3.030	4.273	5.168	21%	6%
Vichada		4.935	9.166	4.910	3.818	4.692	23%	6%
Putumayo	58.297	66.022	47.120	13.725	7.559	4.386	-42%	5%
Bolivar	5.897	5.960	4.824	2.735	4.470	3.402	-24%	4%
N. de Santander	15.039	6.280	9.145	8.041	4.471	3.055	-32%	4%
Arauca		978	2.749	2.214	539	1.552	188%	2%
Córdoba	1.920	117	652	385	838	1.536	83%	2%
Cauca	6.291	4.576	3.139	2.120	1.443	1.266	-12%	2%
Santander		2.826	415	463	632	1.124	78%	1%
Vaupés	1.014	1.493	1.918	1.485	1.157	1.084	-6%	1%
Amazonas			532	784	625	783	25%	1%
Guainia		853	1.318	749	726	721	-1%	1%
Magdalena	521	200	480	644	484	706	46%	1%
Guajira		321	385	354	275	556	102%	1%
Boyacá		322	245	118	594	359	-40%	0,4%
Caldas					54	358	563%	0,4%
Chocó		250	354		453	323	-29%	0,4%
Cundinamarca		66	22	57	57	71	25%	0,1%
Valle del Cauca		76	184	111	37	45	22%	0,1%
TOTAL	**160.119**	**162.510**	**144.807**	**102.071**	**86.340**	**80.350**	**-7%**	
Number of department affected	12	21	22	21	23	23		
Country Coverage	12%	41%	100%	100%	100%	100%		

Tabelle 5: Kokaanbaufläche nach Departement 1999 bis 2004[132]

Abbildung 9 veranschaulicht die Verteilung der Produktionsfläche auf die fünf wichtigsten Kokaanbauregionen. Neben den traditionellen südlichen Anbauregionen in Putumayo-Caquetá und Guaviare-Meta-Vichada im Süden,

---

132 Aus: United Nations Office on Drugs and Crime 2005, S. 15. Bei der Schätzung der Kokaproduktion ist nicht nur die Größe des Anbaugebiets, sondern auch die Dichte der Pflanzungen. Unter Berücksichtigung beider Größen gipfelt die kolumbianische Produktion im Jahr 2001.

Bolívar-Antioquia im Zentrum und Norte de Santander im Osten Kolumbiens fallen im Jahr 2004 allein 20 Prozent des gesamten Kokaanbaus auf Nariño, das derzeit das Hauptrückzugsgebiet der FARC ist.[133]

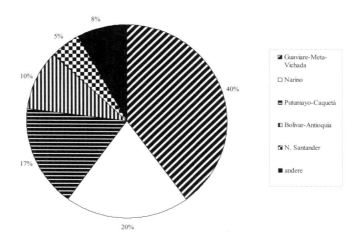

Abbildung 9: Verteilung des Kokaanbaus auf die wichtigsten Anbauregionen[134]

2.3.2. Die Ölindustrie

Die zweite bedeutende Ressource im kolumbianischen Konflikt ist das Öl. Während des Öl-Booms der 1980er und 1990er Jahre wuchs der Anteil von Öl an Kolumbiens Exporten von 20 Prozent (1984) auf 67 Prozent (1997) an. Seit der Jahrtausendwende fiel die Ölproduktion von 815.000 Barrels wieder auf etwa 530.000 Barrels pro Tag ab, jedoch nimmt der Ölsektor noch immer eine wichtige Bedeutung innerhalb der nationalen Wirtschaft ein. Anders als Koka ist Öl ein legaler Wirtschaftsfaktor, welcher erwartungsgemäß eher mit der Finanzierung des staatlichen Sicherheitsapparats zu assoziieren wäre. Die Beziehung zwischen der Ölindustrie und dem bewaffneten Konflikt sind in

---

133 Aus: United Nations, Office on Drugs and Crime 2005, S. 15.
134 Ebd.

Kolumbien somit insofern untypisch, als auch nichtstaatliche Akteure von diesem Sektor profitieren.[135]

Die Möglichkeiten von Guerilla und Paramilitärs sich an der Ölindustrie zu bereichern unterscheiden sich maßgeblich von der Partizipation am Drogengeschäft. Während die bewaffneten Akteure die Drogenproduktion nicht nur schützen, sondern auch direkt an Handel und Produktion beteiligt sind, bleiben diese Optionen den illegalen bewaffneten Akteuren in der kapitalintensiven Produktion und dem über die großen Unternehmen abgewickelten Handel von Öl (noch) verschlossen. Ihre Teilhabe auf diesem Markt beschränkt sich zum großen Teil auf das Erpressen von Schutz- sowie Lösegeldern durch Entführungen von ausländischen Mitarbeitern der Ölfirmen oder durch die Androhung von Sabotageakten. Für Letztere eignet sich die Ölbranche in besonderem Maße, da es für das (in- und ausländische) Militär praktisch unmöglich ist, die von den Ölfeldern im Osten, Südosten und Süden bis an die Atlantikküste verlaufenden Ölleitungen effektiv vor Anschlägen zu schützen.

Ein Beamter der US-Botschaft in Bogotá bestätigte *Witness for Peace*,[136] dass *Occidental Petroleum* während der Bauarbeiten einer Ölleitung ein bis fünf Millionen US-Dollar zahlte, um die Guerilla von Sprengungen der Pipeline abzuhalten.[137] Schutzgelder, Steuern und Gebühren werden in vielfältiger Form nicht nur von den Öl-Multis gezahlt, sondern auch von beauftragten Subunternehmen. Die transnationalen Unternehmen ihrerseits sind bereit, an denjenigen Gewaltakteur zu zahlen, der im Gebiet ihrer Niederlassung über das Gewaltmonopol verfügt und damit Schutz vor anderen Gewaltakteuren bietet. Gegenüber Dunning und Wirpsa bestätigte ein Wissenschaftler, der den kolumbianischen Energiesektor erforscht, dass die Ölfirmen häufig die in einem Gebiet den Staat ersetzende Gewalt akzeptiert hätten: „Extortion is already factored in, monthly

---

135 Vgl. Guáqueta, S. 83 und The Economist Intelligence Unit, S. 21. Ein wichtiger Unterschied zwischen dem Öl- und dem Drogengeschäft ist, dass im legalen Ölsektor Staat und private Gewaltakteure in einem Konkurrenzverhältnis zueinander stehen. Der Staat erleidet umso mehr Verluste, je höher die Einnahmen der nichtstaatlichen Gewaltakteure sind (Schutzgelder, Raub, Steuern, Gebühren etc.). Dagegen steht der Staat beim Drogengeschäft nicht in einem Konkurrenzverhältnis mit den privaten Gewaltakteuren, sondern kooperiert insofern mit ihnen, als er an den Gewinnen teilhat. Und während durch die von den USA aufgezwungenen Gesetze der Staat den Drogenhandel öffentlich bekämpft, würde ihm mit seiner Austrocknung eine wichtige heimliche Einnahmequelle verloren gehen.
136 Die NGO *Witness for Peace* strebt „Frieden und nachhaltige Wirtschaft" auf dem amerikanischen Kontinent und in der Karibik an. In der kolumbianischen Region Arauca führte sie eine Feldstudie durch zur Ermittlung der potentiellen Kosten des US-Vorhabens, 98 Millionen US-Dollar in den Schutz der *Caño Limón-Coveñas*-Pipeline zu investieren (vgl. http://www.witnessforpeace.org/).
137 Witness for Peace 2005, S. 8.

payments are made, there is no problem."[138] Sobald jedoch die Gewalt nicht mehr bei einem Akteur monopolisiert sei, sorgten sich Unternehmen selbst um ihre Sicherheit und beauftragten private Sicherheitskräfte oder das kolumbianische Militär: „When a company must begin to pay off several groups – be they guerrillas, paramilitaries, or common criminals – that's when they prefer to pay off their own group to finish off the others."[139]

Auch deutsche Unternehmen verfolgen seit langem Interessen in der kolumbianischen Energiewirtschaft und sind damit zwangsweise Verhandlungspartner der Gewaltakteure vor Ort. Diesen Zusammenhang veranschaulicht eine Episode aus den 1990er Jahren um die Entführung eines österreichischen Mitarbeiters der Firma Mannesmann. Damals oblag dem u.a. für die deutsche Regierung tätigen Undercoveragenten Werner Mauss das Verhandlungsmonopol mit dem ELN, das ausschließlich Mauss als Unterhändler für deutsche und österreichische (möglicherweise auch italienische) Belange akzeptierte. Mauss hatte bereits seit den 1980er Jahren im Auftrag von Mannesmann mit dem ELN die Bedingungen zum Schutz der Errichtung der *Caño Limón*-Pipeline ausgehandelt, was mit zahlreichen Entführungen und unzähligen Sprengungen verbunden war. Als er schließlich 1995 von der deutschen Regierung beauftragt wurde, die Freilassung eines österreichischen Mannesmann-Mitarbeiters zu erwirken, äußerte die Führung des Unternehmens den Verdacht, dass der Agent seine Monopolstellung auf dem Entführungsmarkt für seine eigenen ökonomischen Ziele nutze, indem er das ELN gegen eine Beteiligung am Lösegeld mit Informationen beliefere. Während auf deutscher Seite daraufhin der Bundesnachrichtendienst den Fall in einer parallelen Operation übernahm, haben die amerikanischen Dienste die Gespräche zwischen Mauss (der ein Satellitentelefon benutzte) und dem ELN abgehört und den kolumbianischen Behörden schließlich die entscheidenden Hinweise gegeben, die zur Verhaftung von Mauss an der kolumbianisch-venezolanischen Grenze führten. Die Geschäfte mit dem ELN konnten dem deutschen Agenten nicht nachgewiesen werden. Aber ungeachtet des mit Spekulationen belegten historischen Einzelfalls ist ein derartiges Ergebnis aus theoretischer Sicht zu erwarten. Auf privaten Gewaltmärkten, die keinen autoritativen Beschränkungen unterliegen, bestehen hohe Anreize, den Bedarf an Sicherheit künstlich zu erzeugen. Dieser Anreiz erhöht sich zusätzlich durch eine Prinzipal-Agent-Konstellation, die über eine Entfernung wie die zwischen dem kolumbianischen Einsatzgebiet und dem deutschen Kanzleramt einen vollkommen unkontrollierbaren Informationsvorsprung des Agenten mit sich bringt.

---

138 Zitiert bei: Dunning / Wirpsa 2004, S. 17.
139 Ebd.

Zur Zeit des Agenten Mauss hatte eine Lösegeldzahlung auf dem Entführungsmarkt ein Preisniveau von 1,5 Millionen DM erreicht.[140]

Insgesamt erreichen Gelder aus der Ölindustrie die illegalen Akteure auf unterschiedlichen Wegen. In einigen Fällen etwa steuert die Guerilla die Auftragsvergabe, indem ihre Informanten Posten in den Gemeindeverwaltungen okkupieren und im Zusammenhang mit der Ölbranche stehende Bauaufträge an Firmen vergeben, die zur Kooperation mit ihnen bereit sind. Über die Korruption von Gemeindeverwaltungen, wie etwa in Arauca, landet ein großer Teil der Gebühren der an der Ölindustrie partizipierenden Unternehmen in den Kassen der jeweils dominanten Gewaltakteure und reduziert im gleichen Umfang die Staatseinnahmen.[141] Die illegalen Akteure können sich jedoch auch direkt am Ölmarkt beteiligen. So treten die AUC als Händler auf, indem sie Benzin aus dem Verteilernetzwerk abzweigen und zu reduzierten Preisen an Tankstellen und Endverbraucher anbieten. Ein Teil des gestohlenen Benzins wird darüber hinaus bei der Kokainherstellung verwendet.

Die geographische Lage wichtiger Produktionsstätten zeigt die Koinzidenz auch dieser Ressource mit der Präsenz nichtstaatlicher Gewaltakteure in Putumayo, Norte de Santander, Meta, Casanare und Arauca sowie im ölreichen Tal des Magdalena, der durch die zentralen Departements führt und in den Atlantik mündet (vgl. Abbildung 10).

---

140 Vertrauliches Interview 2006.
141 Witness for Peace, S. 7 f. sowie Dunning / Wirpsa 2004, S. 12.

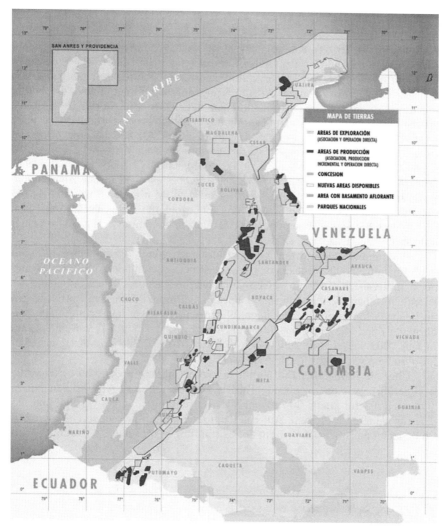

Abbildung 10: Ölvorkommen in Kolumbien[142]

---

142 Aus: Estadísticas de la Industria Petrolera, Mapa de Tierras, 2003, http://www.ecopetrol. com.co/especiales/estadisticas2003/10otros/mapa1.htm.

2.3.3. Entführungen

Wie bereits im ersten Kapitel dargelegt steht Kolumbien mit etwa 3.000 Entführungen pro Jahr an der Spitze internationaler Statistiken. Nach Angaben der *Fundación País Libre*, einer kolumbianischen Nichtregierungsorganisation die sich der Unterstützung von Entführungsopfern widmet, findet die Hälfte aller Entführungen weltweit in Kolumbien statt. Dies ist nicht nur im Hinblick auf die mangelnde Durchsetzungskraft des Staates relevant, sondern hat auch weitreichende Konsequenzen für die Finanzierung der bewaffneten Gruppen. Zwar werden Entführungen aus verschiedenen Anreizen eingesetzt, beispielsweise zur Einschüchterung des politsichen Gegners, als politisches Druckmittel oder zu Propagandazwecken – wobei es nicht selten zur späteren Ermordung der Opfer kommt – das häufigste Motiv der Entführer ist in Kolumbien jedoch die Erpressung von Lösegeldern. Das Geschäft mit den Lösegeldern hat inzwischen derartige Ausmaße angenommen, dass oft von einer „Entführungsindustrie" die Rede ist.

Während die Gesamtzahl von Entführungen von 3.706 im Jahre 2000 auf 2.201 im Jahre 2003 zurückgegangen ist, ist der prozentuale Anteil der ökonomisch motivierten Fälle im selben Zeitraum angestiegen. Nach Angaben des kolumbianischen Verteidigungsministeriums betrug der Anteil an Entführungen mit Lösegeldforderungen 2001 noch 29 Prozent (890 von insgesamt 3.041 Entführungen) und stieg im Jahr 2002 auf 57 Prozent (1.715 von 2.986 Fällen) an. Im Jahr 2003 waren insgesamt 64 Prozent (1.414 von 2.204 Entführungen) aller Entführungen wirtschaftlich motiviert.[143]

Über die Hälfte aller Entführungen in Kolumbien werden von der Guerilla durchgeführt. Wie untenstehende Tabelle zeigt waren die FARC in den Jahren 2001 bis 2003 für knapp 30 Prozent aller Entführungen verantwortlich und das ELN für weitere 25 Prozent. Auf das Konto der paramilitärischen Gruppen gingen dagegen nur etwa 7,5 Prozent der Entführungen im selben Zeitraum (Tabelle 6).

---

143 Vgl. http://www.antisecuestro.gov.co/.

Akteur	2001	2002	2003	Prozent
FARC	840	943	637	29,41
ELN	917	777	342	24,74
AUC	262	183	174	7,52
Alltags-Kriminalität	292	441	421	14,03
Andere/Unbekannt	730	642	627	24,30
Total	3041	2986	2201	100,00

Tabelle 6: Entführungen in Kolumbien 2001 – 2003[144]

Da viele vermögende Kolumbianer aufgrund der Gewaltsituation das Land verlassen haben oder umfangreiche Schutzmaßnahmen ergreifen und da auch Ausländer durch die eindringlichen Warnungen vorsichtiger geworden sind, müssen die Entführer immer erfinderischer werden. So berichtet McLean, Guerilleros würden Straßensperren errichten und über Laptops die Identität der angehaltenen potentiellen Opfer überprüfen, um herauszufinden, ob sich eine Entführung der betreffenden Person lohnt. Diese so genannten „wunderbaren Fischzüge" seien von den FARC erfunden worden, würden heute aber von allen aufständischen Gruppen angewandt.[145]

2.3.4. Die Geographie von Konflikt und Ressourcen

Während Entführungen und Raub nicht an einem bestimmten Raum gebunden sind, hängen die mit der Drogen- und Ölproduktion verbundenen Einkünfte maßgeblich von der Kontrolle bestimmter Territorien ab. Da die Gebietshoheit mit verschiedenen Möglichkeiten der Bereicherung einher geht, wird der Konfliktgrad in einem bestimmten Gebiet von dem jeweiligen Reichtum an Ressourcen beeinflusst. Statistiken belegen dies mit den höchsten Gewaltraten für die ölreichen Gebiete im Osten, die Kokaanbaugebiete im Süden und die für Kaffee- und Kokaanbau bedeutenden Zonen im Zentrum des Landes.

Nachdem die FARC sich in den Jahren nach ihrer Gründung zunächst in denjenigen ärmlichen und abgelegenen ländlichen Regionen etablierten, in denen sie den größten Rückhalt unter der lokalen Bevölkerung fanden, gewannen ökonomische Motive bei ihrer territorialen Ausbreitung schnell an Gewicht. So

---

144 Datenquelle: Fondo Nacional para la Defensa de la Libertad Personal (Fondelibertad), http://www.antisecuestro.gov.co.
145 Vgl. McLean 2002, S. 130, Zuluaga 2001, S. 28.

berichtet Labrousse, dass die Führungselite der FARC mit Beginn ihrer Expansion gegen Ende der 1970er Jahre eine sozioökonomische Studie über das Land erstellen ließ und einen Teil der bis dahin gemeinsam agierenden Einheiten in Regionen mit hohem wirtschaftlichem Potential schickte. Durch die Kontrolle dieser ökonomischen Kernzonen und die Erpressung von Abgaben auf die Produktion profitierte die Guerilla von der wirtschaftlichen Entwicklung dieser Gebiete und konnte so den Wachstum ihrer Truppen finanzieren.[146] Die Schwerpunktregionen der FARC liegen heute in den östlichen und südlichen Anden in den Anbaugebieten von Kaffee und illegalen Drogenpflanzen (Koka, Mohn und Marihuana), die sie, oft in Absprache mit der Drogenmafia, sichern und dafür Schutzgelder verlangen.

Anders als bei den FARC war die territoriale Ausbreitung des ELN nicht an die Agrarkolonisierung gebunden, sondern war vom Ideal der nationalen Befreiung, einschließlich der im Besitz ausländischer Unternehmen befindlichen Ressourcen, geprägt. Nachdem der Aufbau einer Massenbasis mißlang, zogen sich die Guerilleros in die ländlichen Regionen des Nordostens zurück. Heute hat das ELN seine Präsenzschwerpunkte neben dem Nordosten entlang der venezolanischen Grenze, im Magdalena Medio, im pazifischen Küstentiefland und im Südwesten Kolumbiens.[147]

Um die Gebietshoheit in dem sowohl an Öl als auch zunehmend an Koka reichen Arauca an der venezolanischen Grenze streitet das ELN in den letzten Jahren mit verschiedenen Fronten der FARC sowie dem örtlichen Block der Paramilitärs. Zum Teil zahlen die ausländischen Öl- und Bauunternehmen in Arauca an FARC und ELN gleichzeitig Schutzgelder zur Gewährleistung ihrer Sicherheit.[148] Sowohl ELN als auch FARC sind außerdem in den großen Rinderweidewirtschaftszonen im feuchtheißen karibischen Tiefland Nordkolumbiens (Córdoba, Sucre, Magdalena) und des Magdalena Medio präsent. Hier schützen sie große Ländereien, die zum Großteil im Besitz der Drogenmafia sind. Allerdings sind die Paramilitärs in diesen Regionen in den letzten Jahren sehr stark geworden und konnten die Guerilla in den kämpferischen Auseinandersetzungen um die jeweilige Gebietshoheit aus vielfach verdrängen.[149]

Die klassischen Territorien der AUC liegen im heißen Tiefland Nordkolumbiens und im Magdalena Medio. Die überregionale Koordinierung der einzelnen Blöcke unter dem Dach der AUC hat eine Expansion gefördert, die dem Prinzip folgt, einerseits grundsätzlich jedes Territorium, in dem die Guerilla

---

146 Vgl. Labrousse 1999a, S. 323.
147 Vgl. Mertins 2001, S. 38 sowie Zinecker 2002, S. 10.
148 Dunning / Wirpsa 2004, S. 12.
149 Vgl. Mertins 2001, S.40, Schreiber 2002, S. 253 f.

Einfluss ausübt, zu jedem Zeitpunkt angreifen zu können und andererseits selbst Zugang zu den verschiedenen Möglichkeiten der Bereicherung zu erhalten.[150]

Wie bereits im vorigen Kapitel dargelegt wurde kontrollieren die Paramilitärs bedeutende Territorien für Drogenschmuggel und -produktion im Norden des Landes an der Grenze zu Panama, der karibischen Küste und der Grenze zu Venezuela (Bloque Norte, Bloque Élmar Cárdenas). Ein weiterer Schwerpunkt ist in Konkurrenz zu den FARC und dem ELN der ölreiche Osten (Bloque Vencedores de Arauca, Bloque Centauros) in Casanare, Arauca und Norte de Santanter. In Antioquia und im Magdalena-Tal im Zentrum des Landes sind die Paramilitärs mit dem Bloque Central Bolívar und dem Bloque Mineros vertreten. Auch diese Gebiete sind nicht nur reich an Ressourcen (Koka, Kaffee), sondern verfügen über wichtige Transportwege und sind damit strategisch bedeutsam für die Ausfuhr der Drogen.

Mit den FARC konkurrieren der Bloque Central Bolívar und der Bloque Libertadores del Sur um die Kontrolle der Kokaanbaugebiete in den südlichen Departements. Allerdings wird in letzter Zeit auch häufiger über pragmatische Kooperationen zwischen Guerilla und Paramilitärs berichtet. Im Februar 2004 fanden kolumbianische Behörden bei der Festnahme von „Sonia" (Finanzchefin des Bloque Sur der FARC) Emails, in denen sie die örtlichen Vertreter der AUC um die Leihgabe eines Hubschraubers bat, um „Waffen und Drogen durch den Dschungel zu transportieren."[151] Im Juli 2004 wurde in Nariño ein Drogenproduktionskomplex aus 62 Produktionsstätten mit einer Outputkapazität von 6 bis 8 Tonnen Kokain wöchentlich aufgedeckt. Dabei handelte es sich um den größten Fahndungserfolg seit der Entdeckung des von Pablo Escobar geführten und von der Guerilla geschützten *Tranquilandia* im Jahr 1984, das seinerzeit die These von der *Narcoguerilla* begründete. Das im Juli 2004 entdeckte Produktionszentrum in Nariño haben Paramilitärs und Guerilla in Kooperation geführt. Beide Akteure kontrollierten die Anbauzonen und Exportwege arbeitsteilig, wobei 43 der Produktionsstätten in paramilitärischem Besitz waren und die restlichen 19 den FARC gehörten.[152]

Der Chef der investigativen Einheit der Nationalpolizei, DIJIN, Oscar Naranjo, bestätigte dies gegenüber dem Miami Herald im Dezember 2004 als ein Muster: „Every day we see that the border that existed between guerrillas and paramilitary groups has dissipated because of the drug-trafficking interests, the need to survive".[153] Während also Paramilitärs und Guerilla bisher Gegner im Streit um ressourcenreiche Gebiete waren - wie es etwa in hoher Intensität in

---

150 Vgl. Serafino 2001, S.13, Mertins 2001, S.43.
151 Isacson 2005, S. 4.
152 Vgl. International Crisis Group 2004, S. 11.
153 Isacson 2005, S. 4.

Arauca an der venezolanischen Grenze zu beobachten ist – kollaborieren die ökonomischen Konkurrenten zunehmend, um ihre Gewinne gemeinsam zu steigern. Dies ist ein deutliches Indiz für die zunehmende Unterordnung des einst prioritär politischen Handelns unter einen ökonomischen Zweck.

2.4. Die Einnahmen der bewaffneten Bewegungen

2.4.1. Die Einkünfte der FARC

Über die Einkünfte und Ausgaben der FARC liegen der Forschung verschiedene Schätzungen privater (Wissenschaft, Nichtregierungsorganisationen) sowie staatlicher Stellen (Regierung, Militär) vor, die zum Teil erheblich voneinander abweichen. Schätzungen über die Gesamt-Jahreseinnahmen der FARC schwanken zwischen 100 Millionen US-Dollar und einer Milliarde US-Dollar im Jahr.

Hans Blumenthal schätzt die Einkünfte der FARC auf etwa 400 Millionen US-Dollar pro Jahr,[154] von denen circa 125 Millionen ausgegeben und 275 Millionen investiert würden. Diese Einkünfte bezögen die FARC zu 30 – 50 Prozent aus der Besteuerung von Drogenanbau und –handel, zu weiteren 30 – 50 Prozent aus Entführungen und den Rest aus den Erträgen aus Investitionen in den Bergbausektor und den öffentlichen Transport. Labrousse ergänzt als weitere Ressourcen Gelder aus der Besteuerung von Viehzucht und Goldförderung, sogenannte „Revolutionssteuern", sowie Abgaben der Bevölkerung in FARC-kontrollierten Gebieten.[155] Seit der Einführung des *ley 002* im Frühjahr 2000 haben die FARC ein zusätzliches Einkommen durch die „Friedenssteuer", die sie von besonders vermögenden Kolumbianern und Unternehmen einfordern. Nach Angaben der Tageszeitung *El Tiempo* betrugen die Einnahmen durch diese Steuer während des ersten Jahres rund 100 Millionen US-Dollar.[156]

Wesentlich niedrigere Zahlen über die Einnahmen der FARC präsentierte im Januar 2005 eine Forschergruppe aus Ökonomen, Finanzwissenschaftlern und Angehörigen von Ministerien und staatlichen Sicherheitsdiensten, die von der Regierung beauftragt worden war, die finanzielle Situation der FARC zu ermitteln. Diese Studie hat gegenüber vielen privaten Untersuchungen den Nachteil, dass sie vom kolumbianischen Staat, der selbst Konfliktpartei ist, in

---

154 Blumenthal gibt diese Zahl mit 800 Millionen DM an. Bei der Umrechnung wurde vereinfachend von einem Dollarkurs von 2 DM/ 1US-Dollar ausgegangen. Vgl. Blumenthal 2000, S.18, siehe auch Emmerich 2002, S.74.
155 Vgl. Blumenthal 2000, S.18 ff; Labrousse 1999a, S.323 ff.
156 Vgl. Chanduví Jaña 2002, S.18 f.

Auftrag gegeben wurde und daher ein politisch motivierter Bias nicht auszuschließen ist. Andererseits zeichnet sich die Uiaf-Studie durch umfangreiche investigative Tätigkeiten sowie durch den exklusiven Zugang zu sämtlichen geschützten Daten von Militär, Polizei, Generalstaatsanwaltschaft und Geheimdiensten aus. Die Resultate der Uiaf-Studie unterscheiden sich von Blumenthals Ergebnissen absolut gesehen im Gesamtvolumen der Einnahmen sowie in relativer Hinsicht im Stellenwert des Drogenhandels. Während Blumenthal die jährlichen Gesamteinnahmen auf 400 Millionen US-Dollar beziffert, geht die Uiaf-Gruppe von rund 60 Millionen US-Dollar Jahreseinkommen aus. Für Blumenthal sind Drogen- und Entführungsindustrie gleichermaßen - mit je 160 Millionen US-Dollar jährlich - die Haupteinnahmequellen für die FARC. Dagegen schätzt die Uiaf-Gruppe, dass die Gesamteinnahmen der FARC aus dem Drogengeschäft lediglich 15,9 Millionen US-Dollar (37.568 Pesos, vgl. Tabelle 9) betragen. Damit rangiert der Drogenhandel auf der Liste der Finanzquellen nach dem Entführungsgeschäft (1. Platz mit circa 26 Millionen US-Dollar) und dem Viehdiebstahl (2. Platz mit circa 22 Millionen US-Dollar) erst auf dem dritten Platz. Es folgen die Einnahmen aus Bankraub mit 830.000 US-Dollar (2.780 Millionen Pesos) an vierter Stelle und schließlich Erpressungen mit Einnahmen von 635.000 US-Dollar jährlich auf dem fünften Platz.[157]

Im *Human National Development Report* aus dem Jahr 2003 nimmt das UN Development Programme eine Konsolidierung der verschiedenen Angaben aus ausgewählten Quellen vor. Auf der Basis von Studien der Uiaf-Gruppe (2002), sowie von Echandia (1999), Rocha (2000), Thoumi (2002) und dem INDH (2003) kommt das UNDP zu der folgenden Einschätzung über die Zusammensetzung der Einnahmen der FARC:

Einkommensquelle	Geschätztes FARC Einkommen in Millionen US-Dollar
Drogengeschäfte	204
Erpressung	96
Entführungen	32
Anderes (z.B. Aneignung von Staatsgeldern, Viehdiebstahl)	10
Total	342

Tabelle 7: Jährliche Einnahmen der FARC (UNDP)[158]

---

157 Las Cuentas de las FARC, in: Semana, 31.01.2005.
158 UNDP 2003, S. 285.

Die erheblichen Unterschiede in der Einschätzung der Einkünfte der FARC betreffen vor allem den Anteil der Einnahmen aus Drogengeschäften. In der Vergangenheit hat die Verbindung der FARC mit dem Kokaanbau und – schmuggel zu abenteuerlichen Spekulationen über den so erzielten Profit geführt. Inzwischen besteht jedoch unter Wissenschaftlern ein breiter Konsens darüber, dass diese Gelder lange Zeit deutlich überschätzt wurden.[159]

Nach Berechnungen der *International Crisis Group* beträgt der Gesamtwert des jährlich in Kolumbien produzierten Rohkokains etwa 350 Millionen US-Dollar, während der Gesamtwert exportfertiger kolumbianischer Drogen (Kokain und Heroin) pro Jahr etwa 700 Millionen US-Dollar erreicht.[160] Die FARC kontrollieren zwar einen großen Teil des Kokaanbaus, jedoch einen wesentlich geringeren Teil des weitaus lukrativeren Geschäfts der Verarbeitung von Koka zu Kokain. Die Labore zur Verarbeitung des Rohstoffes liegen hauptsächlich in den nördlichen Gebieten Kolumbiens, die sich weitgehend unter der Kontrolle des Staates oder der Paramilitärs befinden.

Bei der Frage nach der Beteiligung der Guerilla an Drogengeschäften muss außerdem berücksichtigt werden, dass die FARC eine stark dezentralisierte Organisation sind, deren einzelne *frentes* weitgehende Autonomie genießen. Beobachter gehen davon aus, dass die Hälfte oder zwei Drittel dieser *frentes* in Drogengeschäfte involviert sind, während der restliche Teil sich von der Drogenökonomie distanziert. Nach Daten der kolumbianischen Streitkräfte bezogen im Jahr 2000 insgesamt 32 von 61 *frentes* der FARC Einkünfte aus Drogengeschäften (Vgl. Tabelle 8). Für das Jahr 2004 geht das Militär davon aus, dass 37 der inzwischen 70 *frentes* an der Drogenökonomie beteiligt sind.[161]

Einheiten (*frentes*)	FARC	ELN	AUC
Gesamt	61	41	19
Davon in Drogengeschäfte involviert	32	7	8

Tabelle 8: Verbindungen der bewaffneten Bewegungen zum Drogenhandel[162]

Wesentlich bedeutsamer als die direkte Beteiligung an Kokaanbau oder Kokainhandel sind für die FARC die Einnahmen, welche sie durch die so genannte *gramaje* beziehen, eine Mehrwertsteuer, die sie in ihren

---

159 Vgl. International Crisis Group 2005, S. 19.
160 Vgl. Ebd.
161 Vgl. Los jefes de las Farc y sus vínculos con el narcotráfico, Vanguardia liberal, 02.05.2004.
162 Quelle: Kolumbianisches Militär 2000, aus: Rabasa / Chalk 2001, S.33. Vgl. auch Zuluaga
    2001, S. 27 f.

Hoheitsgebieten auf die Produktion von Kokablättern und –paste erheben. Die *gramaje* beinhaltet auch Abgaben für den Schutz von Drogenlabors und Landepisten, sowie für die Überwachung des Kokatransports. Die *International Crisis Group* weist darauf hin, dass selbst in konservativen Schätzungen über die Drogeneinnahmen der FARC oftmals keine staatlichen Konfiszierungen von Drogen berücksichtigt werden. Insgesamt schätzt sie den Anteil der FARC-Einnahmen aus Drogengeschäften auf maximal 100 Millionen US-Dollar jährlich, während die Uiaf Gruppe, wie oben erwähnt, von nicht einmal 20 Million US-Dollar Drogeneinnahmen der FARC ausgeht.[163] Nach der Studie der Uiaf-Gruppe setzen sich die Einnahmen der FARC aus dem Kokaingeschäft wie folgt zusammen:

Etappen von Produktion und Handel	Jährliche Einnahmen
Schutz des Kokaanbaus	541 Millionen Pesos (230.000 $US)[164] (je 3 Hektar 47.000 $US)
Besteuerung der Kokaernte	953 Millionen Pesos (400.000 $US) (je 11 kg Kokablätter circa 1 $US)
Besteuerung der Verarbeitung zu Kokain-base	886 Millionen Pesos (370.000 $US) (je kg in Laboren produzierter Base circa12 $US)
Besteuerung der Gramaje	20.256 Millionen Pesos (8,5 Millionen $US) (je Gramm verkaufter Base circa 0,3 $US)
Besteuerung der Kristallisation der Koka-base	2.621 Millionen Pesos (1,1 Millionen $US) (je kg kristalisiertes Kokain circa 42 $US)
Verkauf von Kokain	7.154 Millionen Pesos (3 Millionen $US)
Vermietung von geheimen Flugpisten	5.157 Millionen Pesos (2,2 Millionen $US) (je Flug circa 4200 $US)
Gesamteinnahmen aus der Kokainin-dustrie	**37.568 Millionen Pesos (15,9 Millionen $US)**

Tabelle 9: Jährliche Einnahmen der FARC aus der Kokaindustrie (Uiaf)[165]

Zwar ist es unumstritten, dass die FARC großen Profit aus der Drogenökonomie ziehen, dennoch sind sich die meisten lateinamerikanischen und europäischen Wissenschaftler darüber einig, dass der Ausdruck *Narcoguerilla*, der bereits

---

163 ICG 2005, S. 19.
164 Den Umrechnungen liegt ein Kurs von 1 US-Dollar = 2.364 Pesos (Median des Währungsprei-ses) zugrunde.
165 Datenquelle: Las Cuentas de las FARC, Semana, 31.01.2005.

1984 vom amerikanischen Botschafter in Kolumbien in Bezug auf die FARC geprägt wurde, die Beziehungen der kolumbianischen Guerilla zum Drogenhandel nicht adäquat beschreibt. Die *Narcoguerilla*-These ist in zweifacher Hinsicht nicht plausibel. Einerseits besitzt „die Drogenbranche" als ökonomischer Akteur keine Ideologie – sondern orientiert sich an maximalem Gewinn –, so dass tief reichende ideologische Allianzen ausgeschlossen werden können. Deshalb kooperiert die Drogenmafia wahlweise mit den AUC oder der FARC, je nachdem welche Gruppierung die jeweilige Gebietshoheit besitzt. Die prominenten Drogenhändler vertraten zudem – und das ist ja gar nicht paradox - eher konservative Werte. Ebenso wenig ist die *Narcoguerilla*-These in der Lage, über die ökonomische Grundlage der FARC Aufschluss zu geben. Denn sollte der Ausdruck *Narcoguerilla* über die Provenienz der Ressourcen der FARC als ein kennzeichnendes Merkmal informieren wollen, wäre es angesichts diverser Untersuchungen ebenso korrekt, von einer „Entführungs-Guerilla" oder einer „Viehdieb-Guerilla" zu sprechen. Schließlich ist anzumerken, dass die Einnahmen der FARC aus Drogengeschäften nur etwa einem Prozent der Gesamteinnahmen für kolumbianisches Kokain entsprechen. Der größte Teil des Profits verbleibt letztlich bei den nordamerikanischen Drogendealern, die beim Verkauf an Kleindealer und Endverbraucher von den höchsten Gewinnspannen der gesamten Kokainindustrie profitieren. So bedeutsam der Anbau und die Verarbeitung von Drogen für die Entwicklung in Kolumbien sind, in der ökonomischen Verwertungskette der Drogenindustrie spielt die Guerilla nur eine marginale Rolle.

2.4.2. Die Einkünfte des ELN

Das ELN erhält den Großteil seiner Einnahmen aus Entführungen und Erpressungen multinationaler Ölfirmen. Berichten zufolge beruht das Wiedererstarken des ELN Mitte der 1980er Jahre auf der Erpressung von vier Millionen US-Dollar von einem am Bau der *Caño Limón*–Pipeline beteiligten deutschen Unternehmen. Während das ELN zu dieser Zeit angeblich weniger als 40 Kämpfer hatte, soll es Ende der 1990er Jahre über 5.000 Mitglieder gezählt haben. Seitdem ist es jedoch erheblich schwächer geworden und wird 2004 auf circa 3.000 – 3.500 Mitglieder geschätzt. Die Einkünfte des ELN werden von Hans Blumenthal auf etwa 200 Millionen US-Dollar pro Jahr und damit auf die Hälfte der Einnahmen der FARC beziffert. Davon werden nach Blumenthal 50 Prozent ausgegeben und 50 Prozent „gespart".

Obwohl das ELN der kleinste der drei nichtstaatlichen Kriegsakteure ist, sind ihm fast ebenso viele Entführungen zuzuschreiben wie den FARC, in einigen Fällen sogar mehr: So bekannte sich das ELN im Jahr 2001 zu 917, die FARC zu 840 und die AUC zu 262 Entführungen. Seitdem sind die durch das geschwächte ELN verübten Entführungen jedoch auf ein Drittel dieser Zahl gefallen. 2003 war das ELN für 342 Fälle verantwortlich, etwa halb so viele wie die FARC (vgl. Tabelle 6).

Eine weitere Geldquelle des ELN ist die Kriegssteuer, die es von ausländischen Erdölfirmen erpresst. Als Begründung gibt die Guerilla an, dadurch ihrer Forderung nach der Ausbeutung von Erdölvorkommen durch nationale Unternehmen Nachdruck zu verleihen. Zahlen die ausländischen Gesellschaften nicht, entführt das ELN deren Techniker und verübt Sabotageakte auf ihre Ölpipelines.

Das ELN ist in wesentlich geringerem Maße als die FARC, nämlich mit etwa einem Drittel seiner *frentes*, an Drogengeschäften beteiligt. Laut Blumenthal bezieht das ELN nur etwa 10-20 Prozent seiner Einkünfte aus der Besteuerung des Kokaanbaus und –vertriebs.[166] Seit dem Tod des ehemaligen ELN-Führers *El Cura* mehren sich unter den Mitgliedern aber die Stimmen, die eine stärkere Beteiligung am Drogengeschäft befürworten. Darüber hinaus bezieht das ELN Gelder aus der Erpressung von Industriellen, Händlern, Viehzüchtern und Großgrundbesitzern, sowie aus der Besteuerung der Gold- und Kohleförderung. UNDP kommt zu der folgenden Zusammenstellung der Einkünfte des ELN:

Einkunftsquelle	Geschätztes ELN Einkommen in Millionen US-Dollar
Drogengeschäfte	n.b.
Erpressung	59
Entführungen	74
Anderes (z.B. Aneignung von Staats-geldern, Viehdiebstahl)	11
Total	**144**

Tabelle 10: Jährliche Einnahmen des ELN (UNDP)[167]

UNDP macht keine Angaben zu den Einnahmen des ELN aus Drogengeschäften, erwähnt jedoch, dass diese bis zu 8 Prozent seiner Einkünfte ausmachen könnten. Die Angaben über die Einnahmen aus Entführungen basieren auf Daten der Jahre 1999 bis 2002 und dürften seitdem, der

---

166 Vgl. Blumenthal 2001, S. 5.
167 UNDP 2003, S. 285.

geschwächten Position der Guerillagruppe entsprechend, erheblich gesunken sein.

2.4.3. Die Einkünfte der AUC

Auch die Paramilitärs können auf beachtliche Ressourcen zurückgreifen. Die kolumbianische Regierung schätzte die jährlichen Einnahmen paramilitärischer Gruppen im Jahr 2003 auf 286 Millionen US-Dollar.[168] In einem Interview mit dem Nachrichtensender CNN vom März 2000 gab Carlos Castaño, der langjährige Anführer der AUC, öffentlich zu, dass bis zu 70 Prozent der Einnamen der paramilitärischen Organisationen aus Drogengeschäften und der Besteuerung von Kokabauern stammen. Der Rest wird vorwiegend durch Erpressung und durch freiwillige Zuwendungen von lokalen Groß-grundbesitzern, Unternehmen und Drogenhändlern finanziert.[169] Eine weitere Quelle der Bereicherung stellen die Ländereien dar, welche die zahllosen internen Vertriebenen hinterlassen. Die kolumbianische Zeitung El Espectador schreibt dazu:

> „Ein Drittel der gewaltsam (...) Vertriebenen verlor seinen Boden an Paramilitärs, die sich dieses Landes bedienten, um eine soziale Basis aufzubauen, die bereit war, sich dem Latifun-dismus zu unterwerfen. Billig zu kaufen, wo es Guerillabedrohung gab, für private Sicherheit sorgen, um in einem nächsten Schritt das Eigentum zu verwerten, ist zu einem gigantischen Geschäft geworden, dessen Grundlage die Kombination ökonomischer Macht mit privater Gewalt darstellt."[170]

Paramilitärs ziehen außerdem, ähnlich wie die Guerilla, in den von ihnen kontrollierten Gebieten einen Tribut, die sogenannte colaboración ein. Die Zahlung der colaboración ist angeblich freiwillig, die Paramilitärs üben jedoch indirekt erheblichen Druck auf die betroffene Bevölkerung aus. Wer sich weigert die colaboración zu zahlen kann leicht in den Verdacht geraten, mit der Guerilla zu sympathisieren, was in AUC-kontrollierten Regionen beinahe einem Todesurteil gleichkommt.

Eine wichtige Einnahmequelle bildet für die Paramilitärs auch die Ölin-dustrie. Castaño erklärte, dass „die Paramilitärs ebenso wie die Guerilla die mul-

---

168 Ebd.
169 Vgl. Colombian Death Squad Leader Reveals His Face, CNN Interactive World Wide News, 02.03.2000, zitiert aus: Rabasa / Chalk 2001, S. 59. Vgl. auch Schreiber 2000, S. 253-258.
170 El problema de la tierra y el dominio del territorio, El Espectador, 16.02.1997, zitiert aus: Fi-scher / Cubides 2000, S. 119.

tinationalen Firmen besteuern".[171] *Human Rights Watch* ermittelte, dass die Paramilitärs einen Betrag von 2 Millionen US-Dollar für den Schutz der Ölleitung in einem bestimmten Gebiet erhielten.[172] Wie Dunning und Wirpsa erfuhren sind die transnationalen Unternehmen ihrerseits bereit, an denjenigen Gewaltakteur zu zahlen, der im Gebiet ihrer Niederlassung über das Gewaltmonopol verfügt.

In anderen Fällen bilden die Paramilitärs Allianzen mit multinationalen Unternehmen, um das Monopol über bestimmte Ressourcen zu erhalten, beispielsweise das Monopol über Gold im Süden des Departments Bolívar oder über Öl in den östlichen Llanos.[173] Die Paramilitärs „schützen" den Ölsektor jedoch nicht nur, sondern handeln auch selbst mit dem zu Treibstoff verarbeiteten Rohstoff. Über das Anzapfen von Leitungen und den Verkauf des gestohlenen Benzins an Tankstellen und Endverbraucher an Schnellstraßen nehmen die Paramilitärs jährlich rund 60 Millionen US-Dollar ein.[174] Entsprechend erleidet die staatliche Ölgesellschaft *Ecopetrol* einen Verlust von schätzungsweise fünf Millionen US-Dollar monatlich.[175]

Das Entführen von Zivilisten zum Zweck der Lösegelderpressung oder als politisches Druckmittel ist vor allem eine Taktik der Guerilla, jedoch haben auch die Paramilitärs die Rentabilität dieser Praxis entdeckt. Im Zeitraum von 1997 bis 2001 verzehnfachte sich die Zahl der Enführungsfälle, für welche die AUC verantwortlich gemacht wurde und stieg von 26 auf 262. Dies ist insofern beachtenswert, als die ersten paramilitärischen Gruppen gerade zur Bekämpfung der entführenden Guerillagruppen gegründet wurden. Im Zuge ihres Versuchs politische Legitimität zu erlangen hat die AUC ihre Entführungen wieder deutlich reduziert. Im Jahr 2003 wurde sie für 174 Fälle verantwortlich gemacht (vgl. Tabelle 6).

Geld durch Schutz

Allianzen mit multinationalen Unternehmen

---

171 Vgl. Dunning / Wirpsa 2004, S. 15.
172 Vgl. Ebd., S. 14.
173 Vgl. Emmerich 2002, S. 63.
174 Vgl. El Otro Cartel, Semana, 17.06.02, zitiert aus: Witness for Peace 2005, S. 3.
175 Vgl. Paramilitares se financian con robo de combustible a Ecopetrol, El Tiempo, 13.11.01, zitiert in: Dunning / Wirpsa 2004, S. 14.

2.5. Die Verwendung der Ressourcen durch die bewaffneten Bewegungen

2.5.1. Die Verwendung der Ressourcen durch die Guerilla

Sowohl für die FARC als auch für das ELN ist der wichtigste Verwendungszweck ihrer Ressourcen der Unterhalt ihrer Truppen. Neben der Auszahlung des Solds umfasst dies auch die Kosten für Ernährung und Gesundheit sowie die Versorgung der Familien der Kämpfer. Labrousse zufolge ist die Ausstattung von Guerillakämpfern oftmals besser als die der regulären Streitkräfte. Die *International Crisis Group* beziffert die Kosten der Guerillagruppen für den Unterhalt eines Kämpfers auf etwa drei US-Dollar pro Tag.[176]

Der zweitwichtigste Verwendungszweck ist der Kauf von Waffen und Munition. Man geht davon aus, dass die FARC nicht nur über ein riesiges Waffenarsenal verfügen, sondern auch über einige Flugzeuge, Helikopter, Boden-Luft-Raketen, die gegen die kolumbianische Luftwaffe eingesetzt werden können sowie modernste Informations- und Kommunikationstechnologien. Ein Großteil der Waffen der FARC stammt aus El Salvador und Nicaragua. Dort kauft sie Restbestände der Bürgerkriege der achtziger Jahre auf, die dann auf denselben Routen wie das Kokain – nur in umgekehrter Richtung - über Panama nach Kolumbien geschmuggelt werden. Auch über Ecuador gelangen Militärgüter wie Sprengstoff oder Uniformen nach Kolumbien. Ein weiterer Teil der Lieferungen stammt aus Osteuropa und der ehemaligen Sowjetunion.[177]

Einen weitaus geringeren Teil ihrer Einnahmen verwenden die FARC für die Verwaltung ihrer Territorien, die Organisation öffentlicher Dienstleistungen und die Verbesserung der Infrastruktur. Zudem flossen kleinere Beträge in die Unterstützung anderer revolutionärer Bewegungen in Lateinamerika. Nach dem Zusammenbruch der Sowjetunion schickten die FARC Geld nach Kuba, ebenso beteiligten sie sich an der Finanzierung des Wahlkampfes der Sandinisten in Nicaragua. Labrousse vermutet, dass auch die mexikanischen Zapatisten in Chiapas finanzielle Unterstützung durch die FARC erhielten.[178]

Die Uiaf-Studie berechnet die jährlichen Gesamtausgaben der FARC mit knapp 40 Millionen US-Dollar. Sie kategorisiert die Ausgabenposten der FARC in die Bereiche „Unterhalt der Kampfverbände" (Tabelle 11), „Soziale Dienst-

---

176 Vgl. Labrousse 1999a, S.335 f.
177 Vgl. Rabasa / Chalk 2001, S. 35 f., sowie Serafino 2001, S. 9-10.
178 Vgl. Labrousse 1999a, S. 335.

leistungen" (Tabelle 12) und „Ausgaben für Kommunikation" (Tabelle 13). Es überrascht nicht, dass von der Summe der Ausgaben der Großteil (82,4 Prozent) in den Unterhalt der Kampfverbände fließt. Da diese die Substanz der Guerilla bilden, dienen auch die Ausgaben für Sozialleistungen in erster Linie der Versorgung der Kombattanten, die in den unwegsamen Regenwaldgebieten Malaria, Insektenstichen und Ruhr ausgesetzt sind. Auch die Gefangenen und ihre Familien erhalten je nach Rang Unterstützung. Für Kommunikation und Propaganda wird schließlich ein noch höherer Anteil der Ressourcen verwendet als für das Gesundheits- und Sozialwesen, wobei der größte Teil in Mobiltelefone und die dazugehörigen Karten investiert wird, die im Gegensatz zu Festnetzgeräten die Vorteile von Mobilität und größerer Sicherheit vor staatlichen Abhörmaßnahmen haben.

Jährliche Ausgaben der FARC[179]

Zweck	Jährliche Ausgaben
Ernährung von Kämpfern	32.164 Mio. Pesos (13,6 Mio. $US)[180]
Ausstattung von Kämpfern [181]	14.137 Mio. Pesos (6 Mio. $US)
Benzin	10.429 Mio. Pesos (4,4 Mio. $US)
Ausgleich von Verlusten durch Beschlagnahmung von Waffen	7.865 Mio. Pesos (3,3 Mio. $US)
Ausbildung von Kämpfern	5.110 Mio. Pesos (2,2 Mio. $US)
Sprengstoff	4.256 Mio. Pesos (1,8 Mio. $US)
Transport von Kämpfern	1.509 Mio. Pesos (640.000 $US)
Internationale Front (Unterhalt von zwei Personen in Europa und vier Personen in Lateinamerika)	476 Mio. Pesos (200.000 $US)
Gesamtausgaben für den Unterhalt von Kampfverbänden	**75,946 Mrd. Pesos (32,15 Mio. $US)**

Tabelle 11: Unterhalt der Kampfverbände

179 Datenquelle: Las Cuentas de las FARC.
180 Im einzelnen sind das täglich 2,9 US-Dollar pro Guerillero einer *frente*, die von Entführung, Erpressung oder Viehdiebstahl lebt; 2,1 US-Dollar pro Guerillero einer *frente*, die vom weniger lukrativen Drogengeschäft lebt sowie knapp 1,2 US-Dollar pro Guerillero einer *frente*, die keine eigene Finanzierungsquelle hat, sondern vom Zentralsekretariat subventioniert wird.
181 Enthält: 1 cartuchera, 1 Machete, 1 Brotbeutel, 2 Uniformen, 2 Paar Stiefel, 2 Paar Strümpfe, 2 Paar Socken, 3 Sets Unterwäsche, 1 Tube Zahnpasta, 1 Rolle Toilettenpapier)

Zweck	Jährliche Ausgaben
Unterstützung von inhaftierten Guerilleros	2.364 Mio. Pesos (1 Mio. $US) (pro Guerillero zwischen 60 und 85 US-Dollar monatlich, je nach Rang und gesundheitlichem Zustand)
Ernährung von Entführten	2.381 Mio. Pesos (1 Mio. Pesos) (pro entführter Person täglich 1,5 $US)
Gesundheitsausgaben (Medizin, Unterhalt von mobilen Krankenstationen)	1.447 Mio. Pesos (600.000 $US)
Unterstützung der Familien von inhaftierten Guerilleros	709 Mio. Pesos (300.000 $US)
Gesamtausgaben für soziale Dienste und Ernährung von Entführten	**6,9 Mrd. Pesos (2,9 Mio. $US)**

Tabelle 12: Soziale Dienstleistungen und Ernährung von Entführten

Zweck	Jährliche Ausgaben
Kommunikation (davon 60 Prozent für Mobiltelefone und die zugehörigen Karten)	8.311 Mio. Pesos (3,5 Mio. $US)
Propaganda (Pamphlete, Zeitschriften, Zeitungen, Propagandaveranstaltungen)	803 Mio. Pesos (340.000 $US)
Unterhalt von 5 geheimen Radiosendern	431 Mio. Pesos (180.000 $US)
Unterhalt von 12 Internetseiten	20 Mio. Pesos (8.500 $US)
Gesamtausgaben für Kommunikation	**9,6 Mrd. Pesos (4 Mio. $US)**

Tabelle 13: Kommunikation

Die Frage, ob die Gelder aus Drogenhandel und Entführungen Guerillamitgliedern zur persönlichen Bereicherung dienen und ob die Organisation ihre ideologischen Ziele zugunsten von bloßem Gewinnstreben aufgegeben hätte, lässt sich für die gesamte Organisation nicht eindeutig beantworten. Es ist bekannt, dass die Führung der FARC Maßnahmen ergreift, eine solche Entwicklung zu verhindern. So berichtet die *International Crisis Group*, dass das Zentralsekretariat die Führer der einzelnen Fronten im Rotationsverfahren austauscht und Gelder von reicheren Fronten auf ärmere Fronten verteilt. Eine weitere Strategie um zu verhindern, dass einzelne

Mitglieder sich persönlich bereichern besteht darin, die Truppen ständig in Bewegung zu halten und mit Kampfaktionen zu beschäftigen.[182] Die Führung der FARC selbst scheinen bislang noch immer an ihrer politischen Ideologie festzuhalten, obwohl politische und soziale Anliegen bei den heutigen Dimensionen des Konflikts zweifellos von strategischen und logistischen Fragen überschattet werden. Gleichwohl sind die einzelnen *frentes* von der nationalen Führung zunehmend unabhängig und in unterschiedlichem Maße in kriminelle Geschäfte involviert, die sich ideologisch kaum rechtfertigen lassen. Der kolumbianische Konflikt hat durch Elemente der Bürgerkriegsökonomien an Komplexität zugenommen und alle Gewaltakteure haben, ihre politischen Ziele teilweise hinter sich lassend, ein dominantes ökonomisches Interesse am Krieg ausgebildet.

2.5.2. Die Verwendung der Ressourcen durch die Paramilitärs

Auch die Paramilitärs wenden den größten Teil ihrer Ressourcen für Ausbildung, Unterhalt und Sold der Kämpfer auf. Seit Ende der 1990er Jahre ist die AUC fünf Mal so schnell gewachsen wie die FARC und hat dafür enorme finanzielle Mittel benötigt. Zusätzlich zu seiner Verpflegung bezieht ein Söldner der Paramilitärs monatlich rund 400 US-Dollar, so dass allein der Sold für geschätzte 13.000 Kämpfer jährlich über 60 Millionen US-Dollar ausmachen dürfte.[183] Beachtliche Summen fließen außerdem in die Käufe von Waffen, Kommunikationsgerät, Propagandamaterial, Transportmittel und Ausrüstung. Die AUC kann Berichten zufolge auf 30 Flugzeuge und eine ganze Hubschrauberflotte zurückgreifen. Einen Teil ihrer Ausrüstung erhalten die Paramilitärs durch die regulären Streitkräfte. Neben den militärischen Ausgaben unterstützen die AUC in den von ihr kontrollierten Gebieten Schulen, Kooperativen und Landwirte.[184]

Anders als substantielle Teile der linksgerichteten Guerilla, in welcher der Drogenhandel letzten Endes noch immer ein Mittel zum Zweck und nicht der Zweck selbst ist, sind die paramilitärischen Gruppen von Drogenhändlern durchsetzt. In weitaus stärkerem Maße als bei FARC und ELN spielt bei der Verwendung von Ressourcen durch die Paramilitärs auch die persönliche Bereicherung eine Rolle.

---

182 Vgl. International Crisis Group 2005, S. 6.
183 Vgl. Fischer / Cubides 2000, S. 123.
184 Vgl. Serafino 2001, S. 14.

2.6. Fazit

In diesem Kapitel haben wir danach gefragt, auf welche Weise die privaten Gewaltakteure in Kolumbien den Krieg finanzieren. Im einzelnen wurde betrachtet, welche Strategien die einzelnen Gruppierungen anwenden, um sich vorhandene Ressourcen anzueignen beziehungsweise neue zu generieren. Zudem haben wir untersucht, wie und wofür die einzelnen Akteure diese Ressourcen verwenden.

Die FARC orientierten sich bei der Eroberung neuer Territorien bereits seit den späten 1970er Jahren weniger an der sozialen Lage der Bevölkerung als am ökonomischen Potential der jeweiligen Gebiete. Sie entfalteten ihre Aktivitäten bevorzugt in solchen Regionen, in denen ein Großteil des Nationaleinkommens produziert wurde und in denen sie sich durch Erpressung und die Einnahme von „Revolutionssteuern" finanzieren konnten. Seit Mitte der 1980er Jahre bilden die Besteuerung des Kokainhandels, Entführungen mit Lösegelderpressungen sowie Viehdiebstahl die Haupteinnahmequellen der FARC. Durch ihre militärische Stärke sind sie kaum noch auf die Sympathien der Bevölkerung angewiesen und können so ihre militärische Position behaupten, obwohl sie politisch isoliert sind.

Das ELN hat seine Hochburgen im Nordosten Kolumbiens. In den letzten Jahren musste es allerdings auf militärischem Gebiet empfindliche Niederlagen hinnehmen und hat einige Regionen an die AUC verloren. Unter anderem ist die Schwächung des ELN auch auf interne Konflikte innerhalb der Organisation zurückzuführen, die zur Abspaltung von Teilgruppen geführt haben. Vor diesem Hintergrund ist auch die derzeit wieder geführte Debatte um Verhandlungen mit der Regierung zu sehen. Das ELN distanziert sich weitgehend von der Drogen- ökonomie und bezieht seine Einnahmen hauptsächlich aus Entführungen mit Lösegelderpressungen und der Erpressung von ausländischen Ölgesellschaften.

Die territoriale Ausbreitung der Paramilitärs richtete sich weitgehend nach den Aktionsräumen der Guerilla, deren Gebiete zurückerobert werden sollten. Die Vernichtung der Guerilla war der Ursprung der paramilitärischen Bewegungen; für diesen Zweck wurden sie von Angehörigen der ökonomischen und politischen Eliten (Großgrundbesitzer, Industrielle, Politiker, Militär) gestützt und finanziert. Die Paramilitärs haben sich jedoch unabhängige Finanzierungsquellen geschaffen, indem sie einerseits die ressourcenreichen Territorien, von denen sie die Guerilla verdrängen, selbst ausbeuten und andererseits vor allem in den von ihnen dominierten Gebieten im Norden des Landes am Drogengeschäft partizipieren. Dies erklärt ihr außerordentliches militärisches und personelles Wachstum.

In den drogen- und ölreichen Territorien sind alle relevanten illegalen Akteure vertreten. Aufgrund ihrer strategischen Bedeutung wird um die Kontrolle dieser Zonen heftig gekämpft, was sich in den sehr hohen Opferraten widerspiegelt. FARC und AUC stellen zwar politisch entgegen gesetzte Pole dar, verfolgen aber ähnliche Strategien zur Mobilisierung von Ressourcen und zur Kontrolle der Bevölkerung in ihren Einflussbereichen. Beide Organisationen kontrollieren Regionen, in denen sie Steuern und Schutzgelder einziehen, eigene Ordnungs- und Strafsysteme etablieren und im Gegenzug Dienstleistungen wie Bildung, medizinische Versorgung oder die Vergabe von Krediten anbieten. Die gesellschaftliche Organisation innerhalb dieser Zonen basiert hauptsächlich auf Zwang und der Androhung von Gewalt. Weder Guerilla noch Paramilitärs verfügen über einen starken Rückhalt bei der Bevölkerung in ihren Einflussgebieten. Die spezielle Form der Kriegsökonomie, welche die nichtstaatlichen bewaffneten Akteure in Kolumbien etabliert haben, ermöglicht diesen ein militärisches Wachstum weit über ihren politischen Rückhalt hinaus.

Im Ergebnis hat sich der einst politisch dominierte Kampf, den die Guerillabewegungen gegen den kolumbianischen Staat und die diesen „unterstützenden" paramilitärischen Kräfte führten, mit der zunehmenden finanziellen Unabhängigkeit der Guerilla von ihrer sozialen Basis und der Paramilitärs von ihren Auftraggebern in einen Krieg verwandelt, der zwischen mächtigen bewaffneten Organisationen um den Zugang zu Ressourcen geführt wird. Zwar spielen ideologische Ziele für die Guerilla noch immer eine Rolle, die Stärke und Überlebenskraft der nichtstaatlichen Kriegsparteien liegt jedoch nicht in ihrer sozialen Basis, sondern in ihrem wirtschaftlichen Erfolg.

3. Die Auswirkungen von Staatsschwäche und Kriegsökonomie auf die Persistenz des kolumbianischen Krieges

3.1 Einleitung

Basierend auf den Ergebnissen der vorangegangenen Untersuchungen soll nun nach den Ursachen für die lange Dauer des kolumbianischen Krieges gefragt werden. Wie bereits zuvor erwähnt, wird ökonomischen Aspekten in der gegenwärtigen Literatur über die Dynamik innerstaatlicher Kriege eine bedeutende Rolle zugeteilt. Allerdings gibt es unterschiedliche Erklärungsansätze für die Frage, auf welche Art und Weise die Kriegswirtschaft einen Konflikt verlängern kann.

In den letzten Jahren hat vor allem die Vorstellung, dass die Motivation zur Fortführung von Konflikten vorrangig in der privaten Bereicherung von Kriegsherren und vom Krieg profitierenden Unternehmen zu finden sei, starke Verbreitung erfahren. Nach diesem Ansatz dienen ideologische Ziele allenfalls der Legitimation des Kriegsgeschehens nach außen, während sich die Kampfhandlungen im Inneren in erster Linie um die Kontrolle von Ressourcen drehen. Der Einsatz militärischer Gewalt wird also auf die ökonomische Zweckrationalität der beteiligten Akteure zurückgeführt. Zu diesem Ansatz zählen etwa David Keen's Konzept der *economic violence* und Georg Elwert's Theorie der Gewaltmärkte. Den Zusammenhang mit der Kriegsdauer erklärt Keen folgendermaßen:

> „Eine wachsende Zahl innerstaatlicher Kriege, die mit dem Ziel begonnen wurden, die Herrschaft über den Staat zu übernehmen oder zu erhalten oder um sich vom Staat loszulösen, entwickelten sich oft innerhalb sehr kurzer Zeit zu Kriegen, in denen unmittelbare Ziele eine wachsende Bedeutung einnehmen. Diese unmittelbaren Ziele (in besonderem Maße die wirtschaftlichen Ziele) können Kriege signifikant verlängern."[185]

Kritiker der Theorie der ökonomischen Zweckrationalität halten dem entgegen, dass ökonomische Motive in den heutigen Kriegen zwar fraglos an Wichtigkeit gewonnen haben, dass es jedoch falsch wäre, politische und soziale Interessen

---

185 Keen 2000, S. 25.

deshalb aus der Kriegsursachenanalyse auszuschließen. Dahinter steht die Beobachtung, dass Gewalt- oder Kriegsökonomien äußerst komplexe Systeme sind, welche nicht allein auf die Profitgier einzelner Kriegsherren reduziert werden können. Insbesondere in Regionen mit fortschreitendem Staatszerfall übernehmen nichtstaatliche Konfliktparteien häufig auch Aufgaben, welche ihnen keine unmittelbaren ökonomischen Vorteile bringen. Politische und ökonomische Ziele schließen sich also nicht aus. Darauf weisen auch Jean und Rufin hin:

> „Man sollte klar auseinander halten, worum es jeweils politisch und wirtschaftlich geht und es ist eine gewagte Behauptung, dass die Konflikte von gestern politischer und ideologischer Natur waren, während die von heute ökonomischer oder gar mafioser Natur seien."[186]

Einen alternativen Erklärungsansatz entwickelt Jürgen Endres. Er versteht die Kriegsökonomie als „strukturierendes Moment" und beschäftigt sich mit den gesellschaftlichen Veränderungen in lang anhaltenden Kriegen. Einen zentralen Faktor für die Persistenz innerstaatlicher Kriege erkennt er darin, dass diese sich zu einem wesentlichen Bestandteil des jeweiligen gesellschaftlichen Systems entwickeln und in den betroffenen Regionen alle Lebensbereiche nachhaltig prägen.[187]

In dem Maße, in dem der Kriegszustand zur Normalität sozialer Beziehungen wird, wird es für den Einzelnen immer schwieriger, sich von den allgemeinen Gewaltbeziehungen abzugrenzen. Des Weiteren sind in lang anhaltenden Konflikten selbst Privathaushalte gezwungen, zur Beschaffung mancher grundlegender Güter oder Dienstleistungen auf die Schattenwirtschaft auszuweichen. Der Zentralstaat wird durch diese Entwicklungen zunehmend destabilisiert. Die ohnehin schwachen ordnungspolitischen Grundlagen der betroffenen Volkswirtschaften werden durch die Gewaltökonomien weiter zerstört und staatliche Institutionen wie Zoll- oder Steuerbehörden verlieren zunehmend ihre Funktionsfähigkeit. Je schwächer der Staat wird, desto weniger ist er jedoch in der Lage, Bürgerkriege zu beenden, indem er sie militärisch entscheidet.

Im Zuge dieser gesellschaftlichen Veränderungen kommt es nach Endres zudem zur Verfestigung von Strukturen, in denen ein Teil der Akteure aus mannigfachen Gründen an der Fortsetzung des Kriegszustandes interessiert ist. Dies können Personengruppen sein, die aus der Gewalt und dem Autoritätsverlust des Staates persönlichen Profit ziehen, wie beispielsweise Waffen- oder Drogenhändler, aber auch solche Personengruppen, die auf das Einkommen aus der Kriegsökonomie angewiesen sind, um ihre Existenz zu sichern. Zu letzteren

---

186 Jean / Rufin 1999, S.8.
187 Vgl. Endres 2002, S.28 ff.

zählen beispielsweise Angehörige der staatlichen oder der nichtstaatlichen Streitkräfte oder Angestellte privater Sicherheitsdienste.

Nach dem Erklärungsansatz von Endres gehen die Konsequenzen der Organisation von Kriegswirtschaften in schwachen Staaten also bei weitem über die bloße Mobilisierung von Ressourcen hinaus. Vielmehr werden die bewaffneten Organisationen zu „sozialen Akteuren, die auch über Mechanismen der Umverteilung immer größere Teile der Gesellschaft an sich binden und von der Fortdauer des Krieges abhängig machen."[188] Durch die Kriegswirtschaft wird somit ein alternatives gesellschaftliches System geschaffen, welches auf der Fortexistenz des Kriegszustandes beruht und damit wesentlich zur Verlängerung innerstaatlicher Kriege beitragen kann.

Im Folgenden soll nun untersucht werden, wie sich der Zerfall des Staates und die Entwicklung der Kriegswirtschaft im Fall Kolumbien auf die Kriegsdauer auswirken. Hierbei stehen zwei Fragen im Vordergrund. Zunächst soll mit Bezug auf die Theorie von J. Endres überprüft werden, ob die Kriegsökonomie in Kolumbien gesellschaftliche Veränderungen hervorgebracht hat, die für die Kriegsdynamik relevant sind. Anschließend fragen wir danach, welches unmittelbare ökonomische oder politische Interesse die Akteure selbst an der Fortführung des Krieges haben, inwieweit die Kriegsdauer also auch das Produkt rationaler Entscheidungen der oppositionellen Kriegsparteien ist. Zu diesem Zweck sollen die Vor- und Nachteile einer Weiterführung des Krieges aus der jeweiligen Perspektive der zentralen Akteure gegenübergestellt werden. Hierbei werden auch die Alternativen berücksichtigt, die sich den Kriegsparteien durch eine Verhandlungslösung bieten.

3.2. Strukturelle Veränderungen der Gesellschaft

3.2.1 Autoritätstransfer von der staatlichen auf die substaatliche Ebene

Eine der wichtigsten gesellschaftlichen Veränderungen, welche die Dynamik von Staatsversagen und Kriegsökonomie in Kolumbien hervorgerufen hat, ist der Autoritätstransfer von der Ebene des Staates an substaatliche Akteure wie Paramilitärs und Guerilla. Wie bereits in Kapitel 1.2. ausführlich dargelegt, treten diese heute nicht nur als militärische Gegenspieler des Staates auf, sondern sind auch zu sozialen und politischen, insbesondere aber ökonomischen Protagonisten geworden.

---

188 Vgl. Endres 2002, S. 30.

Durch ihre kriminellen Aktivitäten und indem sie sich mit Raub und Erpressung auch gegen die Zivilbevölkerung richten, haben Kolumbiens linksgerichtete bewaffnete Aufstandsbewegungen zwar zweifellos einen großen Teil ihrer früheren Legitimität bei der Mittelklasse eingebüßt, jedoch besitzen sie unter den ärmsten Bevölkerungsschichten noch immer eine gewisse Glaubwürdigkeit. In abgelegenen Gebieten nehmen sie Staatsfunktionen wahr und kümmern sich um Arbeitsverhältnisse, Sicherheit oder Rechtsprechung, so dass sie als die jeweilige lokale Autorität angesehen und akzeptiert werden.

In der ehemaligen entmilitarisierten Zone ging diese Entwicklung so weit, dass sich sämtliche administrativen oder legalen Organe des Zentralstaats aus der Region zurückzogen und die FARC über vier Jahre hinweg die *de facto* Autorität darstellten. Mit Ausnahme der internationalen Anerkennung erfüllte das so genannte *Farclandia* alle Merkmale eines souveränen Staats innerhalb des kolumbianischen Territoriums.

Im Gegensatz zu den FARC, deren Legitimität sich auf einen örtlich und sozial begrenzten Teil der Bevölkerung bezieht, konnten die Paramilitärs, die ursprünglich nur von der Land besitzenden Elite unterstützt und finanziert wurden, in der Mittel- und Oberschicht zunehmend Sympathien gewinnen. Für viele Kolumbianer stellen die Guerilla und die überbordende Kriminalität im Land die größte Bedrohung der nationalen Sicherheit dar, die es mit Hilfe von *law and order* zu bekämpfen gelte. Präsident Uribe verkörpert mit der Kooptierung der Paramilitärs und seiner Politik der harten Hand dieses Bedürfnis. Er hat es seit seinem Amtsantritt 2002 geschafft, die offiziellen Gewaltstatistiken deutlich zu senken und erreichte auch in der Präsidentschaftswahl 2006 eine hohe Zustimmungsrate. Mit dieser Kooptierungsstrategie hat die Regierung „paramilitärische" Legitimität auf sich vereint ohne dass die Paramilitärs an politischem Einfluss verloren hätten.

Der Transfer von politischer Autorität wird von einem Transfer an Ressourcen begleitet. In den Einflussgebieten von FARC und AUC ziehen diese Steuern, Abgaben und Schutzgelder ein, die dem Zentralstaat als potentielles Einkommen verloren gehen. Ende der 1990er Jahre erreichten die Steuereinnahmen der kolumbianischen Regierung nicht einmal 12 Prozent des BIP, im Jahr 2000 betrugen sie nur 10,8 Prozent des BIP. Seitdem konnten bei der Steuereintreibung Fortschritte erzielt werden: Im Jahr 2003 wurden dank einer einmaligen, von der Administration Uribe verhängten Zusatzsteuer insgesamt 32,2 Trillionen Pesos Steuergelder eingenommen, was 14,4 Prozent des BIP entspricht.[189] Dennoch liegt das Steuereinkommen des kolumbianischen Zentral-

---

189 Vgl. The Center for International Policy's Colombia Project 2004: Do wealthy Colombians pay their taxes?, www.ciponline.org/colombia/040804cip.htm.

staats noch immer weit unter dem Möglichen. Dies liegt zum Teil in der staatlichen Steuerpolitik begründet - in Kolumbien regeln allein 70 Gesetze Steuervergünstigungen und Ausnahmeregelungen. Weit mehr jedoch ist dies auf mangelnde Zahlungsmoral, die Ineffektivität der Eintreibungssysteme und die mangelnde strafrechtlichen Verfolgung von Steuerbetrug zurückzuführen. Nach Angaben der nationalen Steuer- und Zollbehörde (DIAN) wurden Ende der 1990er Jahre 30 Prozent der Einkommens- und 32 Prozent der Mehrwertsteuer hinterzogen. Auch im Jahr 2004 gingen nach Angaben des *Center for International Policy* 30 Prozent der potentiellen Steuereinnahmen verloren.[190]

Generell ziehen große Teile der Bevölkerung es vor, sich mit ihren Forderungen und Bedürfnissen an private oder internationale Akteure zu wenden, denen sie größeres Vertrauen entgegenbringen als dem Zentralstaat. So übergehen Binnenflüchtlinge und Opfer politischer Gewalt oft die staatlichen Institutionen und treten direkt mit dem U.N. Hochkommissar für Menschenrechte, dem Internationalen Roten Kreuz oder *Amnesty International* in Verbindung. Ebenso beauftragen Unternehmen zu ihrem Schutz vorzugsweise private Sicherheitsfirmen oder paramilitärische Einheiten, statt sich an Polizei oder Militär zu wenden. Zuletzt wird anstelle der staatlichen Rechtsprechung weithin Selbstjustiz geübt.

3.2.2. Verlagerung wirtschaftlicher Aktivitäten in den illegalen Bereich

Die Abwesenheit staatlicher Ordnungsinstanzen hat desweiteren zu einem Anwachsen illegaler Wirtschaftszweige geführt, von denen auch aufständische Gruppen profitieren. Dabei haben die Produktion und der Handel mit Drogen, vor allem mit Kokain, die größte Bedeutung erlangt. Die Drogenökonomie ist nicht nur ein Teil der Schattenökonomie, d.h. solcher Wirtschaftszweige, deren Einkommen nicht den Steuerbehörden gemeldet wird, sondern sie ist auch gesetzlich verboten und somit auf den Vertrieb über illegale Märkte angewiesen. Gerade diese Illegalität ist es, die das Drogengeschäft so lukrativ macht, da die mit der Produktion und dem Handel verbundenen Risiken es den Drogenhändlern erlauben, ihr Produkt zu außerordentlich hohen Preisen zu verkaufen.

Die wachsende Bedeutung des Drogenhandels ist hierbei nicht nur im Hinblick auf die Finanzierung der illegalen bewaffneten Bewegungen von Relevanz, sondern führt auch zu tiefgreifenden Veränderungen der kolumbianischen Gesellschaft. So ist eine große Zahl von Menschen direkt oder indirekt an den Drogengeschäften beteiligt und teilweise finanziell von ihnen

---

190 Vgl. Ebd. Sowie Blumenthal 1999, Teil 4.

abhängig. Zudem hat die Drogenwirtschaft die Migrationsströme innerhalb des Landes wesentlich beeinflusst.

Dies gilt unmittelbar für die Kokabauern. Der Boom der Drogenökonomie in den 1980er und 1990er Jahren zog tausende von Kleinbauern an, die in die abgelegenen, oftmals von Guerillagruppen kontrollierten Gebiete umsiedelten, um als Kokapflanzer zu arbeiten. Im Zuge der neoliberalen Wirtschaftspolitik der kolumbianischen Regierung stiegen die Agrarimporte um ein Vielfaches an, so dass zahlreichen Bauern die Existenzgrundlage genommen wurde. Der Kokaanbau stellte für viele Familien die einzige Möglichkeit dar, ihre Existenz zu sichern. Koka unterscheidet sich von anderen Agrargütern wie Maniok oder Kartoffeln nicht nur durch seine hohen Preise, (der Preis für ein Kilo Rohkokain betrug Ende der neunziger Jahre etwa 500 US-Dollar, der Preis für reines Kokain etwa 2500 US-Dollar), sondern auch dadurch, dass es sehr ertragreich ist und bis zu viermal im Jahr geerntet werden kann. Die Gesellschaft für Technische Zusammenarbeit (GTZ) und das Interamerikanische Institut für landwirtschaftliche Zusammenarbeit (IICA) schätzen, dass 1999 in Kolumbien 800.000 Menschen wirtschaftlich direkt vom Kokaanbau abhängig waren.[191]

Noch sehr viel höher ist die Zahl der Menschen, die indirekt von der kolumbianischen Drogenwirtschaft profitieren. Heidrun Zinecker schätzt, dass Mitte der 1990er Jahre etwa drei Millionen Kolumbianer durch verschiedene Formen der Beteiligung am Drogengeschäft einen sozialen Aufstieg erlebt haben könnten.[192]

Während die Drogenwirtschaft mit Abstand der größte illegale Wirtschaftssektor Kolumbiens ist, wirken sich auch andere illegale ökonomische Strategien auf die gesellschaftlichen und sozialen Strukturen aus. Beispielsweise schätzt UNDP, dass allein 200.000 Personen ihren Lebensunterhalt durch gestohlenes Benzin bestreiten.[193]

3.2.3. Erosion und Korruption staatlicher Institutionen

Eine weitere Folge der Drogenwirtschaft ist die Verflechtung krimineller und illegaler ökonomischer Aktivitäten mit der legalen, formalen Wirtschaft. Dies geschieht über zwei Wege: Zum Einen sind zur Herstellung der Drogen chemische Produkte und andere legale Waren notwendig. Zum Anderen fließen Drogengelder über die Geldwäsche in die legale Wirtschaft ein und werden z.B.

---

191 Vgl. Friedrich-Ebert-Stiftung 1999, S. 15.
192 Vgl. Zinecker 2004, S. 16.
193 Vgl. UNDP 2003, S. 294.

in Immobilien und Landbesitz investiert.[194] Von den immensen Gewinnen in der kolumbianischen Drogenwirtschaft profitieren daher nicht nur diejenigen, die direkt mit Kokain zu tun haben, auch die Gesamtwirtschaft ist am Drogengeschäft beteiligt. Es gibt daher auch auf Seiten der politisch-administrativen Eliten ein Interesse an der Fortführung des Drogenhandels und somit den Anreiz, nicht an der Restitution des Staates orientiert zu handeln. Dario Azzellini urteilt:

> „In Kolumbien ist der Drogenhandel der dynamischste Wachstumsfaktor. Die Großbanken profitieren von der Geldwäsche der Narco-Dollars, das Großkapital verdient am Handel der Vorprodukte für die Kokainherstellung und am Transport. Es verwundert daher nicht, wenn Politiker, Polizei und Militärs tief in das Geschäft verstrickt sind."[195]

Die Illegalität der Drogenökonomie macht es unmöglich, genaue Aussagen über das Ausmaß zu treffen, in dem Drogengelder in die kolumbianische Ökonomie einfließen. Schätzungen unterliegen starken Schwankungen und reichen von 1,5 bis zu 7 Mrd. US-Dollar jährlicher Deviseneinnahmen. Trotz der ungenauen Daten lässt sich aber feststellen, dass Kokain neben Erdöl- und Chemie-produkten zu den Hauptexportgütern Kolumbiens gehört.[196] Die meisten Autoren gehen davon aus, dass die Drogenindustrie etwa 6 Prozent des BIP (entspricht 5 Mrd. US-Dollar) und einen ebenso großen Arbeitsplatzanteil ausmacht.[197]

Die kolumbianischen Regierungen haben deshalb in der Vergangenheit ei-ne ambivalente Haltung zum Drogenhandel eingenommen. Während sie den Anbau von Koka und Heroin offiziell bekämpften, wurde gleichzeitig versucht über die liberale Devisenpolitik der *ventanillas siniestras* („finstere Fenster-chen"), die ökonomischen Vorteile zu realisieren und die Nachteile - so gut es geht - zu begrenzen. Die *ventanillas siniestras* wurden bei den Banken bereits zu Beginn der Präsidentschaft von López Michelsen im Jahre 1974 eingerichtet. Sie erlaubten den Umtausch von Devisen in Landeswährung, ohne dass nach deren Herkunft gefragt wurde und stellten damit einen Mechanismus dar, mit

---

194 Vgl. Zinecker 2004, S. 13.
195 Azzellini 2002, S. 115.
196 2001 exportierte Kolumbien Güter im Wert von 12,3 Mrd. US-$, wovon Erdöl und Erdölpro-dukte mit 25% den grössten Anteil darstellen, gefolgt von chemischen Produkten (14%) und Kohle (10%). Der niedrigste Schätzwert für den Kokainexport (1,5 Mrd. US-$) entspräche dann immerhin einem Wert von 12,2% der Gesamtexporte. Höhere Schätzungen, z.B. von Michael Shifter, gehen von 25-35% der Gesamtexporte aus (vgl. Lessmann 1996, S.196 ff.; Emmerich 2002, S. 69; Azzellini 2002, S. 116; Chanduví Jaña 2002, S.4 f.; Shifter 1999.
197 Vgl. Azzellini 2002, S. 116.

dem der kolumbianische Staat auf illegale Devisenguthaben zugreifen konnte, während er stillschweigend deren „Formalisierung" (Geldwäsche) gewährte.[198]

Ein anderes Beispiel für die Kriminalisierung der formellen Wirtschaft findet sich bei Manipulationen der Export-Import-Fakturierung. Forscher der *Universidad de los Andes* (UNIANDES) stießen bei dem Versuch, die Höhe des kolumbianischen Gewinns beim Kokainhandel auszurechnen, auf eine Reihe statistischer Unstimmigkeiten. Unter anderem stellten sie fest, dass bereits im Jahre 1988 rund 30 Prozent der Importe nicht registriert waren und ein bedeutender Teil des Güterverkehrs außerhalb der Normen stattfand.[199]

Die Drogenwirtschaft führte in Kolumbien zudem immer wieder zu Korruptionsskandalen, in die auch hochrangige Politiker verwickelt waren. Ein aufsehenerregender Skandal ereignete sich unter Präsident Ernesto Samper (1994-98), als wegen der Annahme illegaler Drogengelder ein Prozess gegen die gesamte Regierung sowie eine Reihe von Kongressabgeordneten geführt wurde. Im Verlauf der gerichtlichen Untersuchungen kam ein ganzer Zweig krimineller Beziehungen der wichtigsten demokratischen Institutionen des Landes ans Licht, den selbst in Kolumbien niemand vermutet hätte. Durch die korrumpierende Macht der Drogenwirtschaft nahm das traditionelle Misstrauen der Gesellschaft gegenüber dem Staat zu und die Grenzen zwischen Legalität und Illegalität verschwammen zusehends.

Auch Präsident Uribe, seit 2002 im Amt, wurde wiederholt mit Drogengeschäften in Verbindung gebracht. Dies wurde durch das oben zitierte, anhand von mehreren mehrere Quellen geprüfte DIA-Dokument aus dem Jahr 1991 bestätigt, das aufgrund eines Informationsgesuchs im Rahmen des *Freedom of Information Act* deklassifiziert worden ist.[200]

Vor allem das Bild des Kongresses in der Öffentlichkeit ist bis heute von zahlreichen Korruptionsskandalen geprägt. In den 1990er Jahren haben schätzungsweise 60 Prozent der Kongressmitglieder Bestechungsgelder angenommen, mit denen z.B. ihre Kooperation in Auslieferungsfragen erkauft werden sollte. In einer Untersuchung des kolumbianischen Verteidigungsministeriums vom Juli 2002 äußerten 70 Prozent der Befragten entsprechend, sie hätten eine „negative Meinung" über den Kongress.[201]

Auch das Justizwesen ist stark von der Korruption betroffen, wobei Beamte nicht selten unter Todesdrohungen gezwungen werden, Bestechungsgelder

---

198 Vgl. Lessmann 1996, S.206 ff. sowie 221 f.
199 Vgl. Ebd., S.204.
200 Vgl. Kapitel 1.2..
201 República de Colombia – Ministerio de Defensa Nacional: Concepto de la población sobre su fuerza pública, Sistema de Información de la Defensa Nacional (SIDEN), http://www. mindefensa. gov.co/fuerza/ fpconcepto.html.

anzunehmen. Dies betrifft in besonderem Maße Richter, die regelmäßig Opfer von Einschüchterungsversuchen und Gewalttaten werden, insbesondere wenn sie Verhandlungen führen, in denen sich Regierungsbeamte oder Führer paramilitärischer Gruppen unter den Angeklagten befinden. In keinem anderen Land Lateinamerikas wurden in den letzten Jahrzehnten mehr Justizangehörige, insbesondere Richter, ermordet.

3.2.4. Privatisierung und Veralltäglichung von Gewalt

Infolge des Ordnungsvakuums, welches die Absenz des staatlichen Gewaltmonopols hervorrief und aufgrund des großen Gewaltbedarfs, der auf illegalen Märkten durch das Fehlen juristischer Sicherheiten entsteht, entwickelten sich in Kolumbien im Verlauf des Krieges verschiedene Anbieter privater Gewalt.

Die private Gewaltkultur hat in Kolumbien eine lange Tradition und ist teilweise in der staatlichen Politik selbst verwurzelt. Im Bewusstsein seiner Schwäche wurden durch den kolumbianischen Staat Gesetze und sogar Verfassungsartikel geschaffen, in denen seinen Bürgern das Recht auf Selbstverteidigung zuerkannt wurde. Dies schloss auch den privaten Gebrauch von Waffen ein, allerdings nur nach der Autorisierung und unter der Kontrolle des Staates. Dadurch kam es von 1968 bis 1989 zur Legalisierung der sogenannten *autodefensas*, ursprünglich von Landeigentümern zum Schutz vor Banditentum gebildete Selbstverteidigungsgruppen, aus denen sich die heutigen Paramilitärs entwickelten, die aber bis heute noch neben den Paramilitärs in ihrer ursprünglichen Funktion agieren. Wie die Paramilitärs werden auch *autodefensas* zum Teil durch Großgrundbesitzer, Industrielle oder andere Vertreter der Oberschicht finanziert, die unter der nichtstaatlichen Gewalt leiden und es vorziehen, ihre Ressourcen in Privatarmeen, anstatt in die bürokratischen und ineffizienten Organe der Staatsmacht zu investieren. Während der Begriff *autodefensas* für rurale Regionen verwendet wird, nennt man entsprechende urbane Gruppierungen Milizen.[202]

Die juristische Grundlage der Legalisierung von Selbstverteidigungsgruppen ist äußerst unscharf und erlaubt keine klare Abgrenzung der *autodefensas* von den paramilitärischen Gruppierungen. Besonders deutlich wird dies am Beispiel der *Asociaciones Comunitarias de Convivencia Rural* (CONVIVIR), privater ländlicher Sicherheitskooperativen, die 1997 für verfassungskonform erklärt wurden, deren Zielsetzung aber weniger in der Selbstverteidigung als

---

202 Vgl. Zinecker 2002, S. 12.

vielmehr in der offensiven Bekämpfung der Guerilla, dem erklärten Ziel der Paramilitärs, liegt.

Eine weitere Form organisierter privater Gewalt stellt die *limpieza social* („soziale Säuberung") dar, die in der systematischen Exekution unerwünschter Bevölkerungsgruppen durch Todesschwadrone besteht. Zu den Opfern, die zusammengenommen als *desechables* („Wegwerfbare") denunziert werden, gehören Prostituierte, Drogenabhängige, Homosexuelle, Straßenkinder und Kriminelle. Anfang der neunziger Jahre gab es in Kolumbien etwa 40 derartige Gruppierungen, die ähnlich wie die Paramilitärs den Staat als Ordnungshüter komplementieren wollen, die gelegentlich aber auch direkt mit dem Staat, z.B. der Polizei, zusammenarbeiten.[203]

Zu den eindringlichsten Beispielen für die Privatisierung der Gewalt in Kolumbien gehört das *sicariato*, das Auftragsmördertum. Diese Institution entstand in den achtziger Jahren, als die Drogenmafia jugendliche Killer, so genannte *sicarios*, damit beauftragte, gegen Bezahlung unerwünschte Personen zu beseitigen. Aus unternehmerischer Sicht ist es für die Drogenbosse unumgänglich, zur Gewalt zu greifen, da es im Drogengeschäft zwar großen Profit, aber keine juristischen Sicherheiten gibt. Auf diese Weise entwickelte sich in Medellín zur Zeit der großen Drogenkartelle eine regelrechte Todesindustrie, in der spezielle „Mordagenturen" als Vermittler zwischen Auftraggebern und *sicarios* auftraten. *Sicarios* waren auch für die Ausführung der Aufsehen erregenden Politikermorde im Zuge der Drogenkriege in den 80er und 90er Jahren verantwortlich. Anfang der 1990er Jahre existierten in Medellín 300 Jugendbanden und mindestens 5000 *sicarios*.

Inzwischen hat sich die Institution des *sicariato* verselbständigt und es gibt Tausende von Auftragsmördern, die unabhängig von der Drogenmafia agieren. Nach Schätzungen der kolumbianischen Regierung sind heute etwa 10.000 Personen als Vermittler oder als „Berufskiller" in diesem Bereich tätig.[204]

Mit Söldnern,[205] Milizen, Angestellten privater Sicherheitsunternehmen oder *sicarios* haben sich in Kolumbien Berufsgruppen etabliert, denen die Fortsetzung der Kampfhandlungen und der illegalen ökonomischen Aktivitäten ein regelmäßiges Einkommen sichert.

Die Lähmung des Staatsapparats und die amorphe Ordnung haben darüber hinaus dazu geführt, dass auch die Alltagskriminalität und -gewalt in Kolumbien extreme Ausmaße angenommen haben. Heute sterben in Kolumbien jährlich 25.000 bis 30.000 Menschen eines gewaltsamen Todes. Auf 100.000 Einwohner

---

203 Vgl. Ebd., S.12 ff.
204 Vgl. Zinecker 2002, S.14 sowie Azzellini 2002, S.117 f.
205 Vgl. dazu auch Kapitel 5.5..

kommen jährlich etwa 70 Gewaltopfer, das entspricht einer Mordrate, die 20mal so groß ist wie die Deutschlands und dreimal so groß wie die Brasiliens.[206] Die Folgen dieses allgemeinen Gewaltkontexts bestehen vor allem in der Veralltäglichung der Gewalt. Das Vertrauen in die Fähigkeit des Staates, Konflikte zu lösen ist stets geringer geworden. Stattdessen herrscht weithin Selbstjustiz und in dieser dynamischen Entwicklung bilden sich Gewaltmärkte aus, die sich an alle Bereiche des gesellschaftlichen Lebens anschließen; Gewalt dringt regelsetzend in alle Bereiche des gesellschaftlichen Lebens ein. Die Interaktion zwischen politischer und „gewöhnlicher" Gewalt hat außerdem die Grenzen zwischen beiden verschwimmen lassen, oft lässt sich nicht feststellen, ob Entführungen oder Attentate den regulären Sicherheitskräften, Paramilitärs, Guerilla oder gewöhnlichen Verbrechern zuzurechnen ist.

3.3. Kosten und Nutzen der Fortführung des Krieges

3.3.1. Die Perspektiven des Staates

Aus der Perspektive des Staates lassen sich keine unmittelbaren Vorteile einer Fortführung des Krieges feststellen. Die Kosten des Krieges sind enorm und reichen von den Todesopfern über die Kosten für die Rehabilitation und dem Arbeitsausfall von Gewaltopfern bis hin zu den Verheerungen der Infrastruktur des Landes und den Mehrausgaben für Sicherheitskräfte und Justiz.[207] Dessenungeachtet haben Teile der politisch-administrativen Elite Interessen an der Fortführung der Gewalt entwickelt. Diese Eliten haben kein Interesse an der Ausbildung stabiler Ordnungsstrukturen, denn im Zuge der derzeitigen Entwicklung stellen sie mit der Stabilität des Staates auch ihre herausgehobene Stellung zur Disposition – mit entsprechenden politischen und sozioökonomischen Konsequenzen.

Ein instruktives Beispiel für den Zusammenhang zwischen Gewalt und den wirtschaftlichen Verlusten Kolumbiens ist der Ölsektor, der wichtigste Exportsektor des Landes. Infolge von Anschlägen durch die Guerilla fiel die kolumbianische Ölproduktion im Jahr 2000 um 15,7 Prozent. Seit 1986 haben die FARC und vor allem das ELN bereits mehr als 1.000 Mal die wichtigsten Ölpipelines des Landes bombardiert.[208] Ausländische Unternehmer beklagen die

---

206 Vgl. hierzu Kapitel 1, Abbildung 6. Außerdem Zinecker 2002, S. 1; Krumwiede 2000, S. 180; Blumenthal 2002, S. 3.
207 Vgl. hierzu z.B. Nolte 2000, S. 78.
208 Vgl. Janzen / Patel 2001, S. 3.

großen zusätzlichen Kosten für Sicherheitsmaßnahmen und die Schutzgelder, die sie an die Guerilla entrichten müssen.

Die ausländischen Direktinvestitionen sanken zwar von 2,5 Milliarden US-Dollar im Jahr 2001 auf 0,8 Milliarden US-Dollar im Jahr 2003. Allerdings ist bei der Behauptung eines kausalen Nexus zwischen privater Gewalt und dem Verlust an ausländischen Investitionen Vorsicht geraten. Denn bis 2001 – den Jahren höchster Gewalt! - sind die ausländischen Nettodirektinvestitionen in Kolumbien noch stark angestiegen. Der jüngste Abwärtstrend ist in ganz Lateinamerika zu beobachten und vermutlich eher eine Auswirkung der argentinischen Krise.

Jahr	Δ BIP in Prozent	Ausländische Direktinvestitionen (Mrd. US-Dollar)	Arbeitslosigkeit (Prozent)
1995	5,7	0,7	n.v.
1996	2,0	2,8	11,5
1997	3,4	4,8	12,2
1998	0,6	2,0	15,7
1999	- 4,2	1,4	20,1
2000	2,9	2,0	20,5
2001	1,4	2,5	17,3
2002	1,6	1,2	18,2
2003	3,7	0,8	14,2

Tabelle 14: Wirtschaftsentwicklung Kolumbiens 1995 – 2003[209]

Zur Begleichung der Kosten von Krieg und Alltagsgewalt muss insgesamt ein beträchtlicher Teil der staatlichen Ausgaben aufgewendet werden. Schätzungen über die Höhe dieser Kosten liegen weit auseinander und reichen von einem Zehntel bis zu einem Drittel des Bruttoinlandsprodukts. Die *Banco Interamericano de Desarollo* (BID) geht von einer Belastung des Haushalts von 25 Prozent des (potentiellen) BIP aus.[210] Nach einer in der kolumbiansichen Tageszeitung *El Tiempo* im Februar 2005 veröffentlichen Schätzung belaufen sich die Kriegskosten der letzten fünf Jahre auf 16,5 Milliarden US-Dollar.[211]

---

209 Datenquellen: The World Bank Group, Dresdner Bank Lateinamerika.
210 Mit "potentiellem" BIP ist das BIP gemeint, welches Kolumbien voraussichtlich ohne die Kosten der Gewalt erwirtschaft hätte (vgl. Nolte 2000, S. 78); Emmerich 2002, S.70. Zum Vergleich: in den USA betragen die Kosten der Gewalt 3,7 Prozent des BIP, der lateinamerikanische Durchschnitt liegt zwischen 7,5 Prozent und 14 Prozent (je nach Berechnungsgrundlage).
211 Vgl. El Tiempo, 07.02.2005.

Der Anteil der Staatsausgaben für Verteidigungs- und Sicherheitszwecke ist jedoch trotz der Eskalation der Gewaltsituation während der 1990er Jahre nicht wesentlich gestiegen. Im Jahr 2001 lag er bei etwa 3,4 Prozent des BSP und bei 13 Prozent der gesamten Staatsausgaben (vgl. Tabelle 15). Erst unter der Administration Uribe stiegen die Militärausgaben deutlich an und liegen in den letzten drei Jahren bei 5 Prozent des BSP.[212] Obwohl Kolumbien damit einen deutlich größeren Anteil des Haushalts für Verteidigungszwecke ausgibt als der lateinamerikanische Durchschnitt, nehmen Kolumbiens Militärausgaben für ein Land im Bürgerkriegszustand noch immer einen relativ geringen Anteil des Haushalts ein (z.B. verwenden Angola und Israel jeweils circa 13 Prozent des BIP für die innere Sicherheit).

Jahr	Ausgaben in Prozent des BSP
1990	2,34
1991	2,29
1992	2,69
1993	3,23
1994	3,11
1995	3,44
1996	3,59
1997	3,89
1998	3,59
1999	4,03
2000	3,56
2001	3,40

Tabelle 15: Militärausgaben Kolumbiens in Prozent des BSP 1990 – 2001[213]

Neben den wirtschaftlichen Kosten des Krieges ist zu berücksichtigen, dass die ohnehin schon schwache Legitimität des Staates bei einem Andauern des Krieges ständig weiter untergraben wird, wenn er seine territoriale und soziale Kontrolle nicht weiter ausdehnen kann und keine Möglichkeit hat, sein Gewaltmonopol durchzusetzen. Auf internationaler Ebene führen der Krieg und die damit verbundene Standortunsicherheit zu einem Ansehensverlust, der sich negativ auf politische und wirtschaftliche Beziehungen auswirkt.

---

212 Vgl. International Crisis Group 2005b, S. 12.
213 Rabasa / Chalk 2001.

Eine friedliche Beilegung des Konflikts wäre jedoch mit umfangreichen Zugeständnissen an die Guerilla verbunden. So fordern die FARC als Vorbedingung für einen Neubeginn von Verhandlungen unter anderem die Entmilitarisierung von zwei Departements, Caquetá und Putumayo. Dies entspricht einem dreimal so großen Territorium wie die frühere entmilitarisierte Zone und einem Zehntel des kolumbianischen Staatsgebiets. Die neue Zone würde außerdem an Ecuador angrenzen und den FARC damit Waffen- und Drogenexporte erleichtern. Mit der Akzeptanz dieser Forderung würde Präsident Uribe nicht nur ein riesiges Gebiet in die Hand der Guerilla geben, das zudem einen großen Teil der kolumbianischen Kokaanbaugebiete einschließt, er würde außerdem seine Drogenbekämpfungsstrategie und die Unterstützung der USA riskieren, die Kolumbien im Zuge des *Plan Colombia* zum drittgrößten Empfänger von US-Militärhilfe weltweit gemacht haben.[214] Angesichts dieser Umstände sind die Forderungen der FARC für den Staat inakzeptabel.

Mit der Kooptation von Paramilitärs und der Anstrebung eines militärischen Sieges über die FARC verfolgt der Staat derzeit eine Doppelstrategie. Mit der Umwandlung der Paramilitärs von einem politisch-militärischen Konkurrenten zu einem hauptsächlich ökonomischen Akteur – der durch seinen mafiosen Charakter weiterhin das legitime Gewaltmonopol des Staats untergräbt – ist die Regierung in der Lage, die Kosten des Krieges zu reduzieren, was an den sinkenden Gewaltraten seit der Amtsübernahme durch Uribe abzulesen ist. Andererseits erfordert die Angriffsstrategie gegenüber der Guerilla eine deutliche Aufrüstung der relativ schwachen kolumbianischen Sicherheitskräfte. Direkt nach seiner Amtsübernahme im August 2002 ordnete die neue Regierung eine Offensive der kolumbianischen Armee an und verhängte den Ausnahmezustand, mit dem weit reichende Sonderermächtigungen für Polizei, Militär und Justiz verbunden sind. Außerdem wurde eine Notsteuer erlassen, um die Militärausgaben um fast 800 Mio. US-Dollar zu erhöhen. Die Regierung Uribe hat zudem die Anzahl von Soldaten auf 200.000 und die Zahl der Polizisten auf 160.000 erhöht sowie 600 Staffeln mit Bauernsoldaten gebildet. Zusätzlich wurden modernere Hubschrauber und Schnellboote eingeführt sowie zwei neue Mobile Brigaden der Armee mit jeweils 3.000 Soldaten gebildet.[215] Die Militärhilfe aus den USA wurde ebenfalls noch einmal aufgestockt. Uribe plant, die Zahl der Polizisten und Berufssoldaten langfristig zu verdoppeln. Darüber hinaus sollen in den nördlichen Departements Cesar, Magdalena und Guajira Zivilisten als

---

214 Insgesamt unterstützten die USA die kolumbianischen Sicherheitskräfte zwischen 2000 und 2004 mit 3,8 Mrd. US-Dollar.
215 Vgl. International Crisis Group 2005b, S. 12.

Informanten dienen und gegen Entlohnung Hinweise über die Pläne der Guerilla liefern.[216] Die härtere Linie der Regierung spiegelt auch ein Umdenken in der öffentlichen Meinung wider. Bei der Amtsübernahme von Andrés Pastrana hatte niemand den Streitkräften eine Chance eingeräumt, die FARC zu besiegen, daher forderte die Bevölkerung den Dialog mit der Guerilla und ein Ende des Krieges. Nicht zuletzt durch die finanzielle und logistische Unterstützung der USA scheint ein militärischer Sieg der kolumbianischen Armee heute zwar greifbarer und die Mehrheit der Kolumbianer hält inzwischen die bewaffnete Auseinandersetzung mit der Guerilla für aussichtsreicher als erneute Verhandlungen. Noch ist der Staat jedoch trotz der unter Uribe eingeführten Reformen weit davon entfernt, die FARC militärisch besiegen zu können.

3.3.2. Perspektiven der Guerilla

Für die Guerilla bietet die Fortführung des Krieges durchaus Vorteile, denn nur dadurch kann sie ihre politische und ökonomische Machtposition beibehalten, die sie trotz mangelnder sozialer Basis aufbauen konnte. Auch wenn die FARC kaum realistische Aussichten haben, den Staat militärisch zu besiegen, haben sie zur Zeit wenig Anreiz sich auf Friedensgespräche einzulassen.

Die Guerilla verfügt nicht über die Alternative, legale politische Macht auszuüben. Durch ihren geringen Rückhalt in der Bevölkerung hätten weder FARC noch ELN Aussichten, in Wahlen zu siegen; damit bietet sich ihnen auch kein Grund, sich zu Wahlen zu stellen. Die Nachteile politischer Lösungen für eine militärisch starke Guerilla sind historisch bestätigt. So spielt die Anfang der 1990er Jahre ins Zivilleben reintegrierte Guerillagruppe M-19 im heutigen kolumbianischen politischen System, ähnlich wie die reintegrierten Guerillabewegungen in El Salvador und Guatemala, keine Rolle mehr. Der Versuch der FARC selbst, durch einen politischen Arm, die *Union Patriótica* (UP) legal am politischen Leben mitzuwirken, endete in den späten 1980er und frühen 1990er Jahren mit der Ermordung von circa 4.000 Parteimitgliedern durch Paramilitärs, undefinierte Todesschwadronen und Geheimdienste des Staates.[217] Darin liegen die wesentlichen Gründe für die kompromisslose Einstellung der heutigen

---

216 Vgl. Kunath, Wolfgang: Uribe verhängt Ausnahmezustand – Neue Regierung in Kolumbien stockt Armee und Polizei auf, in: Frankfurter Rundschau vom 13.08.2002, ausserdem: The Economist, September 21st, 2002: Calling up reinforcements – Can new forces of auxiliaries and informers bring greater security? Vgl. auch Azzellini 2002, S. 113.
217 Vgl. Leongómez 1999b, S. 69 f.

Rebellen und ihre Weigerung, sich im Vorfeld von Verhandlungen auf einen Waffenstillstand einzulassen.

Gegen die Aufnahme von Friedensverhandlungen von Seiten der Guerilla sprechen auch die Forderungen der Regierung. Präsident Uribe hat an die Wiederanknüpfung von Kontakten mit der Guerilla die Bedingung gestellt, dass diese sich zu einem „Ende der Feindseligkeiten" gegenüber der kolumbianischen Bevölkerung verpflichten. Darunter fallen unter anderem auch die Beendigung der Entführungen und Erpressungen sowie der Anschläge gegen Einrichtungen der Infrastruktur. Die Guerilla wird diese Bedingungen schon deshalb nicht akzeptieren können, da sie damit auf einen großen Teil ihrer finanziellen Einkünfte verzichten und damit im vermutlich sehr langwierigen Verlauf der Verhandlungen nicht mehr über militärischen Druck verfügen würde. Der Verlust militärischer Macht durch eine Beendigung des Krieges bedeutet nicht nur die Aufgabe der Möglichkeit, politische und ökonomische Ziele umzusetzen, sondern auch die Auslieferung der eigenen Sicherheit.

Für das ELN stellt sich die Situation deutlich anders dar als für die FARC. Das ELN hat in den letzten Jahren in Kämpfen gegen die Paramilitärs, aber auch gegen die FARC, große Niederlagen hinnehmen müssen und ist zusätzlich durch Interessenskonflikte innerhalb der Bewegung geschwächt. Für das ELN gibt es daher durchaus einen Anreiz, den bewaffneten Kampf aufzugeben und sich auf eine Zukunft in der politischen Opposition einzulassen. Im Jahr 2005 liefen bereits Gespräche zwischen den kolumbianischen Linksparteien und dem ELN, in denen die Frage einer Eingliederung des ELN in die Linksparteien und die Aufstellung eines gemeinsamen Präsidentschaftskandidaten erwogen wurden. Die Voraussetzung hierfür wäre die Waffenniederlegung des ELN.[218]

3.3.3. Perspektiven der Paramilitärs

Während der Amtszeit von Präsident Pastrana waren Verhandlungen zwischen AUC und Regierung von vornherein ausgeschlossen, da die Regierung paramilitärische Organisationen nicht als politische Akteure anerkannte. Dies war einerseits auf den scharfen Protest der FARC zurückzuführen, die mit dem sofortigen Abbruch des Friedensprozesses drohten, falls es zu direkten Gesprächen zwischen Paramilitärs und Regierung kommen sollte. Zum anderen konnten die AUC über ihren eigentlichen Zweck (der in der Vernichtung der Guerilla liegt) hinaus in nur geringem Maße politische Werte transportieren.

---

218 International Crisis Group 2005b, S. 14.

Dennoch nahm Präsident Uribe unmittelbar nach seinem Amtsantritt Verhandlungen mit den paramilitärischen Einheiten auf, die im Juni 2003 zur Unterzeichnung eines Demobilisierungsabkommens mit den AUC führten. In dem Mitte 2005 vom Kongress gebilligten Rahmengesetz über die Demobilisierungskampagne (*ley Justicia y Paz*) wird den Paramilitärs der Status eines politischen Akteurs zuerkannt. Die Einwilligung der Paramilitärs in die Verhandlungen mit der Regierung zu ihrer Demobilisierung ist eine rationale Entscheidung, insofern man folgende Kalkulation in Betracht zieht. Auf der Kostenseite fällt zunächst die Aufgabe des militärischen Zwecks und damit das Versiegen der eigentlichen Legitimitätsquelle der Paramilitärs ins Gewicht.

Zweitens führt die Aufgabe militärischer Gewalt möglicherweise zu einer Schwächung von Macht. Dieser Kostenfaktor ist jedoch als relativ gering einzustufen, da aus dem bisherigen Verlauf des Demobilisierungsprozesses deutlich wurde, dass das Waffenstillstandsabkommen nur sehr begrenzt eingehalten wird und die Niederlegung der Waffen eher symbolischer Natur ist. Die demobilisierten Kämpfer haben, zumindest teilweise, die Waffen bereits wieder aufgenommen und garantieren die Wahrung ihrer ökonomischen Interessen auch weiterhin durch physische Gewalt. Wie im vorangehenden Kapitel dargelegt, haben die Paramilitärs ihren politisch-militärischen Zweck seit Jahren sukzessive gegen einen ökonomischen Zweck eingetauscht. Ihre Konzentration in ressourcenreichen Gebieten ist dafür allein noch kein hinreichender Beleg, wohl aber, dass sie in deren wirtschaftlicher Ausbeutung zunehmend mit Guerillagruppen kooperieren, um ihre absoluten Gewinne zu steigern - anstatt als politisch-militärische Akteure die Kooperationsgewinne nur *relativ* zu bewerten.

Zudem sind die Sicherheitsbedenken, die in der Kalkulation der Guerilla im analogen Fall schwer wiegen, im Falle der paramilitärischen Demobilisierung minimiert. Dass die Paramilitärs von Seiten des Staates kaum etwas zu befürchten haben, ist eine Erfahrung aus der Vergangenheit. Die staatlichen Kräfte haben in der Aufstandsbekämpfung häufig mit paramilitärischen Verbänden kooperiert, während sie ihre parastaatliche Konkurrenz seit 1989 zwar illegalisierten, jedoch kaum gegen sie vorgingen.

Bestärkt wird diese Einschätzung durch die seit dem Amtsantritt Uribes guten Beziehungen zur staatlichen Führung auf der individuellen Ebene. Dadurch, dass der Staat gleichzeitig mit der Demobilisierung der Paramilitärs eine substantiell auch durch die USA unterstützte militärische Offensive gegen die FARC eingeleitet hat, welche die Guerilla zumindest territorial zurückgedrängt, wird auch die Bedrohung durch die Guerilla leicht verringert. Entscheidend bleibt jedoch, dass die Paramilitärs als rationaler Akteur unter anarchischen Bedingungen ihre physische und ökonomische Sicherheit weiterhin mit Waffengewalt schützen werden. Denn der Wille des Staates zum Gewaltmonopol allein genügt nicht. Die militärischen und ökonomischen Fähigkeiten der Paramilitärs sowie die gleichzeitige Bindung der Streitkräfte im Kampf gegen die Guerilla setzt den Staat außerstande, die Wiederbewaffung der Paramilitärs zu verhindern.

Auf der Nutzenseite steht diesen Faktoren die mit der Demobilisierung erfolgende Legalisierung der 1989 vom kolumbianischen Staat verbotenen Kampfverbände entgegen. Vor allem aber tauschen die Kader, denen die Entscheidung zur Demobilisierung obliegt, ihre durch Drogenhandel und internationalen Antiterrorkampf beschädigte Legitimität durch die Möglichkeit ein, sich in die Eliten des Landes zu integrieren.

3.4. Fazit

Diesem Kapitel lag die Frage zugrunde, in welcher Weise sich die Schwäche des kolumbianischen Staates und die Entwicklung der Kriegsökonomie auf die Fortdauer des kolumbianischen Bürgerkriegs über einen Zeitraum von nun schon beinahe vier Jahrzehnten ausgewirkt haben.

Im Verlauf des Krieges ist es in Kolumbien zu Veränderungen der Gesellschaftsstruktur gekommen, die wesentlich zur Verlängerung des Krieges beigetragen haben. So ist ein Autoritätstransfer zu beobachten, in dessen Verlauf sich Guerilla und Paramilitärs staatliche Ressourcen und Funktionen aneigneten, während der Staat weiter geschwächt wurde und sich seine Fähigkeiten zur Kontrolle des Kriegsgeschehens weiter verminderten. Mit der Ausweitung der Drogenindustrie ging außerdem die zunehmende Verlagerung wirtschaftlicher Aktivitäten in den illegalen Bereich einher, während die Abwesenheit des staatlichen Gewaltmonopols und die gleichzeitige Herausbildung illegaler Märkte zu einer zunehmenden Privatisierung und Veralltäglichung von Gewalt führten. In der Drogenökonomie und in der Gewaltindustrie entstanden eine Reihe von Beschäftigungsverhältnissen, die durch eine Beendigung des Krieges gefährdet wären. So wurde der Krieg bzw. die Kriegsökonomie zur Existenzgrundlage eines nicht unerheblichen Teils der Bevölkerung, wozu unter anderem Guerillakämpfer, Paramilitärs, staatliche Streitkräfte und Sicherheitsbeamte, Milizen, Kokabauern, *sicarios* und Angehörige von Todesschwadronen zu zählen sind.

Die Kriegsökonomie hat zudem eine korrumpierende Wirkung auf die formelle Wirtschaft und Politik. Insbesondere die Gelder aus der Kokainindustrie stellen eine Quelle für Korruption und Klientelismus dar, welche die Delegitimierung des Staates weiter vorangetrieben haben. Es ist allerdings zu betonen, dass die Drogenökonomie, die eine treibende Kraft dieser gesellschaftlichen Veränderungsprozesse sind, nicht ursprünglich von den bewaffneten Gruppierungen organisiert, sondern anfangs sogar von ihnen abgelehnt wurde. Die Drogenmafia nutzt zwar ebenso wie die aufständischen Kräfte das Ordnungsvakuum aus, welches der schwache Staat hinterlässt, ist aber an sich nicht direkt in die ordnungspolitischen Auseinandersetzungen involviert. Ohne die Einnahmen aus dem Drogengeschäft hätten die bewaffneten Bewegungen jedoch nie die heutige militärische Stärke erreicht.

Im Hinblick auf die zu erwartenden Folgen der Beendigung oder Fortführung des Krieges für die einzelnen Akteure wurde festgestellt, dass eine wirkliche Verhandlungslösung derzeit allenfalls für das geschwächte ELN Anreize bietet. Die FARC würden durch eine freiwillige Niederlegung der Waffen ihre ökonomische und machtpolitische Position aufs Spiel setzen, ohne Garantien für die Sicherheit ihrer Mitglieder und die Einhaltung der im Friedensprozess getroffenen Vereinbarungen zu haben. Hingegen sind Teile der AUC zwar auf ein Demobilisierungsangebot der Regierung eingegangen, deren Auswirkungen auf das Kriegsgeschehen jedoch sehr skeptisch betrachtet werden müssen. Dabei bestehen auf Seiten der Paramilitärs substantielle Anreize, auf das Verhandlungsangebot einzugehen und die Aufgabe ihres militärischen Zwecks zu zelebrieren. Jedoch werden die Paramilitärs trotz einer Verminderung ihrer militärischen Aktionen die Quellen ihres Reichtums weiterhin mit Gewalt schützen und damit auch in Zukunft an den Kriegsökonomien partizipieren.

Die politische Elite hat zwar ein bedingtes Interesse an der Beendigung des Krieges, die Regierung wird jedoch unter den gegebenen Umständen eine militärische Lösung vorziehen, da Verhandlungen wenig aussichtsreich sind und die Guerilla bereits an die Neuaufnahme eines Friedensdialogs unhaltbare Forderungen stellt. Durch das Angebot an die Paramilitärs kann die Regierung dagegen die vor allem innenpolitisch bedeutenden Kosten der hohen Gewaltraten reduzieren und sich - bei gegebener relativer Schwäche – auf die Aufstandsbekämpfung konzentrieren. Insofern Teile der politisch-administrativen Elite an den Gewinnen aus den Kriegsökonomien beteiligt sind und insofern diese durch die Paramilitärs gewährleistet sind, ist damit ein zusätzlicher Anreiz für eine Kooptation der Paramilitärs ohne deren reelle Entmachtung gegeben.

Obgleich vorauszusehen ist, dass in absehbarer Zeit alle Parteien den Krieg weiterführen werden, wäre es verfehlt, dies allein auf ökonomisches Gewinnstreben zurückzuführen. Zwar gibt es zweifellos Gruppen, die aus Profitgründen an einer Fortführung des Krieges interessiert sind, bei einer Vielzahl der am Krieg Beteiligten können die Motive jedoch nicht auf ein berechnendes Streben nach wirtschaftlichen Vorteilen reduziert werden – auch wenn dies sich mit anderen Interessen verbindet. Darüber hinaus muss nicht nur nach den drei Kriegsparteien, sondern auch innerhalb der Gruppierungen nach Führung und Basis differenziert werden, um die Motive für die Teilnahme am bewaffneten

Kampf zu verstehen. Innerhalb der Basis, die sich vorwiegend aus Bauern oder anderen Angehörigen der sozialen Unterschicht zusammensetzt, spielen ökonomische Motive eine wichtige Rolle. Die Aussicht auf einen relativ gut bezahlten Arbeitsplatz und die Vorteile durch die Mitgliedschaft in einer finanziell profitablen und lokal mächtigen Organisation üben für die Mehrheit der Kämpfer einen wesentlich größeren Anreiz aus, als abstrakte Ideen für die politische Neugestaltung des Staates. Dies zeigt sich besonders deutlich darin, dass immer wieder Kämpfer die Seiten wechseln, also Guerillakämpfer wegen höherer Lohnangebote in Truppen der Paramilitärs eintreten, oder umgekehrt. Dies geschieht jedoch weniger aus Profitsucht als aus Gründen der Existenzsicherung. Bei der Führung der Guerilla kommt politischen Motiven dagegen noch immer eine zentrale Bedeutung zu, selbst wenn diese zunehmend von ökonomischen Interessen überlagert werden. Es gibt jedoch kaum Hinweise darauf, dass Gelder zur persönlichen Bereicherung genutzt würden. Dies könnte sich jedoch ändern, wenn die alten Guerillaführer abtreten und von einer neuen Generation abgelöst werden, die dem ideologischen Hintergrund ihrer Bewegung weniger Bedeutung zumisst.

Am ehesten trifft die These einer ökonomischen Zweckrationalität auf paramilitärische Gruppierungen, beziehungsweise deren Auftraggeber, zu. Es gibt zahlreiche Berichte darüber, dass Paramilitärs unter dem Vorwand des Krieges Menschen aus Regionen mit großem wirtschaftlichen Potential vertrieben haben, damit Großgrundbesitzer oder Konzerne von den natürlichen Ressourcen der jeweiligen Region profitieren konnten. Das politische Programm der AUC erscheint dagegen diffus und unscharf.

Es bleibt anzumerken, dass weder die institutionelle Schwäche des Staates, noch die ökonomische Dimension des Krieges eine vollständige Erklärung für die Dauer des kolumbianischen Krieges liefern können. Zwar bieten sie einen wichtigen Beitrag zum Verständnis der Kriegsdynamik, eine Reduktion der Ursachen der Persistenz des Krieges auf diese beiden Faktoren würde der Komplexität der historischen und soziopolitischen Hintergründe des Konflikts aber sicher nicht gerecht werden. Entsprechend würde langfristig selbst ein militärischer Sieg über die kolumbianische Guerilla allein wenig an Kolumbiens Problemen ändern. Dazu müsste das staatliche Gewaltmonopol hergestellt und durch politische und sozioökonomische Transformationsprozesse substantiiert werden.

4. Schwacher Staat, Staatszerfall und Demokratie

4.1. Einleitung

Obwohl es zunächst paradox erscheinen mag, zeichnet sich Kolumbien – vor allem im im lateinamerikanischen Vergleich – durch eine hohe Kontinuität demokratischer Institutionen aus.[219] In Kolumbien finden seit über hundert Jahren ohne große Unterbrechungen regelmäßig Wahlen statt, die zu einer zivilen Regierungsbildung führen. Das Militär hat, bis auf wenige Ausnahmen, stets eine untergeordnete Rolle im politischen Leben gespielt. Seit der Verfassungsreform von 1991 scheint die kolumbianische Demokratie geradezu vollendet. Eine Vielzahl von Parteien kann sich am demokratischen Wettbewerb beteiligen, die Opposition wird von der Verfassung anerkannt und politische Minderheiten haben immer größere Partizipationsmöglichkeiten. Auch die Pressefreiheit ist per Verfassung garantiert.

Jedoch ergibt die Analyse der politischen Wirklichkeit ein gegensätzliches Bild. Trotz regelmäßiger Wahlen werden Kandidaten von Parteien, Führer von politischen Bewegungen und Politiker systematisch umgebracht und regelmäßig Mordanschläge an unbequemen Journalisten verübt. Und trotz ziviler Regierungen hat das Militär große Autonomie im Bereich der inneren Sicherheit.[220]

Zu dieser paradoxen Situation tragen zwei Prozesse bei, die sich zeitlich teils unterscheiden lassen, teils parallel laufen: Die sukzessive Demokratisierung seit Beginn der 1970er Jahre, die in der Verfassungsreform von 1991 kulminierte sowie die mit dem Drogenboom der 1980er Jahre einsetzenden Prozesse der Bürgerkriegsökonomien und des Staatszerfalls, die bis heute andauern. Wie verhalten sich beide Prozesse zueinander? Zum besseren Verständnis der Voraussetzungen für diese Entwicklungen sei unserer Erklärung ein knapper Blick auf die Geschichte des kolumbianischen Herrschaftsgebildes vorangestellt.[221]

---

219 Vgl. Kurtenbach 1991, S. 189.
220 Vgl. Bejarano / Pizarro 2001, S. 3.
221 Eine ausführlichere Analyse der Beziehungen zwischen Staat und Gesellschaft in Kolumbien im historischen Verlauf nehmen wir in Kapitel 5.1. vor.

4.2. Ein historischer Überblick über den schwachen kolumbianischen Staat

Von einem kolumbianischen Staat kann im Weber'schen Sinne erst seit der zentralistischen Verfassung von 1886 gesprochen werden, auf deren Basis in den folgenden Dekaden das Gewaltmonopol, vor allem durch die Zentralisierung und Stärkung von Militär und Polizei, durchgesetzt wurde.[222] Die staatlichen Institutionen waren jedoch nicht stark genug, um den in der Mitte des 20. Jahrhunderts aufbrechenden Konflikten zwischen den beiden traditionellen Parteien der Liberalen und Konservativen um den Zugang zur Macht standzuhalten. Infolge dieses Bürgerkriegs (mit einer Kernphase zwischen 1948 und 1953), den die Kolumbianer schlicht *Violencia* nennen, kam es in den 1950er Jahren zu einem partiellen Staatskollaps, wie Oquist in seinem Standardwerk zu dieser Epoche nachzeichnet.[223] Als Lösungsmodell zur Beilegung des als Parteienkrieg geführten Bürgerkrieges handelten die Eliten der beiden dominanten Parteien 1958 mit dem *Frente Nacional* (Nationale Front) ein Abkommen zur paritätischen Aufteilung der Macht aus. Diese in der Verfassung verankerte und per Plebiszit bestätigte Regelung legte fest, dass sämtliche Ämter in Verwaltung und Justiz auf nationaler, regionaler und kommunaler Ebene zu je 50 Prozent von Liberalen und Konservativen zu besetzen waren.[224] Der Präsident wurde abwechselnd von den Liberalen und Konservativen gestellt. Bei den regelmäßig statt findenden Wahlen wurde lediglich über Listen die Frage entschieden, welche Fraktion sich innerhalb der Parteien durchsetzen konnte. Andere Parteien hatten zwar das Recht zu kandidieren, mussten dies aber auf den Listen der Konservativen oder Liberalen tun.[225]

Das System des *Frente Nacional* erfüllte zwei Funktionen: Erstens die Wiederherstellung und Zementierung der Zweiparteienherrschaft (und damit die Sicherung der Interessen der in den Parteieliten verankerten Oligarchie) und zweitens die Beilegung der Konflikte zwischen den Konservativen und den Liberalen mittels Ausschaltung der Konkurrenz zwischen ihnen. So wurde den gewalttätigen Auseinandersetzungen zwischen Angehörigen der beiden Parteien

---

222 Mit dem spanischen Vizekönigreich Neu-Grananda hatte bis zu Beginn des 19. Jahrhunderts ein starker Staat geherrscht, der sich durch eine hierarchische Verwaltung und die unangefochtene Legitimation durch den Katholizismus auszeichnete. Im Verlauf des 19. Jahrhunderts löste der Staat seine Armee praktisch auf. Der Waffenbesitz wurde generell erlaubt und die regionalen Eliten lieferten sich eine Vielzahl von Kriegen um den Zugang zur Staatsmacht und die Ordnung derselben. (Vgl. Kurtenbach 1991b, S. 62 ff. sowie Oquist 1980, S. 62-70).
223 Oquist 1980.
224 Vgl. Bejerano / Pizarro 2001, S. 25.
225 Oquist 1980, S. 190 ff.

der Grund entzogen. Tatsächlich kam es zu einem schnellen Ende der Parteikämpfe und eine Amnestie führte zur Wiedereingliederung der unter Parteiban-
ner kämpfenden Guerillaverbände in das zivile Leben. Allerdings blieb eine
kleine Zahl von kommunistischen Guerillagruppen aus der Zeit der *Violencia*
weiterhin in Front gegen das Regime und ließ sich nicht über eine der beiden
Parteien einbinden. Sie bildeten die Grundlage für die revolutionären Gruppierungen, die sich später unter den Bedingungen des Systems zu schlagkräftigen
Bewegungen entwickeln konnten.

Zunächst konnte der Staat sein Gewaltmonopol jedoch weitgehend wie-
derherstellen, indem er die von der kommunistischen Guerilla kontrollierten
Gebiete zwischen 1958 und 1966 schrittweise zurückeroberte.[226] Durch die Auflösung des Parteienkonflikts wirkte der *Frente Nacional* auf begrenzte Zeit sta-
bilisierend. Längerfristig trug jedoch gerade dieses bestimmende Merkmal zu
schwachen Regierungen und einer wachsenden Opposition außerhalb des Systems bei. Auf diese Weise wurde der schwache Staat erneut herausgefordert. In
den Schwächen des inflexiblen und geschlossenen Systems des *Frente Nacional*
liegen die Ursprünge für die Bildung radikaler oppositioneller Gruppen, die in
den Folgeperioden unter Einfluss der Auswirkungen des illegalen Drogenhandels zu autonomen, den Staat bedrohenden Akteuren wurden.

4.3. Staatszerfall und Demokratisierung

Die treibende Kraft für den in den letzten Dekaden zu beobachtenden
Staatszerfall in Kolumbien sind die oben beschriebenen Gewaltmärkte, die sich
aus dem Kampf der Guerilla gegen den Staat in Verbindung mit der zu Beginn
der 1980er Jahre einsetzenden Drogenwirtschaft gebildet haben. Staatsschwäche
einerseits und staatszersetzende Gewaltmärkte andererseits bedingen sich
gegenseitig und erklären den Staatszerfallsprozess, dessen folgenschwerste
Auswirkung wiederum in dem Unvermögen besteht, Sicherheit für die Bürger
herzustellen. Abbildung 11 stellt diesen Zusammenhang graphisch dar.[227]

---

226 Vgl. Ebd., S. 192 f.
227 Vgl. Mason 2003, S. 44.

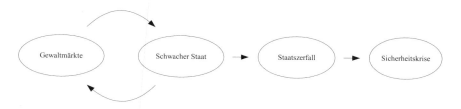

Abbildung 11: Auswirkung des Prozess des Staatszerfalls

In zeitlicher Überlappung zum Prozess des Staatszerfalls ist in Kolumbien seit der Ablösung des *Frente Nacional* in der Zeit zwischen 1968 und 1991 eine stetige Demokratisierung zu verzeichnen, die in der Verfassung von 1991 mit der Festschreibung einer pluralistischen und partizipativen Demokratie kulminiert. Die ersten Vereinbarungen zur Demokratisierung des politischen Systems wurden jedoch schon vor Ende des *Frente Nacional* beschlossen. In der Verfassungsreform von 1968 wurde demgemäß ein langsamer Abbau der Paritätsregelung eingeführt: 1970 sollten die Alternierung und die gleichmäßige Machtverteilung zwischen Liberalen und Konservativen auf lokaler Ebene enden, vier Jahre später sollte sie auch für den Kongress und die Präsidentschaftswahl abgeschafft werden; für das Jahr 1978 wurde schließlich die Eliminierung des Gesetzes beschlossen, das die Parität in der Exekutive regelte. Dessenungeachtet blieb die Paritätsregelung jedoch faktisch bis 1986 bestehen, für den Justizsektor galt sie bis zur Verfassungsreform von 1991.[228] Im Jahr 1986 wurde die Direktwahl von Bürgermeistern eingeführt und 1988 zum ersten Mal implementiert. Der bedeutendste Schritt im Demokratisierungsprozess wurde jedoch erst 1991 mit der Verabschiedung der neuen Verfassung vollzogen. Demokratisierung im Sinne der Festigung und des Ausbaus der demokratischen Strukturen wird darin im Wesentlichen an vier Punkten deutlich:[229]

1. Dem Recht zur Gründung politischer Parteien und Bewegungen; dem Recht der Opposition; der Institutionalisierung der Parteien und dem Abbau des Bipartidismus.
2. Der Einführung von drei Kategorien von Menschenrechten (Freiheiten und Grundrechte; soziale, wirtschaftliche und kulturelle Rechte; kollektive Rechte) sowie einer großen Bandbreite an politischen und sozialen Partizi-

---

228 Vgl. Silva Rojas 1998, S. 59; Bejarano / Pizarro 2001, S. 8.
229 Vgl. Silva Rojas 1998 S. 144 und 156 sowie Gaitán, S. 313.

pationsmechanismen, die vorher nicht existierten oder stark eingeschränkt waren.

3. Der Einrichtung von Kontrollinstitutionen.
4. Der Reform des Kongresses.

Mit Blick auf unsere Fragestellung sind in besonderer Weise die ersten beiden Punkte relevant.

4.4. Konzepte und Messverfahren der Demokratieforschung

Die Forschung kennt verschiedene Verfahren zur Messung von Demokratie, deren Anwendung teilweise zu sehr unterschiedlichen Ergebnissen führt. Die große Divergenz der Messresultate beruht auf den unterschiedlichen Konzepten von Demokratie, die den jeweiligen Verfahren zugrunde liegen und die Auswahl der bestimmenden Variablen definieren. In der komparativistischen Literatur wird zumeist ein prozedurales Demokratiekonzept verwendet, das sich auf die schon von Dahl[230] definierten Kriterien Partizipation und Wettbewerb stützt. Eine Gegenüberstellung der Messverfahren von Tatu Vanhanen[231] und *Freedom House*[232] macht diese Unterschiede beispielhaft deutlich. Während Vanhanen wie Dahl mit einem prozeduralen Demokratiekonzept arbeitet, verwendet *Freedom House* ein substantielles Demokratiekonzept, das neben den politischen Rechten (Partizipation und Wettbewerb) einen Freiheitsindex (liberale Freiheiten sowie soziale und ökonomische Lebensverhältnisse) umfasst. Die ermittelten Werte für Kolumbien kontrastieren stark: Vanhanen ermittelt seit den 1950er Jahren einen insgesamt positiven Trend – mit einzelnen Rückschlägen – und seit 1991 (Einführung der neuen Verfassung) einen steilen Aufstieg der kolumbianische Demokratiewerte. Nach den Messungen von Vanhanen war Kolumbien in der zweiten Hälfte der 1990er Jahre demokratischer als je zuvor. Im Gegensatz dazu verzeichnet *Freedom House* seit 1972 (Beginn der Messungen) und in besonderer Weise seit Ende der 1980er Jahre eine negative Entwicklung der Demokratiewerte in Kolumbien. Bei den in den Abbildungen 16 und 17 angeführten Messungen ist zu berücksichtigen, dass die Werte Null bis Fünf bei Vanhanen Autokratie bedeuten, während in der *Freedom House*-Messung auf einer Skala von Eins bis Sieben umgekehrt der geringste Wert (Eins) für den höchsten Demokratiegrad steht.[233]

---

230 Vgl. Dahl 1971.
231 Vgl. Vanhanen 2003.
232 Vgl. Freedom House 1998.

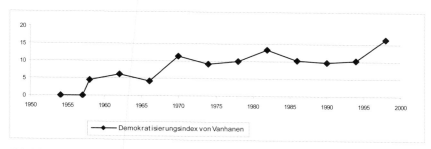

Abbildung 12: Demokratieentwicklung in Kolumbien nach dem Demokratisierungsindex von Vanhanen[234]

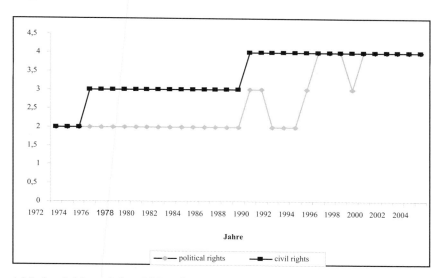

1-2,5: *free*; 3-5,5: *partly free*; 5,5-7: *unfree*

Abbildung 13: Demokratieentwicklung in Kolumbien nach dem Freiheitsindex von *Freedom House*[235]

---

234 Datenquelle: Vanhanen, www.sv.ntu.no/iss/data/vanhanen/current/index.xls.
235 Datenquellen: Freedom House, http://www.freedomhouse.org/research/survey2005.htm, www.freedomhouse.org/research/freeworld/2003/countryratings/colombia.htm.

Angesichts dieser gegensätzlichen Ergebnisse stellt sich die Frage, welche Kriterien für die Messung von Demokratie in Kolumbien geeignet sind und zu aussagekräftigen Ergebnissen führen. Die hier nur exemplarisch geführte Diskussion greift über das Beispiel Kolumbiens hinaus, denn mit der Identifizierung von Staatszerfall und privater Gewalt als Ursache von Unsicherheit und Bedrohung wird der ordnungspolitischen Wirkung von Demokratisierungsprozessen eine große Bedeutung beigemessen.

Das z.B. von Dahl und Vanhanen verwendete zweidimensionale Demokratiekonzept, das sich auf Partizipation und Wettbewerb beschränkt, erscheint uns deshalb nicht ausreichend, weil die Realisierung dieser beiden Kernelemente in freien, fairen und allgemeinen Wahlen an das Vorhandensein bestimmter äußerer Umstände gebunden ist. Dazu gehört die Gewährleistung bestimmter liberaler Freiheiten wie der Presse-, Meinungs- und Informationsfreiheit. Dies führt schon Schumpeter aus:

> "If, on principle at least, everyone is free to compete for political leadership by presenting himself to the electorate, this will in most cases though not in all mean a considerable amount of freedom of discussion for all. In particular it will normally mean a considerable amount of freedom of the press."[236]

Der Bezug auf die liberalen Freiheiten ist vor allem im Falle der jungen, mit der dritten Demokratisierungswelle entstandenen Demokratien bedeutsam. Zwar fällt Kolumbien nach Huntington aufgrund der freien Wahlen von 1945 und 1946 in die zweite Demokratisierungswelle, doch ähneln die kolumbianischen Probleme eher den in der dritten Demokratisierungswelle entstandenen Demokratien.[237] Diese charakterisieren sich dadurch, dass Partizipation und Wettbewerb zwar formal gegeben sind, jedoch sowohl in den Zeiten *zwischen* den Wahlen als auch *während* der Wahlen aufgrund mangelnder liberaler Freiheiten häufig verletzt werden.

Wir bevorzugen daher ein Demokratiekonzept mittlerer Reichweite, das Mainwaring, Pérez-Liñán und Brinks für die Kategorisierung lateinamerikanischer Demokratien vorgelegt haben und das alle für Kolumbien relevanten Größen einschließt.[238] Dieses umfasst vier Dimensionen: Erstens das Kriterium freier, allgemeiner, fairer und kompetitiver Wahlen. Zweitens muss der größte Teil der erwachsenen Bevölkerung das Wahlrecht in Anspruch nehmen können. Diese beiden ersten Dimensionen entsprechen den klassischen Dahl'schen Kriterien, die auch Vanhanen verwendet. Drittens die Frage nach dem Schutz der

---

236 Schumpeter 1975, S. 271.
237 Vgl. Huntington 1993, S. 18.
238 Vgl. Mainwaring / Brinks / Pérez-Liñán, S. 44.

liberalen Freiheiten, womit ein wesentliches Merkmal der in der dritten Demokratisierungswelle entstandenen Demokratien berücksichtigt wird. Und viertens schließlich die Frage, ob die vom Volk Gewählten tatsächlich über die Regierungsmacht verfügen. Dies ist dann nicht erfüllt, wenn die gewählte Regierung durch das Militär oder eine andere nicht gewählte Gruppe in ihrer politischen Funktion behindert wird bzw. wenn das Militär über politische Bereiche bestimmt, auf die die gewählte Regierung kaum oder keinen Einfluss hat.[239] Dieses vierte Kriterium ist ein charakteristischer Zug lateinamerikanischer Systeme, der aus der hervorgehobenen Rolle der staatlichen Streitkräfte und dem häufigen Auftreten von Militärdiktaturen in dieser Weltregion resultiert.

4.5. Das vierdimensionale Demokratiekonzept im Fall Kolumbiens

4.5.1. Die erste Dimension: Wettbewerb

Der Wettbewerb politischer Kräfte, der mit dem Zwei-Parteien-Pakt von 1958 eliminiert worden war, wird seit der Verfassung von 1991 auf institutionellem Wege nicht mehr behindert. Zuvor wurden im System des *Frente Nacional* Wahlen zwar periodisch durchgeführt, ihr Ausgang war jedoch vorherbestimmt, da die Alternierung der Präsidenten zwischen Konservativen und Liberalen per Verfassung (bis 1974) festgelegt war. Die Parität von Liberalen und Konservativen musste der Präsident auch bei der Ernennung von Ministern und Gouverneuren respektieren. Die Paritätsregel wurde 1968 mit Artikel 120 sogar über die Zeit des *Frente Nacional* hinaus bis 1978 verlängert. Zusätzlich wurde per Gesetz der Ausschluss von Drittkräften und damit von jeglicher Opposition beschlossen.

Am Schicksal der *Alianza Nacional Popular* (ANAPO) lässt sich die Wirkung dieses beschränkten Wettbewerbs nachzeichnen. Die ANAPO war 1961 vom ehemaligen kolumbiansichen Diktator Rojas Pinilla (1953-57) als Alternative in Opposition zu den beiden herrschenden Parteien gegründet worden. In ihrem Wahlprogramm trat sie offen gegen das ausschließende System des *Frente Nacional* an. Bei den Wahlen 1970 kandidierte die ANAPO auf den Listen der Konservativen und Liberalen, da ihr eine unabhängige Wahlteilnahme nicht erlaubt war. In der Nacht der Stimmenauszählung wurde der Sieg von Rojas Pinilla schon allgemein verkündet, als die Auszählungsübertragungen gestoppt wurden. Als Wahlsieger wurde am folgenden Tag schließlich der konservative

---

239 Vgl. Collier / Levitsky 1998, S. 113.

Kandidat Misael Pastrana ausgerufen.[240] Eine Wahlfälschung konnte letztlich
allerdings nicht nachgewiesen werden. Aus Protest gegen das mutmaßlich ma-
nipulierte Wahlergebnis gründete sich die Guerillagruppe *Movimiento Revoluci-
onario 19 de Abril* (*M-19*). Dieses Ereignis zeigt deutlich, wie wenig die oben
aufgestellten Wahlkriterien für die Zeit des *Frente Nacional* gelten. Es bestand
nicht die Freiheit, sich mit gleichen Chancen zur Wahl zu stellen, Opposition
war per Gesetz nicht erlaubt, realer Wettbewerb war nicht möglich und die Organisation der Wahlen gewährleistete keine unparteiische Stimmenauszählung.

Erst mit der Verfassung von 1991 wurden die institutionellen Barrieren
des *Frente Nacional* abgeschafft. Seitdem wird den Bürgern das Recht zur
Gründung politischer Parteien und Bewegungen sowie der Zugehörigkeit zu
einer dieser Parteien oder Bewegungen garantiert.[241] Zudem haben Opposition
und alle der Regierung nicht angehörenden Parteien und Organisationen das
Recht, ihre politischen Vorschläge, Alternativen und Programme frei zu äußern
(Artikel 112). Nach Artikel 108 sind Parteien und politische Bewegungen juristische Personen, denen freier Zugang und gleichberechtigte Nutzung der Medien
zusteht (Artikel 111). Der Chancengleichheit von Parteien dient Artikel 109, in
dem sich der Staat verpflichtet, Parteien finanziell zu unterstützen. Dafür wiederum müssen die Parteien eine transparente Kontenführung gewährleisten. Mit
Artikel 258 werden geheime, gleiche und allgemeine Wahlen garantiert. Die
Nationale Wahlbehörde *Registraduría Nacional del Estado Civil* als ein von der
Exekutive unabhängiges Organ ist für die Auszählung der Stimmen verantwortlich. Zudem werden Wahlzettel zentral vergeben und nicht mehr wie zuvor von
den Parteien selbst an die Bürger verteilt, was die Manipulation erleichterte.[242]
Die Verfassung von 1991 hob Verletzungen des demokratischen Wettbewerbs
schließlich vollständig auf. Seither werden politische Entscheidungsträger - der
Form nach - durch freie, allgemeine, faire und kompetitive Wahlen bestimmt.

4.5.2. Die zweite Dimension: Partizipation

In der Zeit des *Frente Nacional* verfügte zwar ein Großteil der erwachsenen
Bevölkerung über das Wahlrecht, die partizipierende Bevölkerung entschied
jedoch nur bedingt darüber, wer regieren sollte. Die Chance auf Partizipation
galt nicht der Wahl und Abwahl von Parteien in ihrer Funktion der Bündelung
und Formulierung von Interessen, sondern lediglich der Bestimmung einzelner

---

240 Vgl. Palacio / Safford 2002, S. 331.
241 Vgl. Silva Rojas 1998, S. 157.
242 Vgl. Ebd., S. 160.

Kandidaten im Rahmen eines determinierten Ergebnisses. Durch den mangelnden Wettbewerb und den Ausschluss alternativer Parteien wurden gesellschaftliche Gruppen übergangen, die ihre Interessen nicht durch die herrschende Parteien vertreten sahen. Partizipation war bloß in einem zwangsinstitutionalisierten System gesellschaftlicher Konfliktlösung gegeben. Für die Bürger bedeutete dies *election without a choice*. Die Konsequenz war eine Repräsentationskrise, die sich neben einer abnehmenden Wahlbeteiligung in der Zunahme von Guerillagruppen und massiven Protesten (*paros cívicos*) der städtischen Bevölkerung äußerte.[243]

Eines der Hauptanliegen der verfassungsgebenden Versammlung von 1990 war die Errichtung einer *democracia participativa*, einer partizipativen Demokratie durch die Erweiterung der Möglichkeiten zur Teilhabe am politischen Geschehen. Dies geschah durch die Einrichtung direkt- und semidemokratischer Beteiligungselemente auf kommunaler, regionaler und nationaler Ebene. Dabei handelt es sich nicht um Beteiligungsformen im klassischen Sinn, sondern um juristische Instrumente, die dem Schutz von Grundrechten und der Kontrolle der Verwaltung dienen.[244] In Artikel 103 der Verfassung sind folgende direktdemokratischen Elemente festgelegt: (a) das Plebiszit, (b) das Referendum, (c) die Volksbefragung, (d) das *Cabildo abierto*: eine allen Bürgern offene Versammlung der Stadt- bzw. Gemeinderäte, (e) die Volksgesetzinitiative, in der gesellschaftliche Gruppen dem Kongress Gesetzesentwürfe vorlegen können und (f) den Mandatswiderruf, womit die Bürger durch bestimmte Verfahren Bürgermeistern und Gouverneuren das Mandat entziehen können.[245] Mit diesen Neuerungen in der Verfassung wurde die Partizipation grundlegend erweitert: Von dem Recht auf Teilnahme an den Wahlen hin zur Möglichkeit der Teilhabe an der Politik.

4.5.3. Partizipation, Wettbewerb und Staatszerfall

Nach der Institutionalisierung demokratischer Verfahren durch die Verfassung von 1991 stellt sich die Frage, wie Wettbewerb und Partizipation in der Verfassungspraxis eines schwachen Staates realisiert werden können. Schwäche, Absenz und fehlende Legitimität des Staates bieten nichtstaatlichen Gewaltakteuren Möglichkeiten zur Manipulation des Wahlverlaufs und zur Mitgestaltung von Politik. Dabei werden die demokratischen Verfahren nicht

---

243 Vgl. Helfrich-Bernal 2002, S. 112.
244 Vgl. Ebd., S. 162.
245 Für eine ausführlichere Erläuterung siehe Helfrich-Bernal 2002, S. 165 ff. sowie Rojas Silva 1998, S. 161 f.

nur behindert und gestört. Demokratisierung ist darüber hinaus dem Zerfall des Staates in bestimmter Hinsicht sogar förderlich. So bietet die Direktwahl für das Bürgermeisteramt seit 1988 den bewaffneten Akteuren eine neue Möglichkeit, auf die Verteilung von Werten und Ressourcen Einfluss zu nehmen.[246]

Illegale Gruppen können demokratische Wahlen exogen oder endogen beeinflussen, indem sie entweder den Wahlprozess stören und behindern oder aber die eigenen Kandidaten zur Wahl stellen bzw. diejenigen Kandidaten stützen, die ihre Interessen vertreten. Durch die Kontrolle von Gemeinden über lokale Verwaltungsstrukturen versuchen die nichtstaatlichen Akteure auf diese Weise eine Art alternative Legitimität und Repräsentativität herzustellen, die allerdings auf gewaltbasiertem Zwang zu einem bestimmten Wahlergebnis beruht. Auf der lokalen Ebene können nichtstaatliche Akteure auf diese Weise ihrem territorialen Einfluss entsprechend direkt auf Wahlen und Politik einwirken. Ein Hinweis auf die Störung des demokratischen Prozesses durch nichtstaatliche Gewaltakteure ist beispielsweise die abnehmende Wahlbeteiligung bei den 1988 eingeführten Bürgermeisterwahlen.

Jahr	Partizipation (Prozent)
1988	66.8
1990	57.7
1992	43,8
1994	45,5
1997	44,6

Tabelle 16: Partizipation und Wahlenthaltung bei Bürgermeisterwahlen[247]

Während Wahlenthaltung nicht zwingend den Einfluss nichtstaatlicher Akteure anzeigt, sondern auch auf Politikverdrossenheit und Apathie zurückgeführt werden kann, wie Helfrich-Bernal ausführt, ist die Behinderung von Kandidaten auf das Bürgermeisteramt und den Gemeinderat ein direkter Indikator für den Einfluss nichtstaatlicher Gewalt. Tabelle 17 zeigt, in welchem Maße und auf welche Weise parastaatliche Gruppen den Wahlverlauf bei den Regionalwahlen 1997 gestört haben. In einigen Gemeinden erfolgte aufgrund von Einschüchterungen der Bevölkerung durch Guerilla oder Paramilitärs die Wahl der Bürgermeister mit weniger als 10 Stimmen.[248]

---

246 Vgl. auch Bejerano / Pizarro 2001, S. 28.
247 Vgl. auch Abbildung 5 (1. Kapitel). Datenquelle: Bejarano / Pizarro 2001, S. 12.
248 In den Gemeinden Sipí, Enciso und Quibdó wurde überhaupt keine Stimme abgegeben; in Jerusalem und Los Andes nur eine einzige Stimme; in Mesetas, Pulí, Puerto Lleras, Manallama und

Departement	Rücktritte von Kandidaten	Behinderungen von Kandidaturen	Morde an Kandidaten	Anschläge auf Büroräume von Wahlbehörden
Antioquia	247	41	3	5
Bolívar	78	41		1
Boyacá			1	
Caldas	2			
Caquetá	365		1	1
César	8	17	3	1
Cundinamarca	8			
Guaviare			1	
Huila	2			
La Guajira		3	1	
Magdalena	2		1	1
Meta	8			
Nariño		6		
Nte de Santander	21			
Putumayo	144	6	1	1
Risaralda	16		1	
Santander		6	2	1
Sucre	16		4	
Valle del Cauca			1	
Gesamt	**920**	**121**	**22**	**11**

Tabelle 17: Gewaltsame Störungen von Wahlprozessen 1997[249]

Auch die Gemeinderatswahlen des Jahres 2003 wurden massiv durch nichtsstaatliche Gewalt gestört. Bereits seit Mitte 2002 verschärften die FARC ihre Drohungen gegen Bürgermeister und Ratsmitglieder. So wurden im Juni 2002 alle Regierungsbeamte im Departement Arauca von nichtsstaatlichen Akteuren bedroht: Zuerst verkündeten die FARC, alle Beamten auf Gemeinde-(Bürgermeister, Stadträte) und Provinzebene (Parlament) würden zu militärischen Zielen, wenn sie nicht zurückträten. Ein paar Tage später verkündete sodann die AUC, alle Regierungsbeamten, die zurückträten, würden

---

Oporapa wurden sechs Stimmen abgegeben (Vgl. Jaramillo-Pérez / Franco-Cuervo 1999, S. 204).
249 Jaramillo-Pérez / Franco-Cuervo 1999, S. 197-289, S. 203.

zu Ziele ihrer Truppen.[250] Die Ausmaß der Bedrohung durch parastaatliche Gruppen wird an dem Aufruf des Kandidaten Fredy Durán deutlich, am 26. Oktober 2003 auf die Gemeindewahl zu verzichten, um das Leben der Kandidaten nicht zu gefährden:

> „Wir beschränken uns darauf, die Bevölkerung zu animieren, am 26. Oktober den Gouverneur und das Departementsparlament zu wählen, jedoch keine Stimme für Gemeinderatsmitglieder abzugeben, da sich unser Leben bei Gewinn der Wahl in großer Gefahr befände."[251]

Rund 300 der insgesamt 1.098 kolumbianischen Bürgermeister vollzogen aus diesen Gründen Ende 2002 ihr Amt von der jeweiligen Departementshauptstadt oder von Bogotá aus.[252] Insgesamt wurden in den Jahren 2002 und 2003 laut polizeilichen Angaben 186 Bürgermeister und Ratsmitglieder ermordet.[253]

Im zeitlichen Verlauf wird sichtbar, wie die Gewalt gegen Gemeinderatsmitglieder im Kontext der Lokalwahlen von 1997 und 2003 angestiegen ist. Absolut gesehen hat sich die Anzahl der Morde in den Jahren 2002/3 im Vergleich zu den Jahren 1996/7 nahezu verdreifacht. Auch im Jahr 2004 herrschte ein hohes Maß an Gewalt. Zwischen Januar und August 2004 wurden 13 Ratsmitglieder ermordet (im Vergleich zu 48 Morden im gleichen Zeitraum des Vorjahres); und von Januar bis September 2004 wurden 14 Bürgermeister ermordet (das sind doppelt so viele wie im gleichen Zeitraum des Vorjahres). In den ersten drei Monaten des Jahres 2006 wurden bereits 16 Ratsmitglieder ermordet.[254]

Dass Paramilitärs und Guerilla die Wahlen auch auf nationaler Ebene zu beeinflussen suchen, wird deutlich an der in den Wahlkampfperioden eskalierenden Gewalt, die zum Beispiel auch der Präsidentschaftswahl 2002 vorausging. Die Paramilitärs drohten jeden zu ermorden, der nicht für *Álvaro* Uribe stimmte. Gleichzeitig riefen die FARC zum Wahlboykott auf. [255] Zudem häuften sich Anschlägen auf die nationale Infrastruktur und es kam zu einer Intensivierung der Konfrontation zwischen Paramilitärs, Guerillas und nationalen Streitkräften.[256] Auch die den Präsidentschaftswahlen vorausgehenden Kongresswahlen im März 2002 wurden von Boykottaufrufen seitens der FARC und

---

250 Vgl. Witness for Peace Report, S. 5.
251 Vgl. Politicas Rio Negro: Uribe mide su poder en maratón electoral en Colombia, 25.10.2003, http://www.rionegro.com.ar/arch200310/p25g40.html.
252 Vgl. Neue Zürcher Zeitung, 07.12.02.
253 Vgl. http://www.derechoshumanos.gov.co/observatorio/.
254 International Crisis Group 2006, S. 3.
255 Vgl. Kurtenbach 2002, S. 121-128, sowie Laute, Martin: Die Kongresswahlen vom 10. März 2002, in: Welt-Report, Berichte aus den Auslandsbüros der Konrad-Adenauer-Stiftung, März/April 2002, S. 25-28, S. 25.
256 Vgl. Acosta, Luis Jaime: Colombia: guerrilla llama a no votar y paramilitares a sufragar, 22.05.2002, www.ya.com.

Drohungen seitens der Paramilitärs begleitet. Die AUC kündigte vor den Wahlen an, 30 Prozent der Sitze im Kongress mit ihnen nahe stehenden Kandidaten zu besetzen. Nach der Wahl bestätigte sie, dieses Ziel mit einem Anteil von 35 Prozent an AUC-Sympathisanten im Parlament sogar übertroffen zu haben. Auch dies illustriert die Manipulation der Wahl durch die Paramilitärs in den von ihnen kontrollierten Gebieten.[257]

Auch vor den Kongress- und Parlamentswahlen im Jahr 2006 wurde ein erhöhtes Maß an Gewalt konstatiert. In der Periode zwischen Juli 2005 und April 2006 wurden 44 Politiker ermordet und sieben gekidnappt. Zudem gab es laut dem kolumbianischen Think Tank *Fundación de Seguridad y Democracia* in den ersten drei Monaten des Jahres 2006 insgesamt 555 bewaffnete Auseinandersetzungen zwischen Armee und Aufständischen, bei denen die Armee 53 Soldaten verlor. Im selben Zeitraum des Vorjahres gab es dem gegenüber 466 bewaffnete Auseinandersetzungen.[258] Der Einfluss der Paramilitärs auf die Politik wurde an anderer Stelle bereits erläutert.

4.5.4. Die dritte Dimension: die liberalen Freiheiten

Die Institutionalisierung von Wahlen ist deshalb keine hinreichende Bedingung für die Gewährleistung von Demokratie. Wahlen können institutionalisiert, kompetitiv, frei, fair und inklusiv sein – was sie in Kolumbien jedoch nur anscheinend sind – dies garantiert nicht, dass in der Zeit *zwischen* den Wahlen weitere demokratische Bedingungen eingehalten werden. Besonders in den Demokratien der dritten Demokratisierungswelle ist zu beobachten, dass trotz angeblich freier Wahlen Menschenrechte verletzt, Minderheiten unterdrückt und Freiheitsrechte eingeschränkt werden.[259] Der liberale Rechtsstaat geht nicht aus demokratischen Wahlen hervor, sondern muss unabhängig davon hergestellt werden. Kann ein demokratisch geordneter Rechtsstaat (Artikel 1 der Verfassung von 1991) ohne stabile staatliche Ordnung existieren? Dies soll anhand eines Bündels aus den liberalen Freiheiten Meinungs-, Informations- und Pressefreiheit; Versammlungs-, Demonstrations- und Vereinigungsfreiheit; Glaubensfreiheit; Bewegungsfreiheit und Recht auf Eigentum analysiert

---

257 Vgl. Laute, Martin: Die Kongresswahlen vom 10. März 2002, in: Welt-Report, Berichte aus den Auslandsbüros der Konrad-Adenauer-Stiftung, März/April 2002, S. 25-28, S. 25. Ähnliches gilt für die Kongresswahlen im März 2006. In der Periode zwischen Juli 2005 und April 2006 wurden insgesamt 44 Politiker ermordet und sieben gekidnappt (Vgl. International Crisis Group 2006, S. 3 f.).

258 International Crisis Group 2006, S. 22.

259 Vgl. Krennerich 1999, S.129.

werden. In die Betrachtung eingeschlossen wird zudem die Wirksamkeit der Justiz, da diese in einer funktionierenden Demokratie dem Bürger als Instrument zur Einklage und Verteidigung seiner liberalen Freiheiten dienen soll.

4.5.4.1. Meinungs-, Informations- und Pressefreiheit

In einem zerfallenden Staat wie Kolumbien, der zu einem erheblichen Teil von konkurrierenden Akteuren kontrolliert wird, kann Meinungsfreiheit nicht nur vom Staat, sondern auch von anderen, Gewalt ausübenden Akteuren behindert werden. Ein Indikator für die Meinungsfreiheit ist die Pressefreiheit. Die kolumbianische Verfassung von 1991 garantiert in Artikel 20 die Meinungs-, Informations- und Pressefreiheit. Im deutlichen Gegensatz zu diesem Anspruch steht eine Erhebung von *Freedom House*, welche die Pressefreiheit verschiedener Staaten mit Hilfe einer Skala von 1 bis 100 Punkten misst. *Frei* ist die Presse nach diesem Verfahren bei Werten von 1 bis 30 Punkten; 31 bis 60 Punkte zeigen eine *partielle* Pressefreiheit an und als *unfrei* gilt die Presse bei 61 bis 100 Punkten. Kolumbien weist im Zeitraum zwischen 1994 (Beginn der Messung) und 2001 eine konstante Verschlechterung der Werte auf. Im Jahr 1999 erreicht es gerade 60 Punkte und unterscheidet sich damit um nur noch einen Punkt von der Kategorie *unfrei*.

1994	1995	1996	1997	1998	1999	2000	2001
49	48	54	55	55	60	60	60

1-30 Free, 31-60 Partly Free, 61-100 Not Free

Tabelle 18: Pressefreiheit in Kolumbien nach *Freedom House*[260]

In einer Erhebung der kolumbianischen *Universidad de La Sabana* aus dem Jahr 2003 beurteilten Journalisten die Qualität der Pressefreiheit in Kolumbien. Dabei sahen insgesamt 96 Prozent der Befragten die Pressefreiheit als bedroht an. Die Frage, ob sie glaubten, dass die Informationen zum internen Konflikt in Kolumbien vom Staat manipuliert seien, bestätigten 88 Prozent mit ja. Als die Staatsorgane, die am stärksten manipulativ eingreifen, wurden das Militär, die Regierung und die Polizei genannt, d.h. diejenigen Institutionen, die direkt am internen Konflikt beteiligt sind.

---

260 Vgl. World Resources Institute, Earth Trends: The Environmental Information Portal, Politics and Freedom, Press Freedom Index (Freedom House), http://earthtrends.wri.org/searchable_db/ index.cfm?theme=10&variable_ID=566&action=select_countries.

Die Pressefreiheit in Kolumbien wird jedoch nicht nur durch die staatliche Manipulation der Informationsvergabe und das direkte Eingreifen der Staatsorgane eingeschränkt. Eine konkrete Bedrohung der Pressefreiheit geht auch von parastaatlichen Gruppierungen aus. Die Stiftung für Pressefreiheit (*Fundación para la Libertad de Prensa*, FLIP) gab an, dass 154 Journalisten im Jahr 2002 aus verschiedenen, in Tabelle 19 angegebenen Gründen ihren Beruf nicht frei ausüben konnten.

Art der Verletzung der Pressefreiheit	Anzahl
Drohungen	98
Entführung	21
Attentat	10
Mord	12
Behinderung der Berichterstattung	9
Angriff	4
Gesamt	**154**

Tabelle 19: Angriffe auf die Pressefreiheit 2002[261]

In einer anderen, der bereits oben zitierten Umfrage der *Universidad de la Sabana,* gaben 41 Prozent der Befragten an, in ihrer Laufbahn Morddrohungen erhalten zu haben. Dabei werden Guerilla, paramilitärische Gruppen und Drogenmafia als die größten Bedrohungen empfunden.[262] *Reporters sans frontière* berichten von Guerillaanschlägen auf Gebäude von Medienanstalten in der Hauptstadt sowie von schwarzen Listen, auf denen Journalisten sowohl von der AUC als auch von den FARC für vogelfrei erklärt wurden.[263] In einem Zeitraum von 10 Jahren wurden insgesamt 118 Morde an Journalisten registriert.[264]

An diesen Beispielen wird deutlich, dass Kolumbien zwar in seiner Verfassung die Meinungs-, Informations- und Pressefreiheit garantiert, diese aber de facto hochgradig bedroht ist. In der Unfähigkeit des Staates, Journalisten, die die Pressefreiheit in Anspruch nehmen, vor parastaatlichen Übergriffen zu schützen, spiegelt sich die Sicherheitskrise als Folge des Staatszerfalls wider.

---

261 Vgl. FLIP, Fundación para la Libertad de Prensa: Informe día munidal de la Libertad de Prensa. Sobre violaciones a la libertad de prensa en Colombia, 2003, S. 2, http://www.flip.org.co.
262 Vgl. Universidad de La Sabana, S. 3.
263 Vgl. Reporters sans Frontières: Colombia – Informe Anual, 2003, S. 1, www.rsf.org/article.php3?id_article=6237.
264 Vgl. Priess 2002, S. 3.

Auf der anderen Seite versuchen jedoch auch staatliche Akteure häufig, die Presse in ihrem Sinne zu beeinflussen, womit der Staat selbst zur Bedrohung wird.

4.5.4.2. Versammlungs-, Demonstrations- und Vereinigungsfreiheit

Die Verfassung von 1991 garantiert in Artikel 37 die Versammlungs- und Demonstrationsfreiheit. Obwohl die staatlichen Institutionen normalerweise nicht in friedliche öffentliche Versammlungen und Demonstrationen eingreifen, sind Ausnahmen bekannt. Während des Generalstreiks am 16. September 2002 beispielsweise erließ die Regierung Uribe mit der Begründung, sie habe Informationen über die Infiltrierung der gewerkschaftlichen Protestmärsche durch die Guerilla, ein Verbot von Gewerkschaftsdemonstrationen. Dennoch demonstrierten 800.000 Menschen gegen die Renten-, Arbeits- und Steuerreform der Regierung. Gleichzeitig wurden Bauern, die sich an den Märschen beteiligten, von der AUC zu militärischen Zielen erklärt.[265]

Die Vereinigungsfreiheit zur Ausführung verschiedener gesellschaftlicher Aktivitäten wird in Artikel 38 der Verfassung garantiert. Explizit wird die Vereinigung von Arbeitern und Angestellten in Form von Gewerkschaften in Artikel 39 zugelassen und Vereinigungen in Form von politischen Parteien widmet die Verfassung ein ganzes Kapitel. Im Kontrast dazu stehen die Ergebnisse der Tagung der Internationalen Konföderation freier Gewerkschaften 2003 in Brüssel: Danach ist Kolumbien im globalen Vergleich das bei weitem gefährlichste Land für Gewerkschafter überhaupt.[266] Seit der Gründung des größten kolumbianischen Gewerkschaftsbundes CUT (*Central Unitaria de Trabajadores*) im Jahr 1986 wurden bis ins Jahr 1995 insgesamt 1500 Morde an Gewerkschaftern verübt.[267] Nach dem Bericht der Gewerkschaftsschule (*Escuela Nacional Sindical*, ENS) 2003 wurden im Jahrzehnt zwischen 1991 und 2002 insgesamt 1925 Gewerkschaftsmitglieder ermordet.

---

265 Vgl. Noticias sobre Colombia, Represión contra la movilización del 6 de septiembre en Colombia, www.nadir.org/nadir/initiativ/index.htm.

266 Vgl. Colombia "no es para sindicatos", BBC Mundo, América Latina, Juni 2003: http://news.bbc.co.uk/hi/spanish/latin_america/newsid_2978000/2978556.stm.

267 Vgl. Palacios Romero/ Francisco J., Violencia: Derechos Humanos y Democracia en Colombia: La precaria o imposible justificación del estado constitucional, in: El vuelo del Ícaro, 2-3, 2001-2001, S. 282.

Jahr	Anzahl ermordeter Gewerkschafter
1991	109
1992	148
1993	216
1994	113
1995	181
1996	284
1997	186
1998	106
1999	79
2000	135
2001	196
2002	184
2003	94
Gesamt	**1.925**

Tabelle 20: Morde an Gewerkschaftern in Kolumbien 1991-2003[268]

Im Jahr 2003 ist die Gewaltrate gegenüber Gewerkschaftern mit 94 Morden deutlich gesunken.[269] Die ENS warnt jedoch vor Optimismus, denn gleichzeitig sind Morddrohungen, willkürliche Festnahmen und Razzien um 54 Prozent gestiegen, was deutlich macht, dass Gewerkschaftsarbeit weiterhin in hohem Maße behindert wird. Tabelle 21 zeigt, dass nicht nur parastaatliche Gruppierungen, sondern zunehmend auch staatliche Sicherheitskräfte die Arbeit der Gewerkschafter torpedieren. Während in den 1990er Jahren in 80 Prozent aller Fälle, in denen die Täter bekannt waren, paramilitärische Gruppen für die Morde verantwortlich waren, wurde der Staat ab 2002 selbst zur größten Bedrohung für die Gewerkschaften. Tabelle 21 macht deutlich, wie sich das Verhältnis von paramilitärischen und staatlichen Übergriffen auf Gewerkschafter zwischen 2001 und 2003 umgekehrt hat. Dabei vertreten sowohl Staat als auch Paramilitärs zum Teil mächtige Wirtschaftsinteressen.[270] Die geringste Verantwortung für die Gewalt an Gewerkschaftern tragen die Guerillagruppen, wobei auch sie laut der angeführten Statistik im Jahr 2002 für immerhin 24 Übergriffe auf Gewerkschaftsmitglieder verantwortlich sind und damit in diesem Jahr fast den Paramilitärs gleichkommen.[271]

---

268 Vgl. Banco de Datos de Derechos Humanos, ENS 2003, S. 4 sowie Forero, Juan: Bogotá Says Army Killed Union Chiefs, in The New York Times, 08.09.2004.

269 Forero, Juan: Bogotá Says Army Killed Union Chiefs, in The New York Times, 8. September 2004.

270 Ferero, Juan: Bogotá Says Army Killed Union Chiefs, in The New York Times, 08.09.2004.

271 Vgl. Escuela Nacional Sindical (ENS): Un nuevo panorama de violación contra los trabajadores sindicalizados en Colombia, 2003, S. 21.

Akteur / Jahr	2001	2002	2003
Paramilitärs	132	28	33
Guerilla	4	24	3
Staat	87	90	111
Arbeitgeber	3	-	-
Alltagskriminalität	-	1	-
Private Sicherheitsdienste	-	2	-
Gesamt	229	154	196

Tabelle 21: Gesamtheit der Übergriffe auf Gewerkschafter nach Akteuren 2001-2003[272]

Laut Verfassung steht es allen Kolumbianern zu, politische Parteien und Bewegungen zu gründen und sich diesen anzuschließen oder auszutreten. Ebenso ist den sozialen Organisationen das Demonstrationsrecht und das Recht auf Teilnahme an politischen Kundgebungen garantiert.[273] Trotz dieser Garantien sind Mitglieder politischer und ziviler Bewegungen regelmäßig Opfer von Drohungen und Anschlägen. Diese gehen sowohl von Guerilla und Paramilitärs aus als auch von anderen bewaffneten Akteuren, die etwa im Dienste der Drogenmafia stehen.

Jahr / Akteure	1991	1992	1993	1994	1995	1996	1997	1998	Gesamt
Guerilla	392	292	365	282	354	277	318	352	2632
Andere*	2989	1542	1296	1228	1058	1114	1767	1719	12713
Gesamt	3381	1834	1661	1510	1412	1391	2085	2071	15345

*Bezieht sich auf paramilitärische Gruppen, sowie andere Gruppierungen und Organisationen, die im Dienste der Drogenmafia handeln

Tabelle 22: Morde an politischen und zivilen Führungskräften nach Akteur[274]

Doch nicht nur Parteien oder Gewerkschaften sind als Vereinigungen gefährdet. Mitglieder von Nichtregierungsorganisationen, die sich für die Einhaltung der Menschenrechte einsetzen und Menschenrechtsverletzungen anklagen bzw. darüber berichten, wurden in der Vergangenheit immer wieder Opfer von Morddrohungen, Anschlägen und öffentlicher Diffamierung. Die Täter waren

---

272 Vgl. Banco de Datos de Derechos Humanos, ENS 2003, S. 19.
273 Vgl. Constitución de Colombia, Titulo IV De la Participación Democratica y de los Partidos Políticos, Capítulo II. De los Partidos y de los Movimientos Políticos, Articulo 107.
274 Vgl. Echandia Castilla 1999b, S. 232.

meist parastaatliche Gruppen, doch mehren sich auch die Vorfälle, in denen der Staat gegen NROs vorgeht. Obwohl Präsident *Álvaro* Uribe 2002 einen Rundbrief an verschiedene Botschafter im Land verschickte, in dem er den Schutz der NROs in Kolumbien garantierte, fanden immer wieder staatliche Übergriffe in Form von Razzien auf Büros verschiedener NROs statt.[275] Zu einer offensiven Haltung gegenüber den NROs ging Uribe in einer Rede am 8. September 2003 über, in der er Nichtregierungsorganisationen öffentlich anprangerte und sie als Handlanger des Terrorismus bezeichnete, die sich hinter der Flagge der Menschenrechte zu verbergen suchten.[276]

Auch die Vertreter der Europäischen Union in Kolumbien zeigten sich besorgt über die Menschenrechtslage in Kolumbien. Im Mai 2006 gaben der österreichische Botschafter in seiner Funktion als Repräsentant der österreichischen Ratspräsidentschaft sowie der Leiter der Delegation der EU-Kommission in Bogotá eine Pressekonferenz, in der sie die Intensivierung von Bedrohungen und Angriffen auf Menschenrechtsaktivisten, Indigenen und Frauengruppen seit Beginn 2006 öffentlich beklagten.[277]

Insgesamt zeigen diese Beispiele, dass die Rechte auf Versammlungs-, Demonstrations- und Vereinigungsfreiheit in Kolumbien nur mit starken Einschränkungen wahrgenommen werden können.

4.5.4.3. Glaubensfreiheit

Artikel 18 der kolumbianischen Verfassung garantiert die Glaubensfreiheit. Danach ist jeder frei, seinen Glauben auszuüben und zu verbreiten. Alle Konfessionen und ihre Kirchen sind gleichberechtigt.

Die Religionsfreiheit ist im Gegensatz zur Presse- und Versammlungsfreiheit allerdings nur sekundär von der Sicherheitskrise betroffen. Zwar werden regelmäßig religiöse Führer von illegalen Gruppen attackiert, jedoch sind die Gründe hierfür eher politischer als religiöser Natur. Die kolumbianische Staatsanwaltschaft meldete gleichwohl, dass 2003 im Falle von 31 politisch motivierten Morden ein religiöser Hintergrund gegeben sein könnte.[278] Als Urheber von Entführungen oder Morden an Vertretern bestimmter Glaubensrichtungen wer-

---

275 Vgl. U.S. Department of State: Colombia. Country Reports of Human Right Practices – 2002, 2003, S. 23, 28.
276 Die vollständige Rede wurde unter www.colombia.indymedia.org/news/2003/09/5644.php veröffentlicht.
277 Vgl. International Crisis Group 2006, S. 7.
278 Vgl. U.S. Department of State, International Religious Freedom Report 2002, www.atheism.about.com/library/irf/irf03/blirf_colombia.htm.

den meist die FARC und das ELN genannt. Diese Zahlen zeigen insgesamt ein
hohes Maß an religiös motivierter Gewalt, die im kolumbianischen Konflikt
jedoch keine herausragende Bedeutung aufweist.

4.5.4.4. Bewegungsfreiheit und Recht auf Eigentum

Artikel 24 der Verfassung garantiert das Recht auf Bewegungsfreiheit im
gesamten Staatsterritorium, das Recht der Ein- und Ausreise und das Wohn- und
Bleiberecht für alle Kolumbianer. In Artikel 58 wird das Recht auf legal
erworbenes Eigentum garantiert.

Das Reiserecht ist in Rehabilitions- und Konsolidierungsgebieten, die per
Dekret bestimmt werden, stark eingeschränkt. Die Bewohner müssen, um sich
frei bewegen zu können, Passierscheine erwerben, die sie auf Verlangen von
Polizei oder Militär vorzuweisen haben. Die Sicherheitskräfte sind in diesen
Gebieten berechtigt, Personen bis zu 24 Stunden festzuhalten, um ihre Identität
festzustellen. Ähnliche Methoden werden von Paramilitärs und Guerillas in den
von ihnen kontrollierten Gebieten angewandt. Weiterhin wurden von der Regierung in Konfliktzonen Sperrstunden eingeführt. Die Bewegungs- und Reisefrei-
heit innerhalb des Landes wird auch nicht selten von Straßenblockaden, die von
paramilitärischen Gruppen und Guerillas errichtet werden, behindert. Darüber
hinaus ist bekannt, dass die bewaffneten Akteure in den von ihnen kontrollierten
Gebieten Angehörige indigener Gemeinschaften daran hindern, ihre Reservate
ohne Erlaubnis zu verlassen. Auch der Eintritt in die Reservate ohne Einladung
bzw. Erlaubnis ist außerhalb der Wochenenden verboten.[279]

Obwohl Artikel 24 der Verfassung nicht nur die Bewegungsfreiheit, sondern auch die Bleibe- und Wohnfreiheit im gesamten kolumbianischen Territorium garantiert, rangiert Kolumbien seit vielen Jahren unter den Ländern mit
den höchsten Vertriebenenzahlen. Laut dem Bericht des UNO-
Hochkommissariats für Flüchtlinge (UNHCR) von 2006 ist Kolumbien – nach
dem Sudan – mit 2-3 Millionen Vertriebenen das Land mit der zweithöchsten
Zahl an Vertrieben weltweit.[280] Kolumbianische NGOs wie CODHES (*Consultoría para los Derechos Humanos y el Desplazamiento*) gehen von einer deutlich höheren Zahl (3,6 Millionen) aus, die sich vor allem aus der Tatsache erklärt, dass die meisten Vertriebenen nicht registriert sind. Nach einer Veröffent-

---

279 Vgl. U.S Department of State: Country Reports of Human Rights Practices 2002, S. 24.
280 UNHCR: The State of the World's Refugees: Human Displacement in the New Millennium,
    April 2006.

lichung der *Universidad de los Andes* sind nur 71 Prozent aller Flüchtlinge registriert.[281]

Einen dramatischen Anstieg verursachten die Landvertreibungen bereits Mitte der 1980er Jahre, als die Kämpfe der Konfliktparteien in bestimmten Regionen die Sicherheit der ansässigen Bevölkerung so stark gefährdeten, dass diese zur Flucht gezwungen war.

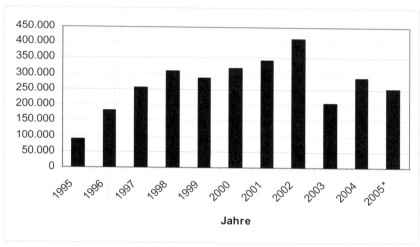

*3. Trim. 2005

Abbildung 14: Anzahl der jährlich neu Vertriebenen in Kolumbien 1995 – 2005[282]

Aufgrund der steigenden Zahl von Vertriebenen erließ das Verfassungsgericht im Mai 2000 ein Verbot von Landvertreibungen. Dieses Verbot wurde jedoch in der Praxis nicht umgesetzt. Vielmehr nahmen die Landvertreibungen proportional zur Verschärfung des internen Konfliktes zu. Wie Abbildung 14 zeigt, sind die von CODHES geschätzten Zahlen über die jährlich neu Vertriebenen zwischen 1995 und 2002 fast stetig angestiegen. Seit 2003 wurde die Zahl der neuen Vertreibungen geringer geschätzt, wobei sie im Jahr 2005 mit 318.000 wieder höher lag als im Vorjahr.

---

281 Internal Displacement in Colombia: A Priority Human Rights Concern for the U.S. Congress, http://www.wola.org/publications/IDP%20Hill%20Drop%20FINAL.pdf.
282 Datenquelle: http://www.codhes.org/cifra/GraficoTendencias1985_2005.jpg.

Die Urheberschaft der Vertreibungen variiert. Während in den 1980er Jahren vor allem die Gewaltakte der Guerilla als Auslöser der internen Landflucht galten, ist seit Mitte der 1990er Jahre den Paramilitärs das Gros der Vertreibungen zugeschrieben worden. Das Militär wurde hingegen immer weniger für Landvertreibungen verantwortlich gemacht, was sich jedoch im Zuge des seit Beginn 2004 implementierten *Plan Patriota*, in dem die Streitkräfte in die südlichen FARC-Gebiete vorstoßen, geändert haben dürfte.

Akteure	1985-1994	1995-1997	2000-2001	2002
Guerilla	32 %	28 %	12,32 %	18,8 %
Paramilitärische Gruppen	21 %	40,6 %	45,67 %	25,6 %
Militär	27 %	13,6 %	0,65 %	0,6 %
Konfrontation mehrerer Akteure	20 %	17,8 %	15 %	43,9 %

Tabelle 23: Vertreibungen nach Akteuren[283]

Immer häufiger wurden schließlich die Landvertreibungen zu einem systematisch eingesetzten Instrument der konkurrierenden Akteure mit dem Ziel der politisch-militärischen Kontrolle bestimmter Territorien. Nach dieser Strategie werden die Vertriebenen durch Sympathisanten der dem Gewaltakteur zugehörigen Gruppe ersetzt. Zum Teil werden den neuen Bewohnern die hinterlassenen Güter übertragen.[284] Das Eigentumsrecht der Vertriebenen wird durch diese illegalen Enteignungen massiv verletzt.

Die Motive dieser gewaltsamen Aneignung fremden Eigentums sind jedoch nicht allein militärischer Natur. Vielmehr belegen Studien den Zusammenhang zwischen dem internen Konflikt und der steigenden Landkonzentration.[285] Die *Interamerican-Commission of Human Rights* (ICHR) stellte fest, dass hinter den politisch begründeten Auseinandersetzungen, die die Bevölkerung zur Landflucht treibt, auch ökonomische Motive der am Konflikt beteiligten Akteure stehen.[286] Diese Vertreibungen aufgrund von wirtschaftlichen Interessen werden, da sie vor allem kleine und mittlere Landbesitzer betreffen, auch als „Kontraagrarreform" bezeichnet. Der interne Konflikt hat die Landkonzentration stark gefördert: Von 1985 bis 1996 ist der Besitz der Großgrundbesitzer von 9,6 Millionen auf 19,2 Millionen Hektar angestiegen. Dabei sind 2 Millionen

---

283 Vgl. Forero 2003, S. 7.
284 Vgl. Ebd., S. 4.
285 Vgl. Alejandro Reyes: El problema territorial del desplazamiento forzoso. Anexo III al informe de la Consulta permanente sobre Desplazamiento Interno en las Américas – CPDIA, 1997.
286 Vgl. ICHR: Tecer informe sobre la situación de derechos humanos en Colombia, Juni 1999.

Hektar Land im Besitz der Drogenmafia. Ein Bericht der obersten Rechnungs-prüfungsbehörde von 2003 geht davon aus, dass 40 Prozent der fruchtbaren Bö-den Kolumbiens mit Geldern aus dem Drogenhandel erworben wurden.[287]
     Die Bewegungsfreiheit und das Recht auf Eigentum werden durch die Verfassung garantiert, real jedoch existieren sie nur sehr eingeschränkt. Auch hier zeigt sich eine Kluft zwischen Verfassungsanspruch und –wirklichkeit, die darin begründet liegt, dass die staatliche Ordnung gegenüber privaten Akteuren nicht durchgesetzt werden kann.

4.5.4.5. Effektivität des Justizapparates

Die rechtsstaatliche Ahndung von Verletzungen der Freiheitsrechte ist nur möglich, wenn der Justizapparat eines Staates funktioniert. Das Versagen der Justiz ist jedoch eine der markantesten Folgeerscheinungen von Staatszerfall und privater Gewalt in Kolumbien. Obwohl die Justizreform ein Kernstück der neuen Verfassung ist, fällt die Bilanz zehn Jahre nach der Verfassungsreform erschreckend aus. Die Gerichte sind weder effektiv noch unabhängig. Auch der Zugang zur Justiz wurde bisher nicht verbessert.
     Die Wirksamkeit der Justiz ist an der Bearbeitungsquote der Fälle ablesbar. Diese ist in Kolumbien von einem hohen Fallrückstau gekennzeichnet. Im Jahr 2000 wurden 1,2 Millionen Fälle nicht bearbeitet. Unter der Annahme, dass keine neuen Fälle hinzukommen, würde die kolumbianische Justiz 2,8 Jahre zur Bearbeitung dieser Fälle benötigen. Auch die Verfahrensdauer, die bei bekannten Tätern durchschnittlich 1,8 Jahre dauert, hat nach der Reform nicht bedeutend abgenommen. Ebenso alarmierend ist die Straflosigkeit. Von 100 begangenen Verbrechen werden nur 31,5 Prozent angezeigt. Nur gegen 2,8 Prozent der Täter wird ein Strafverfahren eröffnet, und lediglich 1,7 Prozent werden tatsächlich verurteilt.[288]
     Auch die Unabhängigkeit der Gerichte ist nicht gewährleistet. Es ist be-kannt, dass der Staatsapparat und die politischen Eliten die Justiz unter Druck setzten, um sie in ihren Urteilen zu beeinflussen. Zusätzlich schränkt die separa-te Militärgerichtsbarkeit die Unabhängigkeit der Zivilgerichte ein. Mit der Re-gierung Uribe ist der politische Druck auf die Gerichte gestiegen.[289]

---

287 Vgl. Forero 2003, S. 6. Vgl. zu diesem Thema auch Kapitel 5.1 sowie dort Abbildung 15.
288 Vgl. Springer, Alexander P: Es gibt hier nichts zu richten…; Möglichkeiten und Grenzen des Rechtsstaats in Kolumbien, S.79 f., http://www.bmlv.gv.at/pdf_pool/publikationen/09_kkf_04_mgr.pdf.
289 Vgl. Ebd., S. 83 f.

Der Zugang zur Justiz ist in weiten Regionen Kolumbiens aufgrund der Disfunktionalität des Staates für die dort ansässige Bevölkerung nicht gegeben. Die Rechtsprechung in diesen Gebieten obliegt dem jeweils herrschenden Akteur.[290] Dies bedeutet, dass in Kolumbien nicht nur die liberalen Freiheiten de facto nicht geschützt werden, sondern dass die Bürger durch das defizitäre Justizsystem auch nicht die Möglichkeit haben, ihre Rechte gerichtlich einzufordern. Die in der Verfassung von 1991 eingerichteten Mechanismen, mit denen die Bürger schneller und effizienter ihre Rechte einklagen können sollen, können so nicht funktionieren.

Obwohl die liberalen Freiheiten ähnlich wie die institutionellen Dimensionen Partizipation und Wettbewerb detailliert in der kolumbianischen Verfassung festgeschrieben sind, werden alle hier untersuchten Freiheiten massiv verletzt. Sie werden sowohl von Seiten nichtstaatlicher Akteure missachtet – ohne dass der Staat in der Lage wäre, präventiv oder reaktiv auf diese Gewalt einzuwirken – als auch von Seiten des Staates selbst. Dabei ist das Fehlen des legitimen Gewaltmonopols des Staates in zweifacher Hinsicht für dieses demokratische Defizit verantwortlich: Erstens durch das Unvermögen, mittels instrumenteller Stärke die demokratische Ordnung gegen massive Verletzungen durch nichtstaatliche Akteure (deren Existenz sich ebendieser Schwäche schuldet) zu schützen und zweitens, indem er in seiner Hilflosigkeit repressiv auf zivilgesellschaftliche Bewegungen reagiert.

4.5.5. Die vierte Dimension: Herrschaftsmonopol der Regierung

Die vierte Dimension des Demokratiekonzeptes von Mainwaring, Pérez-Liñán und Brinks ist die Frage nach der tatsächlichen Macht der gewählten Regierung.[291] Dieses ist dann eingeschränkt, wenn per Verfassung bestimmte oder gewählte Amtsträger nicht frei über politische Fragen entscheiden können, da das Militär oder andere Gruppen über Vetomacht verfügen, die in der Verfassung nicht vorgesehen ist. Für lateinamerikanische Demokratien ist diese Dimension besonders wichtig, da die Geschichte des Subkontinentes von zahlreichen Militärdiktaturen geprägt ist. In dieser Hinsicht nimmt Kolumbien jedoch eine Sonderstellung ein, da die verhältnismäßig kurze Diktatur von General Rojas Pinilla (1953-1957) die Ausnahme in einer Reihe von zivilen Regierungen bildet. Grundsätzlich untersteht das Militär der gewählten

---

290 Vgl. Springer, Alexander P.: Political Justice? Assessing the Role of Colombian Court, Paper for Presentation at LASA´s 98 Meeting, 1998, http://www.uoregon.edu/~caguirre/springer.html.
291 Merkel / Croissant 2000, S. 6.

Zivilregierung, aber es hat auch nach der Einführung der neuen Verfassung bestimmte Prärogative beibehalten.

Bei der Vereinbarung zum *Frente Nacional* verständigten sich die konservative und die liberale Partei darauf, den Bereich der nationalen Sicherheit nicht in ihre politische Agenda aufzunehmen, sondern diesen dem Militär zu überlassen. Dieser Akt zielte einerseits auf die Aufrechterhaltung der politischen Stabilität nach der *Violencia* und andererseits darauf, das Einverständnis des Militärs mit der Absetzung von Rojas Pinilla zu erreichen.

Mit dem Aufkommen von Bürgerkrieg und Staatszerfall seit Mitte der 1980er Jahre wurde die Position des Militärs in den Bereichen Staatsverteidigung und innere Sicherheit deutlicher sichtbar. Durch seine weit reichenden Kompetenzen im Sicherheitsbereich konnte das Militär auf Herausforderungen antworten, ohne sich vorher mit der Regierung abstimmen zu müssen. Die Schwäche der zivilen Institutionen und die kolumbianische Sicherheitskrise gaben ihm die Legitimation, seine Autonomie im Laufe der Zeit weiter auszubauen. Dies erklärt auch zum Teil, warum das Militär auf eine Machtübernahme verzichtete. Es erreichte seine Ziele auch ohne den Umweg über einen Militärputsch. Denn die Androhung eines Putsches hatte den gleichen Effekt wie der Putsch selbst, mit dem Vorteil, dass die Kosten eines Staatsstreichs vermieden wurden.[292] Die Unfähigkeit der politischen Elite, das Militär in seine Schranken zu verweisen verlieh diesem große Autonomie, nicht nur im Bereich der nationalen Sicherheit, in dem es fast exklusive Kompetenzen erlangte, sondern auch in der Bestimmung seines Budgets.

Politisch bedeutsam war die Machtstellung der Streitkräfte immer wieder bei der Aufnahme von Friedensprozessen. Im November 1985 besetzte die Guerrillagruppe *M-19* den Justizpalast, um gegen die Waffenstillstandsverletzungen von Seiten der Streitkräfte zu protestieren. Diese waren weder mit den Friedensbestrebungen der Regierung noch mit deren Sicherheitspolitik einverstanden und stürmten schließlich das Gebäude. Alle Geiseln, unter denen sich die elf obersten Richter des Landes und einige Besucher befanden, sowie die Guerilleros wurden bei dem Angriff getötet. Von Vorteil für das Militär war bei diesem Angriff auch, dass das Justizarchiv vollständig nieder brannte und dadurch Unterlagen zu Untersuchungen von Menschenrechtsverletzungen durch die Streitkräfte vernichtet wurden.[293] Im Folgenden wurde klar, dass Präsident Belisario Betancur den Angriffsbefehl nicht erteilt und die Streitkräfte auf eigene Faust gehandelt hatten. Der militärischen Führung wurden daraufhin die verlangten Zugeständnisse gemacht, wodurch ihr Machtanspruch bestätigt wurde.

---

292 Vgl. Richami 2003, S. 76.
293 Vgl. Kurtenbach 1998, S. 44-54, S. 51.

Auch bei den Verhandlungen zur verfassungsgebenden Versammlung 1991 wurde das Interesse des Militärs deutlich, den Friedensprozess mit den Aufständischen zu behindern. In diesem Jahr bombardierten die Streitkräfte *La casa verde*, den Sitz der Kommandozentrale der FARC, auch diesmal ohne Autorisierung des Präsidenten.[294]

Die Verfassung von 1991 vermochte es nicht, das Verhältnis zwischen Militär und Zivilregierung neu zu definieren. Dahinter stand der von den Streitkräften ausgeübte Druck auf die Mitglieder der verfassungsgebenden Versammlung. Nichtsdestotrotz ergriff die Regierung unter César Gaviria (1990-1994) einzelne Maßnahmen wie zum Beispiel die Errichtung eines Rats für nationale Sicherheit, dem ein Zivilist vorsteht, um die Rolle der Zivilregierung im Sicherheitsbereich zu stärken. Weiterhin setzte Gaviria zum ersten Mal seit 40 Jahren Zivilisten an die Spitze der Sicherheitsbehörden. Weder der neue Verteidigungsminister noch der neue Chef des Geheimdienstes *Departamento Administrativo de Seguridad* (DAS) gehörten den Streitkräften an.[295] Diese Maßnahmen, die effektive zivile Kontrolle über das Militär zu stärken wurden in den Folgejahren durch die Eskalation des Konflikts zunichte gemacht. Gaviria selbst erklärte in seinem letzten Amtsjahr Guerilla, Paramilitärs und Drogen den „totalen Krieg".[296]

Präsident Ernesto Samper (1994-1998) nahm die Friedensgespräche mit der Guerilla wieder auf und erklärte sich bereit, das Gebiet um die Stadt La Uribe im Departement Meta zu demilitarisieren. Dies löste eine tiefe Krise zwischen Militär und Regierung aus, in der sich das Militär sogar öffentlich gegen die Regierung stellte. Den Putschgerüchten begegnete der durch einen Drogenskandal geschwächte Samper erneut mit Maßnahmen zur Erweiterung der militärischen Autonomie.[297]

Auch in der darauf folgenden Amtszeit von Andrés Pastrana (1998-2002) gelang es dem Militär durch das bewährte Säbelrasseln, die Regierung unter Druck zu setzten und sich Vorteile zu verschaffen. Pastranas Pläne, die Renten der Militärangehörigen zu kürzen, die Militärlaufbahn von Grund auf umzustrukturieren und eine Revision der Militärgerichtsbarkeit einzuleiten, beantwortete das Militär mit Rücktrittsdrohungen der Mehrheit seiner obersten Generäle und der Unterstützung von Verteidigungsminister Rodrigo Lloreda. Die Regierung lenkte ein, indem sie die Reformpläne überdachte und sich einverstanden

---

294 Vgl. Richami 2003, S. 78.
295 Vgl. Ladrón de Guevara (1997), S. 12 f.; http://economia.uniandes.edu.co/htm/cede/pazpublica
/documentos_trabajo/relaciones_entre_civiles.pdf.
296 Vgl. Richami 2003, S. 82.
297 Vgl. Bejarano / Pizarro 2001, S. 32.

erklärte, das Militär stärker in die Friedensverhandlungen mit der Guerilla einzubeziehen.[298]

Insgesamt hat das Militär trotz seiner verfassungsmäßigen Unterordnung unter die Zivilregierung de facto über Vetomacht verfügt und damit großen Einfluss auf die Entscheidungen der Zivilregierung ausgeübt. Entscheidend war für diese Entwicklung, dass die zivile Elite im Übereinkommen des *Frente Nacional* den Bereich der nationalen Sicherheit dem Militär überließ. In der Folge machten sich die Streitkräfte die sich verschärfende Sicherheitskrise zunutzte, um ihren Einflussbereich immer weiter auszubauen. Denn in einem Teufelskreis verstärken sich Staatszerfall und private Gewaltmärkte wechselseitig; dies nutzte das ohnehin über große Autonomie verfügenden Militär zur Erweiterung seiner Macht in diesem Bereich und zur Mitbestimmung in anderen Sachbereichen der Politik. Besonders deutlich wird dies bei den Friedensverhandlungen, die die Streitkräfte immer zu beeinflussen wussten. Die Putschdrohung hat sich dabei als erfolgreiche Methode bewährt. Durch die ständige Kompetenzerweiterung, die die Regierung dem Militär zubilligt, entzieht sie sich selbst das Recht, über Sicherheitsfragen zu bestimmen und schwächt sich in ihren Handlungsmöglichkeiten und Kompetenzen.

Indem die demokratisch gewählte Regierung nicht über das Herrschaftsmonopol verfügt, ist die Demokratie in Kolumbien auch in der hier betrachteten vierten Dimension stark eingeschränkt. Agüeros Charakterisierung lateinamerikanischer Demokratien, die lange Perioden von Militärdiktaturen hinter sich haben, trifft insofern auch auf Kolumbien zu:

> „The armed forces have cemented a situation of autonomy for themselves which prevents elected civilian officials from duly exercising fully authority over military affairs. From this situation the military actively monitors the political process and institutions and remains professionally concerned with internal security. The resulting blurs the otherwise democratic character of the postauthoritarian regimes."[299]

4.6. Die Beschleunigung von Staatszerfall durch Demokratisierung

Die Abschaffung des im *Frente Nacional* vereinbarten Zweiparteiensystems wurde als eine der großen Errungenschaften der neuen Verfassung von 1991 gefeiert. Die neuen Gesetze eliminierten alle Einschränkungen auf der institutionellen Ebene und sollten anderen politischen Bewegungen reale Chancen eröffnen, sich am demokratischen Wettbewerb zu beteiligen. Doch die

---

298 Vgl. Richami 2003, S. 80.
299 Vgl. Agüero 1992, S. 179.

Reformen hatten nicht den erhofften Effekt. Vielmehr trugen sie über die Zersplitterung der Parteienlandschaft und der politischen Repräsentation zu einer weiteren Destabilisierung des Systems bei.[300]

Vor 1991 zeichnete sich das kolumbianische Zweiparteiensystem durch große Stabilität aus. Durch das Paritätsabkommen des *Frente Nacional*, das praktisch jegliche Opposition ausschloss, mussten die beiden Parteien keine dritten Kräfte fürchten. Dies rief eine Fraktionierung innerhalb der Parteien in kleinere Einheiten hervor, die sich durch eine gewisse eigene Identität und Organisation auszeichneten, ohne jedoch die Stabilität der Mutterpartei zu gefährden.[301] Die Reform des Wahlsystems von 1991 mündete unintendiert in einer Zersplitterung des Parteiensystems. Dies geschah einerseits durch Maßnahmen, die gleiche Wettbewerbschancen schaffen sollten wie der Einführung von staatlicher Parteien- und Wahlkampffinanzierung sowie der Regulierung des Medienzugangs.[302]

Auf institutioneller Ebene liegt eine mindestens ebenso gewichtige Ursache für die Zersplitterung des Parteiensystems in der Wahl eines Verhältniswahlsystems mit *Hare* Verrechnungsverfahren, das die Proliferation von Kleinstparteien begünstigt.[303] Im Zuge dieser Entwicklung sind die Phänomene einer zunehmend starken Personalisierung und Spezifizierung der politischen Repräsentation zu beobachten, die anhand der Nominierungsprozesse von Kandidaten nachgezeichnet werden können. Die Auswahl der Kandidaten einer Partei ist grundlegend für ein demokratisches System, denn durch sie werden diejenigen bestimmt, die sich dem Volk zur Wahl stellen und die anschließend Parlament und Regierung bilden. Diese Kandidaten können entweder von oben durch Parteiführer bestimmt, oder sie können auf demokratischem Wege durch Abstimmung gewählt werden.[304] Während vor der Verfassungsreform die Mitglieder der traditionellen Parteien über eine festgelegte Laufbahn stufenweise in der Partei aufstiegen, an Bedeutung gewannen und dementsprechend als Kandidaten für bestimmte Positionen aufgestellt wurden, endete diese Tradition mit der Einführung der neuen Verfassung.[305] Denn in Kolumbien existiert nach der neuen Verfassung weder eine Kandidatennominierung von oben noch eine demokratische Kandidatenwahl. Es ist zu beobachten, dass sich Kandidaten vielmehr selbst nominieren.

---

300 Vgl. Pizarro Leongómez 1999, S. 58-85, S. 63.
301 Zu den Fraktionen in der liberalen und konservativen Partei vgl. Pizarro Leongómez 2002, S. 6 f.
302 Vgl. Helfrich-Bernal 2002, S. 300 ff.
303 Eine eingehende Analyse liefern Cox und Shugart in Cox / Shugart 1995, S. 441-60.
304 Vgl. Pizarro Leongómez / Pachano 2001, S. 7.
305 Vgl. Pizarro 2002, S. 11.

Das kolumbianische Wahlsystem ist ein repräsentatives Proporzsystem mit geschlossenen Listen. Jedoch kann jede Partei oder politische Bewegung unbegrenzt viele Listen aufstellen.[306] Da die meisten Parteien keine strikte Parteibindung für die Wahlteilnahme unter ihrem Namen verlangen, verteilen sie generös Bürgschaften an alle, die sich zur Wahl stellen wollen. In einigen Fällen wurde aufgedeckt, dass die Parteien ihre Bürgschaften verkauften und somit zu Wahlunternehmen wurden (*micro-empresas eléctorales*).[307] Zwar war das System der unbegrenzten Listen schon vor der Verfassung von 1991 gültig, jedoch nahm die Listenanzahl pro Partei nach der neuen Verfassung zu (vgl. Tabelle 24). Auf diese Weise bestimmen nicht mehr die Parteien ihre Kandidaten, sondern die Kandidaten wählen die Partei. Zur freigiebigen Ausgabe von Bürgschaften kommt noch hinzu, dass Parteien nach der Verfassung von 1991 und nach der Überarbeitung der Parteiengesetzgebung von 1994 ohne größeren Aufwand gebildet werden können.[308]

Tabelle 24 dokumentiert die zunehmende Anzahl von Listen im kolumbianischen Wahlsystem für die Repräsentantenkammer- und die Senatswahlen. Aufgrund dieser Entwicklung urteilte eine von der Regierung Pastrana in Auftrag gegebene Untersuchungskommission, Kolumbien verfüge über das personalistischste Wahlsystem der Welt.[309]

Die Personalisierung geht einher mit einer Individualisierung der Repräsentation. Das heißt, dass zur Wahl stehende Kandidaten immer weniger in die Parteidisziplin eingebunden sind und immer mehr und zunehmend ausschließlich ihre eigenen Interessen oder die einer bestimmten Gruppe vertreten. In Bezug auf das Parlament gilt, dass das Verhalten der Parlamentarier umso parteienorientierter ist, je parteienbezogener die Wähler ihre Stimme abgeben und andererseits umso individualistischer, je personenorientierter die Stimmenabgabe der Wähler erfolgt.[310] In Kolumbien ist die Personenorientierung außerordentlich stark, wie Pizarro und Pachano feststellten, was sich in einer starken Fragmentierung des Kongresses und eben sehr geringer Parteidisziplin äußert.

---

306 Vgl. Ebd., S. 31.
307 Vgl. Helfrich-Bernal 2002, S. 306.
308 Bei der Einreichung von 50.000 Unterschriften vergibt der Consejo Nacional Electoral (Wahlbehörde) den Parteienstatus (vgl. Artikel 108 der kolumbianischen Verfassung).
309 Vgl. Pizarro Leongómez / Pachano 2001, S. 7.
310 Vgl. Pizarro Leongómez / Pachano 2001, S. 14.

Jahr	Senat	Repräsentanten-kammer
1958	67	83
1960	-	113
1962	97	143
1964	-	192
1966	147	215
1968	-	221
1970	206	316
1974*	176	253
1978	210	308
1982	225	348
1986	202	330
1990	213	351
1991	143	486
1994	251	628
1998	319	692
2002	322	883

*Zwischen 1958 und 1970 wurde die Repräsentantenkammer für eine Periode von zwei Jahren gewählt. Ab 1970 wurden die Wahlperioden mit denen des Senats zusammengelegt (vier Jahre).

Tabelle 24:   Anzahl der eingeschriebenen Listen für Senat und Kammer (1958-1998) [311]

In einer Studie der *Universidad de los Andes* (Bogotá), die die Legislaturperiode vom 20. Juli 1998 bis 20. Juli 1999 untersuchte, fällt die hohe Zahl der Gesetzesentwürfe (354) und legislativen Akte (35) auf, die im Kongress bearbeitet wurden. Im Vergleich dazu wurden in Venezuela in einem Zeitraum von 40 Jahren lediglich 750 Entwürfe bearbeitet. Weiterhin wurde festgestellt, dass jene Parlamentarier, die sich für Gesetzesentwürfe engagierten, die auf lokaler und regionaler Ebene ihre Wirkung entfalten sollten, tatsächlich 78 Prozent ihrer Stimmen aus lokaler und regionaler Ebene erhalten hatten. Es kann davon ausgegangen werden, dass diese Parlamentarier gewählt wurden, weil sie für bestimmte lokale oder regionale Interessen eintraten. Parlamentarier mit einer spezifischen Wählerschaft (*electores específicos*) handeln folglich nicht parteiorientiert, sondern, wie Pizarro und Pachano feststellen, als eine Art Vertreter oder Lobbyisten.[312] Dieses Phänomen der parlamentarischen Lobbyarbeit ist zwar auch in erklärten Demokratien zu beobachten, zeigt dort

311 Pizarro / Pachano 2001, S. 8.
312 Vgl. Pizarro Leongómez / Pachano 2001, S. 15.

aber andere Effekte. In Kolumbien ist diese Entwicklung vor dem Hintergrund der staatlichen Erosionsprozesse für die Regierbarkeit des Landes problematisch. Die in Demokratien selbstverständliche Verfolgung von Partikularinteressen erweist sich für die Stabilität des Staates dann als kontraproduktiv, wenn sie nicht eingebunden sind in ein allgemeines Interesse, dessen Kern zumindest die Aufrechterhaltung politischer Stabilität – ausgedrückt im Gewaltmonopol des Staates – ist. In Kolumbein verfolgen auf diese Weise gerade auch Akteure, die dem Staat das Gewaltmonopol streitig machen, wie Paramilitärs und Drogenbarone, ihre auf den Erhalt von Macht und Vermögen gerichteten politischen Interessen.

Die Personalisierung und Individualisierung, hervorgerufen durch die Zersplitterung des Parteiensystems nach den Änderungen des Parteienstatuts, ist offensichtlich. Die Koordination zwischen der Exekutive und der Legislative und somit die Regierbarkeit des Landes wird dadurch stark behindert. Dieser Koordinationsmangel spiegelt sich auch in der Unfähigkeit des Staates wider, die Kontrolle über den internen Konflikt zu erlangen.[313]

Dabei sind die eingeführten Maßnahmen zur Demokratisierung der Parteienlandschaft als solche durchaus positiv zu bewerten. Es ist jedoch bei Veränderungen dieser Größe zunächst von einer Destabilisierung auszugehen. In Kolumbien werden diese Demokratisierungsmaßnahmen parallel zu einem Prozess der Staatserosion durchgeführt. Damit wird der chronisch schwache, zerfallende Staat unintendiert durch Demokratisierungsmaßnahmen zusätzlich destabilisiert.

4.7. Fazit

Die Analyse des politischen Systems Kolumbiens hat die beiden prozedural bestimmten Demokratiedimensionen Wettbewerb und Partizipation bestätigt. Mit der schrittweisen Auflösung des *Frente Nacional* ging die Demokratisierung auf institutioneller Ebene einher, ein Prozess, der in der neuen Verfassung von 1991 seinen Abschluss fand. Seitdem ist der Wettbewerb zwischen den Parteien durch das Zulassen von Oppositionsparteien und deren verfassungsmäßige Gleichberechtigung gewährleistet. Die Partizipationsmöglichkeiten wurden erweitert, so dass zunehmend Alternativen zu den traditionellen Parteien bestehen. Zusätzlich wurde eine große Anzahl weiterer direkt- und semidemokratischer Partizipationsmechanismen eingerichtet.

In der Verfassung verankert ist auch der Schutz der liberalen Freiheiten. Diese konnten jedoch in der Verfassungspraxis nicht umgesetzt werden, da dem

---

313 Vgl. Bejarano / Pizarro 2002, S. 27.

Staat das legitime Gewaltmonopol zu ihrer Durchsetzung fehlt. Liberale Freiheiten wie die Meinungs-, Presse-, Versammlungs-, Bewegungs-, Wohnfreiheit und das Recht auf Eigentum werden in hohem Maße von den um Macht konkurrierenden Akteuren verletzt. Dem Staat fehlen die Machtmittel, den Bürgerkrieg und die damit einhergehenden Übergriffe auf die zivilen Freiheiten zu beenden und das Gewaltmonopol wieder herzustellen. Auch für eine funktionsfähige Justiz ist das legitime Gewaltmonopol unabdingbare Voraussetzung. Ein durch Gewalt und Korruption zersetztes Justizwesen kann liberale Freiheiten nicht garantieren.

Der Staat versagt jedoch nicht nur mit Blick auf seine Aufgabe, die Bürger vor Verletzungen ihrer Rechte durch bewaffnete Akteure zu schützen. Er verletzt darüber hinaus die Bürgerrechte auch selbst in dem Maße, in dem er mit Repression auch gegenüber nicht bewaffneten, zivilgesellschaftlichen Gruppen reagiert. Die staatliche Beschränkung der Presse- und Versammlungsfreiheit spiegelt dabei die Angst vor einem weiteren Verlust an Kontrolle und Legitimität.

Das Militär nimmt in diesem Prozess eine Sonderstellung ein. Als primäres Gewaltorgan des Staates hat es seit jeher in der Aufstandsbekämpfung versagt. Gründe dafür waren einerseits die mangelnde Legitimität der Politik und deren Unvermögen, ausreichend Güter für die Gesamtheit der Bevölkerung bereitzustellen, wodurch die Aufstandsbewegungen befördert wurden. Andererseits konnten die staatlichen Kräfte ihr Gewaltmonopol gegenüber den Aufstandsbewegungen mangels instrumenteller Stärke nicht behaupten. Mit der auf seiner Schwäche gründenden Unterstützung von paramilitärischen und Selbsthilfegruppen trägt der Staat auf direktem Wege zur Proliferation von Gewaltakteuren und damit zu seinem Verfall bei. Je weniger aber der demokratisch legitimierte Staat zur Herstellung von Sicherheit in der Lage ist, desto mehr strebt das Militär nach Autonomie, um den Staat mittels Zwang zu behaupten. So schuldet sich die Tatsache, dass die zivilen staatlichen Institutionen 1991 dem Militär die Kontrolle über den Sicherheitsbereich überließen, der grundsätzlichen Unfähigkeit, politische Entscheidungen ohne das Fundament monopolisierter staatlicher Gewalt zu implementieren.

Doch fehlt mit einem funktionsfähigen Staat nicht nur das Instrument zur Umsetzung einer verfassungsmäßigen Ordnung. Die Beziehung zwischen den beiden hier untersuchten Variablen Demokratie und Staat hat eine weitere Dimension, die sich destruktiv auf die politische Stabilität des Landes auswirkt. Auf mehrfache Weise haben Institutionenreformen, die auf Dezentralisierung und Öffnung des Parteienwettbewerbes zielten, nicht intendierte Effekte gezeitigt, die sich katalysierend auf den Prozess des Staatszerfalls auswirkten. Das betrifft auf institutioneller Ebene die beiden dargelegten Aspekte der Dezentralisierung und der Zersplitterung des Parteiensystems, die die Handlungsfähigkeit des Zentralstaats schwächen und den bewaffneten Akteuren neue Kanäle zur Beeinflussung der Machtverteilung eröffnen. Mit Blick auf die Wahrung der Bürgerrechte und die Rolle der staatlichen Gewalt, hier konkret des Militärs, das einerseits beim Schutz der Bürgerrechte versagt und andererseits selbst als Aggressor gegenüber der zivilen Bevölkerung auftritt, muss gefragt werden, ob die Demokratie als Staatsform unter der Bedingung des fehlenden legitimen Gewaltmonopols zur Problemlösung in der Lage ist. Im Falle Kolumbiens deuten die angeführten Argumente darauf hin, dass der schwache Staat durch die formale Demokratisierung auf institutioneller Ebene seine reale Ent-Demokratisierung auf der Ebene der Verfassungswirklichkeit mit verursacht hat. Uribes „Politik der demokratischen Sicherheit", im Zuge derer die liberalen Freiheiten von Seiten des Staates weiter eingeschränkt und das Militär gestärkt wird, ist der Versuch, die Guerilla mittels Gewalt zu besiegen. Angesichts der Milde gegenüber konkurrierenden, den Paramilitärs und dem Drogenhandel zuzuordnender Gruppierungen, muss in Zweifel gezogen werden, ob damit tatsächlich ein Schritt in Richtung der Monopolisierung und Legitimierung staatlicher Gewalt getan ist.

5. Die Komplexität der Konflikte in Kolumbien

Im Anschluss an die bisher vorgenommene Analyse des kolumbianischen Staatszerfalls und Bürgerkriegs aus unterschiedlichen theoretischen Perspektiven möchten wir nun, im abschließenden Kapitel des ersten Teils unseres Buches, die grundlegenden politischen Konflikte Kolumbiens in ihrer Gesamtheit skizzieren. Im zweiten Teil werden wir den Blick dann auf den inter- und transnationalen Kontext dieser Konflikte richten.

5.1. Die Interaktion zwischen Staat und Gesellschaft in historischer Perspektive

Je mehr unreguliertes Konfliktpotential eine Gesellschaft birgt, desto größer sind die Anforderungen, denen der Staat gegenüber steht. Die Möglichkeiten, Staatlichkeit zu konstituieren bzw. zu rekonstituieren hängen daher davon ab, in welchem Maß der Staat in der Vergangenheit bereits Institutionen zur Konfliktbeilegung oder –kanalisierung geschaffen hat. Dauerhaft unregulierte Interessengegensätze erhöhen die Wahrscheinlichkeit revolutionärer Bewegungen, die die Abschaffung des bestehenden Staates und die Gründung eines neuen Staates anstreben. Dadurch wird jedoch nicht nur das Regime herausgefordert, sondern, sofern sich der Angriff über einen langen Zeitraum hinzieht, der Staat auch strukturell untergraben, was, wie die vorausgehenden Kapitel gezeigt haben, an verschiedenen Indikatoren wie zum Beispiel der Vernichtung von Infrastruktur, der dauerhafte Beschädigung der Legitimität nicht nur der Herrschenden, sondern auch des Staates als Institution, sowie der Herausbildung alternativer Rechtssysteme ablesbar ist.

Eine historische Perspektive ist geeignet, gesellschaftliche Konflikte und die darauf erfolgenden Reaktionen des Staates – die mit dessen Stärke und Legitimität interagieren – einzuschätzen. Paul Oquist unterscheidet vier historische Phasen der Beziehung von Staat und Gesellschaft in Kolumbien: Erstens eine drei Jahrhunderte während Kolonialgesellschaft, in der stabile religiöse, ideologische und ökonomische Herrschaftsstrukturen durch einen starken und zentralistischen Staat (*a strong state within a strong structure of social domination*) gesichert wurden. Zweitens, nach der Ablösung der spanischen durch die kreolische Elite (die ihrereseits eine Folge des durch die napoleonische Invasion ausgelösten Staatskollaps im Mutterland war), einen fragilen unabhängigen Staat im 19. Jahrhundert (*a weak state within a strong structure of social domination*). Dessen Schwäche beruhte hauptsächlich auf Konflikten zwischen Teilen der im Kolonialreich von der Staatsmacht ausgeschlossenen kreolischen Elite, die als Parteikämpfe geführt wurden. Maßgebende Konfliktlinien waren dabei ökonomische Interessen (Export vs. Großgrundbesitz) und die Organisation des Staates (Föderalismus vs. Zentralismus, Parlamentarismus vs. Diktatur). Die daraus resultierenden Bürgerkriege um die Kontrolle des Staatsapparates wurden von den verschiedenen, regional verankerten Eliten mit Hilfe der ihnen zugeordneten Massen ausgetragen, die ihrerseits die durch Priester, Caudillos und Großgrundbesitzer vertretene soziale Ordnung – bis auf Ausnahmen – nicht anfochten.[314]

Die dritte Phase, in der 1. Hälfte des 20. Jahrhunderts, bildet die Konstituierung des kolumbianischen Nationalstaats auf der Grundlage einer effektiven militärischen Gewalt (Einführung moderner Waffen, Aufbau einer Militärschule), die in der Lage war, die Eskalation der fortdauernden Konflikte zwischen Liberalen und Konservativen zu unterbinden. Zur gleichen Zeit kamen Konflikte um die Verteilung von Boden und Arbeit auf, die zuvor nicht bestanden hatten (*the expanding state within a weakening structure of social domination*).

Im 19. Jahrhundert gab es nämlich auf dem Land kaum Interessenkonflikte, da Bauern, die aus den dicht besiedelten Andenregionen (vor allem Antioquia, Cundinamarca, Santander und Boyacá) verdrängt wurden, in den tiefer gelegenen Andenausläufern bisher unbewohntes, kulturfähiges Land kolonisieren konnten. Vor allem in den ersten beiden Jahrzehnten des 20. Jahrhunderts wurde jedoch das für den Kaffeeanbau besonders geeignete Land in der Höhe von 800 bis 2000 Metern knapp. Damit begannen aufgrund von fehlenden Rechtstiteln die Kämpfe um ertragreiche Landstriche zwischen Bauern, Großgrundbesitzern und zum Teil indianischen Gemeinden, deren Reservate Gegenstand der Konflikte wurden.

Der zweite Komplex sozialer Konflikte entstand aus den Forderungen einer Arbeiterschaft, die sich im Zuge des Wirtschaftsbooms der 1920er Jahre organisiert hatte. Nachdem Kolumbien den Verlust von Panama an die USA durch eine Kompensationszahlung von 25 Millionen US-Dollar akzeptiert hatte, verzehnfachten sich zwischen 1920 und 1929 die Investitionen amerikanischer Unternehmen in die kolumbianische Wirtschaft von 30 Millionen US-Dollar auf

---

314 Vgl. Oquist 1980, Kapitel 2 sowie S. 150-53.

280 Millionen US-Dollar.[315] Dazu kamen Kredite von New Yorker Banken an den kolumbianischen Staat von rund 200 Millionen US-Dollar,[316] die hauptsächlich in den Ölsektor und den Aufbau der Infrastruktur für den Im- und Export investiert wurden. Die verschiedenen Teile des Landes wurden nun über Straßen und Eisenbahnschienen mit den Ozeanen verbunden. So wurde etwa in der Periode zwischen 1922 und 1934 das Schienennetz von 1.481 km auf 3.262 km mehr als verdoppelt. Für die Wirtschaftsaktivitäten dieses Booms, der in Kolumbien „Tanz der Millionen" genannt wird, stand jedoch auf dem Arbeitsmarkt ein zu knappes Angebot an Arbeit zur Verfügung. Diesen Arbeitskräftemangel versuchten Unternehmen und Großgrundbesitzer häufig mit Gewalt - zum Teil mit staatlicher Hilfe – zu decken. Auf dem Land ging man dazu über, Schuldpacht und illegalen Landbesitz als Druckmittel zur Erzwingung von Arbeitsleistungen zu verwenden.

Im Gegensatz zu früheren Phasen war der Staat nun in der Lage, in die gesellschaftlichen Beziehungen einzugreifen. In den 20er bis 40er Jahren dehnte er seine ökonomische und finanzielle Basis aus und trat in der Volkswirtschaft zunehmend als Regulator und Unternehmer in Erscheinung. Er kontrollierte Gewerkschaften, Unternehmerverbände und Marktstrukturen wie vor allem den Kaffeemarkt mit der *Federación Nacional de Cafeteros*. Das staatliche Steuereinkommen wurde massiv erhöht. So stiegen beispielsweise die Staatseinnahmen aus der Einkommensteuer von rund 2 Millionen Pesos im Jahr 1934 auf rund 20 Millionen Pesos vier Jahre später. Außerdem gründete der Staat Banken und Kreditinstitute und begann mit der Erhebung Import substituierender Schutzzölle.[317]

In dieser Ausdehnung der Staatstätigkeit erkennt Oquist eine Ursache für den Staatskollaps in der *Violencia* (der vierten Phase), da die Anreize, den Staatsapparat unter Ausschluss des Konkurrenten zu kontrollieren, sich entsprechend seiner Ausdehung erhöhten. In dem folgenden Bürgerkrieg der *Violencia* zwischen 1948 und 1953 entluden sich sodann eine Vielzahl von Konflikten, die einerseits horizontal zwischen den beiden Parteien, andererseits vertikal vor allem um die Verteilung von Land geführt wurden.

Die Wiederherstellung der Staatsmacht durch den *Frente Nacional* ist nach Oquist schließlich die fünfte historische Phase.[318] In dieser zementierten Form orientierten sich die aufeinander folgenden Regierungen an den Interessen der Eliten beider Parteien und versagten vor nationalen Problemen wie der nach wie vor bestehenden Landfrage. Die Landkonflikte wurden seitdem von nichtstaatli-

---

315 Vgl. Ebd., S. 93.
316 Vgl. Ebd.
317 Vgl. Ebd., S. 156 – 164.
318 Vgl. Ebd., S. 11-20.

Bürger Unipolokonomich: Ausbeutung aller Ressourcen

chen Selbstverteidigungsgruppen ausgetragen – als solche bezeichneten sich sowohl die ersten ruralen Guerillabewegungen als auch die im Interesse mächtiger Landbesitzer agierenden Einheiten, aus denen die Paramilitärs erwuchsen.[319]

Die Konzentration des Landbesitzes hat sich erheblich verschärft, seit Drogenhändler ihr Vermögen in Landbesitz umwandeln. Die ersten Landkäufe tätigten Drogenhändler in den 70er Jahren in den Regionen La Guajira/Magdalena, Antioquia, dem Smaragd-Gebiet in Boyacá und in Valle del Cauca.[320] Mit dem Kokain-Boom der 80er Jahre eigneten sich die reich gewordenen Drogenhändler schließlich ausgedehnte Ländereien im ganzen Land an (vgl. Abbildung 15).

Laut Alejandro Reyes befinden sich heute 9,8 Millionen der insgesamt 111 Millionen *acres* kulturfähigen Bodens im Besitz von Drogenhändlern.[321] Dabei korreliert in acht von neun Regionen ein starkes Ansteigen der Gewalt mit Landkäufen von Drogenhändlern.[322] Valle del Cauca und Córdoba weisen den höchsten Anteil an Gemeinden mit Narko-Ländereien auf. In Valle del Cauca, Heimat des derzeit mächtigsten Drogenkartells *Norte del Valle*, wurden in 85,7 Prozent aller Gemeinden Landkäufe durch Drogenhändler registriert; in der traditionellen Hochburg der Paramilitärs Córdoba waren es 84,6 Prozent.[323] Die Ziele der Drogenhändler sind klar: die Möglichkeit der Geldwäsche, der Erwerb von Boden für den Anbau von Koka und die Errichtung industrieller Anlagen zur Kokaverarbeitung. Schließlich ist der Erwerb von Großgrundbesitz ein Schritt in die Richtung ihres eigentlichen Zwecks, nämlich der dauerhaften Aneignung materieller Sicherheit und dem Aufstieg in der kolumbianischen Gesellschaft.

Da die Drogenmafia über eigene Instrumente zur Interessensdurchsetzung verfügt, sind die Landkäufe mit einem hohen Maß an nichtstaatlicher Gewalt verbunden. Besonders in der agrarisch am weitesten entwickelten Kaffeeanbauregion (Antioquia, Caldas, Quindío, Risaralda und Teile von Tolima und Valle) wurden viele kleine und mittlere Bauern gezwungen, ihr Land zu verkaufen.

---

319 McLean 2002, S. 126.

320 Vgl. Herrera 2005, S. 16.

321 Vgl. Van Dongen, Rachel: Colombia's poor inherit drug estates. President *Álvaro* Uribe has accelerated a program that redistributes prime land confiscated from narcotraffickers, in: The Christian Science Monitor, 8.12.2004, www.csmonitor.com/2004/1208/p01s02-woam.htm. Vgl. auch Kapitel 4.4.4.

322 Die 9 Regionen mit der höchsten Gewalt sind laut Reyes: 1. Córdoba / Urabá / Osten von Antioquia; 2. Sucre und Montes de María in Bolívar; 3. Bajo Cauca antioqueño / Magdalena Medio; 4. Ocaña / Catatumbo in Norte de Santander; 5. César / Magdalena / Sierra Nevada de Santa Marta; 7. Meta / Guaviare; 8. Caquetá / Putumayo; 9. Cauca / Süden von Huila / Süden von Valle del Cauca / Nariño. Von diesen Regionen korreliert nur in Arauca Gewalt nicht mit dem Grunderwerb von Drogenhändlern. Hier ersetzt Öl-Reichtum den Drogen-Reichtum (vgl. Chernick 2005, S. 44.

323 Danach folgen Quindío (75%), Risaralda (71,4%), Antioquia (70,9%), Magdalena und Guajira (je 66,6%), Tolima (63%), Caldas (56%) (vgl. Herrera 2005, S.17).

Abbildung 15: Munizipien, in denen Drogenhändler Land gekauft haben[324]

---

324 Reyes Posada, Alejandro: Geografía de la Guerra, Universidad Nacional.

Obwohl seit Beginn der 60er Jahre eine Reihe von Reformen eingeleitet wurden, die sich dieses Problem auf die Fahnen schrieben, blieb das Muster, dass begehrtes Land und Ressourcen in den Händen der vor Ort Stärksten liegen, bis heute bestehen.

Das erste größere Projekt zur Verteilung des Landbesitzes war das Agrarreformgesetz von 1961 (*ley 135*), das von den USA im Rahmen ihrer Allianz für den Fortschritt[325] initiiert worden war. Es führte zu einigen begrenzten Umverteilungen, die jedoch seit den 1970er Jahren vielfach wieder rückgängig gemacht wurden. Mit dem *Acuerdo de Chicoral* (1972) und dem *ley 6* (1975) wurde ein neoliberaler Kurs eingeschlagen und die zuvor umverteilten Parzellen fanden häufig den Weg zu ihren alten Besitzern zurück.[326] Ein weiterer Versuch, der auf die Kräfte des Marktes setzte, war schließlich das *ley 160* von 1994.[327]

Gemeinsam ist allen versuchten Landreformen, seien sie marktlicher oder interventionistischer Natur, dass sie ihr Ziel nicht erreicht haben. Die Landkonzentration und die Zahl der Vertriebenen sind über die vergangenen Jahrzehnte deutlich gestiegen und ein immer größerer Anteil des kultivierbaren Landes wird nicht mehr bestellt.[328] Die mit Flüchtlingsfragen befaßte kolumbianische Nichtregierungsorganisation CODHES (*Consultoría para los Derechos Humanos y el Desplazamiento)* schätzt, dass Vertriebene circa 4,8 Millionen Hektar Land hinterlassen haben. Diese Fläche ist dreimal so groß wie die Summe der von der Regierung vorgenommenen Umverteilungen seit 1961. Darum wird mit Bezugnahme auf die hinter den Vertreibungen stehenden wirtschaftlichen Interessen auch von einer Kotraagrarreform gesprochen.

Die Konflikte um Landbesitz werden grundsätzlich und fortdauernd durch den Gebrauch privater Gewalt und außerhalb staatlicher Institutionen ausgetragen. Der fehlende Wille kolumbianischer Regierungen zu Maßnahmen wirtschaftlichen Ausgleichs beruht darauf, dass sie die Interessen der Eliten gestützt haben; die Regierungsform des *Frente Nacional* ist Ausdruck einer solchen oligarchischen Gesellschaftsstruktur. Es kommt jedoch entscheidend hinzu, dass der Staat angesichts fehlender Territorialgewalt zu einer Umverteilung des Bodenbesitzes überhaupt nicht in der Lage wäre. Weder kann er eine Umverteilung von oben implementieren noch kann er einen rechtlichen Rahmen bieten, der für

---

325 Initiative der USA zur wirtschaftlichen Entwicklung lateinamerikanischer Länder zwischen 1961 und 1970. Mit Hilfe von ökonomischen Anreizen (insgesamt 20 Mrd. US-Dollar) wurden Landreformen angestoßen, um einer Sogwirkung der kubanischen Revolution zuvorzukommen.

326 Zinecker 2004, S. 8.

327 Vgl. dazu Fajardo Montaña, Darío 2003: Colombia: Reforma agraria en la solución de conflictos armados, S. 14-17, http://www.mamacoca.org/FSMT_sept_2003/es/ebook/ Compendio%20rural/Fajardo.htm.

328 Vgl. z.B. Deininger, Klaus / Isabel Lavandenz 2004: Colombia: Política agraria en transición, Banco Mundial, en breve, Nr. 55.

marktorientierte Lösungen von unten vonnöten wäre. Die Verteilung von Land und Ressourcen wird hauptsächlich von privaten Akteuren bestimmt, mit dem Recht bei dem vor Ort Stärkeren.

5.2. Das Erbe der *Nationalen Front*

In den Schwächen des inflexiblen und geschlossenen Systems der *Nationalen Front* liegen die Ursprünge für die Bildung radikaler oppositioneller Gruppen, die in den Folgeperioden unter Einfluss der Auswirkungen des illegalen Drogenhandels zu autonomen, den Staat bedrohenden Akteuren wurden. Besonders die Ausschaltung des Wettbewerbs im politischen System Kolumbiens hatte letztlich schädliche Folgen für die Stabilität des Staates.

Auf nationaler Ebene führte das Zweiparteienmonopol zu einer Repräsentationskrise, die sich unter anderem in der geringen Wahlbeteiligung bei Parlamentswahlen ausdrückt, die in den 1960er bis 1980er Jahren häufig bei deutlich unter 40 Prozent lag.[329] Die Verwehrung der effektiven Aggregation von Interessen außerhalb der Kanäle der dominanten Parteien wurde vor allem in linksintellektuellen Kreisen als politisches Problem wahrgenommen und fand seinen Ausdruck zunächst in Bestrebungen, das System von innen heraus (über die Listen der Konservativen und Liberalen) auszutricksen. In dem Maße jedoch, wie diese Strategien scheiterten, erhielten die Guerillabewegungen Zulauf und Unterstützung von Bevölkerungsteilen der nationalen Zentren. Auch ein wachsender Teil der reformistischen Liberalen akzeptierte die Daseinsberechtigung der illegalen Bewegungen.[330]

In den ländlichen Gegenden lag die Ursache der politischen Krise vor allem in der schlechten Problemlösungskapazität des Staates begründet. Die Garantie eines festgelegten Machtanteils verschaffte der in den Eliten der beiden traditionellen Parteien verankerten Oligarchie die Möglichkeit, ihre Position zu bewahren und ihre partikularen Interessen zu befördern. Dementsprechend genügte die Politik dieses blockierten Systems kaum den Erfordernissen des Landes.

Das konfliktträchtigste Problem, vor dem die leistungsschwache Politik versagte, war die Landfrage. Seit den rechtlich nicht abgesicherten Besetzungen aus dem 19. Jahrhundert war es infolge von Modernisierungen und anderen Strukturveränderungen (wie später auch der Ausbreitung des Drogenanbaus)

---

329 Vgl. Bejerano / Pizarro 2001, S. 13.
330 Die Reformisten bilden im Gegensatz zu den Moderaten von jeher diejenige Fraktion der Liberalen, die sich für (soziale) Reformen, vor allem eine Landreform, aussprechen. Vgl. Oquist 1980, S. 109. Vgl. auch Bejerano / Pizarro 2001, S. 26.

zunehmend zu Vertreibungen oder zum mehr oder weniger erzwungenen Verkauf von Land gekommen, welches sich im Besitz mittlerer und kleiner agrarischer Betriebe befunden hatte. Ungeklärte Eigentumsverhältnisse führten zu Konflikten, die mangels Konfliktlösungskompetenz oder -willen der nationalen Politik auf lokaler Ebene von privaten Akteuren ausgetragen wurden. Ein weiterer, in den 1960er Jahren einsetzender Modernisierungsschub verschärfte die Situation und ein wachsender Teil der ländlichen Unterschichten schloss sich der Guerilla an. So konnten sich die FARC – die sich aus den Restbeständen revolutionärer Gruppen der *Violencia* gebildet hatten – und andere kleinere Guerillaverbände als wachsende Bewegungen etablieren, welche die Interessen der Pächter, Kleinbauern und Landarbeiter physisch schützten und in der Forderung nach einer revolutionären Landreform politisch vertraten.

Als die Guerilla zu einer Bedrohung für die Großgrundbesitzer wurde, begannen diese, seit den 1980er Jahren, ihrerseits mit der Verteidigung ihres Besitzes durch Selbstverteidigungsgruppen. Diese bewaffneten Gruppen waren zwar zunächst nicht politisch orientiert, da sie die staatliche Ordnung nicht beeinflussen wollten, sie untergruben die staatliche Autorität jedoch durch die Ausübung privater Gewalt. Die Regierung antwortete auf die drängenden sozialen Konflikte nicht mit der Schaffung und dem Schutz klarer Eigentumsverhältnisse, sondern mit einem permanenten Ausnahmezustand, der die Anwendung von Repressionen erlaubte, wodurch wiederum die Guerilla verstärkten Zulauf erhielt.

Zudem trieben die staatlichen Kräfte ihren Autoritätsverlust selbst voran, indem sie die Schaffung der Milizen im Interesse staatlicher – gegen die Guerilla gerichteter – und partikularer – die Oligarchie vertretender – Interessen per Gesetz billigten und unterstützten. So leistete das Militär den Selbstverteidigungsgruppen personale und materielle Unterstützung, da es in diesen eine Hilfe im Kampf gegen den Staatsfeind erkannte.[331] Eine neue Welle von Landkonflikten resultierte aus dem Aufkauf von circa 5-6 Millionen Hektar Land durch die Drogenbarone in den 1980er Jahren. Damit einher ging eine Radikalisierung der Guerilla.

5.3. Der globale illegale Drogenhandel

Ein Ergebnis des Systems der nationalen Front waren also eine erstarkende bewaffnete Opposition und eine durch geringe Leistungskraft gekennzeichnete

---

331 Zu den Verbindungen von Staat und Paramilitärs vgl. z.B. Human Rights Watch 2001.

Politik. Defizite in der Repräsentativität und der Leistungsfähigkeit des Systems allein können den Staatszerfall in Kolumbien jedoch nicht hinreichend erklären. Vielmehr ist dieser erst das Produkt des Zusammenwirkens politischer *und* ökonomischer Prozesse. Unsere Analyse bezieht daher als eine weitere unabhängige Variable die Produktion und den Handel mit illegalen Drogen mit ein. Während die Ursache des weltweiten Drogenhandels in der internationalen Nachfrage liegt, bilden die geringen institutionellen Hindernisse des Staates die entscheidende Bedingung für seine Etablierung auf kolumbianischem Staatsgebiet.

5.3.1. Ursache und Entstehungsbedingungen

Wie bereits dargelegt, beherrscht Kolumbien den weltweiten Kokainmarkt – auf der Angebotseite – zu circa 80 Prozent und produziert darüber hinaus einen großen Teil anderer in die USA importierter Drogen wie Heroin und Marihuana. Kolumbien tritt dabei auf dem globalen Markt für illegale Drogen als Anbieter auf, der die weltweite Nachfrage bedient.

Alle Versuche, den weltweiten Drogenmarkt zu unterbinden, sind bisher nicht nur fehlgeschlagen, sondern bewirken in vielerlei Hinsicht das Gegenteil der intendierten Effekte. So führt eine erfolgreiche Drogenkontrollpolitik in einem der potentiellen Anbauländer (vor allem Bolivien, Peru, Kolumbien, aber auch zunehmend Brasilien, Ecuador und Venezuela) dazu, dass sich die Produktion durch den sogenannten *balloon-effect* auf ein Nachbarland verlagert.

Darüber hinaus bietet der illegale und daher klandestine Markt aufgrund von Risikozuschlägen, Marktbeschränkungen und unreglementierter Ausbeutung von Produktionsfaktoren den Anbietern ergiebige Gewinnquellen und entzieht die Produktion prinzipiell jeglichen staatlichen oder zwischenstaatlichen Kontrollmöglichkeiten, was hohe gesamtgesellschaftliche Kosten verursacht. Auf Konsumentenseite führt die fehlende Qualitätskontrolle zu Gesundheitsschäden und Todesfällen. Für die Kosten, die auf Konsumentenseite aufgrund der Illegalität des Marktes entstehen, ist Kolumbien ein instruktives Beispiel.

Dass sich die Produktion von Kokain bisher auf den Andenraum beschränkt, liegt in der geographischen Verortung der Pflanze und in der historischen Einzigartigkeit der Gewohnheit der andinen Völker begründet, Kokablätter zu kauen. Prinzipiell könnte Kokain jedoch auch in anderen Regionen der Welt hergestellt werden, dies bezeugen Züchtungserfolge, die bereits heute zu einer größeren Verbreitung und höheren Erträgen geführt haben. Im Gegensatz zu Bolivien und Peru ist Kolumbien zum Beispiel kein traditionelles Kokaanbauland. Bis in die 1990er Jahre erfolgte hier lediglich die Verarbeitung des Rohstoffs zum Endprodukt sowie dessen Vertrieb. Erst strikte Maßnahmen Boliviens und Perus zur Reduzierung des Anbaus führten dazu, dass sich seit Mitte der 1990er Jahre die Pflanzungen auf Kolumbien verlagerten. Dieser *balloon-effect* ist für die starke Ausweitung der Drogenanbaufläche in Kolumbien in der zweiten Hälfte der 1990er Jahre verantwortlich.

Während also Koka als Pflanze prinzipiell vielerorts angebaut werden kann, gibt es für die Etablierung der Drogenproduktion eine systemische Bedingung. Diese ist der Unwille oder die Unfähigkeit eines Staates, die Drogenproduktion zu unterbinden. Kolumbien konnte deshalb zum weltweit größten Kokainproduzenten werden, weil der kolumbianische Staat erst *nach* der Etablierung der Drogenökonomie – unter amerikanischem Druck – sukzessive Gesetze und Maßnahmen zu deren Unterbindung schuf.[332] In den 1970er Jahren unterstützte die Regierung dagegen den Zustrom von Devisen aus den Drogengeschäften, indem sie die Banken anwies, US-Dollar ohne Nachfrage nach ihrer Herkunft in einheimische Währung zu tauschen. Der Anteil der hierüber einfließenden Devisen betrug in der ersten Hälfte der 1980er Jahre circa 50 Prozent der kolumbianischen Dollareinnahmen.

Die Teilhabe an den hohen Gewinnen des Drogenhandels ist bis heute durch die mangelnde Implementierung sowieso schwacher Gesetze für Vermögenseinziehung und gegen Geldwäsche gewährleistet.[333] Diese bewusste Tolerierung des Drogenhandels ist mit der Schwäche des Staates überhaupt auf direkte Weise verbunden und für die Etablierung des Drogenhandels eine entscheidende Bedingung insofern, als dessen Kontrolle über Territorium und Bevölkerung wenig ausgeprägt ist. Die Kokainproduzenten finden den notwendigen Raum zur relativ ungestörten Herstellung des Produktes. Zudem boten bestehende Schmuggelrouten und zu Korruption neigende Institutionen die Voraussetzung für die Schaffung von Produktions- und Handelsstrukturen.

---

332 Vgl. International Narcotics Control Strategy Reports 1990-1999.

333 Das Verbot der Geldwäsche wurde unter dem Druck der Dezertifizierung der USA verabschiedet. Bis zum Ende des 20. Jahrhunderts wurde jedoch in Kolumbien niemand aufgrund dieses Deliktes verurteilt (vgl. International Narcotics Control Strategy Report 1999). Das Gleiche gilt für ein Gesetz zur Vermögenseinziehung, welches 1996 verabschiedet wurde und das bis Ende 1999 erst einmal angewandt wurde (vgl. Ebd.).

5.3.2. Die Auswirkungen des Drogenhandels auf die Stabilität des Staates

Seit seinem Aufkommen in den späten 1970er Jahren hat der Kokainhandel direkte negative Auswirkungen auf die staatliche Stabilität. Der entscheidende Punkt in der Beziehung zwischen Drogenhandel und Staat ist die Illegalität des Produktes. Denn solange sich Produktion und Handel nach den Gesetzen des Marktes entfalten können, bleiben Produzenten und Anbieter private Wirtschaftssubjekte. Erst mit dem staatlichen Vorgehen gegen den Handel durch eine Drogengesetzgebung und deren Implementierung greifen die Händler in die staatliche Ordnung ein, um ihre Geschäftsinteressen gegen den Widerstand des Staates durchzusetzen. In Kolumbien erfolgte die schrittweise Formulierung und Durchsetzung von Gesetzen zur Unterbindung der Produktion und des Handels von Drogen auf US-amerikanischen Druck seit den 1970er Jahren.

Die Beeinflussung der eigenen Regierung und des Parlaments – in ihrer gesetzgebenden und verordnenden Funktion – ist daher ein primäres Ziel der Drahtzieher des Drogenhandels. Die Implementierung der Drogengesetze durch Justiz und Polizei machen diese staatlichen Institutionen zu einem tagtäglichen Gegner der Produzenten illegaler Drogen – sofern sie deren Interessen durchkreuzen. Dem Drogenhandel steht eine Kombination von zwei Instrumenten zur Durchsetzung seiner Interessen zur Verfügung: *plata o plomo*, Silber oder Blei. Im folgenden möchten wir darlegen, wie sich die Drogenhändler dieser beiden Machtinstrumente gegenüber dem kolumbianischen Staat bedienen und bedient haben.

5.3.2.1. *Plata*: Korruption

Als Wirtschaftsunternehmen auf einem Markt, der durch eine unelastische Nachfrage und hohe Gewinnspannen gekennzeichnet ist, verfügen Drogenhändler über eine starke Finanzkraft, welche sie befähigt, die durch die Illegalität gegebenen Schranken gegen ihre wirtschaftlichen Aktivitäten zu beseitigen. Roberto Steiner schätzt den Anteil des Drogeneinkommens am Bruttoinlandspodukt in der ersten Hälfte der 1980er Jahre auf etwa 7 Prozent und seitdem auf circa 3-4 Prozent des Bruttoinlandsproduktes. Steiner weist darauf hin, dass das Einkommen aus dem Drogenhandel gegenwärtig genauso hoch ist wie das Einkommen aus der Kaffeeproduktion, dem bedeutendsten legalen Produkt der kolumbianischen Wirtschaft. Während sich der Gewinn aus dem Kaffeeexport jedoch auf etwa 300.000 Familien verteilt, konzentrieren sich die Gewinne aus dem Drogenexport in den Händen einer kleinen Anzahl von Unternehmern, welche über entsprechend viel ökonomische Macht verfügen.[334] Die Durchsetzung ihrer Interessen mittels Korruption erfolgt einerseits auf der Ebene der Gesetzgebung und andererseits auf der Ebene der Implementierung der Gesetze. In welchem Umfang Korruption betrieben wird, ist naturgemäß schwer ermittelbar. Auf der Ebene politischer Entscheidungsträger kam es in den 1990er Jahren zur Aufdeckung einer Reihe von Korruptionsaffairen, von denen sich vor allem der *Caso 8.000* im öffentlichen Bewußtsein niederschlug, in dem Regierungsmitglieder und Kongressabgeordnete beschuldigt wurden, in erheblichem Umfang Drogengelder entgegen genommen zu haben. Der damals amtierende Präsident Ernesto Samper (1994-1998) wurde im Zuge dieses Verfahrens angeklagt, seinen Wahlkampf durch Gelder des Drogenkartells von Calí finanziert zu haben. Trotz des dringenden Tatverdachts wurde er vom Kongress wiederholt freigesprochen, was in der Öffentlichkeit den Verdacht untermauerte, ein Großteil der Parlamentsmitglieder sei in die Korruptionsaffairen verwickelt gewesen.[335]

Wie bereits zuvor gezeigt, hat sich das Image des Kongresses kaum verbessert. Auch heute belegen Umfragedaten, dass die Korruption der Legislative als sehr schwerwiegend wahrgenommen wird (vgl. Kapitel 1 und 3), was zum Imageverlust der demokratischen Institutionen insgesamt beiträgt. Auf der Ebene der Implementierung der Drogenkontrolle erfolgt Korruption bevorzugt durch die Bestechung von Justizpersonal. Inwiefern diese in Verbindung mit der Androhung von Gewalt (*plata o plomo*) zu einer Lähmung des Justizwesens führt, soll nach einem Blick auf das alternative Mittel der Interessendurchsetzung, Gewalt, dargelegt werden.

5.3.2.2. *Plomo*: Drogenkriege

Gewalt als Instrument zur Beeinflussung der Drogenpolitik wurde von den Drogenbaronen vor allem in der Periode von 1984 bis 1991 eingesetzt. Die Drogenkriege dieser Epoche sind verantwortlich für die zeitgleichen Extremwerte der Rate gewaltsamer Tode. Ein Hauptgrund des Krieges zwischen Staat und Drogenhändlern war ein Abkommen zwischen den Regierungen Kolumbiens und der USA, das seit 1979 die Auslieferung von Drogenstraftätern an die USA erlaubte. In den folgenden Jahren versuchten die Drogenhändler mit

---

334 Steiner 1999, S. 167 f.
335 Vgl. Bejerano / Pizarro 2001, S. 31 sowie Manwaring 2002, S. 14 f.

Gewalt die Implementierung dieses Abkommens sowie seine Bestätigung durch Parlament und Justiz zu verhindern.[336]

In der ersten Hälfte der 1980er Jahre unternahmen die Drogenhändler zunächst den Versuch, die Drogenpolitik auf institutionellem Wege zu beeinflussen. Im Jahr 1983 gründeten die Bosse des Medellínkartells Carlos Lehder und Pablo Escobar politische Parteien, deren einziges Ziel die Abschaffung der Auslieferung war. Escobar war sogar selbst einige Monate Mitglied des Parlaments. Dieser politische Aufstieg der Drogenbarone stieß jedoch auf die Ablehnung der gesellschaftlichen und politischen Eliten und Escobar wurde die Immunität entzogen. Nachdem sie die Auslieferung auf institutionellem Weg nicht verhindern konnten, schlossen sich die potentiell von der Auslieferung betroffenen 1985 unter dem Namen „die Auslieferbaren" (*los extraditables*) zu einer Bewegung zusammen, um mit Gewalt gegen die Gefährdung ihrer Freiheit vorzugehen. Als ihr Motto kommunizierten sie, ein Grab in Kolumbien einer Zelle in den USA vorzuziehen. Die zunächst nachgiebige und zu Konzessionen bereite Haltung der Regierung nahm mit dem Mord an Justizminister Lara Bonilla im Jahr 1984 ein Ende und schlug in eine Offensive gegen die Köpfe des Drogenhandels um. In diesem ersten Drogenkrieg wurden vor allem Politiker und Juristen ermordet.[337]

Der zweite Krieg zwischen Staat und Drogenmafia (1989-90) war eine Reaktion auf die Einleitung neuer Gesetzesvorhaben gegen den Drogenhandel. Auslöser war die Ermordung des liberalen Präsidentschaftskandidaten Luis Carlos Galán Mitte 1989, welcher die bevorstehende Wahl von 1990 voraussichtlich gewonnen hätte. Bereits im ersten Halbjahr 1989 waren 156 zum Teil hohe Funktionäre aus Regierung und Justiz einer ersten Gewaltwelle zum Opfer gefallen. In der zweiten Jahreshälfte, nach der Ermordung Galáns, wurden 263 Bombenanschläge registriert. Parallel setzten die „Auslieferbaren" 4.000 US-Dollar Kopfgeld für jeden Polizisten und 8.000 US-Dollar Kopfgeld für jeden Angehörigen einer polizeilichen Eliteeinheit aus. In Medellín, das aufgrund des dort ansässigen Kartells das Zentrum des Drogenkrieges bildete, übernahmen die „Auslieferbaren" die Verantwortung für den Mord an 215 und die Verletzung von 296 Polizisten.

Die Regierung lieferte in diesem zweiten Drogenkrieg 1989-1990 insgesamt 22 Drogenhändler an die USA aus. Außerdem kam es zu circa 8.500 Festnahmen, wobei die Festgenommenen jedoch mangels Zuständigkeit und Beweisen größtenteils wieder auf freien Fuß gesetzt wurden.[338] Das Ende des Drogen-

---

336 Vgl. zu den folgenden Ausführungen Lessmann 1996 sowie Bowden 2003.
337 Lessmann 1996, S. 222 ff.
338 Vgl. Ebd., S. 242.

krieges wurde schließlich durch die Gewährung sehr milder Strafen für die Drogenbosse und den Verzicht auf die Auslieferung durch die neue Verfassung von 1991 erreicht.

Das Medellínkartell wurde in der ersten Hälfte der 1990er Jahre in seiner marktbeherrschenden Stellung vom Calí-Kartell abgelöst. Beide hatten sich zuvor gegenseitig bekriegt und Mitglieder des Calí-Kartells hatten mit dem Ziel der Eliminierung der Medellíner Konkurrenz in der Jagd auf Pablo Escobar mit den kolumbianischen und amerikanischen Behörden kooperiert.[339] Die führenden Unternehmer des Calí-Kartells hielten ihre Stellung bis in die Mitte der 1990er Jahre und konnten dann - ähnlich wie ihre Vorgänger aus Medellín größtenteils unter Verhängung milder Strafen - inhaftiert werden. Nach der Auflösung der Kartelle von Medellín und Calí dezentralisierten und diversifizierten sich die zuvor in den Kartellen konzentrierten Handelsstrukturen des Kokainmarktes. Heute ist das Kartell *Valle del Norte* ein dominanter Player auf dem Markt.

Mit der Auflösung der Kartelle und der Abschaffung der Auslieferung per Verfassung begannen sich die Bedingungen zu verändern, welche die Alternative „Blei" als strukturierendes Prinzip der Beziehung zwischen Staat und Drogenökonomie hervorgebracht hatten.[340] Wie im Folgenden aufgezeigt werden soll, bleibt auf der Ebene der Implementierung von Gesetzen die Verhinderung des Strafvollzugs durch Androhung bzw. Einsatz von Gewalt als systemisches Merkmal der Beziehung zwischen Drogenhandel und Staat bestehen.

5.3.2.3. Der Kollaps der Justiz

Wie im ersten Kapitel dargelegt werden besonders schwere Verbrechen in Kolumbien kaum geahndet. In den 1990er Jahren lag etwa die Verurteilungsrate im Fall von Tötungsdelikten bei 4 Prozent. Die Hauptursache dieses Zusammenbruchs des bereits zuvor schwachen Justizsektors liegt in den Auswirkungen des transnationalen illegalen Drogenhandels begründet.

Erstens sind es die Richter, die im Einzelfall über die Anwendung der Gesetze entscheiden. Sie sind damit primäre Adressaten der Macht des Drogenhandels in Form von gezielten Bestechungsgeldern sowie von Drohungen und – wenn dies nicht fruchtet – Anwendung von Gewalt. Während physische Gewalt gegen Justizbeamte vor allem im Zuge der Drogenkriege gegen die Ausliefe-

---

339 Vgl. dazu Bowden 2003.
340 Die seit 1991 verfassungswidrige Auslieferung wurde unter Präsident Samper (1994-1998) per Gesetz wieder eingeführt.

rung bis Anfang der 1990er Jahre eingesetzt wurde, war dies in den Folgejahren in zunehmendem Maße nicht mehr notwendig, da die Justiz sich auf nationaler Ebene im Streit um die Auslieferung für nicht zuständig erklärte und auf regionaler und lokaler Ebene die Implementierung der Gesetze aufgrund von Angst oder Bestechung verweigerte. Unter der plausiblen Annahme, dass der Einsatz von *plata* dem von *plomo* auf beiden Seiten vorgezogen wird – auf Seiten der Richter durch den Selbsterhaltungstrieb, auf Seiten der Drogenhändler durch die Vermeidung von geschäftsschädigendem öffentlichem Aufsehen – ist das Ausmaß der alltäglichen Korruption noch sehr viel höher einzuschätzen als das der physischen Gewalt.[341]

Die Frage, warum gerade die Drogenkriminalität und nicht das Verbrechen im Allgemeinen zur Lähmung der Justiz führt, erklärt sich durch Verweis auf deren Fähigkeiten: Erstens verfügt der illegale Drogenhandel durch seine hohen Gewinnmargen über große ökonomische Macht, zweitens sind seine Geschäftsstrukturen Grundlage für einen hohen Grad an Organisation und drittens verschafft ihm seine illegale Existenz Zugang zu illegalen Waffen- und Gewaltmärkten (Killer und Todesschwadrone).

Eine weitere Erklärung des Zusammenhangs von Drogenhandel Justiz liefern Echeverry und Partow in ihrer Studie „Warum die Justiz nicht auf Verbrechen reagiert: Der Fall des Kokains in Kolumbien."[342] Die Autoren zeigen anhand einer komparativen Studie kolumbianischer Mikroregionen, dass in Regionen mit hoher Drogenproduktion bzw. -handel eine sehr hohe Rate ungestrafter Verbrechen herrscht (in einem Verhältnis von 12 Morden zu 1 Verhaftung in der ersten Hälfte der 1990er Jahre), während in Regionen mit geringer Drogenproduktion bzw. -handel das Verhältnis zwischen Morden und Inhaftierungen – sehr viel moderater- bei ungefähr 2:1 liegt.[343]

Die Autoren erklären diesen Effekt wie folgt: Die regionalen und lokalen Polizei- und Justizbehörden haben aufgrund ihrer beschränkten Kompetenzen nur geringe Möglichkeiten, in die Zentren der organisierten Kriminalität einzudringen. Sie vermindern ihre Anstrengungen, weil sie rational schließen, dass die Antwort auf überregional organisierte Verbrechen nur in überregionalen – also nationalen – Strategien liegen kann wie z.B. Auslieferung, Konfiszierung illegalen Vermögens und Unterbindung von Geldwäsche. Dieser Mechanismus bewirkt darüber hinaus, dass sich die Wirksamkeit der Verbrechensbekämpfung im Ganzen (d.h. nicht nur die drogenbezogene) verringert, indem das Vertrauen

---

341 Vgl. u.a. Lessmann 1996, S. 207.
342 Echeverry / Partow 1998 (Übersetzung: AD).
343 Ebd., S. 134. An dieser Stelle sei auf den Unterschied hingewiesen zwischen der hier angegebenen Rate von *Verhaftungen* und der Rate von *Verurteilungen*, die mit 4 Prozent noch sehr viel tiefer liegt (vgl. erstes Kapitel).

der Bevölkerung in die Institutionen mit deren Unfähigkeit, auf Verbrechen zu reagieren, sinkt. Diese Erklärung transferieren die Autoren auch auf die aggregierte Ebene: Auch auf nationaler Ebene erkennen die betroffenen Staaten die Sinnlosigkeit, den transnational organisierten Drogenhandel zu bekämpfen, ohne Einfluss auf die Ursachen nehmen zu können und reduzieren daher als rationale Akteure ihr Engagement.[344]

5.4. Der Staatszerfallsprozess in den 1990er Jahren

Trotz der voneinander unabhängigen *Ursachen* von Staatszerfall in Kolumbien setzt der *Prozess* des Staatszerfalls erst mit bestimmten neuen sowie reflexiven Effekten ein, die sich in verhängnisvoller Weise im Gesamtzusammenhang der Variablen im Verlauf der 1990er Jahre entfalten. Das Verhältnis der vom politischen Willensbildungsprozess ausgeschlossenen politischen Gewaltakteure und der an illegalen ökonomischen Prozessen profitierenden ökonomischen Gewaltakteure steht dabei im Zentrum der Untersuchung.

5.4.1. Die Beziehungen zwischen Drogenhandel und Guerilla und ihre Auswirkungen auf den schwachen Staat

Drogenhandel und Guerilla stehen in einer ambivalenten, teilweise paradoxen Beziehung zueinander. Einerseits besteht seit der Etablierung des Drogenhandels ein politischer Antagonismus zwischen beiden Akteuren. Andererseits haben beide seit den 1990er Jahren mit dem Resultat beidseitiger Gewinne kooperiert und damit wesentlich zum Staatszerfall beigetragen. Zunächst zum erstgenannten Aspekt: Der Konflikt zwischen Drogenhändlern und Guerilla entwickelte sich mit der Zunahme von Landkonflikten im Zuge des Bodenerwerbs durch reich gewordene Drogenhändler. Mit der Entführung eines Drogenbosses zwecks Erpressung von Lösegeld durch die *M-19* verschärfte sich der Konflikt, der von den Drogenhändlern mit der Kampagne *Muerte a Secuestradores* (Tod den Entführern) beantwortet wurde. Diese Aktion bestand in der Ermordung und Übergabe von Anhängern der Guerillagruppe an die Justiz, was praktisch einer Auslöschung der *M-19* in Medellín gleichkam. Zudem veranlaßten Protagonisten des Medellín-Kartells die Ermordung von

---

344 Echeverry / Partow 1998, S. 146 f. Die Autoren folgern, dass die einzige Möglichkeit, das internationale Verbrechen zu bekämpfen, in der Ausübung internationaler Strategien besteht (vgl. Ebd., S. 147).

annähernd 1.000 Mitgliedern der kommunistischen Partei (UP) in den späten 1980er Jahren. Einen Höhepunkt des Drogenkrieges bildete schließlich die Ermordung der Präsidentschaftskandidaten der kommunistischen Partei (UP) und des Präsidentschaftskandidaten der *M-19* im Frühjahr 1990.[345]

Diese gewalttätigen Auseinandersetzungen zwischen Guerilla und Drogenhändlern wirkten sich in zweifacher Hinsicht schädlich auf die Stabilität des Staates aus: Erstens nahmen die bewaffneten Konflikte auf dem Land zu und zweitens behinderten sie die Eingliederung von Guerillagruppen in das politische System im Zuge der demokratischen Reformen von 1991. Aus der gegen die linken Bewegungen gerichteten Gewalt resultierte ein erneuter Radikalisierungsschub von Gruppen, die ihre Waffen zuvor im Zuge einer Amnestie niedergelegt hatten.[346]

Mit der Demokratisierung durch die Verfassungsreform von 1991 sind die Ursachen von Exklusion und Behinderung der Konkurrenz beseitigt. Dass diesen Bedingungen zum Trotz die nach Macht strebenden Guerillaverbände in den 1990er Jahren zu mehr Schlagkraft gelangen konnten, ist auf die Verbindung der Guerilla zur Drogenökonomie zurückzuführen. Die Guerilla etablierte sich in den 1990er Jahren als Schutzmacht der Kokabauern. Daraus resultierte eine schrittweise qualitative Veränderung ihrer Bewegung; denn wegen sinkender Unterstützung durch die Bevölkerung aufgrund der Öffnung des Systems zielt ihre Strategie zunehmend auf den Erwerb alternativer Quellen von Macht wie v.a. den Gewinnen aus Drogenproduktion, Entführungen und Diebstahl. Mit dieser Entwicklung sind drei entscheidende Effekte verbunden, die Staatszerfall verursachen: Erstens konnte die Guerilla durch die Einnahmen aus Drogenhandel und Entführungen ihre ökonomischen und militärischen Fähigkeiten erheblich ausbauen und so in der direkten Offensive gegen die staatlichen Kräfte an Stärke gewinnen. Zweitens trägt sie über den Schutz, den sie der Drogenproduktion bot, indirekt zur Zersetzung der im Krieg gegen den neuen Feind gebundenen und geschwächten staatlichen Kräfte bei. Und drittens verschärfen die kriminellen Aktivitäten die öffentliche Unsicherheit und fordern den Staat in seiner Funktion als Hüter der Ordnung heraus, welche dieser in zunehmender Weise nicht mehr gewährleisten kann.

---

345 Vgl. Lessmann 1996, S. 227 und S. 208.
346 Vgl. Echandía Castilla 2000, S. 2 f.

5.4.2. Die Beziehungen zwischen Drogenhandel und Paramilitärs und ihre Auswirkungen auf den schwachen Staat

Die ökonomische Macht des Drogenhandels hat sich seit den 1980er Jahren auf zweifache Weise mit dem Paramilitarismus verbunden. Erstens durch den Aufbau und die Unterstützung von paramilitärischer Einheiten durch reiche Drogenhändler und zweitens durch die Zwangsabgaben der Kokaproduzenten in den von Paramilitärs kontrollierten Gebieten. Um ihre Einkommensquellen sicherzustellen, wird die Drogenproduktion von den paramilitärischen ebenso wie von den Guerillagruppen gegen die staatliche Drogenkontrolle geschützt.

Der Verlust des staatlichen Gewaltmonopols durch den Machtzuwachs nichtstaatlicher Gewaltakteure hat einen dynamisierenden Effekt auf die Abwärtsspirale staatlicher Autorität. Staatliche Funktionen werden mit dessen zunehmender Inkompetenz auf konkurrierende private Akteure übertragen. Im Laufe der 1990er Jahre transferierte ein wachsender Teil der Bevölkerung nicht nur ihren Bedarf an Schutz auf private Akteure, sondern auch zu Lasten der staatlichen Gewalt ein gewisses Maß an Legitimität. Die paramilitärischen Kräfte sind auf diese Weise gleichzeitig Folge und Ursache von Staatszerfall: Ursache als autonomer Gewaltakteur und Verbündeter des Drogenhandels und Folge als politische Alternative zum scheiternden Staat.

5.5. Multikausales Modell von Staatszerfall und Kriegsökonomie in Kolumbien

Die bisher im Einzelnen erklärten Thesen über die kausalen Zusammenhänge von Staatszerfall und Gewaltökonomien in Kolumbien sollen nun zusammengefasst und in einem Modell dargestellt werden. Der Ursachenkomplex wirkt unter der Bedingung des schwachen Staates und entfaltet sich in drei zeitlichen Dimensionen. Eine erste Dimension deckt sich mit der Epoche der *Nationalen Front* (1960er – 1980er Jahre) und erfasst auf innerstaatlicher Ebene die demokratischen Mängel, welche zur Bildung der nichtstaatlichen Gewaltakteure führten. Die zweite Dimension umfasst den seit den 1980er Jahren mit dem Kokainboom einsetzenden Wirkungszusammenhang. Eine dritte Dimension schließlich bildet den Staatszerfallsprozess der 1990er Jahre ab mit einem systematisch fortschreitenden Verlust des legitimen staatlichen Gewaltmonopols.

5.5.1. Endogene Ursache: Demokratiedefizite

Die zeitlich erste Lage des Modells veranschaulicht den Zusammenhang zwischen Demokratiedefiziten und der Destabilisierung des Staates durch die Bildung von Guerillabewegungen und in Reaktion auf diese von Selbstverteidigung und Privatjustiz.

Die Institution der *Nationalen Front* zementierte die Limitierung der Mechanismen demokratischer Herrschaft: Erstens wurden diejenigen Bürger aus dem politischen Geschehen ausgeschlossen, die sich nicht über die Zugehörigkeit zu einer der beiden dominanten Parteien einbinden ließen. Zweitens wurde der politische Wettbewerb durch den Pakt zwischen Konservativen und Liberalen deinstitutionalisiert und illegalisiert. Widerstand richtete sich auf prozessualer und institutioneller Ebene (Inputseite) gegen die institutionalisierten Beschränkungen, auf der Outputseite auf die wenig responsive Politik. Die Chance, das Ideal einer Demokratie im Sinne eines *government of the people, by the people and for the people* zu erreichen, war bis 1974 vollständig und bis zur Verfassungsreform von 1991 zum Teil blockiert.

Die Opposition gegen die Zweiparteienherrschaft erfolgte einerseits innerhalb der Parteistrukturen durch die Überlistung des Systems, was vor allem die ANAPO durch die Besetzung von Listenplätzen der Liberalen und Konservativen beinahe erfolgreich vollzog, und andererseits außerhalb der scheindemokratischen Kanäle durch die illegale, da das System bekämpfende politische Einflussnahme durch Guerillaverbände. Beide Wege führten zum Anwachsen bewaffneter Gruppen: die außersystemische Opposition direkt und die innersystemische Opposition, indem ihr letztendliches Scheitern nicht als politische Niederlage, sondern als Zeugnis der Exklusivität des Systems wahrgenommen wurde, was eine Radikalisierung folgerichtig erscheinen ließ. Das politische System verhärtete sich in zwei entgegen gesetzten Polen: dem „Zweiparteienleviathan"[347] einerseits und der illegalen Opposition andererseits. Unter der Bedingung des schwachen Staates führte die Offensive der Guerillabewegungen dazu, dass Verteidigung und Justiz von privaten Akteuren (Paramilitärs und bewaffnete Selbsthilfegruppen) ausgeübt wurde.

---

347 Vgl. Pizarro Leongómez 1999, S. 63.

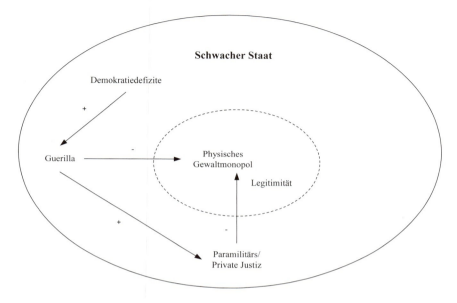

Abbildung 16: Die Komplexität der Konflikte in Kolumbien I (1960er bis 1980er Jahre)[348]

5.5.2. Exogene Ursache: Globale Drogennachfrage

Eine bewaffnete Opposition gegen das herrschende Regime ist im Fall Kolumbiens noch keine hinreichende Bedingung für Staatszerfall. Zu Zerfallsschüben kam es erst unter Einwirkung einer weiteren unabhängigen Variable: der Ausbreitung des Drogenhandels und der Drogenproduktion seit den späten 1970er Jahren. Die Ursache für die Etablierung von Drogenhandel und -produktion liegt außerhalb des kolumbianischen Staates in der internationalen Nachfrage nach Drogen. Unter den Bedingungen des geringen Widerstandes staatlicher Institutionen konnte sich der Kokainhandel in den 1980er Jahren in Kolumbien etablie-

---

348Die kausale Richtung wird durch einen Pfeil angezeigt, das Plus- beziehungsweise Minuszeichen verdeutlicht jeweils einen positiven beziehungsweise negativen Zusammenhang. Im Ergebnis verdeutlichen die drei übereinander liegenden Schichten die komplexe kausale Struktur, welche Staatszerfall in Kolumbien zugrunde liegt.

ren. Die Illegalität der Droge brachte es mit sich, dass die aus dem lukrativen Drogenhandel entstandenen Unternehmen die ihren Geschäftsinteressen im Wege stehenden Hindernisse mittels Androhung und Anwendung von Gewalt sowie Bestechung aus dem Weg räumten. Die Drogenkriege der 1980er und beginnenden 1990er Jahre stellen einen Versuch dar, die Drogenpolitik direkt zu beeinflussen, indem die Aussicht auf Auslieferung in die USA von den Betroffenen mit Terrorakten gegen die Staatsgewalt beantwortet wurde. Nach dem Ende der Drogenkriege durch die Aussetzung der Auslieferung erfolgte die Manipulation der Gesetzgebung bevorzugt durch den Einsatz ökonomischer Mittel, also durch Korruption.

Während die Beeinflussung der Legislative von der politischen Agenda abhängt, stellt der Kollaps der Justiz die deutlichste Manifestation von fortschreitendem Staatsversagen infolge der zersetzenden Effekte des internationalen Drogenhandels dar. Die Justiz ist der primäre Adressat der Strategie „Geld oder Blei" (*plata o plomo*) des Drogenhandels. Neben Einschüchterung und Bestechung trägt zudem der Umstand, dass die Netzwerke des internationalen Drogenhandels über staatliche Grenzen hinaus gespannt sind und somit regionale und nationale Richter die Ursachen und Drahtzieher von Drogendelikten häufig außerhalb ihres Zuständigkeitsbereiches erblicken, zur Erklärung der Paralysierung dieser staatlichen Institution bei. Die Angriffe des Drogenhandels auf die staatliche Gewalt (Drogenkriege) sowie der fortdauernde Legitimitätsverlust aufgrund von Korruption schwächen den bereits durch Guerilla und paramilitärische Kräfte angegriffenen Staat zusätzlich. Das Eintreten des gravierenden Prozesses von Staatszerfall erfolgt mit dem Zusammenwirken der Effekte beider unabhängiger Variablen.

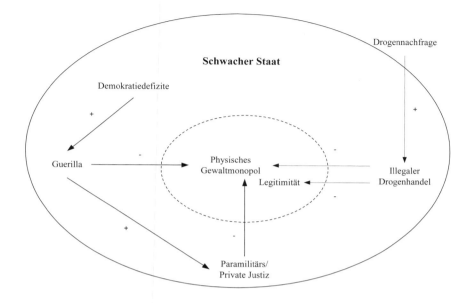

Abbildung 17: Die Komplexität der Konflikte in Kolumbien II (1980er und frühe 1990er Jahre)

5.5.3. Ursache und Wirkung: Söldner

Von außen wird der Zerfallsprozess zunehmend auch durch private Militärunternehmen (PMFs) angetrieben. Die vielfach mit ehemaligen staatlichen Sicherheitskräften ausgestatteten Unternehmen agieren meist im Auftrag der amerikanischen Regierung, die so die innen- und außenpolitischen Kosten von Interventionen reduzieren kann. Eine Folge dieser Strategie, die sich darauf richtet, öffentliches Aufsehen möglichst zu vermeiden, ist auch die äußerst schlechte Quellenlage für die wissenschaftliche Erforschung dieses Phänomens. Bekannt ist, dass die Firma *DynCorp* seit 1991 für die amerikanische Regierung Aufträge in Kolumbien ausführt. Belegt sind Verträge mit dem Außenministerium im Jahr 1991 über 99 Millionen US-Dollar (mit einer Verlängerung 1996) und im Jahr 1998 über 170 Millionen US-Dollar. Die Aufgaben von *DynCorp* umfassen

die Wartung von militärischem Gerät, die Bereitstellung von Piloten, die Ausbildung von Militär- und Polizeipersonal, Aufklärung und mit hoher Wahrscheinlichkeit auch verdeckte Operationen.[349] Des Weiteren waren bzw. sind
zum Beispiel MRRI (*Military Professional Resources Inc*.), *Lockheed Martin*,
Northrop Grumman System Corporation (NGSC) sowie sein Subunternehmen
California Microwave Systems (CMS) für das *State Departement* und das Pentagon in den Bereichen Planung, Aufklärung und in der Unterstützung von Dro-
genvernichtungs- und Kampfeinsätzen tätig. Dabei lassen sich Anzahl, Auf-
tragsvolumen und spezifische Aufgabenbereiche kaum ermitteln. Ein vager An-
haltspunkt ist ein Bericht des amerikanischen Außenministeriums, nach dem im
Jahr 2002 außer den oben genannten weitere 12 PMFs im Einsatz waren.[350]

Die in zunehmendem Maße in Kolumbien aktiven Militärunternehmen
und Söldner sind zugleich Folge und Ursache von Staatszerfall in Kolumbien.
Auf den von verschiedenen Akteuren erzeugten und bedienten Gewaltmärkten
treten sie als ein weiterer Anbieter von Sicherheitsleistungen auf. In Ermange-
lung staatlicher Sicherheit decken sie die Nachfrage nach Schutz von Seiten
amerikanischer Unternehmen (zum Beispiel *Occidental Petroleum*, vgl. auch
Kapitel 2). Dabei verfolgen sie in einer *Principal-Agent*-Konstellation unter
Ausnutzung eines Informationsvorsprungs gegenüber ihrem Auftraggeber auch
eigene Interessen - auf dessen Kosten. Auf den kolumbianischen Gewaltmärkten
konkurrieren sie somit direkt mit den inländischen Akteuren.

Zudem partizipieren sie neben den mehr oder weniger verdeckt operierenden staatlichen Behörden (DEA, CIA und verschiedene Dienste des Pentagon)
an der von der amerikanischen Regierung angeleiteten Drogen- und Aufstandsbekämpfung in Kolumbien. Damit tragen sie zur fortdauernden Unterminierung
der Souveränität des Staates bei, dessen Geschicke sie über die Bereitstellung
von militärischer Beratung sowie strategischen und taktischen Intelligence-
Fähigkeiten mit steuern helfen. In der Aufstandsbekämpfung werden amerikanische Söldner von der Guerilla als direkter Feind erkannt, wie zum Beispiel
durch den Absturz einer *Cessna 208* über FARC-Gebiet im Februar 2003 evident wurde, bei dem zwei der fünf *California Microwave*-Mitarbeiter auf der
Stelle von den Guerilleros erschossen wurden und sich die restlichen drei seither
in Geiselhaft befinden.[351]

---

349 Müller, Maik 2005: Die Rolle privater Militärfirmen in der US-Militärhilfe an Kolumbien. Dip-
lomarbeit im Fach Regionalwissenschaften Lateinamerika, Lehrstuhl für internationale Politik,
S. 59, http://www.politik.uni-koeln.de/jaeger/downloads/muellermaik.pdf.
350 Ebd., S. 66 f.
351 Ebd., S. 66.

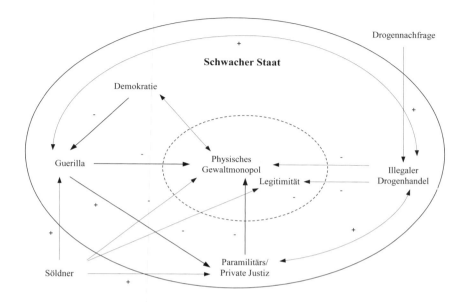

Abbildung 18: Die Komplexität der Konflikte in Kolumbien III (seit den frühen 1990er Jahren)

5.5.4 Dynamisierende und reflexive Effekte

Mehrere Bewegungen liegen dem verstärkten Staatszerfall seit Mitte der 1990er Jahre zugrunde. In der einen Richtung werden ökonomische Mittel aus der Drogenwirtschaft an die beiden Hauptkonkurrenten des Staates, Paramilitärs und Guerilla, transferiert. Das Wachstum der Guerilla in den 1990er Jahren erfolgt damit unabhängig von derjenigen Variable, welche ihr Entstehen verursacht hat (Demokratiedefizite) und in Abhängigkeit von der Ausdehnung krimineller Aktivitäten, von denen die Teilhabe an den Gewinnen des Drogenhandels einen bedeutenden Teil ausmacht. Der enorme Machtzuwachs der Paramilitärs hat zwei Quellen: Erstens die zunehmende Bedrohung durch die kriminellen Aktivitäten der Guerilla und zweitens die ökonomische

Unterfütterung durch das Drogengeschäft. In der Gegenrichtung erfolgt im Tausch gegen die ökonomischen Mittel die Gewährung von Schutz von Seiten der illegalen Gewaltakteure an die Drogenproduzenten. Unter der Bedingung dieser Wechselwirkungen sind Existenz und Interessen des Drogengeschäfts einerseits und die der bewaffneten Akteure andererseits gewährleistet: Das Geschäft mit den Drogen ist eine Finanzierungsquelle für die privaten Gewaltakteure und die privaten Gewaltakteure sind ein Instrument des Drogengeschäfts.

Aus dem Verfall des legitimen staatlichen Gewaltmonopols folgt, dass staatliche Funktionen auf private Akteure übertragen werden. Paramilitärs und Söldner verkaufen operative Leistungen an die amerikanische und kolumbianische Regierung sowie Sicherheitsleistungen an nationale und transnationale Unternehmen. Aufgrund des steigenden Bedarfs wachsen die privaten Gewaltdienstleister zu immer mächtigeren Akteuren heran.

Schließlich interagiert auch die Demokratie mit dem Zerfall der staatlichen Gewalt. Nach der Verankerung demokratischer Grundsätze in der Verfassung von 1991 haben Dezentralisierung und Zersplitterung des Parteiensystems die staatliche Gewalt gegenüber privaten Akteuren unintendiert geschwächt. Auf seinen Machtverlust seit der zweiten Hälfte der 1990er Jahre hat der Staat zudem repressiv und mit Einschränkungen der Freiheitsrechte reagiert, so dass im Endeffekt Demokratie Staatszerfall befördert hat und Staatszerfall seinerseits zu weiteren Demokratiedefiziten führt, die wiederum eine Quelle für Legitimitätsverlust sein können.

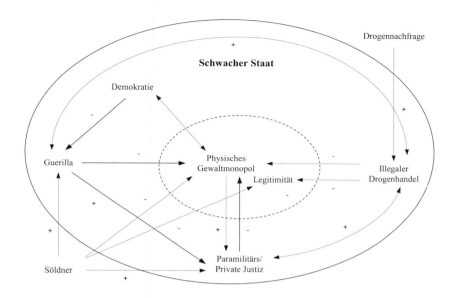

Abbildung 19: Die Komplexität der Konflikte in Kolumbien IV (seit 1990er Jahren)

5.6. Fazit

Das hier dargestellte kausale Gefüge besitzt jedoch nicht nur eine analytische, sondern auch eine normative Dimension. Von der Grundthese ausgehend, dass legitime Staatlichkeit sowohl als Garant physischer Sicherheit wie auch als Mittel für die Verwirklichung gesellschaftlicher Zwecke wünschenswert bleibt, impliziert das Modell eine wichtige Handlungsanweisung für externe Akteure. Es zeigt, dass die Faktoren innerhalb des Kreislaufs interaktiv auf Staatszerfall hinwirken, so dass eine Beeinflussung interner Akteure von außen für die Chancen der Rekonstituierung eines legitimen Gewaltmonopols nur hinderlich sein können.

Dagegen würde ein Ansatz bei den externen Ursachen (Söldner und Drogennachfrage) tatsächlich die Voraussetzungen für die Lösung des Konflikts verbessern. Da die Drogennachfrage selbst von oben nicht steuerbar ist, bleibt die Legalisierung des Kokainmarktes eine Möglichkeit, den Nexus zwischen nichtstaatlichen Gewaltakteuren und Drogenunternehmen zu unterbrechen und eine wichtige Ressourcenquelle für die Konfliktakteure trocken zu legen. Zum anderen würde mit dem Rückzug von Söldnern die nationale Souveränität gestärkt werden und der Gewaltmarkt seine transnationale Dimension verlieren. Erst wenn der Ressourcenzufluss von außen begrenzt werden kann, ist die Lösung des inneren, im Kern politischen Gewaltkonfliktes möglich.

TEIL II: DIE REGIONALE UND GLOBALE EINBETTUNG DES KOLUMBIANISCHEN KONFLIKTS

6. Regionale und transnationale Konfliktdimension

In den letzten Jahren ist dagegen in verschiedener Hinsicht eine Entgrenzung des Konfliktes zu beobachten, die eine nationale Lösung erschwert. Kolumbien erscheint als typischer Fall eines *conflict spillovers*: nach dieser Theorie wurde Kolumbien von einer Krise erfasst, die sich nun auf die Nachbarländer ausbreitet. Michael Brown kritisiert jedoch die Theorie der Diffusion von Konflikten zu Recht, da dieser ein mechanistisches Gedankenbild zugrunde liegt, das die Handlungen von Akteuren ausblendet.[352] Ohne dem Anspruch einer Theorie mit Erklärungsgehalt gerecht werden zu können, ist das Konzept des *spillover* jedoch geeignet, die Ausbreitung eines Konfliktes zu beschreiben.

Grundsätzlich muss vermieden werden, die historischen und transnationalen Zusammenhänge nicht ausreichend zu berücksichtigen, vor deren Hintergrund der kolumbianische Konflikt eskaliert. Unter diesen Bedingungen haben sich die Auswirkungen des Konflikts über einen großen Teil des amerikanischen Kontinents ausgedehnt. Alle Staaten des nördlichen Andengebiets leiden unter Governance- und Entwicklungsproblemen. Staatliche und nichtstaatliche Instanzen der Nachbarländer sind zudem nicht nur die Opfer und Leidtragenden von Gewalt, humanitärer Krise und Kriminalität, sondern nehmen teilweise selbst als Schmuggler, Drogen- und Waffenhändler aktiv an dem Konflikt teil und tragen zu dessen Verlängerung bei.

---

352 Vgl. Brown 1996, S. 22 ff. Zur Diffusionstheorie vgl. Hill / Rothchild 1987.

„While Colombia is typically viewed as being in the eye of the regional storm, the Colombian crisis is itself entangled with transregional and global security processes, including drug trafficking, the arms trade, criminal and terrorist networks, and U.S. security policies."[353]

In den folgenden Abschnitten soll der regionale und transnationale Kontext erläutert werden, in dem sich die kolumbianische Krise abspielt. Um die regionale Reichweite zu analysieren, muss vorab bestimmt werden, was unter Region zu verstehen ist. Anschließend werden die vielfältigen Wege aufgezeigt, über die sich Konflikte regionalisieren und welche Folgen dadurch entstehen. Der kolumbianische Fall erhält seinen transnationalen Charakter insbesondere durch seine Verstrickung mit dem Drogengeschäft. Daher wird nachgezeichnet, auf welche Weisen die Drogen den kolumbianischen Konflikt – der einst als eine landesinterne Angelegenheit begann – mit dem Rest des Kontinents verbinden. Abschließend möchten wir verdeutlichen, welche Ansatzpunkte diese Analyse für die Formulierung einer wirksamen Antidrogenpolitik bieten kann.

6.1. Regionale Zusammenhänge

6.1.1. Regionen als Interaktionsmuster

Spricht man von Regionen, so benutzt man einen äußerst kontroversen Begriff, bei dem sich die Wissenschaft der Internationalen Beziehungen bislang nicht auf eine gemeinsame Lesart einigen konnte. Zwar gab es zahlreiche Versuche, den globalen Flickenteppich von Staaten anhand dieser oder jener Variable in Regionen zu unterteilen, jedoch hat sich keiner dieser Ansätze durchsetzen können.[354]

Grundsätzlich liegt einer Region immer ein geographisches Verständnis zugrunde: Regionalität definiert sich über räumliche Abgegrenztheit. Da Region in unserer Analyse der Beschreibung der Muster politischer Zusammenhänge dient, ist jedoch nicht geographische Nähe das entscheidende Kriterium, sondern Interaktion und Kommunikation. Auch in anderen Studien finden sich Definitionen von Region, die Interaktion in den Mittelpunkt stellen, sich jedoch auf den Akteur Staat konzentrieren. Ein Beispiel für eine solche Herangehensweise ist die Theorie der Sicherheitskomplexe von Barry Buzan: „In defining regional security, the principal element that must be added to power relations is the pat-

353 Mason 2003.
354 Vgl. Daase 1993a, S. 78 f.; Ayoob 1995, S. 56 ff. und Schmid 1993, S. 308 ff.

tern of amity and enmity among states."[355] Konstitutiv für eine Region ist nach Buzan die gegenseitige Wahrnehmung und die Sicherheitsinteraktion von Staaten. In der globalen Politik nach dem Ende des Ost-West-Konflikts und insbesondere im Falle Kolumbiens ist diese Beschränkung auf das Handeln von Staaten jedoch wenig fruchtbar. Gerade der kolumbianische Fall wird sehr stark durch substaatliche Akteure strukturiert. Seine vielfältigen transnationalen Verbindungen manifestieren sich nur selten auf den Fluren der Diplomatie, sondern viel mehr in den Arenen des globalen Handels (legal wie illegal), den Finanzmärkten und im Leben der Menschen. Um dieser Komplexität auf einer substaatlichen Analyseebene gerecht zu werden, benötigen wir eine Definition der Region, die das Handeln individueller und substaatlicher Akteure berücksichtigt. Dazu greifen wir auf Karl Deutschs Theorie der Nationalstaatsbildung zurück. Danach entstehen Nationen durch tiefe und andauernde Muster der Interaktion. Dies ist eng verbunden mit der arbeitsteiligen Produktion von Gütern und Dienstleistungen. Innerhalb der Nation werden bestimmte Formen von Kommunikationsverhalten durch soziales Lernen vergesellschaftet.

„What is proposed here, in short, is a functional definition of nationality. Membership in a people essentially consists in wide complementarity of social communication. It consists in the ability to communicate more effectively, and over a wider range of subjects, with members of one large group than with outsiders."[356]

Eine derartige Komplementarität kann zwischenstaatliche Grenzen überlagern und durchschneiden. Auf diese Weise können sich bestimmte transnationale Klassen herausbilden, z.B. eine internationale Arbeiterklasse in der Wahrnehmung des frühen 20. Jahrhunderts, die Gruppe urbaner Kosmopoliten im Zeitalter der Globalisierung, deren Einheit sich über kulturelle und ökonomische Symbole erzeugt. Es gibt jedoch auch Grenzen der Kommunikation:

„People are marked off from each other by communicative barriers, by ‚marked gaps' in the efficiency of communication. Such gaps are relative. [...] (B)arriers to communication are more or less effective not only according to the difficulty of communication across them but also according to the relative ease and attractiveness of alternative channels of communication available to the individual."[357]

---

355 Buzan 1991, S. 189. Vgl. außerdem Buzan; Waever; de Wilde 1998, S. 15 ff.
356 Deutsch 1966, S. 97. Georg Simmel definiert Gesellschaft ebenfalls über die Interaktion ihrer individuellen Mitglieder (vgl. Daase 1993b, S. 54 f.).
357 Deutsch 1966, S. 100.

Solche Grenzen zwischen Nationen können durch verschiedene Sprachen oder durch eine gravierende Unterschiedlichkeit der Lebenswelten entstehen. Physische Barrieren, ökonomische Zwänge und kulturelle Normen spielen dabei ebenso große Rollen. Dieses Verständnis von Interaktion als konstitutives Element menschlicher Gemeinschaft wurde in der Humangeographie bereits zur Definition von Region benutzt:

> „Regionen entstehen durch regionale soziale Interaktionen, wobei sie sowohl die Bedingung als auch das Ergebnis sozialer Beziehungen zwischen Individuen, Gruppen und Institutionen im Raum sind."[358]

Im Unterschied zu Buzans Definition einer Region, die auf der Interaktion von Staaten beruht, ist das Individuum die entscheidende Bezugsgröße dieses von Deutsch inspirierten Regionenkonzepts. Hier bietet die noch im Entstehen begriffene Transnationalismusforschung Anschluss.[359] Diese beschäftigt sich mit „Zugehörigkeitsgefühle(n), kulturelle Gemeinsamkeiten, Kommunikations-verflechtungen, Arbeitszusammenhänge(n) und [der] alltägliche(n) Lebens-praxis sowie [der] hierauf bezogenen gesellschaftlichen Ordnungen und Regulierungen, die die Grenzen von Nationalstaaten überschreiten."[360] Dabei werden die plurilokalen Verflechtungen von sozialen Praktiken und Symbolen in ihren ökonomischen, kulturellen und politischen Dimensionen untersucht.

Region soll für unsere Analyse also folgendermaßen definiert werden: Eine Region besteht aus Individuen und Gruppen, die durch dichte Verflechtungs-beziehungen miteinander verbunden sind. Diese Beziehungen bestehen aus gemeinsamen Kommunikationsmustern, Praktiken, Symbolsystemen und ökonomischen Handlungen. Die Grenzen einer Region sind durch eine geringere Interaktionsdichte gekennzeichnet.

6.1.2. Die regionale und transnationale Abgrenzung

Lateinamerika ist durch seine koloniale Geschichte ein kulturell relativ homogenes Gebilde. Die über einen Großteil des Subkontinents verbreitete gemeinsame Sprache vereinfacht die Kommunikation, die durch vergleichbare wirtschaftliche Bedingungen verbreitete Ähnlichkeit der Lebenssituation innerhalb bestimmter sozialer Schichten verstärkt die gegenseitige Kommunikationsfähigkeit. Durch die starke Zuwanderung lateinamerikanischer

---

358 Anne Gilbert, zit. in: Daase 1993a, S. 79.
359 Vgl. Pries 2002 und Callaghy / Kassimir / Latham 2001.
360 Pries 2002, S. 264.

Bürger in die USA und die steigende Zahl hispanisch-stämmiger US-Bürger der zweiten oder dritten Generation sowie durch die Vernetzung indigener Gruppen entstehen Verflechtungen, die die Bewohner des Kontinents von seiner Südspitze bis in den Norden Amerikas verbinden.

Innerhalb dieses kontinentalen Interaktionsnetzes existieren gewisse Abstufungen, welche den Rahmen einer Subregion formen. Um Kolumbien herum sind einige solcher Grenzen aufzufinden. Zum einen spielen geographische Faktoren eine Rolle: die kurze Landgrenze mit Panama in der unzugänglichen Darien-Region wirkte bisher ebenso als limitierender Faktor wie der beinahe gänzlich unbewohnte Amazonas-Urwald. Insofern kann man eine Subregion der ,nördlichen Andenstaaten' feststellen, die Kolumbien, Ecuador, Venezuela, Peru und Bolivien umfasst. Die Interaktionen innerhalb dieser Subregion sind durch Lokalität geprägt. Diese werden durch weiterreichende Verbindungen persönlicher, ökonomischer und politischer Art ergänzt, die sich über den gesamten Kontinent einschließlich der Vereinigten Staaten und Kanada erstrecken.

Die subregionalen Verbindungen werden auch auf staatlicher Ebene reflektiert: Nicht zufällig bilden die fünf Staaten der Subregion die *Comunidad Andina*. Andererseits repräsentieren sie auch den Kern der Ländergruppe, die von den USA als Partner im Rahmen der *Andean Regional Initiative* identifiziert wurden (außerdem gehören noch Panama und Brasilien dazu).[361] Insofern werden die gemeinsamen Abhängigkeiten und Interessen auch in der Politik ähnlich wahrgenommen.

6.2. Regionalisierung und Transnationalität des kolumbianischen Konfliktes

6.2.1. Regionalisierung innerstaatlicher Konflikte

Seit dem Ende des Ost-West-Konflikts werden Kriege innerhalb eines Staates (interne Konflikte, Bürgerkriege) unter veränderten Vorzeichen wahrgenommen. Das Bild des Stellvertreterkriegs wurde durch den Begriff des Neuen Kriegs ersetzt.[362] Dieser neue Terminus entstand in einem Strang der Forschung, der seinen Blick auf nicht-staatliche Akteure und die Auflösung staatlicher Gewaltstrukturen richtet. Im Zuge dieser Neuentdeckung interner Konflikte

---

361 Vgl. Andean Regional Initiative Fact Sheet, 2002, http://www.whitehouse.gov/news/releases/2002/03/20020323-9.html.
362 Vgl. Schlichte 2004 und Kaldor 1999. Die Frage, ob diese Kriege in ihrer Form so ,neu' sind wie behauptet, oder ob sie nicht in Wirklichkeit den Rückfall in historische Konfliktmuster darstellen (vgl. Kalyvas 2001), soll hier nicht behandelt werden.

wurde auch ein Schlaglicht auf ihre transnationalen Begleiterscheinungen geworfen: „Conflicts have significant regional repercussions, as instability in one state generates spillover and demonstration effects in neighbouring states."[363]

Grundsätzlich ist die Regionalisierung eines Konflikts von der Transnationalisierung zu unterscheiden. Regionalisierung ist mit einem geographischen Gedanken versehen – abstrakt umfasst dieser Prozess jene Effekte eines Konflikts, die insbesondere auf Nachbarländer wirken (z.B. militärische Aktionen), in unserem konkreten Fall bezieht er sich auf die Verbindungen des kolumbianischen Konflikts in die umrissene Subregion. Dagegen wird Transnationalisierung abstrakt benutzt, um die grenzüberschreitende Qualität einer Konfliktauswirkung zu beschreiben, wenn sie gesellschaftliche Akteure integriert. Konkret werden damit zumeist überregionale Verbindungen beschrieben (z.B. die Drogenökonomie, Finanzströme), die durch physische Distanz wenig bis gar nicht beeinflusst werden.

Historisch-quantitative Untersuchungen haben gezeigt, dass ein Land, in dessen Nachbarstaaten interne Konflikte militärisch ausgetragen werden, selbst ein deutlich höheres Risiko des Ausbruchs eines Bürgerkriegs besitzt. In ihrem Vergleich afrikanischer Guerillakriege zwischen 1970 und 1995 fand Sabine Carey heraus, dass sich dieses Risiko gegenüber einem Land in friedlicher Umgebung etwa verdoppelt. Die Gefahr wurde sogar noch größer, wenn sich Verbände aus dem Kriegsland (ganz gleich, ob von Seiten des Staates oder der Rebellen) im besagten Land aufhielten.[364] Untersuchungen der *State Failure Task Force* bestätigen dieses Ergebnis. Nach ihren Ergebnissen erhöht sich das Risiko von Gewaltkonflikten signifikant, wenn in mindestens zwei Nachbarstaaten interne Konflikte ausgetragen werden.[365] Leider gestatten diese Studien keine Schlüsse über die transnationalen Wirkmechanismen solch regionaler *spillovers*. Bislang lassen sich diese Wirkmechanismen entlang der Art der Beziehungen klassifizieren, über die sie funktionieren. Allgemein lassen sich hier militärische, soziale und ökonomische Mechanismen unterscheiden.[366]

Im militärischen Bereich entsteht eine Regionalisierung durch grenzüberschreitende Operationen bewaffneter Akteure. Einerseits kann sich ein Konflikt nach außen ausdehnen, wenn z.B. Regierungstruppen oder Kräfte der Rebellen die Grenze überschreiten, um das Nachbarland als Rückzugsgebiet, zur Rekrutierung oder zur Nachschubsicherung zu nutzen. Andererseits kann ein Konflikt auch eine Sogwirkung entfalten. Benachbarte Staaten können aufgrund strategi-

---

363 Deng et al. 1996, S. 131.
364 Vgl. Carey 2003.
365 Vgl. Goldstone et al. 2000, S. 18.
366 Vgl. Cooper / Pugh 2003.

scher Interessen intervenieren, zur Ausbeutung grenznaher Bodenschätze oder zur Bekämpfung eigener Aufständischer, die wiederum das andere Land als Rückzugsraum nutzen. Ähnliches gilt natürlich auch für Rebellenbewegungen aus Nachbarländern.

Konflikte können sich auch über eine soziale Dimension ausbreiten. Dies geschieht zumeist entlang sozialer und ökonomischer Netzwerke: eine Konfliktpartei fühlt sich aufgrund ethnischer, religiöser, kultureller oder anderer Bindungen sozialen Gruppen im Nachbarland verbunden und/oder treibt mit diesen Gruppen Handel oder bezieht ihren militärischen Nachschub von dort. Auf diesem Wege kann auch ein Demonstrationseffekt[367] eintreten, der Gruppen im Nachbarland ermutigt, ihrerseits den Konflikt zu suchen. Die Transnationalismusforschung hat den Begriff der *transboundary spaces* bzw. *transboundary formations*[368] geprägt, der solche Netzwerke beschreibt.

Darüber hinaus führen gewaltsame Konflikte unweigerlich zur Vertreibung von Menschen aus ihren Heimatorten. Ein gewisser Teil dieser entwurzelten Menschen flieht über die Landesgrenzen hinaus. Die Versorgung von heimat- und mittellosen Personen sorgt im Gastland mitunter für schwere wirtschaftliche und soziale Belastungen.[369] Flüchtlinge, die in die Illegalität abtauchen (z.B. um einer Abschiebung zu entgehen oder um Arbeitsverboten auszuweichen), entfachen weitere Konflikte im Aufnahmeland.

Neben der Vertiefung sozialer Probleme und der Verschärfung von latenten Konflikten entstehen in den Nachbarländern auch ökonomische Schäden. Dies geschieht nur in Ausnahmefällen durch Plünderung oder die unmittelbare Zerstörung von Infrastruktur. In der Regel erleiden die Nachbarländer indirekte wirtschaftliche Nachteile, z.B. durch die Erhöhung von Transaktionskosten, den Zwang zu höheren Militärausgaben und sinkende Investitionen aus dem Ausland. Collier et al. schätzen die Einbußen folgendermaßen ein:

> „Having a neighbor at war reduces the annual growth rate by around 0.5 percentage points. [...] As most countries have several neighbors, this is a major multiplier effect of the economic cost of conflict. Recalling that the growth cost for the country itself is around 2.2 percent, a country with four neighbors is likely to inflict approximately as much economic damage on its neighbors during conflict as it does on itself."[370]

Jean-Christophe Rufin argumentiert, dass innerstaatliche Kriege tatsächlich eine inhärente Tendenz zur Ausbreitung besitzen. Die Erklärung hierfür liege in der Notwendigkeit für die Rebellen, ihren Aufstand zu finanzieren. Nach der

---

367 Deng et al. 1996, S. 147.
368 Vgl. Latham / Kassimir / Callaghy 2001.
369 Vgl. Deng et al. 1996, S. 147.
370 Collier et al. 2003, S. 35.

klassischen Theorie des Guerillakriegs muss eine Rebellion vom Volk, speziell von der Landbevölkerung, unterstützt werden. Rufin ist jedoch der Ansicht, dass solche rein nationalen Unternehmungen jenseits ihrer historischen Vorbilder China und Kuba niemals erfolgreich endeten. Unter autarken Bedingungen müssten sich die Rebellen durch Raub oder Besteuerung der Bevölkerung finanzieren, was dazu führe, dass in der Zivilbevölkerung früher oder später Widerstand gegen diese Art der Ausbeutung entsteht, selbst wenn die Rebellen für populäre Ziele eintreten.[371] Um heute bestehen zu können, müsse eine Guerilla stattdessen in der Lage sein, sich in globale Wirtschafts- und Finanzzusammenhänge einzuklinken. Eine moderne Rebellenbewegungen verkauft illegal angeeignete Güter aus dem Konfliktgebiet (Drogen, Diamanten, Edelhölzer), kauft militärischen Nachschub, verschiebt Gelder zur Bezahlung des Gütertransports oder erhält Mittel aus der Diaspora. Moderne Kriegsökonomien sind global vernetzt und verlangen von den Akteuren ein hohes Maß an Kompetenz und Flexibilität. Allerdings haben diese transnationalen Netzwerke nach Cooper und Pugh einen entscheidenden Vorteil: „Die regionale Struktur solcher Netze macht sie anpassungsfähiger gegenüber Versuchen von außen, solchen Handel zu unterbinden."[372]

Der Einstieg von Rebellen in Gewaltmärkte bringt sie in dieselben Arenen, in denen auch die organisierte Kriminalität agiert. Dadurch kann entweder Kooperation entstehen oder ein Konkurrenzkampf um die Durchsetzung einander widersprechender Ordnungen jenseits der Staatsgewalt entbrennen. Durch die Vermischung der Interessen kann dort zudem ein hybrider Typus, der Kriegsherr, entstehen. Dieser verfolgt ökonomische Ziele, jedoch mit militärischen Mitteln.[373]

Um ihre Waren international zu vertreiben, benötigt die Guerilla – das gilt analog für paramilitärische Gruppen – die Kontrolle über Verkehrswege wie Flug- oder Seehäfen. Die Alternative ist der Schmuggelhandel in den Grenzregionen. Begünstigt durch die schwierigen topografischen Gegebenheiten und die weit verbreitete Korruption hat sich in den Grenzgebieten ganz Lateinamerikas daher ein illegaler Handel herausgebildet, der oftmals einen wichtigen Teil der lokalen Ökonomien dieser Peripherien darstellt.[374] So beobachtet Haluani:

---

371 Vgl. Rufin 1999, S. 16 ff.
372 Cooper / Pugh 2003, S. 456.
373 Vgl. Mair 2002.
374 Vgl. Millett 2002, S. 4.

„All border areas between Latin American countries have developed an economic life of their own, and this economic dynamism has been necessary, considering the extremely central identity and administrative nature of all Latin American countries."[375]

Hier zeigt sich, dass die Regionalisierung eines Konflikts deutlich vereinfacht wird, wenn der betroffene Nachbarstaat nur schwach institutionalisiert und politisch instabil ist, seine Grenzen und die innerstaatliche Peripherie nicht unter Kontrolle hat und in den Augen seiner Bevölkerung kaum legitimiert ist, mit anderen Worten: wenn es sich um einen schwachen oder zerfallenden Staat handelt.

6.2.2. Unterschiedliche Transnationalisierungsformen des kolumbianischen Konflikts

Der kolumbianische Konflikt ist nicht in allen zuvor unterschiedenen Dimensionen gleich stark transnational verbunden. In seinen militärischen und sozialen Dimensionen ist er beispielsweise nur gering regionalisiert. Kampfhandlungen zwischen Regierungstruppen und Rebellen finden fast ausschließlich auf kolumbianischem Gebiet statt, das Territorium von Nachbarstaaten wird erst in den letzten Jahren (und bislang nur in begrenztem Maße) einbezogen. Gleichermaßen engagiert sich kein Nachbarstaat offen militärisch in diesem Konflikt. Die einzige Form des militärischen *spillover*, die mit einiger Häufigkeit besonders in Bezug auf Ecuador auftrat, ist die Nutzung des Nachbarstaates als Rückzugsraum. Zudem werfen die Regierungen Kolumbiens und der Vereinigten Staaten Venezuela vor, die FARC zu unterstützen oder sie zumindest nicht an der Nutzung venezolanischen Territoriums zu hindern. Ein vorläufiger Tiefpunkt in den kriselnden Beziehungen zwischen den beiden Andenstaaten folgte auf die Entführung von Rodrigo Granda, des Kanzlers der FARC, im Dezember 2004 aus der venezolanischen Hauptstadt Caracas, die von venezolanischer Seite mit einer verdeckten Aktion kolumbianischer Agenten in Verbindung gebracht wurde (vgl. dazu auch Kapitel 8.3.).

Außerhalb direkter Kampfhandlungen und unterhalb der staatlichen Ebene gibt es jedoch eine Vielzahl transnationaler Verbindungen. Die Guerilla verfügt beispielsweise über ein umfangreiches Netzwerk sie unterstützender Organisationen in Kolumbien und im Ausland. Man geht davon aus, dass die FARC in Kolumbien etwa 40.000 zivile Helfer angeworben haben, die ihr beispielsweise als Informanten oder als Überbringer von Nachrichten dienen. Über die Zahl der

---

375 Haluani 1996, S. 335. Vgl. außerdem Helfrich-Bernal 2003.

FARC-Unterstützer in den kolumbianischen Diasporas liegen keine Schätzungen vor.

Die AUC verfügt über gute Beziehungen zu Großgrundbesitzern und anderen kolumbianischen Eliten, wodurch sie wiederum guten Kontakt zu einigen transnationalen Unternehmen erlangt haben. So war zum Beispiel der Erdölkonzern Texaco seit 1983 beim Aufbau paramilitärischer Gruppen in der Region um Puero Boyacá beteiligt. In den 1990er Jahren wurde der Schweizer Konzern Nestlé beschuldigt, während Tarifverhandlungen Paramilitärs zur Liquidierung von Gewerkschaftern eingesetzt zu haben. Ähnliche Vorwürfe wurden gegen Coca Cola, den US-Konzern Corona Goldfields sowie die Erdölunternehmen Occidental und British Petroleum erhoben.[376]

Auch in militärischen Fragen pflegen Guerilla und Paramilitärs internationale Kontakte. 2001 wurden drei Mitglieder der *Irish Republican Army* (IRA) in Kolumbien unter dem Vorwurf festgenommen, FARC-Guerillas in Stadtkampftechniken unterrichtet zu haben. Außerdem sollen nach Polizeiangaben Angehörige der baskischen Separatistenorganisation ETA FARC-Kämpfer im Umgang mit Sprengstoff trainiert haben.[377]

Von den Paramilitärs sind bereits seit längerem Kontakte zu ausländischen (vorwiegend israelischen) Militärberatern bekannt, beispielsweise eine Zusammenarbeit mit dem Söldner Yair Klein, der in den 1980ern Waffenlieferungen organisiert und Kämpfer der Paramilitärs ausgebildet haben soll, die für mehrere Massaker verantwortlich sind.[378]

Seit kurzem hat sich für kolumbianische Soldaten und Polizisten außerdem ein neuer lukrativer Arbeitsmarkt eröffnet: die Arbeit für Sicherheitsfirmen im Irak. Nach Zeitungsberichten hat die amerikanische Firma Halliburton eine größere Zahl von Kolumbianern für diese Aufgaben angeheuert, da sie als besonders kampferfahren gelten.[379] Auch die im ekuadorianischen Manta nahe der dortigen US-Luftwaffenbasis ansässige Firma Epi Security and Investigation soll mindestens 1.000 Kolumbianer angeworben haben, die im Irak für die Hälfte des Lohns ihrer amerikanischen und britischen Kollegen arbeiten.[380]

Insgesamt lässt sich eine starke Transnationalisierung der militärischen Aktivitäten der Guerilla und der Paramilitärs feststellen. Wie oben bereits angedeutet, sind diese Gruppen besonders auf derartige Netzwerke angewiesen, um effektiv zu funktionieren. In den letzten Jahren scheinen diese Verbindungen

---

376 Vgl. Azzellini 2002, S. 125.
377 Vgl. El mundo contra las FARC, Semana, 17.02.2003.
378 Vgl. Azzellini 2002, S. 124 f.
379 Ex miembros del Ejército y de la Policía de Colombia se van de mercenarios a guerra en Irak, El Tiempo, 11.12.2004.
380 Half-Price Colombian Fighters Offered For Iraq, AFP, vom 13.08.2005.

parallel zur Ausweitung zwischengesellschaftlicher Gewaltstrukturen und regionaler Gewaltmärkte zuzunehmen und immer stärker bereits vorhandene Strukturen der Schattenglobalisierung zu nutzen.

Im sozialen Bereich ergeben sich dagegen vergleichsweise geringe Auswirkungen. Zwar sind die Bewohner des kolumbianischen Grenzlandes oft durch grenzüberschreitende soziale Formationen mit Bürgern aus Nachbarländern verbunden, ein Demonstrationseffekt lässt sich jedoch nicht feststellen. Stattdessen haben sich zumeist ökonomische Strukturen der Nachschubsicherung herausgebildet, die zwar oft gewaltbeeinflusst sind, jedoch kaum Konflikt transportierende Wirkungen haben. Die räumliche Verteilung der Vertriebenen ergibt ein komplexes Bild: UNHCR hat ein Mandat zur Betreuung von knapp einer Million Kolumbianern – von diesen halten sich jedoch 95 Prozent als *Internally Displaced Persons* in Kolumbien auf. Nur etwa 25.000 haben als Flüchtlinge das Land verlassen, die meisten in die Vereinigten Staaten, gefolgt von Ecuador, Costa Rica und Kanada.[381] Natürlich zeichnen diese offiziellen Statistiken nur ein ungenaues Bild. Mit Bezug auf unseren Zusammenhang ist festzuhalten, dass die überwältigende Mehrheit als Binnenflüchtlinge in Kolumbien bleibt. Auch hier entstehen also vergleichsweise geringe transnationale Auswirkungen.

Regionalisierung und Transnationalisierung des Konflikts geschehen zuallererst auf ökonomischer Ebene. Die von Collier et al. genannten indirekten Effekte wie Erhöhung der Transaktionskosten oder sinkende Auslandsinvestitionen lassen sich allerdings nur schwer abschätzen. Der entscheidende Faktor in der Transnationalisierung des kolumbianischen Konflikts ist vielmehr die vernetzte Ökonomie des Krieges. Zum einen treten die Rebellen als Nachfrager auf. Sie importieren Waffen, Kriegsgerät, und – sofern sie keinen ausreichenden Zugang im Land selbst haben – Nahrungsmittel, Medizin und Uniformen. Beispielhaft für die Komplexität der notwendigen Logistik ist ein bekannter Vorgang aus dem Jahr 1999, als die FARC 10.000 Gewehre erwarben. Diese stammten aus jordanischen Armeebeständen und waren durch Mittelsmänner aus dem peruanischen Militär gekauft worden. Aus Peru wurden die Waffen von russischen Piloten nach Kolumbien transportiert, wo sie über FARC-Territorium abgeworfen wurden.[382] Auf individueller Ebene finden ähnliche Handlungen tagtäglich im Ameisenverkehr über die Grenze statt: Angehörige der Rebellen kaufen sich in Ecuador eine Waffe, neue Stiefel, gehen zum Arzt oder zum Friseur.

---

381 Vgl. UNHCR 2003.
382 Vgl. SIPRI Yearbook 2001, S. 414.

Wesentlich brisanter und weiterreichend ist jedoch das Feld, auf dem die Guerilla auf der Angebotsseite beteiligt sind, der Drogenhandel. Wie in den vorausgehenden Kapiteln dargelegt, sind die Guerillabewegungen nicht direkt für den Anbau, die Weiterverarbeitung oder den Export des Kokains verantwortlich. Sie üben vielmehr eine Schutzfunktion aus und sorgen für die notwendige Sicherheit in den Drogenanbaugebieten, die es den Kartellen gestattet ihren Geschäften nachzugehen. Zunächst operierten Guerilla und Drogenkartelle durchaus erfolgreich in unterschiedlichen peripheren Gebieten. Dort war der kolumbianische Staat niemals ausreichend institutionalisiert, so dass die Guerilla für ihre Operationen weitgehend staatsfreie Räume vorfand. Der Konflikt führte auf diese Weise zur Verstetigung dieser staatsfreien Räume und zur Konstruktion alternativer, durch die Guerilla beeinflusster Ordnungsformen. Somit bedingen sich der politische Konflikt und die Drogenökonomie nicht gegenseitig, sondern stellen wechselseitige *facilitating conditions* dar.

Der Anbau und die Weiterverarbeitung von Koka ist in den nördlichen Andenstaaten konsequent regionalisiert und vernetzt. Seit den 1980er Jahren wandern die Zentren des Koka-Anbaus, je nachdem in welchem Land der Region die günstigsten Bedingungen herrschen. Nachdem lange Zeit Bolivien und Peru als Hauptproduzenten fungierten, wurde Kolumbien erst Mitte der 1990er Jahre zum dominanten Anbauland. Nun, da der Druck durch die von den USA unterstützte Regierung zunimmt, gibt es erste Anzeichen, dass sich der Anbau wieder in andere Länder verlagert. Auch ist eine Atomisierung der Anbauflächen zu beobachten. Demgegenüber fand (und findet) die Weiterverarbeitung in Kolumbien unter der direkten Kontrolle der Drogenkartelle statt. Die Vorprodukte müssen dabei aus mehreren Nachbarstaaten nach Kolumbien importiert werden. Der ungebrochene Erfolg der Drogenproduktion zeigt, mit welcher Leichtigkeit die Kartelle über nationale Grenzen hinweg agieren können. Ein Nebensatz im *International Narcotics Control Strategy Report 2003*, einer jährlichen Dokumentation des amerikanischen Außenministeriums über die globale Drogenbekämpfung zeigt, dass es für die Drogenhändler sogar einfacher ist, zweimal die Grenzkontrollen zu umgehen anstelle einen Transport durch das eigene Land zu versuchen: „coca base enters Ecuador from eastern Colombia (east of the Andes) and exits to western Colombia (west of the Andes) for refinement."[383]

Schließlich werden die fertigen Drogen in die Konsumentenländer transportiert, vorwiegend in die USA. Dazu nutzen die Kartelle wiederum verschiedene Routen. Eine davon führt durch die Karibik: Haiti war lange Zeit ein wich-

---

383 International Narcotics Control Strategy Report 2003, S. 103.

tiger Umschlagplatz solcher Transporte, ebenso Mexiko. Auf diese Weise bilden die Stränge der Drogenökonomie ein transnationales Netz zwischen den Koka-Bauern in den Anden, den Laboren der Kartelle in Kolumbien, den mittelamerikanischen Transitländern und dem zumeist nordamerikanischen Endverbraucher. Dieses komplexe Netzwerk bildet den Kern der Transnationalisierung des kolumbianischen Konfliktes.

6.3. Fazit: Die regionale Interaktion des kolumbianischen Konflikts

In diesem Abschnitt wurden die vielfältigen Netzwerke dargestellt, die sich um den kolumbianischen Konflikt gebildet haben. Dabei stellte sich heraus, dass der Krieg in Kolumbien nicht von seiner transnationalen Dimension zu trennen ist: Die Kokainökonomie wirkt auf den Verlauf und die Intensität des kolumbianischen Konfliktes ein, indem die strategischen Ziele der FARC durch ökonomische Erwägungen beeinflusst werden. Gleichermaßen hat der Konflikt zur Ausweitung und Verstetigung staatsfreier Räume geführt, die ideale Voraussetzungen für die Drogenproduktion darstellen. Weitere Effekte – wie Vertriebene, militärische *spillover* oder Nachschubwege – betten den Konflikt in regionale Zusammenhänge ein und verbinden die Nachbarstaaten und -gesellschaften mit dem Konflikt.

Aufgrund dieser symbiotischen Beziehung zwischen dem Konflikt und seinen transnationalen Verflechtungen ist es zwingend notwendig, die Bekämpfung des Konflikts und der Drogenökonomie ebenfalls konsequent transnational auszurichten. Dies ist besonders für die Vereinigten Staaten wichtig, die bereits eine Vielzahl nationaler wie internationaler Anstrengungen unternommen haben, um der Drogenproblematik Herr zu werden.

Tatsächlich haben die amerikanischen Regierungen ihre auswärtige Drogenangebotspolitik zunehmend regional ausgerichtet. Nach dem Scheitern der ausschließlich bilateral ausgerichteten Drogenpolitik (vgl. hierzu das folgende Kapitel) verfolgt die amerikanische Regierung in den letzten Jahren mit der *Andean Regional Initiative* einen alle betroffenen Staaten integrierenden regionalen Ansatzes. Jedoch stellen sich auch hier keine Erfolge ein. Das Problem liegt darin, dass eine effektive transnationale Drogenpolitik die Drogenökonomie an allen ihren ineinandergreifenden Prozessen sowohl auf Angobots- als auch auf Nachfrageseite gleichzeitig angreifen müsste: beim Drogenanbau, im Transport der Vorprodukte, bei der Weiterverarbeitung, beim Transit, beim Umschlag, beim Verkauf und beim Konsum. Jeder dieser Schritte wird darüber hinaus von parallel verlaufenden Geldströmen begleitet, die ihrerseits unterbunden werden müßten.

Für ein solch umfassendes transnationales Konzept zur Drogenbekämpfung ist der unbedingte Wille aller beteiligten Regierungen notwendig. Dies gilt gleichermaßen für den alternativen Vorschlag einer weltweiten Legalisierung von Drogen, der auf eine Auflösung sämtlicher Wirtschaftsaktivitäten zielt, die die Illegalität als notwendige Bedingung erfordern.

Bevor diese theoretisch angeleiteten Überlegungen am Ende wieder aufgegriffen werden, müssen die bi- und multilateralen Dimensionen der Antidrogenpolitik empirisch analysiert werden. Dabei werden die jeweils mit unterschiedlichen Strategien verbundenen Kosten und Nutzen deutlich, ebenso jedoch die nicht intendierten Effekte.

7. Amerikanische Drogenpolitik. Internationalisierung eines transnationalen Problems

7.1. Einleitung

Das Geschäft mit illegalen Drogen ist insgesamt die wichtigste Geldquelle für die Parteien des kolumbianischen Konflikts. Der größte Absatzmarkt für die in Kolumbien produzierten Drogen sind die Vereinigten Staaten von Amerika. 1995 schätzte die amerikanische Regierung die Zahl der Drogenkonsumenten in den USA auf rund 13 Millionen, das Absatzvolumen belief sich auf etwa 60 Mrd. US-Dollar.[384] Seitdem ist der Drogenkonsum in den USA in der Tendenz gestiegen: 1998 gaben in der jährlichen Befragung der Regierung 13,9 Millionen Bürger an, sie hätten innerhalb der letzten 30 Tage illegale Drogen konsumiert, das entspricht 6,4 Prozent der Bevölkerung. Bis 2001 stieg der Anteil auf Konsumenten illegaler Drogen auf 7,1 Prozent der Gesamt-bevölkerung und in den Jahren 2002 und 2003 waren es 8,3 beziehungsweise 8,2 Prozent, das sind rund 19,5 Millionen US-Bürger.[385] Dementsprechend kommt der Auseinandersetzung mit der Drogenproblematik in der amerikanischen Gesellschaft große Aufmerksamkeit zu.[386]

Wie in den vorausgegangenen Ausführungen bereits umrissen, stellt die auswärtige Drogenpolitik der USA einen starken externen Einflussfaktor auf die Drogenökonomie in Kolumbien dar. In diesem Kapitel möchten wir nun die Effektivität eines in den 1990er Jahren zentralen außenpolitischen Instruments zur Umsetzung dieser Politik, die so genannte *Zertifizierung*, anhand eines Ver-gleichs der Fälle Kolumbien und Mexiko analysieren. Wir begrenzen den Zeit-raum der Untersuchung auf die zweite Häfte der 1990er Jahre (bis 1999), weil

---

384 Vgl. Lessmann 2000, S. 336.
385 Vgl. National Survey on Drug Use and Health, http://www.oas.samhsa.gov/ nhsda.htm#NHSDAinfo.
386 Der Begriff „Drogen" bezieht sich hier auf diejenigen psychoaktiven Substanzen, deren Kon-sum in den USA gesetzlich verboten ist. Dies sind im wesentlichen Kokain-Hydrochlorid (im folgenden „Kokain"), Heroin, Cannabis und eine Reihe von chemisch hergestellten Drogen (z.B. sog. Designerdrogen).

die amerikanische Kolumbienpolitik danach verstärkt militärische Optionen nutzte und in ein regionales Konzept integriert wurde.[387]

Beide Länder waren in der betrachteten Epoche die wichtigsten Quellen von Kokain auf dem US-Markt. Kolumbien wurde dabei vorrangig als Anbau- und Produktionsland wahrgenommen, Mexiko als Transitland. Die Untersuchung wirft damit auch ein Licht auf die Frage, wie die USA als dominanter Staat im internationalen System mit schwachen Staaten umgehen und welchen politischen Einfluss sie auf die Politiken anderer Regierungen zu nehmen imstande sind.

Für den Umgang eines Staates mit dem Konsum von illegalen Betäubungsmitteln können grundsätzlich unterschiedliche Modelle identifiziert werden. Die verschiedenen Arten staatlicher Strategien zur Bekämpfung des Drogenkonsums teilt Cornelius Friesendorf nach folgenden Dichotomien ein: *repressiv* oder *nicht- repressiv, angebotsorientiert* oder *nachfrageorientiert, Umsetzung im Inland* oder *Umsetzung im Ausland.* Dabei sind den verschiedenen Kategorien unterschiedliche Maßnahmen der Durchführung zuzuordnen (vgl. Tabelle 25).[388]

In den USA herrscht traditionell die repressive Handhabung des Drogenproblems vor, dessen Lösung als Aufgabe von Polizei und Justiz begriffen wird. Dabei beschränkt sich die Bekämpfung des Drogenangebotes jedoch nicht auf das Inland; vielmehr hat sich seit den 1970er Jahren ein Teil ihrer Drogenpolitik ins Ausland verlagert. Mitte der 1990er Jahre gaben 85 Prozent der Amerikaner bei einer Umfrage nach den wichtigsten Aufgaben der Außenpolitik der Beseitigung des Zustroms illegaler Drogen aus dem Ausland die oberste Priorität, und zwar noch vor dem Schutz amerikanischer Arbeitsplätze und der Nichtverbreitung von Atomwaffen.[389]

---

387 Vgl. hierzu Kapitel 8.
388 Vgl. Friesendorf 2001, S. 14.
389 Vgl. Lessmann 2000, S. 336.

	Inland	Ausland
Repressive angebotsorientierte Politik	Einsatz der eigenen Sicherheitskräfte gegen Drogenhändler und –produzenten	Unterstützung ausländischer Sicherheitskräfte; Einsatz der eigenen Sicherheitskräfte; Wirtschaftssanktionen; diplomatischer Druck; Einsatz privater Militärfirmen
Nicht-repressive angebotsorientierte Politik	Alternative Angebote, Freigabe von substituierenden Substanzen	Entwicklungspolitische Zusammenarbeit
Repressive nachfrageorientierte Politik	Sanktionen gegen Konsumenten	Unterstützung ausländischer Sicherheitskräfte
Nicht-repressive nachfrageorientierte Politik	Aufklärung, Forschung und Therapie	Unterstützung bei Aufklärung, Forschung und Therapie

Tabelle 25: Staatliche drogenpolitische Strategien nach Friesendorf, erweitert.[390]

Um die Strategie der auswärtigen Drogenbekämpfung umsetzen zu können, sind die USA auf die Kooperationsbereitschaft der Regierungen der Drogenproduktions- und Drogentransitländer angewiesen. Diese ist jedoch nicht selbstverständlich, da es sich um die Implementierung ausländischer Politik auf eigenem Territorium handelt und die angesprochene Regierung möglicherweise selbst mit der Drogenökonomie verbunden ist. Auf der anderen Seite unterstützen die USA diese Staaten bei der Bekämpfung des Drogenproblems, das auch in den betroffenen Ländern große Schwierigkeiten bereitet, durch die Finanzierung und Durchführung zahlreicher Anti-Drogen-Programme vor Ort.

Die Kooperationsbereitschaft der Regierungen der Drogenproduktions- und Drogentransitländer ging dem US-Kongress jedoch oftmals nicht weit genug. Im *Anti Drug Abuse Act* von 1986 verankerte das Legislativorgan daher eine Regelung, aufgrund derer den größeren Drogenproduktions- und Drogentransitländern der Welt Wirtschaftssanktionen angedroht werden, wenn sie die Drogenbekämpfung aus Sicht der amerikanischen Regierung nicht ernst genug nehmen. Die dort vorgesehenen Sanktionen treten nur dann *nicht* in Kraft, wenn der amerikanische Präsident die Drogenpolitik dieser Staaten in einem umfassenden Bewertungsprozess, der im jährlichen Rhythmus durchgeführt wird, positiv beurteilt. Dieser Vorgang wird von offizieller Seite Zertifizierung (*certification*) genannt.[391] Umgekehrt wird ein Drogenproduktions- oder Drogentran-

---

390 Vgl. Friesendorf 2001, S. 14.
391 Der Begriff wird in doppelter Hinsicht gebraucht. Zum einen bezeichnet er als Oberbegriff das außenpolitische Instrument der „Zertifizierung". In dieser Bedeutung wird er zum Teil auch Zertifizierungsprozeß (*certification process*) genannt. Zum anderen ist Zertifizierung das Ge-

sitstaat im Falle der negativen Bewertung seiner Drogenpolitik mit Wirtschaftssanktionen belegt.

Die Zertifizierung stellte im betrachteten Zeitraum ein zentrales Thema in
den Beziehungen der USA zu vielen Staaten Lateinamerikas dar. In den Medien
in Lateinamerika und den Vereinigten Staaten kam ihr dementsprechend große
Aufmerksamkeit zu. Der Tenor der sich mit diesem Thema beschäftigenden
wissenschaftlichen Beiträge ist die Forderung, die Zertifizierung zugunsten eines gemeinsamen, multilateralen Ansatzes der Drogenbekämpfung, der den
Drogenhandel als gemeinsame Herausforderung für die Staaten Lateinamerikas
und die USA begreifen soll, abzuschaffen.[392] In Lateinamerika ist der Zertifizierungsprozess vielfach als willkürliches, unfaires, unilaterales oder sogar heuch-
lerisches Instrument bezeichnet und als Einmischung in innere Angelegenheiten
gewertet worden, die nicht zu einer effektiven Kooperation in der Drogenbekämpfung geführt habe.[393] Auch amerikanische Kongressabgeordnete äußerten
in den 1990er Jahren wiederholt Zweifel an der Effektivität des Instrumentes für
die Reduzierung des Drogenhandels.[394] Verschiedene amerikanische Regierungen haben dagegen immer wieder die Wirksamkeit dieses drogenpolitischen
Instruments betont. Im jährlichen internationalen Drogenbericht des Außenministeriums (*International Narcotics Control Strategy Report*) von 1997 heißt es:

„The certification process has proved to be a remarkably effective diplomatic instrument for
keeping all governments aware of the need to pull their weight in the international antidrug
effort."[395]

Ähnlich äußerte Robert Gelbard, Staatssekretär der Drogenbehörde des *State
Department*, bei einer Kongressanhörung im März 1996:

„The President's annual narcotics certification process has emerged as one of our most pow-
erful tools in the conduct of our foreign drug control initiatives. "[396]

---

genteil von Dezertifizierung. Zertifizierung meint in diesem Kontext die positive Bewertung der
Drogenpolitik eines Staates, während Dezertifizierung die negative Beurteilung bezeichnet.

392 Vgl. z.B. Joyce 1999; Spencer / Amatangelo 2001; Amatangelo / Garrido 2001; Youngers 1997;
Lessmann 1996; Lessmann 2000; Beke-Bramkamp 1991, S. 129-134.

393 Vgl. Steiner 1999, S. 159-175 (160); Spencer / Amatangelo 2001, S. 1.

394 Am 1. März 2001 brachte Senator Silvestre Reyes einen Gesetzesentwurf zur Aussetzung der
Zertifizierung für zwei Jahre ein. In dieser Zeit sollten multilaterale Programme gegen den Drogenhandel entwickelt werden. Vgl. U.S. Congress (01.03.2001). Ein ähnlicher Gesetzesentwurf
der Senatoren Christopher Dodd und John McCain von Juli 1997 war gescheitert (vgl. Joyce
1999, S. 219; Andreas 2000, S. 70).

395 Vgl. INCSR 1997.

Anknüpfend an diese Kontroverse stellen sich vor dem Hintergrund der umfassenden Wirkungen der Drogenökonomie auf die ordnungspolitische Verfassung Lateinamerikas und die transnationale Verflechtung der Gewaltakteure in den Drogenhandel folgende Fragen: Ist die drogenpolitische Zertifizierung ein effektives Instrument der Drogenpolitik? Welche Ziele werden mit der Androhung von Wirtschaftssanktionen in der Praxis tatsächlich erreicht? Und welche Wirkung hat diese politische Strategie auf den Drogenhandel innerhalb der USA?

Die Ergebnisse der Zertifizierungsentscheidungen über Kolumbien und Mexiko zwischen 1995 und 1999 weisen das gesamte Spektrum möglicher Ausgänge des Zertifizierungsprozesses auf (Zertifizierung, Dezertifizierung, *waiver*). Kolumbien ist in dieser Zeit als einziges lateinamerikanisches Land - trotz enger Zusammenarbeit mit amerikanischen Institutionen in der Drogenpolitik - dezertifiziert und aufgrund dessen auch sanktioniert worden. Mexiko erhielt in allen Jahren die drogenpolitische Zertifizierung. Dies geschah trotz einer eher schlechten Bilanz in der Drogenbekämpfung.

7.2. Sanktionstheorien

In der Außenpolitik sind Sanktionen ein althergebrachtes Mittel der Einflussnahme eines Staates gegenüber anderen Staaten. Ihre Androhung oder Verhängung befindet sich im Feld der politischen Handlungsoptionen zwischen den Extremoptionen diplomatischer Protest einerseits und Gebrauch von kriegerischen Mitteln andererseits. Allgemein werden vier unterschiedliche Arten von Sanktionen unterschieden: diplomatische, militärische, wirtschaftliche und kulturelle Sanktionen. Diplomatische Sanktionen äußern sich „überwiegend verbal und als Ausdruck von Verstimmung", während militärische Sanktionen stets auch „de[n] Gebrauch von Waffengewalt" einschließen.[397]

Sanktionstheorien beschäftigen sich in erster Linie mit Wirtschaftssanktionen, die nach Chan und Drury definiert werden können als „... the actual or threatened withdrawal of economic resources to effect a policy change by the

---

396 Robert Gelbard bei einer öffentlichen Anhörung vor dem Subcommittee on the Western Hemisphere des Repräsentantenhauses am 07.03.1996. U.S. Congress 1996, S. 5. Vgl. auch den Kommentar von Außenministerin Albright im Diario de las Américas vom 01.03.1998.
397 Zur sanktionstheoretischen Diskussion vgl. Valkysers 1999; Drury 2000; Lopez / Cortright 1995; Hufbauer / Schott / Elliott 1990; Eland 1995; Lopez / Cortright 1995; Rennack / Shuey, CRS Report for Congress 97-949 F 1998.

target."[398] Diese Definition betont, dass der Staat, der die Wirtschaftssanktionen verhängt, der Senderstaat, mit diesem Mittel Einfluss auf den Zielstaat ausüben will. Ziel der Sanktionen ist ein Politikwechsel. Wirtschaftssanktionen, die auf die Zerstörung des Zielstaates oder die Schwächung seiner militärischen Stärke abzielen, sind in dieser Definition ebenso ausgeschlossen wie die Ausübung wirtschaftlichen Drucks als Element von Handelsdisputen. Im Vordergrund steht, dass der Senderstaat den Zielstaat dazu bringen will, seine Politik in bestimmter Weise zu ändern. Dabei muss bereits die Androhung der Sanktion als Einflussnahme auf andere Staaten verstanden werden. Eine weitere Funktion von Sanktionen liegt in der Befriedigung von Handlungsanforderungen, die innerhalb des Senderstaates an die politischen Entscheidungsträger gestellt werden. Das Instrument besitzt eine vergleichsweise hohe politische Akzeptanz, da die Risiken seiner Anwendung für den Senderstaat weitaus geringer sind als bei aggressiveren Mitteln wie kriegerischer Gewalt.[399]

Hinsichtlich der Zielrichtung von Sanktionen lässt sich zudem zwischen instrumentellen und symbolischen Zwecken ihres Einsatzes unterscheiden. Instrumentelle Zwecke zielen auf reale Veränderungen in der Politik des Zielstaates. Bei den symbolischen Zwecken liegt die Absicht des Senderstaates weniger in der tatsächlichen Durchsetzung realer Veränderungen im Zielstaat als vielmehr darin, ein Zeichen zu setzen bzw. eine politische Botschaft zu vermitteln – nach innen und nach außen.[400]

Wirtschaftssanktionen lassen sich ihrerseits in Handels- und Finanzsanktionen unterteilen. Zu den Finanzsanktionen zählen beispielsweise die Verweigerung von Krediten und Investitionen oder das Einfrieren von Guthaben bei ausländischen Banken. Als Finanzsanktion wird auch die Reduzierung oder Aufhebung von Hilfszahlungen an den Zielstaat benutzt. Finanzsanktionen gelten als besonders erfolgreiche Form von Wirtschaftssanktionen. Internationale Finanzmärkte reagieren auf Sanktionen häufig besonders empfindlich, da sich Banken in ihrem Verhalten oft gegenseitig anstecken. Zieht eine Bank Kredite und Investitionen aus einem bestimmten Land ab, tun andere es nach, da die Geschäfte dann als risikoreich eingestuft werden. Der Sanktionstheoretiker Ivan Eland sieht dies in besonderem Maße gegeben, wenn multilaterale Finanzinstitutionen ihre Kredite suspendieren.[401]

---

398 Chan / Drury 2000, S. 1 f.
399 Vgl. Ebd., S. 2 - 6.
400 Vgl. Lopez / Cortright 1995, S. 7 f.; Eland 1995, S. 30.
401 Vgl. Eland 1995, S. 39.

7.2.1. Die Effektivität von Sanktionen

Ein zentrales Element der sanktionstheoretischen Debatte ist die Frage nach dem Erfolg von Wirtschaftssanktionen. Dieser Erfolg lässt sich definieren als „...the extent to which the sender achieves its objectives at an acceptable cost."[402]

Für eine empirische Analyse des Erfolgs von Sanktionen müssen zunächst die Ziele identifiziert werden, die mit einer Sanktionierung verfolgt werden, um zu bewerten, ob diese unter Aufwendung akzeptabler Kosten erreicht werden konnten oder nicht.[403] Dabei ergibt sich die Schwierigkeit, dass die Ziele der Sanktionierung zumeist vielfältig und nicht immer offensichtlich sind. Zudem artikulieren die Repräsentanten des Senderstaates möglicherweise nicht alle Ziele öffentlich. Auch muss das *Umfeld* der Androhung oder Verhängung von Sanktionen in die Analyse mit einbezogen werden, d.h. die Handlungsoptionen zum Zeitpunkt der Entscheidung für eine Sanktionierung als politisches Mittel. Sanktionen können auch aufgrund einer Identifikation als „kleinstes Übel" aus verschiedenen politischen Handlungsalternativen ausgewählt werden, da sie ein relativ flexibles Instrument darstellen. Schließlich sind die artikulierten Forderungen nicht unbedingt identisch mit den tatsächlichen Erfolgserwartungen der Entscheidungsträger des Senderstaates die möglicherweise bescheidenere, aber realistischere Ziele im Auge haben.[404]

In Hinblick auf die anschließende Bewertung des Erfolgs einer Sanktionsepisode müssen die unterschiedlichen Ziele der Sanktionierung differenziert, ihre relative Bedeutung herausgestellt und gewichtet sowie Ziele verschiedener Reichweiten unterschieden werden.[405] Für die Bewertung des Erfolgs von Wirtschaftssanktionen ergibt sich zum einen das Problem der Messung der Zielerreichung, also des Erfolgs der Sanktionierung (Erfolg = abhängige Variable). Zum anderen die Auswertung des Beitrags, den die Sanktionen selbst – und nicht andere Faktoren - zum Erfolg oder Misserfolg einer Sanktionsepisode beigetragen haben (Sanktionen = unabhängige Variable). Um zu einer Netto-Bewertung des Erfolgs von Sanktionsepisoden zu gelangen, müssen Kosten und Nutzen gegenüber gestellt werden. Ein Scheitern der Sanktionen kann dabei nicht nur *negativ* sein, in dem Sinne, dass die Sanktionen ihr Ziel nicht erreicht haben, sondern darüber hinaus *netto-negativ*, wenn die verursachten Kosten größer sind als der Nutzen.

---

402 Jentleson 2000, S. 128.
403 Was akzeptable Kosten sind, definiert Jentleson nicht. Dies muss im konkreten empirischen Fall entschieden werden.
404 Vgl. Eland 1995, S. 29 ff., Drury 2000, S. 19; Jentleson 2000, S.128 f.; Lopez / Cortright 1995, S. 7.
405 Vgl. Jentleson 2000, S. 127 f.

Bruce Jentleson unterscheidet vier netto-negative Fälle. Sanktionen können *backfiring* sein, wenn sie einen integrativen Effekt im Zielland haben, der die Regierungspolitik des Zielstaates stärkt anstatt sie zu verändern; *misfiring*, wenn sie der Bevölkerung des Ziellandes großen Schaden zufügen, die politischen Ziele jedoch nicht erreicht werden; *cross-firing*, wenn sie die Beziehungen zu wichtigen Alliierten des Senderstaates belasten und einen *shooting in the foot*-Effekt haben, wenn dem Senderstaat selbst durch die Sanktionen sehr hohe Kosten entstehen.[406]

7.2.2. Erfolgsfaktoren für den Einsatz von Sanktionen

Aus den verschiedenen sanktionstheoretischen Ansätzen lassen sich einige Erfolgsfaktoren für die Analyse erfolgreicher Sanktionen ableiten. Wirtschaftlicher Druck ist das Kernelement einer politischen Strategie, die mit Wirtschaftssanktionen arbeitet. Die erste wichtige Voraussetzung für den politischen Erfolg der Sanktionsepisode ist daher ihre negative Wirkung auf die Wirtschaft des Ziellandes. Als zweiter zentraler Faktor für die Effektivität von Sanktionen stellt sich die Frage der Glaubwürdigkeit ihres Einsatzes und ihrer negativen ökonomischen Auswirkung auf das Zielland dar. Die Glaubwürdigkeit einer Sanktionierung hängt zum einen vom Verhalten des Senderstaates ab. Er muss Entschlossenheit vermitteln bezüglich seines Willens, die Sanktionierung tatsächlich durchzuführen, solange es sich noch um die Androhung von Sanktionen handelt. Außerdem muss er bei einer in Umsetzung befindlichen Sanktionierung vermitteln, dass er bereit ist, diese bis zum Ende durchzuhalten und wenn nötig zu verschärfen.

Zum anderen spielt die Wahrnehmung des Zielstaates eine entscheidende Rolle. Es reicht nicht aus, dass der Senderstaat die Glaubwürdigkeit seines Willens deklariert, Sanktionen zu verhängen oder rigoros durchzuführen und die Wirtschaft des Ziellandes zu schädigen. Entscheidend ist die Perzeption des Zielstaates, der die potenzielle Schädigung als glaubwürdig einstufen muss.[407] Es ist also wichtig, dass der Senderstaat wahr macht, was er androht, falls der Zielstaat nicht auf seine Forderungen eingeht und dass die Sanktionen dem Zielland tatsächlich Nachteile bereiten.

Unter Sanktionstheoretikern herrscht die Meinung vor, dass Wirtschaftssanktionen dann besonders wirksam sind, wenn sie möglichst schnell eingesetzt und mit Entschlossenheit durchgeführt werden, gut koordiniert sind und eine

---

406 Vgl. Ebd., S. 129.
407 Jentleson 2000, S. 131 f., Eland 1995, S. 38.

umfassende Reichweite haben.[408] Ivan Eland hält dagegen, dass *selektive* Sanktionen mit der Option der graduellen Verschärfung politisch wirksamer sein können als *umfassende* Wirtschaftssanktionen. Der politische Erfolg von Wirtschaftssanktionen steht demnach nicht in einem proportionalen Verhältnis zum wirtschaftlichen Schaden, den sie im Zielland anrichten. Ein entscheidender Effekt bei selektiver Anwendung von Sanktionen mit der Möglichkeit zur Ausweitung ist psychologischer Art: die Angst vor dem Unbekannten in Form von Verschärfung der Sanktionsmaßnahmen. Bei der Verhängung umfassender Sanktionen geht dieser verloren.[409]

Für die Umwandlung des ökonomischen Drucks in politische Veränderungen im Zielland ist von Bedeutung, welche gesellschaftlichen Gruppen durch die Sanktionen wirtschaftlich geschädigt werden. Ein Erfolg ist dann am wahrscheinlichsten, wenn die Sanktionen diejenigen gesellschaftlichen Gruppen wirtschaftlich schädigen, die das vom Senderstaat missbilligte Verhalten unterstützen.[410]

Zusammenfassend ergeben sich für den politischen Erfolg von instrumentellen Sanktionen folgende Faktoren:

- Die Sanktionen müssen dem Zielland wirtschaftlich spürbare Nachteile bereiten.
- Die Verhängung der Sanktionen und ihre Durchführung müssen glaubwürdig sein und vom Zielstaat als glaubwürdig wahrgenommen werden, d.h. dass die konsequente Implementierung erwartet wird.
- Der psychologische Effekt der Angst vor dem Unbekannten kann die politische Wirksamkeit der Sanktionierung beeinflussen.
- Die Schädigung der richtigen wirtschaftlichen Gruppe in der Gesellschaft des Ziellandes trägt zum politischen Erfolg der Sanktionen bei. Damit sind diejenigen Bürger gemeint, die diejenige Politik ihrer Regierung unterstützen, die der Senderstaat missbilligt und geändert sehen will.
- Auf der anderen Seite muss betrachtet werden, welche Kosten dem Senderstaat durch die Sanktionierung entstehen, um abschließend zu einer Nettobewertung zu gelangen.

Der Erfolg der Sanktionierung ist nicht in absoluten Kategorien messbar, sondern relativ zu den angestrebten Zielen und den alternativ zur Verfügung stehenden Mitteln zu bewerten, wobei die Messung der im Zielstaat zu beobachtenden abhängigen Variable und ihr Kausalzusammenhang zu den Sanktionen

---

408 Vgl. Lopez / Cortright 1995, S. 9 f.; Jentleson 2000, S. 139; Dellums, Ronald V., U.S. House of Representatives, Foreword. In: Cortright / Lopez 1995, S. vii-xii (xi).
409 Vgl. Eland 1995, S. 31-37; Vgl. Jentlesson 2000, S. 132.
410 Vgl. Lopez / Cortright 1995, S. 9.

sich komplex und problematisch darstellen. Eine Analyse und Differenzierung derjenigen Ziele, die konkrete Sanktionsmaßnahmen verfolgen, ist daher Voraussetzung für eine sinnvolle Untersuchung von Sanktionsfällen.

7.3. Die auswärtige Drogenpolitik der USA

Die Anti-Drogen-Politik der USA verfolgt verschiedene Strategien parallel. In den 1990er Jahren flossen etwa ein Drittel der im US-Haushalt vorgesehenen Gelder für die Drogenbekämpfung in Programme zur Reduzierung der Nachfrage, zwei Drittel setzen beim Angebot an. Der größte Anteil der finanziellen Mittel zur Drogenbekämpfung wurde in den letzten drei Dekaden des 20. Jahrhunderts für die strafrechtliche Verfolgung des Drogenhandels (*law enforcement*) innerhalb der USA, also für die repressive, angebotsorientierte Strategie im Inland ausgegeben.[411] Die repressive, angebotsorientierte Strategie der Drogenbekämpfung im Ausland kann für die USA gemäß ihrer realen Ansätze der Drogenbekämpfung weiter differenziert werden. Je nach Ansatzpunkt der Anti-Drogen-Maßnahmen in der Kette des Drogenhandels vom Anbau der Rohstoffe, Weiterverarbeitung zum Endprodukt und Transport zu den US-Grenzen, kann zwischen Quellenansatz (*going-to-the-source*-Ansatz)[412] und Begrenzungsansatz (*interdiction*) unterschieden werden.

Jahr	1988	1989	1990	1991	1992	1993	1994	1995	1996
Budget	4,6	6,5	9,6	10,7	11,6	11,9	12,0	13,0	13,0
Jahr	1997	1998	1999	2000	2001	2003	2004	2005	2006
Budget	14,4	15,2	17,1	9,9	9,4	11,0	11,9	12,1	12,4

Tabelle 26: Entwicklung der Bundesausgaben der USA zur Drogenkontrolle 1988-2006 (in Mrd. US-Dollar)[413]

---

411 Vgl. Bertram / Spencer 2000, S. 1.
412 Der *going-to-the-source*-Ansatz entstand aufgrund des Scheiterns der *border-interdiction*-Strategie, die versucht, die Einfuhr von Drogen in die USA an der Grenze aufzuhalten. Die erste weitreichende Umsetzung des *going-to-the-source*-Ansatzes war die Andeninitiative unter Präsident Bush im Jahr 1989 (vgl. Lessmann 2000, S. 338).
413 Vgl. ONDCP 2001, S. 12 f. Für die Jahre 2000 - 2006 vgl. ONDCP 2005, National Drug Control Strategy, FY 2006, Budget Summary, S. 9. Die Ausgaben umfassen alle angebots- und nachfrageorientierten Programme im In- und Ausland (vgl. http://www.whitehousedrugpolicy. gov/publications/policy/06budget/06budget.pdf).

Während beim Quellenansatz versucht wird, in den Drogenproduktionsländern Drogenpflanzen zu vernichten (hier vor allem durch *eradication*)[414] und ihre Weiterverarbeitung zu illegalen Betäubungsmitteln durch die Zerstörung von Laboren zu verhindern, zielt die *interdiction* im Ausland und an den US-Grenzen (*border interdiction*) auf die Unterbindung des Transports aus den Produktionsländern in die USA, zu Wasser, zu Land und in der Luft.[415] Seit Ende der 1980er Jahre wechselte die finanzielle Schwerpunktsetzung in der auswärtigen Drogenpolitik immer wieder zwischen dem Quellen- und dem Begrenzungsansatz.[416]

Die auswärtige Drogenpolitik der USA wird aus den Mitteln der Auslandshilfe (*foreign aid*) finanziert.[417] Die Kompetenzverteilung der Exekutivorgane in der Drogenpolitik weist eine komplexe Struktur auf und bindet je nach Art und Weise der Finanzierung der einzelnen Programme unterschiedliche Ministerien und Behörden in die Planung und Durchführung ein. Das *Office of National Drug Control Policy* (ONDCP) im Weißen Haus ist die oberste Drogenbehörde der Vereinigten Staaten. Der Direktor des ONDCP, der als Drogenzar bezeichnet wird und quasi Kabinettsrang besitzt, ist für die Gesamtstrategie der Drogenbekämpfung der USA zuständig. Im ONDCP laufen die Fäden der an der Umsetzung der Drogenbekämpfung beteiligten Behörden auch in Hinblick auf ihre finanzielle Ausstattung zusammen, die jährlich von dem Büro geprüft wird. Die verantwortliche Regierungsinstitution für die Formulierung und Durchführung der auswärtigen Drogenpolitik und die Koordination der drogenpolitischen Aktivitäten sämtlicher Regierungsbehörden im Ausland ist das *Bureau for Narcotics and Law Enforcement Affairs* (INL) des Außenministeriums, das von einem Staatssekretär für Drogenangelegenheiten geleitet wird (*Assistant Secretary INL*). Im Ausland obliegt die Koordination der Aktivitäten der jeweiligen Botschaft. Das *State Department* verwaltet das *International Narcotics Control Program* (INC) der Auslandshilfe. Ziel des Programmes ist „...[to help] foreign

---

414 Eradikation bedeutet die Vernichtung von Drogenpflanzen, die in der Praxis durch Ausgraben (samt
    Wurzel) oder durch Besprühen mit Herbiziden u.ä. vorgenommen wird (vgl. Lessmann 1996, S.
    44).
415 Vgl. Bertram / Spencer 2000, S. 2.
416 Vgl. Lessmann 2000, S. 346 f.
417 Vgl. Tarnoff / Nowels 2001, S. 19. Im Allgemeinen bedient die Auslandshilfe eine ganze Reihe
    von außenpolitischen Interessen wirtschaftlicher, politischer, sicherheitspolitischer oder huma-
    nitärer Natur. Den gesetzlichen Rahmen der Auslandshilfeprogramms der USA bildet das Fo-
    reign Assistance Act von 1961, zusammen mit dem Arms Export Control Act von 1976
    (P.L.90-629) und dem Agricultural Trade Development and Assistance Act von 1954 (P.L.
    480). Die Auslandshilfe macht den größten Teil des US-Budgets für *foreign operations* aus und
    ist daher als Bereich der Einflussnahme des Kongresses besonders bedeutend (vgl. Bacchus
    1997, S. 143).

nations and international agencies counter the production, processing, and trafficking in illegal drugs."[418]

In einigen Botschaften, wie in Kolumbien, existiert zudem eine mit der Planung und Ausführung der durch Auslandshilfe finanzierten Drogenbekämpfungsmaßnahmen betraute Abteilung genannt *Narcotics Affairs Section* (NAS). Entwicklungspolitische Programme zur Substitution von illegalen Drogenpflanzen durch legale Nutzpflanzen und zur Nachfragebekämpfung in den Anbauländern liegen in der Verantwortung der *United States Agency for Internatinal Development* (USAID). Ebenso finanziert USAID Programme zur Stärkung der Justizsysteme in den Gastländern, die von der *Administration of Justice* durchgeführt werden.[419]

Darüber hinaus erhalten viele Drogenproduktions- und Drogentransitländer über das Auslandshilfebudget Militärhilfe, die das Verteidigungsministerium koordiniert. Zur Militärhilfe gehören vor allem Ausbildung und Ausrüstung der Anti-Drogen-Einheiten im Gastland. Wichtige Programme in diesem Bereich sind das *Foreign Military Financing* (FMF) *Program*, das *Foreign Military Sales* (FMS) *Program*, das *International Military Education and Training* (IMET) und das *Military-to-Military Contact Program*, wobei die Akzente jedoch von Land zu Land variieren und sich im Laufe der Zeit immer wieder verändern.[420] Über die Programme FMF und FMS gewähren die USA ihren Partnerstaaten Kredite für den Kauf von amerikanischen Waffen. Im Rahmen des IMET- Programmes erhalten ausländische Militärs und ziviles Personal militärische und technische Ausbildung. Beim *Military-to-Military Contact Program* wird ein Erfahrungsaustausch zwischen US-Militärs und ihren ausländischen Kollegen durchgeführt.[421]

Die amerikanischen Drogenpolizei *Drug Enforcement Administration* (DEA) des Justizministeriums, die für die Fahndung im Inland zuständig ist, unterhält als Abteilungen der Botschaften auch Einrichtungen im Ausland. Die Aufgabe der DEA im Ausland besteht offiziell in technischer Unterstützung und Ausbildung der dortigen Fahndungseinheiten, sowie in der Beschaffung von Informationen (Intelligence) und deren Weitergabe an die an der Drogenbekämpfung beteiligten Institutionen im jeweiligen Land. Die Informationsbeschaffung dient jedoch auch der Sicherstellung von Beweismitteln für eventuelle Gerichtsverfahren von Drogenhändlern in den USA. Im Ausland darf die DEA keine Verhaftungen durchführen oder Drogen- und Vermögensgegenstände be-

---

418 Sanford 1998, S. 5.
419 Vgl. INL o.J..
420 Eine Übersicht über die im Rahmen der verschiedenen Finanzierungsprogramme an Kolumbien vergebene Hilfe findet sich im Anhang dieses Buches.
421 Vgl. Ebd., S. 6; Nelson 1998a, S. 15.

schlagnahmen. Die zentrale Institution für die Informationsbeschaffung im Ausland ist das *Counternarcotics and Crime Center* (CNC) des Auslandsgeheimdienstes *Central Intelligence Agency* (CIA).[422]

Die Küstenwache (*Coast Guard*) ist die zentrale Einheit für die Durchführung der Drogenfahndung an den US-Küsten und für die Überwachung der Lufträume. Zudem bilden Mitglieder der Küstenwache ausländische Kollegen für die Bekämpfung von Drogenhandel und organisierte Kriminalität aus.

7.4. Zertifizierungsgesetz und Zertifizierungsprozess

Auslöser für die Schaffung des Zertifizierungsgesetzes im Anti Drug Abuse Act von 1986 (P.L. 99-570) war die Folterung und Ermordung eines Agenten der amerikanischen Drogenpolizei DEA, Enrique Camarena, im Jahr 1985 in Mexiko und die offenbar gleichgültige Haltung der mexikanischen Regierung bezüglich der Aufklärung der Todesumstände. Die öffentliche Debatte um das Drogenthema in den 1980er Jahren war ein zusätzliches, innenpolitisches Motiv. Zu dieser Diskussion trug in erheblichem Maße das Aufkommen von Crack, einer Billigvariante des Kokains, bei. Crack ist besonders gesundheitsschädlich und wurde zudem als eine Ursache für die Zunahme von Gewaltkriminalität durch Jugendbanden in den amerikanischen Großstädten gesehen, da sie durch den Vertrieb dieser neuen Droge über die finanziellen Mittel für den Erwerb von Waffen verfügten.423

Die zentralen Paragraphen für die Zertifizierung von Drogenproduktions- und Drogentransitländern sind § 489 und § 490 (22 U.S.C § 2291) des *International Narcotics Control Acts* von 1992 (P.L. 102-583).[424] § 490 FAA fordert die jährliche Durchführung des Zertifizierungsprozesses, der in zwei Schritte einzuteilen ist. Bis zum 1. November jeden Jahres muss der Präsident bestimmen, welche Staaten als größere Drogentransit- und Drogenproduktionsländer (*major drug-transit and major illicit drug producing countries*) gelten (§ 490(h)), die dann auf die *Majors List* gesetzt werden. Das INL im Außenminis-

---

422 Die Vereinigten Staaten drängen auf Auslieferungsabkommen für Drogendelinquenten mit Drogenproduktions- und Drogentransitstaaten, um diese in den USA vor Gericht stellen zu können, da sie die Strafen der Heimatstaaten der Straftäter oft für unzureichend halten und in der Ausübung des Drogenhandels zudem eine Verletzung von US-Recht sehen (vgl. Embajada de los Estados Unidos de América 2000: La DEA).

423 Vgl. Lessmann 1996, S. 36, Brownstein 1998.

424 Als Grundlage der folgenden Ausführungen dient eine Auflage des FAA von März 2000, in der die Veränderungen des Gesetzes bis 1999 in den Fußnoten dargelegt werden (vgl. U.S. Congress, Senate 2000 Legislation on Foreign Relations through 1999, Vol. I-A, März 2000, Übersetzung BM).

terium schlägt vor, welche Staaten gelistet werden und stimmt seinen Vorschlag anschließend mit anderen Exekutivbehörden ab. Über die endgültige Fassung der Liste bestimmt der Präsident.

Als „größeres Drogen produzierendes Land" gilt ein Land, in dem innerhalb eines Jahres mindestens 1.000 Hektar illegalen Schlafmohns oder illegaler Kokapflanzen oder 5.000 Hektar illegalen Cannabis angebaut oder geerntet werden. Die Cannabisproduktion ist dabei nur relevant, wenn sie bedeutende Auswirkungen auf die Vereinigten Staaten hat (§ 481(e)(2)). Ein größeres Drogentransitland wird definiert als

> „ein Land, das eine bedeutende, direkte Quelle illegaler Betäubungsmittel, Psychopharmaka oder anderer kontrollierter Substanzen ist, die eine bedeutende Auswirkung auf die Vereinigten Staaten haben; oder [ein Land], durch das solche Drogen oder Substanzen transportiert werden" (§ 481(e)(5)).

Von der Auslandshilfe, welche die USA einem ausländischen Staat für das laufende Haushaltsjahr (beginnend am 1. September) genehmigt haben, behalten sie, falls dieser auf die *Majors List* gesetzt wird, circa 50 Prozent so lange ein, bis der Präsident bei der Zertifizierungsentscheidung (spätestens am 1.März) bestätigt, dass der Staat die Zertifizierungskriterien erfüllt hat.[425]

Das Weiße Haus leitet die *Majors List* an die auswärtigen Ausschüsse von Senat und Repräsentantenhaus (*Senate Committee on Foreign Relations/ House Committee on International Relations*) und die Bewilligungsausschüsse beider Kammern (*Appropriations Committees*) zur Information weiter. Zwischen Dezember und Mitte Februar vollzieht sich der Entscheidungsprozess der Bewertung der einzelnen Länder. Die verschiedenen, an der Drogenpolitik beteiligten Exekutivbehörden arbeiten unter der Koordination des Staatssekretärs des INL Empfehlungen aus, die an den Außenminister weitergeleitet werden. Auf dieser Grundlage bereitet der Außenminister seine Empfehlung für den Präsidenten vor. Dieser entscheidet dann über die Bewertung der einzelnen Länder.[426]

Bei der Zertifizierungsentscheidung, die bis zum 1. März bekannt gegeben werden muss, kann der Präsident drei mögliche Noten vergeben: Erstens die (vollständige) Zertifizierung ((*full*) *certification*); Zweitends die Dezertifizierung (*decertification* = Verweigerung der Zertifizierung); Und drittens die Dezertifizierung, bei der jedoch von einer Sanktionierung des betreffenden Staates aufgrund eines „vitalen nationalen Interesses" der USA abgesehen wird. Diese dritte Option wird auch als *waiver* (=Verzichtserklärung) bezeichnet.

---

425 INCSR 1999.
426 Vgl. PDQ, USIA, 20.02.1998.

Der Kongress hat die Möglichkeit, die Entscheidung des Präsidenten durch den Erlass einer *joint resolution of disapproval* innerhalb von 30 Tagen mit einfacher Mehrheit aufzuheben. Dieses Gesetz muss jedoch vom Präsidenten gegengezeichnet werden, der wiederum von seinem Vetorecht Gebrauch machen kann, welches der Kongress nur mit einer Zweidrittelmehrheit überstimmen kann.[427]

Die offizielle Informationsgrundlage, sowohl für die Erstellung der *Majors List* als auch für Zertifizierungsentscheidung, bildet der *International Narcotics Control Strategy Report* (INCSR) (§ 489). Dieser wird von den amerikanischen Botschaften in den betreffenden Ländern unter Federführung des INL erstellt und ebenfalls am 1. März veröffentlicht. Die ausführenden Institutionen der auswärtigen Drogenpolitik sollen für die Erstellung des INCSR den Grad der Kooperation der ausländischen Regierung und Drogenbekämpfungseinheiten mit amerikanischen Stellen im vorangegangenen Jahr dokumentieren (§ 489).

Bei der Entscheidungsfindung bezüglich der Beurteilung der Drogenpolitik der verschiedenen Staaten berät sich der Präsident in der Praxis mit seinen Kabinettsmitgliedern und hochrangigen Mitarbeitern der drogenpolitisch relevanten Exekutivbehörden. Eine wichtige Rolle spielen z.B. der Chef des ONDCP und der Staatssekretär des INL.

Ein Staat, der vollständig zertifiziert wird, oder dem die Sanktionen aufgrund eines vitalen nationalen Interesses der USA erlassen werden, erhält die Auszahlung des bis dahin zurückgehaltenen Teils der Auslandshilfe für das laufende Jahr. Damit wird die Androhung von Sanktionen, die bei der Aufnahme auf die *Majors List* in Kraft getreten ist, aufgehoben. Im Fall der Dezertifizierung werden verschiedene Wirtschaftssanktionen verhängt, wobei zwischen obligatorischen Sanktionen (*mandatory sanctions*) und diskretionären Sanktionen unterschieden wird, deren Verhängung im Ermessen des Präsident liegt (*discretionary sanctions*).

Zu den obligatorischen Sanktionen zählt, dass der Großteil der für das betreffende Land vorgesehenen Auslandshilfe (außer den Geldern für humanitäre Zwecke und Drogenbekämpfungsmaßnahmen) gestrichen wird. Dazu gehören die Verweigerung von Verkäufen und der Finanzierung von Waffen gemäß *Arms Export Control Act*, das Verbot der Belieferung mit landwirtschaftlichen Gütern außer Lebensmitteln nach dem *Agricultural Trade Development and Assistance Act* und das Verbot der Finanzierung gemäß *Export-Import Bank Act*, was die Beendigung der meisten bilateralen Kredite der USA bedeutet.[428] Zudem sind die Vertreter der USA bei sechs multilateralen Entwicklungsbanken in

---

427 INCSR 1999.
428 Vgl. auch INCSR 2001; Nelson 1998a, S. 6.

diesem Fall gesetzlich verpflichtet, gegen die Gewährung von Krediten an den dezertifizierten Staat zu stimmen.[429] Die Kraft der Suspendierung von Krediten multilateraler Finanzorganisationen liegt unter anderem in der Stigmatisierung eines Landes als finanzielles Risikogebiet. Dies kann einen gewissen Ansteckungseffekt auf andere Finanzierungsformen haben.

Die diskretionären Sanktionen umfassen den Verlust von Handelspräferenzen, die Aufhebung von Zuckerquoten, die Verhängung von Zollstrafen und die Beschränkung von Transportvereinbarungen. Die im Einzelfall möglichen Sanktionen hängen demnach davon ab, welche Hilfsleistungen die USA an die einzelnen Staaten tätigen und von Art und Umfang ihrer Handelsbeziehungen.[430]

7.4.1. Zertifizierungskriterien

Das Gesetz definiert zwei Kriterien für die Gewährung der Zertifizierung. Der Präsident muss beurteilen, ob die Länder der *Majors List*

> „during the previous year [have] [1.] cooperated fully with the United States, or [2.] [have] taken adequate steps on [their] own, to achieve full compliance with the goals and objectives established by the United Nations Convention Against Illicit Traffic in Narcotic Drugs and Psychotropic Substances."[431] (§490(b)(1)(A)).

Um das Kriterium „Schritte zur Erfüllung der Ziele der UN-Drogenkonvention von 1988" zu erfüllen, sollen diese Staaten folgendes unternehmen:

> „[They are expected to take] action on such issues as illicit cultivation, production, distribution, sale, transport and financing, and money laundering, asset seizure, extradition, mutual legal assistance, law enforcement and transit cooperation, precursor chemical control, and demand reduction." (§490(b)(2)(A)).432

---

429 Die multilateralen Entwicklungsbanken sind die International Bank for Reconstruction and Development, die International Development Association, die Inter-American Development Bank, die Asian Development Bank, die African Development Bank und die European Bank for Reconstruction and Development (§490(a)(2)).

430 Vgl. Nelson 1998a S. 6; Narcotics Control Trade Act, Titel VIII des Anti Drug Abuse Act von 1986 (Public Law 99-570).

431 Die hier zitierte UN- Konvention von 1988 wird im Folgenden als „UN-Drogenkonvention" bezeichnet.

432 Diesbezüglich ist anzumerken, dass sich die Unterzeichnerstaaten der UN-Konvention zwar zur Umsetzung der in der Konvention festgelegten Ziele verpflichten, diese jedoch keine Sanktionsmechanismen im Falle der Nichteinhaltung enthält. Ausdrücklich betont die Konvention in Artikel 2 die Wahrung der Souveränität der Staaten und der Nichteinmischung in innere Angelegenheiten anderer Staaten in Hinblick auf die Einhaltung der Konventions-Verpflichtungen

„Vollständige Kooperation mit den USA" wird definiert als das Bemühen um die Erfüllung der Ziele, die in einem bilateralen Vertrag mit den USA oder einem multilateralen Vertrag festgelegt sind (§490(b)(2)(B)) und als Einsatz von gesetzlichen und juristischen Maßnahmen zur Unterbindung und Bestrafung von Korruption. Der Korrumpierbarkeit höherer Regierungsbeamter kommt dabei besondere Aufmerksamkeit zu (§490(b)(2)(C)).

In der jeweiligen Länderrubrik des INCSR werden die Forderungen an einen Staat in einem bestimmten Jahr expliziert und je nach spezifischer Problemlage in dem Land und seiner drogenpolitischen Bedeutung verschiedene Forderungen gewichtet. [433]

Es zeigt sich, dass die Bewertungskriterien für die Zertifizierungsentscheidung des Präsidenten insgesamt vage sind. Wie die Formulierung des Gesetzes offenlegt, wird bereits das „Bemühen" um die Erfüllung der im Einzelfall spezifizierten drogenpolitischen Maßnahmen positiv bewertet, also der „Wille" einer Regierung zur Drogenbekämpfung. „Bemühen" und „Wille" sind jedoch schwer messbar. Entsprechend besitzen der amerikanische Präsident und seine Berater bei der Entscheidung über die Zertifizierung oder Dezertifizierung eines Staates relativ große Interpretationsspielräume, die durch die Möglichkeit, die Sanktionen aufgrund eines vitalen nationalen Interesses aufzuheben, zusätzlich vergrößert werden.

7.4.2. Die Messbarkeit der Zertifizierungskriterien

Bei der Messung der Zertifizierungskriterien ergeben sich zwei Probleme: Zum einen betrifft dies die Messung des drogenpolitischen Fortschritts; zum anderen die Frage, inwiefern die Regierung eines Landes für die jeweilige Entwicklung verantwortlich gemacht werden kann, d.h. inwiefern die beobachtete Entwicklung Aufschluss über den Willen der Regierung zur Drogenbekämpfung geben kann.

In der Logik der Zertifizierung lässt sich der abstrakte Begriff des politischen Willens durch das Durchführen drogenpolitischer Maßnahmen operationalisieren. Über den Zusammenhang zwischen beiden Faktoren muss der ameri-

---

sowie Ausübung von Drogenbekämpfungsmaßnahmen in anderen Staaten. Der Bezug auf die Ziele der UN-Drogenkonvention von 1988 (die erst 1992 in Kraft trat).

433 Die genauen Forderungen, die die USA an die Drogenproduktions- und Drogentransitländer richten, werden jährlich in dem oben erwähnten bilateralen Vertrag definiert. Dieser wurde in den untersuchten Jahren von 1995-1999 jedoch nicht veröffentlicht, was die Untersuchung der Frage nach dem Erfolg der Zertifizierung zusätzlich erschwert (vgl. Lessmann 2000, S. 346; Lessmann 1996, S. 244; Hinton 09.07.1997).

kanische Präsidenten entscheiden. Das *International Narcotics Control Act* von 1992 legt durch § 490(c) einige Indikatoren fest, die der Präsident bei seiner Entscheidung berücksichtigen soll und die Anhaltspunkte für die Erfüllung der Zertifizierungskriterien geben.

Für Drogenanbauländer ist der wichtigste Indikator zur Überprüfung des drogenpolitischen Fortschritts die Reduzierung der Drogenproduktion. Dies wird an den Ausmaßen der Anbauflächen und den geschätzten Erträgen an Rohstoffen festgemacht. Die Hektarzahl der Anbauflächen kann dabei laut amerikanischer Regierung relativ genau bestimmt werden und gilt als vergleichsweise aussagekräftig. Problematischer ist dagegen, von dieser Zahl auf die geerntete Menge von Drogenpflanzen zu schließen. Die Ernte hängt neben der Größe der Anbaufläche von vielen weiteren Faktoren ab, beispielsweise von der Fruchtbarkeit des Bodens, den Wetterbedingungen, den Anbautechniken und der Züchtung und damit dem Ertrag pro Pflanze. Aus dem Ernteertrag kann seinerseits nicht verlässlich auf die Menge des Endproduktes Droge geschlossen werden.

Als Messlatte für die Ausweitung der gesetzlichen und polizeilichen Mittel gegen Drogenanbau, -weiterverarbeitung und -handel gelten die Anzahl der beschlagnahmten Drogen, der zerstörten illegalen Labore und der verhafteten Drogenhändler und -produzenten (§490(c)). Der INCSR liefert diesbezüglich für die einzelnen Länder statistische Daten. Auch diese Daten lassen sich jedoch auf verschiedene Weise interpretieren. Für den Anstieg der Zahlen kann nicht nur die Ausweitung der Strafverfolgung verantwortlich sein, sondern auch andere Faktoren, die z.T. sogar negative Entwicklungen in der Drogenbekämpfung widerspiegeln: zum Beispiel die Zunahme der Drogenproduktion und des Drogenangebotes oder eine Steigerung der Nachfrage nach Drogen. Der Wille oder mangelnde Wille einer Regierung zur Drogenbekämpfung steht damit ebenfalls nicht in einem monokausalen Zusammenhang. Eine Ausweitung der Drogenproduktion kann zum Beispiel auch bedeuten, dass Macht und Fähigkeiten der Drogenhändler sich erhöht haben oder die Konkurrenz unter ihnen größer geworden ist, obwohl die Regierung große Anstrengungen zur Bekämpfung des Drogenhandels auf ihrem Staatsgebiet unternommen hat.[434]

Für die Bewertung des Engagements einer Regierung in der Drogenbekämpfung lässt sich demnach ein doppeltes Messbarkeitsproblem feststellen, das sowohl für die Aussagefähigkeit von drogenpolitischen Indikatoren in Hinblick auf die tatsächliche Entwicklung der Drogenpolitik in einem Land besteht, als auch für den Willen bzw. die Fähigkeit der Regierung, das Drogenproblem zu beseitigen.

---

434 Vgl. Storrs 1998a, S. 3.

7.4.3. Politische Zielsetzung des Zertifizierungsinstrumentes

Die Zertifizierung verfolgt sowohl Ziele, die einen instrumentellen, als auch solche, die einen symbolischen Zweck erfüllen sollen. Als das unmittelbare instrumentelle Ziel der Zertifizierung kann die Durchführung der im Zertfizierungsgesetz beschriebenen drogenpolitischen Maßnahmen in einem Land seitens seiner Regierung identifiziert werden, die sich von Fall zu Fall konkretisieren, z.B. Vernichtung von Drogenpflanzen, Beschlagnahmung von Drogen, Erlass von Gesetzen gegen Geldwäsche, Beschlagnahmung von Vermögenswerten aus dem Drogenhandel usw.. Die Effektivität der Zertifizierung als außenpolitisches Instrument kann demnach daran gemessen werden, ob die betreffenden Staaten aufgrund der Androhung einer Dezertifizierung oder einer tatsächlichen Dezertifizierung solche Maßnahmen ergreifen oder nicht.

Es stellt sich hier jedoch das in der Sanktionstheorie beschriebene Problem der kausalen Zuordnung von Ursache und Wirkung einer Sanktionierungsmaßnahme. Treffen die Staaten die geforderten Maßnahmen, kann die Ursache dafür die Zertifizierung sein. Es ist aber auch möglich, dass andere Faktoren (z.B. der Wille zur Beseitigung interner Probleme wie Gewalt, Kriminalität oder Drogenkonsum in den Produktions- und Transitländern selbst) zur Ergreifung dieser Maßnahmen geführt haben. Dennoch ist die Wahrscheinlichkeit groß, dass die Zertifizierung zumindest dann eine Ursache für diese Handlungen darstellt, wenn diese genau den Forderungen der USA entsprechen und ausländische Regierungen damit den drogenpolitischen Ansatz der USA übernehmen. Zudem weist der Zeitpunkt der Handlungen ggf. auf einen Zusammenhang mit der Zertifizierung hin: werden kurz vor dem Datum der Zertifizierungsentscheidung, die meist Ende Februar gefällt wird, eine Reihe drogenpolitischer Maßnahmen erlassen, ist die Wahrscheinlichkeit hoch, dass dies eine Folge der Sanktionsandrohung ist.

Darüber hinaus lässt sich als übergeordnetes, mittelbares Ziel der Zertifizierung die Reduzierung des Drogenangebotes auf dem amerikanischen Markt bzw. einer sich daraus ergebenden Steigerung der Preise für Drogen identifizieren. Die Herstellung eines direkten Kausalzusammenhangs zwischen Zertifizierung und Reduzierung des Drogenangebots auf dem US-Markt ist jedoch noch problematischer als die ursächliche Zuordnung zwischen der Zertifizierung und dem Erreichen der unmittelbaren Ziele. Zum einen stellt die Zertifizierung nur eines von zahlreichen Elementen der angebotsorientierten Drogenbekämpfungsstrategie der USA dar. Zum anderen ist das Volumen des Drogenangebots in den USA von zahlreichen weiteren Faktoren beeinflusst. Dennoch liegt das originäre, erklärte Ziel der angebotsorientierten Drogenpolitik der amerikanischen Regierung in der Reduzierung des Angebots von Drogen auf dem US-Markt, weswegen sich der Erfolg einer Drogenbekämpfungspolitik letztlich auch an diesem Indikator messen lassen muss.

Die Zertifizierung erfüllt auch einen symbolischen Zweck. Aufgrund der innenpolitischen Bedeutung des Drogenthemas kann die Dezertifizierung eines Landes auch als politisches Signal an die amerikanische Wählerschaft verstanden werden, dass die Regierung die Gefahr durch Drogen sehr ernst nimmt und dagegen vorgeht.

7.5. Die Zertifizierungspolitik gegenüber Kolumbien und Mexiko 1995-1999

Ab Mitte der 1990er Jahre bildeten Kolumbien und Mexiko das Zentrum der Aufmerksamkeit in der auswärtigen Drogenbekämpfung der USA. Beide Länder nahmen dabei eine vergleichbare Bedeutung ein. Während Kolumbien jedoch vor allem ein Anbau- und Produktionsland für Drogen ist, lag Mexikos drogenpolitische Bedeutung in seiner Funktion als Transitland für das Kokain auf dem amerikanischen Markt sowie als Quelle von Amphetaminen. Seit dem Erlaß des Zertifizierungsgesetzes wuren beide Staaten stets der jährlichen Bewertung durch die USA unterzogen.

Während Mexiko in jedem Jahr zertifiziert wurde, dezertifizierte der amerikanische Präsident Kolumbien sowohl 1996 als auch 1997. In den Jahren 1995 und 1998 erhielt die kolumbianische Regierung einen *waiver*. Die Dezertifizierungen Kolumbiens 1996 und 1997 erregten Aufmerksamkeit, weil damit erstmals einem Staat die Zertifizierung versagt wurde, der in der Drogenbekämpfung eng mit der USA zusammenarbeitet. Hingegen stieß die durchgängige Zertifizierung Mexikos in dieser Zeit beim Kongress vielfach auf Kritik, u.a. aufgrund einiger drogenpolitischer Skandale in dem Land.

7.5.1. Kolumbien

Spätestens seit Ende der 1980er Jahre wurden Drogen zum dominanten Thema in den traditionell engen und partnerschaftlichen bilateralen Beziehungen zwischen Kolumbien und den USA. Neben der Reduzierung der Drogenanbaufläche und der Drogenproduktion nahmen die Auslieferung von kolumbianischen Drogenhändlern an die USA (*extradition*) sowie die beginnende Militarisierung des Kampfes gegen das kolumbianische Drogengeschäft auf der bilateralen Agenda der 1990er Jahre eine zentrale Rolle ein und wurden unter anderem mittels der Zertifizierung verfolgt.

Kolumbiens Außenhandels- und Finanzbeziehungen sind teilweise von den USA abhängig. Kolumbien ist einer der wichtigsten Handelspartner der USA in Südamerika, die USA wiederum sind für Kolumbien sowohl das größte Export- als auch Importland. Kolumbien ist in das System internationaler Finanztransfers eingebunden, wo es vor allem Geschäftskredite aufnimmt und den Schuldendienst leistet. In den internationalen Finanzbeziehungen sind die USA der engste Partner des südamerikanischen Landes. Mitte der 1990er Jahre war Kolumbien außerdem Mitglied des *Andean Trade Preference Agreement* (ATPA), einem Abkommen der USA mit einigen Andenländern aus dem Jahr 1991, das Zollbegünstigungen für die Einfuhr von Waren aus diesen Ländern in die Vereinigten Staaten festlegt. Ziel des Abkommens, welches 2002 erneuert und ausgeweitet wurde, ist die Förderung der Entwicklung von wirtschaftlichen Alternativen zum Anbau von Drogenpflanzen und die Verdichtung der regionalen Handelsverknüpfungen innerhalb der westlichen Hemisphäre.

Seit 1978 erhielt Kolumbien allerdings keine Auslandshilfe mehr über USAID, da es seinen Status als Entwicklungsland überwunden hatte. Seitdem erhält Kolumbien von den USA Unterstützung in der Drogenbekämpfung, die sich anfangs in erster Linie auf die Cannabisproduktion bezog. Mit der Andeninitiative, einem Drogenbekämpfungsplan der USA von 1989, wurde diese Hilfe massiv ausgeweitet und Kolumbien größter Empfänger von Militärhilfe der USA in Lateinamerika.

Die finanziellen Mittel zur Unterstützung Kolumbiens in der Drogenbekämpfung stammen aus einer Vielzahl miteinander verwobener Ausbildungs- und Finanzierungsprogramme der Auslandshilfe, die von verschiedenen Regierungsbehörden verwaltet werden, wobei dem Außenministerium der größte Anteil zukommt (vgl. Tabelle 27). Die Finanzierungsprogramme der USA beziehen sich vor allem auf zwei Bereiche: Erstens Programme zur militärischen Ausrüstung und Ausbildung von kolumbianischen Sicherheitskräften für den Kampf gegen die Drogen und zweitens Maßnahmen zur Vernichtung von Drogenpflanzen durch Besprühung von Koka- und Schlafmohnfeldern mit Herbiziden.[435] Außerdem arbeiten Behörden der USA mit Angehörigen der kolumbianischen Justiz an der Verbesserung des Gesetzesvollzugs, der Fahndung und der Transparenz des Justizsystems. Mitte der 1990er Jahre stieg das Budget der Anti-Drogen-Hilfe für Kolumbien abermals drastisch an, was die Bedeutung des kolumbianischen Drogengeschäfts für die Vereinigten Staaten in dieser Zeit verdeutlicht.

---

435 Vgl. Barry / Honey 2001, S. 2; Coffin 2001.

	Haushaltsjahr				
Behörde	1996	1997	1998	1999	Summe
DoS [a)]	22,6	44,4	83,1	237,7	387,8
DoD [b)]	14,5	53,2	61,4	80,9	210,0
USAID [c)]	0	0	3,3	6,3	9,3
Summe	37,1	97,6	147,8	324,9	607,4

Tabelle 27: US Anti-Drogen-Hilfe an Kolumbien, FY 1996-1999 (in Mio. US-Dollar)[436]

Die Zertifizierung und die Betonung des Quellenansatzes von Seiten der USA haben die kolumbianische Regierung jedoch wiederholt vor Zielkonflikte gestellt. Die amerikanische Forderung, der Drogenbekämpfung in der kolumbianischen Innenpolitik oberste Priorität einzuräumen, ist mit den nationalen und innenpolitischen Interessen Kolumbiens nicht immer vereinbar.[437] Wie bereits dargelegt hat vor allem die amerikanische Forderung nach Auslieferung kolumbianischer Drogenhändler in den 1980er und 1990er Jahren zu hochgradig gewalttätigen Konflikten innerhalb des Landes geführt.

7.5.1.1. Die kolumbianische Drogenpolitik unter Zertifizierungsdruck – 1995 bis 1999

Die unmittelbaren instrumentellen Ziele der Zertifizierung waren für Kolumbien als vornehmliches Anbau- und Verarbeitungsland von Drogen die Zerstörung von Laboren und die Zerschlagung der Drogenkartelle. Die Schaffung einer effektiven Gesetzgebung zur Durchsetzung der Drogenpolitik, die Aufhebung des verfassungsmäßigen Verbots der Auslieferung kolumbianischer Staatsbürger an die USA (Artikel 35 der kolumbianischen Verfassung von 1991) sowie die Unterzeichnung eines bilateralen Seeabkommens und die Verbesserung der Sicherheitsstandards der kolumbianischen Gefängnisse waren weitere Forderungen. Außerdem sollte durch die Zertifizierung die Bekämpfung der mit dem Drogenhandel verbundenen Korruption forciert werden (für einen

---

436 Datenquellen: Department of State, Department of Defense, USAID (United States Agency for International Development) (vgl. GAO-01-26 2000, S. 30).
437 Vgl. Bertram / Spencer 2000, S. 5.

Überblick der langfristigen Entwicklung einiger drogenpolitischer Indikatoren vgl. Tabelle 28).[438]

Die kolumbianische Regierung ergriff im Zeitraum von 1995 – 1999 hinsichtlich dieser Forderungen folgende Maßnahmen: [439]

a) Reduzierung der Drogenanbauflächen (Eradikation)
Die Größe der Fläche, auf der die kolumbianischen Polizei zusammen mit Einheiten des Militärs Eradikationen von Koka- und Schlafmohnfeldern vornahm, stieg ab März 1997 stark an. Der INCSR 1998 gibt an, in diesem Jahr seien 65.000 Hektar Kokafelder besprüht worden.[440] Dies zeigt, dass die Regierung Samper (1994-98) nach den Dezertifizierungen Kolumbiens in den Jahren 1996 und 1997 dieses Mittel verstärkt einsetzte.

b) Fahndung
Die Arbeit der kolumbianischen Polizei und ihre Kooperationsbereitschaft mit den US-Behörden werden in den untersuchten Jahren besonders gelobt. Ein spektakulärer Erfolg in der Strafverfolgung gelang 1995 mit der Verhaftung von drei führenden Mitgliedern des Calí-Kartells, den berüchtigten Orejuela-Brüdern, Miguel und Gilberto, sowie José Santacruz Londono. Die Zahl der zerstörten Kokain-Labore erreichte 1996 einen Spitzenwert, die Beschlagnahmung des Stoffes war 1998 besonders erfolgreich.

c) Gesetzgebung
1995 erließ Kolumbien erstmals ein Gesetz, das Geldwäsche als kriminellen Akt definiert. Dieses wurde jedoch von der US-Regierung als zu schwach kritisiert und daraufhin 1996 und 1997 sukzessive verschärft. Im Dezember 1996 verabschiedete der kolumbianische Kongress ein Gesetz, das die Beschlagnahmung von Vermögenswerten aus dem Drogenhandel bis 1991 rückwirkend anwendbar machte. Das Strafmaß für Drogendelikte wurde sowohl 1996 als auch 1997 erhöht.

---

438 Zu den Forderungen der USA an Kolumbien und den folgenden Ausführungen über die drogenpolitischen Maßnahmen Kolumbiens vgl. wenn nicht anders angegeben State Department: INCSR 1996 bis 1999. Die absoluten Zahlen des US-Außenministeriums weichen teilweise erheblich von den Statistiken der Interamerikanischen Drogenkommission CICAD der OAS nach oben ab. In der hier relevanten, relativen Dimension von Zu- oder Abnahme der Indikatoren im Vergleich zum Vorjahr stimmen sie jedoch fast immer überein (vgl. CICAD 2000, S. 17 f.).

439 Die Zeitangabe 1995 bis 1999 bezieht sich auf den Zeitraum vom 01.03.1995 bis 01.03.1999, der bei den Zertifizierungsentscheidungen von 1996 bis 1999 bewertet wurde.

440 Diese Zahl taucht allerdings in späteren Statistiken nicht mehr auf. Eine Begründung für die Lücke bei den Eradikationszahlen für Kolumbien 1998 in den Statistiken, die das DoS ab 1999 heraus gab, konnte nicht ausfindig gemacht werden.

d) Auslieferung

Den Forderungen der USA nach der Erfüllung des Auslieferungsabkommens von 1979, dass 1991 als verfassungswidrig erklärt worden war, entsprach die kolumbianische Regierung weder 1995 noch 1996. Ein besonderes Interesse formulierten die USA an der Auslieferung der inhaftierten führenden Calí-Kartell Mitglieder. Die Aufhebung des Verfassungsartikels, der die Auslieferung kolumbianischer Staatsbürger verbot, beschloss der kolumbianische Kongress erst im November 1997. Die neue Regelung galt jedoch nicht rückwirkend und konnte somit nicht auf die bereits verurteilten Anführer des Calí-Kartells angewandt werden. Auch der Oberste Gerichtshof Kolumbiens stimmte 1998 gegen die Änderung der Klausel des Auslieferungsgesetzes, die eine Rückwirkung verbot.

e) Kontrolle der Vertriebswege

Das bilaterale Seeabkommen, welches die USA 1995 forderten, unterzeichnete Kolumbien am 20. Februar 1997, kurz vor der erneuten Zertifizierungsentscheidung des US-Präsidenten. Seine Implementierung im folgenden Jahr wurde von der US-Regierung als erfolgreich bewertet.[441]

---

441 Vgl. INCSR 1998.

	1992	1993	1994	1995	1996	1997	1998[b]	1999
1. Anbaufläche (in ha)								
Koka	38.059	40.493	49.610	59.650	72.800	98500	-	-
Schlafmohn	32.858	29.821	23.906	10.300	12.328	13.572	-	-
Cannabis	2.049	5.050	5.000	5.000	5.000	5.000	5.000	5.000
2. Eradikationen (in ha)								
Koka	959	793	4.910	8.750	5.600	19.000	65.000 [b]	43.246
Schlafmohn	12.858	9.821	3.906	3.760	6.028	6.972	3.000 [b]	-
Cannabis	49	50	14	20	-	-	-	-
3. Zerstörte Labore								
Für Kokainproduktion	224	401	560	396	861	213	311	156
Für Morphin- & Heroinproduktion	7	10	9	11	9	9	10	10
4. Beschlagnahmungen (in t)								
Kokain [a]	-	32,16	62,00	41,00	41,00	44,00	84,00	31,73
Heroin/ Morphine	0,05	0,261	0,181	0,419	0,183	0,261	0,317	0,504
5. Verhaftungen								
Drogendelinquenten	1.700	2.562	2.154	1.745	1.561	1.546	1.961	-

Tabelle 28: Entwicklung drogenpolitischer Indikatoren für Kolumbien 1994-2003[442]

a) Die Angabe bezieht sich auf die Menge des Endprodukts Kokain-Hydrochlorid und dessen Vorprodukt Kokainbase.
b) Diese Zahlen wurden aus dem INCSR 1998 ergänzt, in der Statistik des INCSR 1999 bleiben hier Lücken.

---

442 Vgl. auch Tabelle im Anhang.

Der 1998 gestellten Forderung nach Maßnahmen zur Unterbindung des Einsatzes von Kleinflugzeugen für den Drogenschmuggel kam Kolumbien noch im selben Jahr nach und implementierte es zu großer Zufriedenheit der USA: im Lauf des Jahres konnten in Kolumbien 54 solcher Flugzeuge beschlagnahmt werden.

f) Gefängnissicherheit
Im Bereich der Gefängnissicherheit in Kolumbien stellte die amerikanische Regierung im gesamten Zeitraum Mängel fest. 1996 entkam José Londono und die inhaftierten Führer des Calí-Kartells konnten ihre Geschäfte vom Gefängnis aus weiterführen. Die Sicherheit der Haftanstalten wurde nach Ansicht der USA 1997 verbessert, allerdings existierten nach Informationen der US-Botschaft in dem Jahr noch immer Aktivitäten des Drogenhandels von der Zelle aus.[443]

g) Korruption
Eine entscheidende Rolle für die Zertifizierungsentscheidungen über Kolumbien im betrachteten Zeitraum spielte die Korruption. Der Samper-Regierung hafteten während der gesamten Amtszeit der Korruptionsskandal des Wahlkampfes von 1994 und der folgende *Caso 8000* an. Obwohl einige Regierungsmitglieder, wie Justizminister Valdivieso, entschlossen gegen die Korruption vorgingen, führten die USA die Korruption von Exekutiv- und Legislativmitgliedern als Hauptgrund für die Dezertifizierungen 1996 und 1997 an. Die Regierung der USA zeigte sich überzeugt, dass die Vorwürfe gegen Samper bezüglich der Finanzierung seiner Wahlkampagne durch Drogengelder gerechtfertigt seien.[444] Auch 1998, nach der Abwahl Sampers, wurde der kolumbianischen Regierung in der Korruptionsbekämpfung nur ein „begrenzter Fortschritt" attestiert. Präsident Pastrana hatte diese jedoch zu einer der Hauptaufgaben seiner Regierung erklärt und bereits eine Woche nach seiner Wahl im Mai 1998 leitete die Strafkammer des Obersten Gerichts juristische Schritte gegen die 111 Parlamentarier ein, die im Juni 1996 Ernesto Samper von den Korruptionsvorwürfen bezüglich seines Wahlkampfes entlastet hatten.[445]

Bei seinem ersten Staatsbesuch im Oktober 1998 in den USA unterzeichnete Pastrana eine Absichtserklärung zum gemeinsamen Drogenkampf, die sogenannte *Joint Alliance Against Drugs*. Damit demonstrierte er gegenüber den USA den Kooperationswillen der neuen Regierung in der Drogenpolitik. Bei der

---

443 Vgl. INCSR 1998.
444 Vgl. Robert Gelbard, Staatssekretär der Drogenbehörde im US-Außenministerium (INL) bei einer öffentlichen Anhörung vor dem Subcommittee on the Western Hemisphere des Repräsentantenhauses am 7. März 1996, U.S. Congress 1996, S. 5.
445 Vgl. OGD 1998a, S. 184f.

ersten Zertifizierungsentscheidung seit seinem Amtsantritt, im März 1999, wurde Kolumbien erstmals seit 1994 wieder vollständig zertifiziert.

7.5.1.2. Zertifizierungsentscheidungen über Kolumbien

Trotz zahlreicher und spektakulärer Erfolge der kolumbianischen Drogenpolitik im Jahr 1995 wie der Zerschlagung des Calí-Kartells wurde Kolumbien bei der Entscheidung im März 1996 dezertifiziert. Diese Entscheidung beruhte ebenso wie die der Dezertifizierung 1997 in erster Linie auf dem Korruptionsskandal im Wahlkampf von Ernesto Samper.[446] Die Dezertifizierung von 1997 wurde zudem mit der enormen Ausweitung des Drogenanbaus in Kolumbien um circa 30 Prozent erklärt. Der Staatssekretär der Drogenbehörde INL im Außenministerium Robert Gelbard argumentierte bei einer Pressekonferenz zur Zertifizierungsentscheidung des Präsidenten im Außenministerium am 3. März 1997:

> „Denial of certification for Colombia was aimed, again, at the senior levels of the Colombian Government and reflects the increasing drug threat posed by Colombia."[447]

Auch 1998 befand der Präsident der USA trotz einer Reihe drogenpolitischer Maßnahmen der Samper-Regierung:

> „Although the GOC [government of Colombia] has made important progress in some areas this year, the USG [United States government] cannot certify Colombia as fully cooperating with the United States on drug control, or having taken adequate steps on its own to meet the goals and objectives of the 1988 UN Drug Convention. Poor government performance in the extradition debate, lack of a concentrated effort to combat official narcotics-related corruption and still lagging enforcement of strong counternarcotics laws all argue against certification."[448]

Der politische Willen einer Regierung zur Drogenbekämpfung und die Maßnahmen zur Beseitigung der Korruption stellen somit in der Praxis offenbar die wichtigsten Bewertungskriterien für die Zertifizierungsentscheidung dar. Dies begründete Robert Gelbard 1996 folgendermaßen:

---

446 Vgl. Nelson 1998a, S. 26. Robert Gelbard erklärte außerdem am 14.4.1997: „President Clinton denied certification to Colombia March 1, 1996, because the efforts of Colombia's honest police, military, prosecutors and government officials were being undermined by corruption at the highest levels of the Colombian government and congress." PDQ, Gelbard Testimony to House Penal on Colombian Drugs, 14.02.1997.
447 Robert Gelbard bei einer Pressekonferenz im Außenministerium am 03.03.1997. PDQ 1997.
448 Vgl. INCSR 1998.

„The United States can serve as a stimulus but we know that national political will, tied closely to tight controls to thwart corruption, is the most important prerequisite for any country's success in combating the drug trade."[449]

7.5.1.3. Der Erfolg der Zertifizierung im Falle Kolumbiens

Angesichts der schlechten Bewertungen der kolumbianischen Anti-Drogenpolitik hoffte die amerikanische Regierung mit der Zertifizierung offensichtlich einige der unmittelbaren instrumentellen Ziele durchzusetzen. Besonders erfolgreich war die Bilanz bei der Strafverfolgung und den Eradikationen von Koka. Ebenso wurden die Forderung nach einem bilateralen Seeabkommen und nach Maßnahmen zur Verhinderung des Drogenschmuggels in Kleinflugzeugen erfüllt sowie einige Gesetze mit Bezug zum Drogenhandel verschärft. Bezüglich der Auslieferung von Drogendelinquenten konnten die USA zwar Fortschritte erzielen, jedoch ihre eigentlichen Anliegen nicht durchsetzen. In dem zentralen Punkt der Korruptionsbekämpfung ist eine objektive Bewertung der Effektivität der Zertifizierung als Druckmittel besonders schwierig. Präsident Samper verblieb die volle Regierungsperiode im Amt. Mit Pastrana wählten die Kolumbianer 1998 einen Präsidenten, der der Korruption als Problem des Staates größere Bedeutung beimaß als sein Vorgänger. Insgesamt stellt sich die Frage, inwiefern die Zertifizierung zum Erreichen dieser Ziele beigetragen hat. Zieht man die sanktionstheoretischen Erfolgskriterien zu einer Bewertung heran, ergibt sich folgendes Bild:

Wichtigstes Kriterium für die Wirksamkeit der Sanktionen ist die Schädigung der Wirtschaft des Ziellandes durch die Sanktionierung. Bei den Dezertifizierungen der Jahre 1996 und 1997 erließ Präsident Clinton nur die obligatorischen und nicht die diskretionären Sanktionen. Bei der Dezertifizierung 1997 wurden keine neuen Sanktionen verhängt, sondern lediglich die 1996 eingeleiteten Maßnahmen größtenteils weitergeführt. Die Beschneidung der Auslandshilfe an Kolumbien bezog sich auf Gelder für die amerikanischen Anti-Drogen-Programme FMF (circa 30 Mio. US-Dollar), IMET (circa 1,4 Mio. US-Dollar) und FMS (circa 3.6 Mio. US). Anti-Drogen-Hilfe ist zwar laut Gesetz von den Kürzungen der Auslandshilfe bei Dezertifizierung eines Landes ausgeschlossen, da FMF und IMET jedoch über das Verteidigungsministerium finanziert wurden, fielen sie unter die Sanktionsmaßnahmen, obwohl sie für die Drogenbekämpfung bestimmt waren. Bereits im Oktober 1996 wurden die Gelder für das FMS-Programm jedoch wieder freigegeben. Mit einer Erklärung von August

---

449 Robert Gelbard bei einer öffentlichen Anhörung vor dem Subcommittee on the Western Hemisphere des Repräsentantenhauses am 07.03.1996. U.S. Congress 1996, S. 5.

1997 verzichtete Präsident Clinton auch auf die Kürzungen von FMF und I-MET, da sich herausgestellt hatte, dass einige Anti-Drogen-Programme aufgrund der Dezertifizierung nicht mehr durchgeführt werden konnten. Dies war mit den Sanktionsmaßnahmen nicht intendiert. Der überwiegende Teil der zuvor einbehaltenen Auslandshilfe wurde somit nachträglich wieder ausbezahlt.[450]

Als weiterer Bestandteil der Wirtschaftssanktionen im Rahmen der Dezertifizierung Kolumbiens wurden Investitionsgarantien für amerikanische Unternehmen, die die *Overseas Private Investment Corporation* (OPIC) gewährt hatte, und Handelsfinanzierungen für amerikanische Firmen durch die *Export-Import Bank* eingefroren. Nach Angaben des *State Department* belief sich die Summe dieser Kredite und Darlehen an amerikanische Firmen, die in Kolumbien investierten, in den beiden Jahren der Dezertifizierung insgesamt auf 1,5 Milliarden US-Dollar. Die Kredite von Weltbank und Interamerikanischer Entwicklungsbank (IADB) liefen zum normalen, marktnahen Zinssatz weiter, allerdings wurden einige vergünstigte Kredite der IADB gestoppt. Eine Verhängung der diskretionären Sanktionen hätte zur Aufhebung von Handelsbegünstigungen des ATPA, der Suspendierung von Zuckerquoten, Zollstrafen und Kürzungen von Luftfrachtvereinbarungen führen können; diese wurden jedoch nicht verhängt.[451]

Die kolumbianische Seite schätzte den Schaden der Sanktionierung von 1996 und 1997 für die kolumbianische Wirtschaft insgesamt als gering ein. Der kolumbianische Wirtschaftsminister, Guillermo Perry, erklärte 1996 gegenüber der *Washington Post*, die wirtschaftlichen Kosten der Dezertifizierung seien unerheblich. Auch Saba Peralt, ein Sprecher der kolumbianischen Unternehmerschaft, erklärte der Zeitung: „The money we are losing directly because of this decision is not much ... ."[452] Beide wiesen jedoch auf wirtschaftliche Nachteile hin, die Kolumbien indirekt durch die Dezertifizierung entstehen konnten, und zwar durch den Reputationsverlust des Landes auf internationaler Ebene. Peralt sagte: „This decision greatly damages the image of our country", und Wirtschaftsminister Perry bemerkte, die eigentlichen negativen Auswirkungen beständen darin, dass ausländische Investoren sich von dem Land abwendeten.[453]

Der Effekt des Reputationsverlustes durch die Dezertifizierung wird dadurch verstärkt, dass diese Note sehr selten vergeben wird. Regelmäßig dezertifiziert die amerikanische Regierung Burma, Iran, Syrien - Staaten, die ohnehin keine guten Beziehungen zu den Vereinigten Staaten unterhalten und als *pariah states* klassifiziert werden. Die Dezertifizierung Kolumbiens bedeutete damit

---

450 Vgl. Nelson 1998a, S. 7.
451 Vgl. Serafino 1998, S. 6; Nelson 1998a, S. 6 und 27f.
452 Zitiert in Farah v. 02.03.1996, S. 16; Nelson 1998a, S. 26; Joyce 1999, S. 218.
453 Vgl. Ebd.

auch eine erhebliche politische Degradierung des wichtigen Partners der USA in Lateinamerika.[454] Wie die Betrachtung der drogenpolitischen Maßnahmen Kolumbiens gezeigt hat, unternahm die Regierung Sampers besonders im Jahr 1997 eine Reihe von Aktivitäten. Elizabeth Joyce schreibt dazu: „In 1997 (...) in hopes of staving off such an outcome [i.e. decertification], Colombia capitulated to just about every US demand."[455]

Der Zusammenhang zwischen dem Erlass dieser Maßnahmen und der Zertifizierung wird vor allem an den gezielten *last-minute*-Zugeständnissen an die USA kurz vor der Zertifizierungsentscheidung von 1997 und an den Lobbyaktivitäten der kolumbianischen Regierung deutlich. Am 19. Februar wurde in einer Sondersitzung des kolumbianischen Kongresses ein Paket drogenpolitischer Reformgesetze verabschiedet, am 20. Februar 1997 unterzeichnete die kolumbianische Regierung das seit 1995 geforderte bilaterale Seeabkommen. Zusätzlich schickte Präsident Samper den kolumbianischen Polizeichef und einige Kabinettsmitglieder vor der Zertifizierungsentscheidung Ende Februar nach Washington, um für die positive Bewertung seines Landes zu werben. In amerikanischen Tageszeitungen schaltete die kolumbianische Regierung ganzseitige Werbeanzeigen, die beschrieben, welche Anstrengungen Kolumbien in den vorangegangenen zwölf Monaten in der Drogenbekämpfung unternommen hatte. In Washington und Miami organisierten sich 1997 auch kolumbianische Immigranten in Lobbygruppen wie der *Coalition to Certify Colombia*. Dennoch wurde Kolumbien im März 1997 erneut dezertifiziert.

Im folgenden Jahr, 1998 dagegen unternahmen weder die kolumbianische Regierung noch die kolumbianischen Immigranten in den USA Lobbyaktivitäten. Dies kann zum einen als Resignation aufgrund der gescheiterten Anstrengungen des Vorjahres gewertet werden. Eine andere Erklärung lieferte der kolumbianische Botschafter in Washington, Juan Carlos Esguerra im März 1998. Kolumbien habe, nachdem die Folgen der zweimaligen Dezertifizierung sichtbar geworden waren, die Angst vor dieser Drohung verloren. Der *New York Times* sagte er:

---

454 Vgl. Joyce 1999, S. 212; Farah 1996. Eine Auflistung der Zertifizierungsergebnisse für alle Staaten, die zwischen 1986 und 2000 der Bewertung unterzogen wurden, findet sich bei Spencer / Amatangelo 2001, S. 4. In den vergangenen Jahren wurden Burma (2006, 2005, 2003, 2002), Venezuela (2006), Haiti (2003, 2002) und Guatemala (2002) nicht zertifiziert (vgl. International Narcotics Control Strategy Reports für diese Jahre).
455 Joyce 1999, S. 218.

> „When we didn't know what it would mean to be decertified, we were terribly worried that it would have catastrophic effects... Once you know the impact, you know you can handle it."[456]

Die Sanktionsandrohung war demzufolge vor der ersten Dezertifizierung Kolumbiens wirkungsmächtiger als nach der erfolgten Dezertifizierung. Dies spricht dafür, dass für die Handlungen der kolumbianischen Regierung der psychologische Faktor von Sanktionsmaßnahmen, die „Angst vor dem Unbekannten", eine bedeutende Rolle spielte.

Mit den Dezertifizierungen verlor das Zertifizierungsinstrument aus verschiedenen Gründen zunehmend an Glaubwürdigkeit. Erstens unterminierte der geringe wirtschaftliche Schaden das Drohpotenzial dieses Instruments. Nach zweimaliger Dezertifizierung mit geringen negativen Auswirkungen für Kolumbien schwand neben der Angst vor dem Unbekannten auch die Angst vor den tatsächlichen wirtschaftlichen Folgen, da die Dezertifizierungen nur geringen direkten wirtschaftlichen Schaden verursacht hatten. Zweitens wurde die Glaubwürdigkeit der Dezertifizierung zusätzlich durch die nachträgliche Aufhebung einiger Maßnahmen und durch organisatorische Mängel bei der Implementierung der Sanktionen beeinträchtigt. Nur drei Wochen nach der Dezertifizierungsentscheidung vom März 1997 beantragte Präsident Clinton bereits ein zusätzliches Fianzpaket von 30 Millionen US-Dollar Anti-Drogen-Hilfe und zusätzlichen Staatsgarantien für Investitionen von amerikanischen Firmen in Kolumbien.[457] Ein Teil der gestrichenen Gelder wurde, wie bereits erwähnt, nachträglich wieder freigegeben.

Das *General Accounting Office* kritisierte zudem: „The *State Department* in conjunction with other executive branch agencies, took about 8 months to decide how much of this aid could continue to be provided."[458] Eine konsequente Implementierung der Sanktionen blieb demnach aus. Drittens führten die erheblichen drogenpolitischen Anstrengungen der Regierung Samper zwischen März 1996 und März 1997 nicht zu einer positiven Bewertung. Die Bemühungen um eine effektive Drogenpolitik wurden nicht belohnt, weshalb sich für Kolumbien im folgenden Jahr der Anreiz verminderte, den Forderungen der USA nachzukommen. Dagegen spricht für die Glaubwürdigkeit der Zertifizierung als Sanktionsinstrument die Argumentation der amerikanischen Regierung in Bezug auf die Korruptionsfälle in der kolumbianischen Regierung und Legislative. Das Zertifizierungsgesetz wurde in diesem Punkt konsequent angewendet, da Kor-

---

456 The New York Times vom 1.3.1998, S.16. Zitiert in: Golden 1998.
457 Vgl. The New York Times vom 19.03.1997, S. 5.
458 Vgl. Nelson 1998a, S. 7.

ruption von dem Gesetz als besonders schwerwiegender Verstoß gegen die amerikanischen Forderungen eingestuft wird.

Die Reaktionen der kolumbianischen Bevölkerung auf die Dezertifizierung waren gemischt. Mitte 1996 forderten kolumbianische Wirtschaftskreise laut OGD den Rücktritt Sampers aus Angst vor den ökonomischen Folgen des Korruptionsskandals in der Regierung, eine Forderung, die jedoch erfolglos blieb. Viele Kolumbianer machten die Person Samper direkt für die Dezertifizierungen verantwortlich. Ihrer Meinung nach hatte dieser mit seinem Korruptionsskandal die Konfrontation mit den USA heraufbeschworen.[459] Andererseits hatte die Dezertifizierung jedoch auch eine integrative Wirkung innerhalb Kolumbiens in dem Sinne, dass sie als Folge des verletzten Nationalstolzes der Kolumbianer eine Welle von nationaler Einigkeit hervorrief:

> „US disapproval of Colombian President Ernesto Samper, trenchantly expressed as the reason for Colombia's decertification in 1996, had precisely the opposite effect to that intended by creating a wave of popular nationalism that helped keep a generally unpopular president in power."[460]

Nach den Kriterien der Nettobewertung von Sanktionsfällen kann am Fallbeispiel Kolumbiens demnach ein gewisser *backfiring*-Effekt beobachtet werden, da die Dezertifizierung des Landes die Sympathie der kolumbianischen Bevölkerung für ihre Regierung offenbar steigerte.

Einige Autoren sehen die innenpolitische Wirkung der Dezertifizierung Kolumbiens in den USA als wichtige Motivation für die Entscheidung Präsident Clintons im März 1996. Sie beurteilen diese Entscheidung als ein Element in einer Reihe von Maßnahmen, die Clinton im Wahljahr unternahm, um sich gegen den republikanischen Vorwurf zu wehren, er sei *soft on drugs*. Mit der Dezertifizierung Kolumbiens konnte er beweisen, dass er eine härtere Linie in der Drogenpolitik anstrebte. Die symbolische, innenpolitische Wirkung der Sanktionsmaßnahme spielte demnach bei der Entscheidung ebenfalls eine Rolle.[461]

Durch die Dezertifizierung Kolumbiens ergaben sich wirtschaftlichen Kosten für amerikanische Unternehmen. Nach Angaben des GAO entgingen diesen Firmen in Kolumbien Gewinne in Höhe von 875 Millionen US-Dollar, ebenso Investitionskredite. Der tatsächliche Schaden für die amerikanische Wirtschaft blieb unklar, kann jedoch insgesamt wohl als gering eingestuft werden.[462]

---

459 Vgl. OGD 1997a; Golden 1998.
460 Joyce 1999, S. 217. Vgl. auch Farah 1996.
461 Vgl. Joyce 1999, S. 214 f.; Youngers 1997; Thomas / Devroy 02.03.1996, S. 1.
462 Vgl. Nelson 1998a, S. 6.

7.5.1.4. Zusammenfassung und Bewertung

Wie sich am Beispiel Kolumbiens zeigte, konnten die USA mit Hilfe des Zertifizierungsinstrumentes, innerhalb gewisser Grenzen, eine Reihe von unmittelbaren instrumentellen Zielen durchsetzen. Die direkten Auswirkungen der Wirtschaftssanktionen scheinen für das Erreichen der unmittelbaren Ziele dabei weniger relevant gewesen zu sein als die symbolische Wirkung der Sanktionierung und die Ungewissheit in Hinblick auf die wirtschaftliche Schädigung, die sich ab 1998 jedoch erheblich verringerte. Die Reduzierung der Anbauflächen von Drogenpflanzen und die Eindämmung von Korruption waren in Kolumbien Ziele von besonderer Wichtigkeit. Eine Verringerung des Drogenangebotes aus Kolumbien konnte in dem betrachteten Zeitraum jedoch nicht erzielt werden. Trotz intensiver Besprühungen wurde die Anbaufläche für Koka ausgeweitet. Dies weist darauf hin, dass die Maßnahmen, zu deren Intensivierung die Zertifizierung am erfolgreichsten beigetragen hat, nämlich die Eradikation, für die Lösung des Drogenproblems offensichtlich nicht effektiv war. Wurden Drogenanbauplantagen vernichtet, entstanden in anderen Gebieten neue. Dies wiederum stellt den angebotsorientierten Ansatz der Drogenbekämpfung generell in Frage.

Diese These wird verstärkt durch die Bilanz bezüglich des mittelbaren instrumentellen Zieles der Zertifizierung, der Reduzierung des Drogenangebotes auf dem amerikanischen Markt. Die Preise für Heroin und Kokain sind seit dem Bestehen des Zertifizierungsgesetzes erheblich gesunken.[463] Das Angebot von Kokain auf dem US-Markt hat sich ausgeweitet.[464] Während die Vernichtung der Anbauflächen in den Produktionsstaaten nur ein Element der Angebotsreduzierung ausmacht, spiegelt sich in den Großhandelspreisen für Kokain und Heroin auf dem amerikanischen Markt der Erfolg der Gesamtstrategie wider. Die Ineffektivität in Hinblick auf das Erreichen des mittelbaren Ziels kann daher nicht eindeutig dem Zertifizierungsinstrument zugeschrieben werden.

Zusammenfassend lässt sich sagen, dass die Zertifizierung als Instrument politischer Einflussnahme im Fall Kolumbiens bedingt erfolgreich war, aber das Gesamtziel – die Reduzierung des Kokainangebotes aus Kolumbien – nicht er-

---

463 Der Großhandelspreis für ein Gramm reinen Kokains lag 1982 bei circa 180 US-Dollar, 1995 bei knapp 60 US-Dollar, zwischen 1996 und 1999 um die 50 US-Dollar. Für reines Heroin betrug der Großhandelspreis 1982 circa 1200 US-Dollar. 1990 lag er bei 850 US-Dollar, 1995 bei 450 und 1999 unter 400 US-Dollar (vgl. ONDCP 2001, S. 115 u. 117).
464 Vgl. OGD 1998, S. 180; Amatangelo / Garrido 2001.

reicht werden konnte.[465] Der Zertifizierung kann in diesem Fall demnach eine begrenzte Effektivität für die Drogenpolitik der USA zugesprochen werden.

Um die Bewertung dieses Instruments internationaler Anti-Drogen-Politik auf eine breitere empirische Basis zu stellen, werden wir zum Vergleich die Zertifizierungspolitik gegenüber Mexiko analysieren.

7.5.2. Mexiko

Mexiko und die USA blicken auf eine bewegte Geschichte bilateraler Beziehungen zurück. Das besondere Verhältnis der beiden Nachbarländer wird durch ihre geographische Lage und die über 3.000 Kilometer messende gemeinsame Grenze nachhaltig beeinflusst. Aus sicherheitspolitischen Gründen ist den USA an der wirtschaftlichen und politischen Stabilität des südlichen Nachbarn gelegen. Bei Krisen in Mexiko ist mit einer Erhöhung des ohnehin erheblichen Migrationsdrucks in die USA zu rechnen. Die wichtigsten Themen in den bilateralen Beziehungen zwischen Mexiko und den USA in den 1990er Jahren waren dementsprechend die wirtschaftlichen Beziehungen (v.a. Handel), die Migration und der Drogenhandel. Diese Themen prägten auch den Abschluss des Abkommens zu einer gemeinsamen Freihandelszone der beiden Staaten mit Kanada, NAFTA (*North American Free Trade Agreement*), welches seit Januar 1994 in Kraft ist, in entscheidender Weise. Der direkte wirtschaftliche Nutzen der NAFTA für die USA wurde ist dabei weniger bedeutsam. Joachim Lange beschreibt den komplexen außenpolitischen Kontext des NAFTA-Abschlusses folgendermaßen:

> „NAFTA kann als Versuch der Fixierung eines Reformprozesses betrachtet werden, der von der US-Regierung nicht nur in wirtschaftlicher sondern auch in außenpolitischer Hinsicht begrüßt werden konnte, da seit der mexikanischen Revolution [1910-1917], besonders aber seit den 70er Jahren, das Verhältnis zwischen den USA und Mexiko immer wieder durch Konflikte getrübt worden war (...)."[466]

Schon vor NAFTA waren die USA der wichtigste Handelspartner Mexikos; mit dem Freihandelsabkommen hat sich dieser Trend intensiviert. Mexikos Wirtschaft ist seit den 1990er Jahren stark in die internationalen Finanz- und Kapitalmärkte eingebunden. Von den ausländischen privaten Direkt-

---

465 Allerdings kann nicht überprüft werden, wie sich das Gesamtziel entwickelt hätte, wenn es das Zertifizierungsgesetz nicht gäbe.
466 Vgl. Lange 1998, S. 197.

investitionen in Mexiko stammen mehr als die Hälfte aus den USA.[467] Für die USA ist Mexiko weltweit einer der wichtigsten Handelspartner und das bilaterale Handelsvolumen nahm in den 1990er Jahren rasant zu: 1989 hatte es einen Umfang von 53 Mrd. US-Dollar, 1994 stieg es auf 100,3 Mrd. US-Dollar und 1998 erreichte es 174 Mrd. US-Dollar.[468]

Die Bedeutung des Handels hat für die US-Wirtschaft seit den 1970er Jahren erheblich zugenommen; in erster Linie in Folge eines anhaltenden Leistungsbilanzdefizits, was auch dem Handel mit Mexiko einen höheren Stellenwert gab. Andererseits stieg die Bedeutung Mexikos als Handelspartner der USA erheblich, als man in den 1970er Jahren dort Erdöl fand, während etwa gleichzeitig die Notwendigkeit der Diversifizierung der Erdölimporte für die USA aufgrund der weltweiten Ölkrise immer offensichtlicher wurde. Erdöl ist mittlerweile das wichtigste Exportgut Mexikos für die USA.

Das Verhältnis der wirtschaftlichen Abhängigkeit zwischen Mexiko und den USA ist gleichzeitig stark asymmetrisch: Während die Exporte Mexikos in die USA in den Jahren vor dem NAFTA-Abschluss 14 Prozent des mexikanischen Bruttoinlandsproduktes (BIP) ausmachten, war es bei den Exporten der USA nach Mexiko nur 1 Prozent des BIP der USA.[469] Die Entscheidung zur Schaffung einer eine gemeinsame Freihandelszone war besonders in den USA umstritten. Die Regierungen beider Länder (Carlos Salinas de Gotari sowie George Bush bzw. Bill Clinton) trieben den NAFTA-Abschluss mit Kräften voran, wohingegen vor allem der amerikanische Kongress große Bedenken gegenüber einer Freihandelszone mit dem südlichen Nachbarn hegte. Auch in der Bevölkerung und in den Medien der USA waren diese Bedenken verbreitet. Eine bedeutende Rolle spielte dabei die Sorge vor der Ausweitung des Drogenhandels als Folge der weiteren Öffnung der Grenzen und der Erhöhung des Güter- und Personenverkehrs zwischen beiden Ländern.[470]

In Hinblick auf die Drogenproblematik spielt die geographische Lage Mexikos eine zentrale Rolle. Mexiko war in den 1990er Jahren das Haupttransitland für Kokain, das aus Südamerika in die USA gelangte, und produzierte zudem selbst große Mengen an Heroin, Marihuana und Amphetaminen. Zudem hatte sich Mexiko zu einem bedeutenden Zentrum für die Wäsche von Drogengeldern entwickelt. Die Kontrolle der Grenze zwischen beiden Staaten wurde vor dem Erlass des *US-Patriot Act* nach dem 11. September 2001 aufgrund der

---

467 1995 betrugen die ausländischen privaten Direktinvestitionen in Mexiko insgesamt 9,5 Mrd. US-Dollar, 1996 7,6 Mrd. US-Dollar (Rückgang in Folge der Peso-Krise), 1997 8,9 Mrd. US-Dollar, 1998 9,0 Mrd. US-Dollar (vgl. Smith 2000, S. 96 f.).
468 Vgl. Ebd., S. 95.
469 Vgl. Smith 2000, S. 93 f.
470 Vgl. Andreas 2000, S. 53 - 58; Pastor 1997 S. 251.

damit verbundenen hohen Kosten für undurchführbar erachtet. Ein Problem, das sich mit dem durch NAFTA erheblich gestiegenen Volumen des Grenzverkehrs verstärkte.[471] Als Anrainer der Karibik und des Pazifiks verlaufen die Drogentransitstrecken von Mexiko aus sowohl an die Ost- als auch an die Westküste der USA. Insgesamt wird Mexiko aufgrund seiner Bedeutung für den internationalen Drogenhandel, vor allem in seiner Funktion als Eingangstor von Drogen in die USA (die hauptsächlich aus Lateinamerika, teilweise aber auch aus Asien eingeführt werden), als Bedrohung wahrgenommen. Diese zentrale Rolle wurde auch vom *State Department* anerkannt.[472] 1989 erreichte ein Drittel des für den amerikanischen Markt bestimmten Kokains sein Ziel über Mexiko, in den 1990er Jahren wurde diese Menge auf 60-80 Prozent geschätzt. Zudem galt Mexiko in dieser Zeit als Quelle von circa 80 Prozent des im Ausland angebauten Marihuanas auf dem amerikanischen Markt und von 80 Prozent der Chemikalien, die für die Herstellung von Amphetaminen benötigt werden.[473]

Die Organisationsstrukturen der mexikanischen Drogenpolitik der 1990er Jahre entstanden in der Zeit der NAFTA-Verhandlungen unter Salinas. Aufgrund der NAFTA-Skepsis in den USA drängte die Regierung auf eine forsche Anti-Drogen-Kampagne des zukünftigen Freihandelspartners. Salinas, der das Interesse an NAFTA teilte, gründete eine Reihe von drogenpolitischen Institutionen, unterzeichnete 1990 die UN-Drogenkonvention von 1988 und verschiedene Kooperationsabkommen mit den USA. Er orientierte sich bei der Organisation der mexikanischen Drogenpolitik an den Strukturen der amerikanischen Drogenpolitik. Als erster mexikanischer Präsident definierte er Drogen als Bedrohung der nationalen Sicherheit seines Landes. Zum Ende der Amtszeit Salinas wurde die drogenpolitische Kooperation mit den USA jedoch aufgrund von bilateralen Spannungen verringert. Von 1993 bis 1995 verweigerte die mexikanische Regierung jegliche Annahme von amerikanischer Anti-Drogen-Hilfe, was zu einer Mexikanisierung der Drogenpolitik führte.[474] Aufgrund der schlechten Wirtschaftslage (*Tequilakrise* 1994/95) und der zunehmenden Aus-

---

471 Vgl. Nelson 1998b, S. 1; OGD 1998b, S. 200; OGD 1997b; Nelson 1999, S. 1; Vélez Quero 1997, S. 46; Andreas 2000, S. 74 ff.

472 Das State Department erklärte Mitte der 1990er Jahre: „No country in the world poses a more immediate narcotics threat to the United States than Mexico" (INCSR 1996).gopher://dosfan.lib.uic.edu/00ftp:DOSFan:Gopher:03%20Publications%20-%20Major%20Reports:Intl%20Narcotics%20Control%20Strategy:1996%20INC%20Strategy%20Report%20:04%20Canada%20Mexico.

473 Vgl. Andreas 2000, S. 52; Storrs 1998a, S. 2.

474 Die mexikanische Regierung erklärte 1993, selbst alle Kosten der Drogenbekämpfung übernehmen zu wollen. Die Kürzung der Budgets führte dazu, dass einige Anti-Drogen-Programme in Mexiko beschnitten werden mussten, besonders das US-Personal wurde reduziert (vgl. Ford 1996, S. 5 f.).

weitung des Drogenhandels gab Mexiko diese Haltung jedoch 1995 wieder auf. Generell ist die mexikanische Drogenpolitik jedoch weit weniger von amerikanischer Hilfe abhängig als die kolumbianische.

Behörde	Haushaltsjahr			
	1997	1998	1999	Summe
DoS	5,0	5,0	8,0	18,0
DoJ			2,0	2,0
DoD	61,9	22,1	8,9	92,9
Summe	66,9	27,1	18,9	112,9

Tabelle 29: Anti-Drogen-Hilfe der USA an Mexiko, 1997-1999 (in Mio. US-Dollar) [475]

In den 1990er Jahren wechselte die Unterstützung der Drogenpolitik Mexikos und Kolumbiens durch die USA in dem Maße, wie sich die Betonung von Quellenansatz und *border interdiction* ablösten.[476] Mexiko wird, obwohl es auch ein bedeutendes Quellenland von Drogen ist, in den Programmen der auswärtigen Drogenpolitik der USA vornehmlich als Transitland behandelt; d.h. die USA finanzieren vor allem Programme der polizeilichen Fahndung und der Grenzüberwachung.[477]

Auch in Mexiko ist das Problem der Korruption weit verbreitet. Die traditionell klientelistischen Strukturen der Gesellschaft und des politischen Systems sowie die bis zum Regierungswechsel im Jahr 2000 rund 70jährige Alleinregierung der konservativen Staatspartei *Partei der Institutionalisierten Revolution* (PRI) begünstigten diese Entwicklung. Das Problem der mit dem Drogenhandel verbundenen Korruption breitete sich in Mexiko seit der Salinas-Ära trotz höherer Strafen immer weiter aus. Vor allem den mexikanischen Drogenkartellen, dem Tijuana-, Juárez- und dem Golf-Kartell, wurden in den 1990er Jahren gute Kontakte zu Politikern und staatlichen Beamten nachgesagt. Eine Folge von und ein Indiz für die Zunahme der Korruption ist der Anstieg von Morden und politischen Skandalen in dieser Zeit, die mit dem Drogenhandel in Verbindung standen.

---

475 Datenquellen: US-Botschaft in Mexiko, US-Verteidigungsministerium (DoD); vgl. auch Nelson 1999, S. 4.

476 Mit der Presidential Decision Directive 14 von November 1993 wurde der Schwerpunkt der finanziellen Unterstützung der Drogenbekämpfung von der Transitzone Mexiko und Karibik auf die Quellenländer Bolivien, Kolumbien und Peru verlagert. Das Budget für die Transitzone fiel von 1 Mrd. US-Dollar im FY 1992 auf 569 Mio. US-Dollar im FY 1995 (vgl. Ford 1996, S. 5).

477 Vgl. Nelson 1998b, S. 2.

Auch Präsident Zedillo (1994-1998) erklärte bei seinem Amtsantritt 1994 Drogen zu Mexikos Bedrohung Nummer Eins. Unter seiner Regierung wurde die drogenpolitische Kooperation mit den USA wieder verstärkt. Im Gegensatz zu Kolumbien konnte Mexiko in offiziellen Dokumenten die Definition des Drogenproblems als *gemeinsames* Problem der USA und Mexikos durchsetzen.[478]

7.5.2.1 Die mexikanische Drogenpolitik unter Zertifizierungsdruck 1995 bis 1999

Aufgrund der Rolle Mexikos im internationalen Drogenhandel sind wichtige unmittelbare Ziele, die durch die Zertifizierung erreicht werden sollen, die Ausweitung und erfolgreiche Ausübung der Drogenfahndung, die Bekämpfung der Korruption und der Geldwäsche sowie die Schwächung der Drogenkartelle.[479] Im betrachteten Zeitraum forderten die USA von Mexiko daher im einzelnen eine intensivere Strafverfolgung von Drogenhandel und -produktion, den Erlass von Gesetzen zur Schaffung von mehr Transparenz bei Finanztransaktionen, die Erweiterung der gesetzlichen Möglichkeiten zur Beschlagnahmung von Vermögenswerten aus dem Drogenhandel, die Verbesserung der Durchsetzungskraft der Drogenfahndungseinheiten durch schärfere Gesetze und bessere finanzielle und technische Ausstattung, die vermehrte Auslieferung mexikanischer Drogendelinquenten an die USA, die Verfolgung und Bestrafung von Korruption, die Zerschlagung der Drogenkartelle und die Reduzierung der Drogenanbaufläche. Einen Überblick über die langfristige Entwicklung einiger drogenpolitischer Indikatoren bietet Tabelle 30.[480] Die Analyse für den Zeitraum von 1995 bis 1999 ergibt folgende Befunde:

---

478 Vgl. z.B. INCSR 1998, INCSR 1999.

479 Für die folgenden Ausführungen vgl. wenn nicht anders angegeben den INCSR zu Mexiko des jeweiligen Jahres 1996 bis 1999 sowie die Berichte der NRO Observatoire Géopolitique des Drogues (OGD) 1997 bis 1999.

480 Als Quelle dienen die Statistiken des State Department, die, im Unterschied zum Fall Kolumbien, größtenteils auf Angaben der mexikanischen Regierung basieren. Zuständig für die Datenerhebung Mexikos ist die Drogenbehörde des Justizministeriums, Centro de Planeación para el Control de Drogas (CENDRO), die dem Justizministerium angehört. Da diese Daten ebenfalls den Angaben der Drogenkommission der OAS, CICAD, zugrunde liegen, sind die Abweichungen zwischen den Zahlen des State Department und der CICAD gering. Für die CICAD-Zahlen vgl. CICAD 2000, S. 31 f.

a) Reduzierung der Drogenanbaufläche

Im Bereich der Eradikationen von Drogenpflanzen gilt Mexiko als das Land mit den höchsten Erfolgszahlen. Allerdings wird auch in diesem Fall deutlich, dass die Anbaufläche für Cannabis im betrachteten Zeitraum nicht nennenswert zurückgegangen ist und der Schlafmohnanbau zugenommen hat.

b) Fahndung

Von 1995 bis 1999 verringerten sich in Mexiko die beschlagnahmten Mengen an Kokain im Vergleich zu den Vorjahren erheblich, mit Ausnahme eines kleinen Anstiegs 1997. Die beschlagnahmte Menge an Cannabis dagegen vergrößerte sich 1995 und 1996 sprunghaft und blieb dann kontinuierlich hoch bzw. wurde 1999 nochmals gesteigert. Beim Heroin fielen die Zahlen nach Spitzenwerten in den Jahren 1994 bis 1996 wieder ab. Die Beschlagnahmung von Amphetaminen war 1995 besonders erfolgreich, in den folgenden Jahren ging sie jedoch wieder zurück. Im Vergleich zu Kolumbien konnte Mexiko 1995 und 1996 jedoch nur rund halb soviel Kokain sicherstellen, 1998 sogar nur ein Viertel. Auch bei der Beschlagnahmung von Heroin überstiegen die kolumbianischen Zahlen die mexikanischen in den Jahren 1995, 1997 und 1998. 1996 beschlagnahmte Mexiko etwa doppelt so viel Heroin wie Kolumbien. Im betrachteten Zeitraum gelangen den mexikanischen Fahndungseinheiten spektakuläre Verhaftungen von führenden Mitgliedern der wichtigen Drogenkartelle des Landes. Im Januar 1996 wurde der Chef des Golf-Kartells, Juan García Abrego, verhaftet und direkt an die USA ausgeliefert. Es folgte die Festnahme einer weiteren Schlüsselfigur dieses Kartells, Oscar Malherbe, im Februar 1997, wodurch die Organisation nahezu zerschlagen wurde. Im November 1997 wurden die Amezcua-Brüder verhaftet, die ein großes Amphetaminkartell führten. Die Anklage gegen sie wurde jedoch aufgehoben. Weitere bedeutende Drogenhändler wurden zwischen 1995 und 1999 in Mexiko aus der Haft entlassen bzw. ihre Strafen reduziert.[481]

c) Gesetzgebung

In jedem Jahr zwischen 1995 und 1998 initiierte die mexikanische Regierung Reformpakete bezüglich der von den USA geforderten Gesetzesänderungen, die im jeweiligen INCSR als ehrgeizig oder bedeutend gelobt werden. Viele dieser Vorschläge wurden in der Folge jedoch von der Legislative nicht verabschiedet und blieben damit wirkungslos. Eine wichtige gesetzliche Änderung erfolgte 1996 mit der Kriminalisierung von Geldwäsche. Zusätzlich verabschiedete der mexikanische Kongress 1996 ein Gesetz gegen das organisierte Verbrechen, das den Rahmen für die Modernisierung des mexikanischen Gesetzesvollzugs

---

481 Vgl. Storrs 1998a, S. 3.

bilden sollte. Es sieht u. a. Regelungen zum Zeugenschutz, zum Einsatz elektronischer Überwachungssysteme sowie verdeckte Anti-Drogen-Operationen vor und erfüllte damit teilweise die Forderungen der USA nach Verbesserung der technischen Ausstattung der Fahndungseinheiten und der Gesetze.

	1992	1993	1994	1995	1996	1997	1998	1999
1. Anbaufläche (in ha)								
Schlafmohn	10.170	11.780	12.415	13.500	13,000	12.000	15.000	11.500
Cannabis	28.520	21.190	19.045	18.650	18.700	15.300	14.100	23.100
2. Eradikationen[482] (in ha)								
Schlafmohn	11.583	13.015	11.036	15.389	14.671	17.732	17.449	15.469
Cannabis	16.872	16.645	14.227	21.573	22.961	23.576	23.928	33.583
3. Zerstörte Labore								
	4	5	9	19	19	8	7	-
4. Beschlagnahmungen (in t)								
Cannabis	404	495	528	780	1.015	1.038	1.062	1.459
Heroin/ Morphine	0,097	0,062	0,297	0,203	0,363	0,115	0,120	0,258
Kokain	38,8	46,2	22,1	22,2	23,6	34,9	22,6	33,5
Amphetamine	-	-	0,265	0,496	0,172	0,039	0,096	0,358
5. Verhaftungen								
	27.577	17.626	7.006	9.901	11.245	10.742	10.289	10.464

Tabelle 30: Entwicklung der drogenpolitischen Indikatoren für Mexiko 1992-1999[483]

d) Auslieferung
Zwischen Mexiko und den USA besteht seit 1978 ein Auslieferungsabkommen. Nach mexikanischem Recht sind Auslieferungen von mexikanischen Staatsbürgern jedoch nur unter außergewöhnlichen Umständen möglich. 1995 wurde kein Mexikaner an die USA ausgeliefert, 1996 befand Präsident Zedillo in drei Fällen die Umstände als außergewöhnlich und übergab die Drogenhändler den US-Behörden. 1997 lieferte Mexiko zehn Angeklagte aus, 1998 drei.

---

482 Die Eradikationszahlen basieren auf Datenmaterial der mexikanischen Regierung. Die Zahl umfaßt die Fläche tatsächlich zerstörter Pflanzen, zuzüglich der besprühten Fläche von Feldern, die z.B. wiederholt besprüht oder wiederbepflanzt wurden.
483 Datenquelle: INCSR 2000.

e) Korruption

Ebenso wie Kolumbien ereignete sich auch Mexiko im Zeitraum von März 1995 bis März 1999 eine Reihe von Korruptionsskandalen. Großes Aufsehen erregte der Skandal um General Gutiérrez Rebollo, den Chef der obersten Drogenbehörde der mexikanischen Regierung, die mit dem ONDCP im Weißen Haus vergleichbar ist. Zwei Monate, nachdem er dieses Amt übernommen hatte, wurde Rebollo im Februar 1997 überführt, Verbindungen zum Juárez-Kartell zu unterhalten. Im Mai 1996 wurden im Landhaus eines Senators der PRI in Quintana Roo 117 kg Kokainbase sichergestellt. Der Bruder des früheren Präsidenten Salinas, Raul Salinas, wurde 1996 mit einem Vermögen von 24 Millionen US-Dollar aus Drogengeschäften festgenommen. Während in den Berichten des *State Department* zu Kolumbien die kolumbianische Polizei im Gegensatz zur Regierung des Landes als ehrenwert und vertrauenswürdig gelobt wird, haftet gerade der mexikanischen Polizei der Ruf der Bestechlichkeit an. Der Anteil korrupter Polizeibeamter wurde 1996 vom mexikanischen Justizminister auf 70 bis 80 Prozent geschätzt. Die mexikanische Regierung reagierte darauf wiederholt mit Massenentlassungen von korrupten Polizeibeamten. Beispielsweise suspendierte der mexikanische Justizminister im August 1996 ganze 1.250 Polizisten vom Dienst. 1998 wurde ein großer Teil dieser Beamten jedoch für andere Posten bei der mexikanischen Polizei wieder angestellt. Den Kern von Präsident Zedillos Strategie zur Korruptionsbekämpfung stellte die Ablösung von zivilen Polizei- und Justizbeamten durch militärisches Personal dar. Das Militär galt als weniger korrupt, eine These, die jedoch durch den Fall Rebollo und weitere Bestechungsfälle von Militärs in Zweifel gezogen wurde.[484] Dass Zedillo gerade diese Strategie wählte, um dem Korruptionsproblem zu begegnen, lag teilweise offenbar an der Wahrnehmung solcher Maßnahmen in den USA, wie Peter Andreas aufgrund von Interviews mit Angehörigen der mexikanischen Botschaft in Washington D.C. feststellte:

> „The militarization of Mexican drug control has also been oriented toward impressing an external audience. It has sold well in Washington because it sends a strong signal that the Mexican government considers drug trafficking a serious national security threat."[485]

Wie die Korruptionsfälle unter den Angehörigen des Militärs zeigen, konnte diese Maßnahme das eigentliche Problem jedoch kaum beseitigen. Während wirkliche Erfolge in der Korruptionsbekämpfung ausblieben, verstärkte Zedillo die Erfolg verkündende Rhetorik und betonte immer wieder, welche Bedrohung von der Existenz von Drogen für Mexiko selbst ausgehe. Dabei übernahm er in

---

484 Vgl. Andreas 2000, S. 65-69; Vélez Quero 1997, S. 48; INCSR 1997 und 1999.
485 Vgl. Ebd., S. 68, Anm. 83; Andreas 2000, S. 68 f.

seinen offiziellen Äußerungen nicht nur die amerikanische Rhetorik der Drogen als Bedrohung der nationalen Sicherheit, sondern auch die amerikanische Perzeption der von Drogen ausgehenden Bedrohung für die Gesundheit der Bevölkerung.[486]

f) Bilaterale Abkommen

Einen weiteren Unterschied zwischen der mexikanischen und der kolumbianischen Drogenpolitik stellt die Vielzahl von Verträgen und Abkommen dar, die Mexiko in den 1990er Jahren mit den USA schloss. Diese beinhalteten zum einen eine Formalisierung der Kooperation zwischen den Regierungen beider Staaten. Zum anderen regeln sie die Zusammenarbeit von amerikanischen und mexikanischen Fahndungseinheiten. Von besonderer Bedeutung sind im untersuchten Zeitraum die Gründung der *High Level Contact Group* (HLCG) beider Staaten im Mai 1996, deren Ergebnis u.a. ein *joint threat assessment* war, sowie die *Anti-Drug Alliance* von USA und Mexiko im Februar 1998. Damit wurde die mexikanisch-amerikanische Zusammenarbeit in der Drogenpolitik auf der obersten politischen Ebene angesiedelt, während die Antidrogenpolitik in Kolumbien den Exekutivbehörden oblag. Darüber hinaus wurden unter Präsident Zedillo zahlreiche neue mexikanische Behörden für die Drogenfahndung gegründet sowie Ausbildungs- und Kooperationsprogramme mit amerikanischen Fahndungsbeamten durchgeführt.

7.5.2.2. Zertifizierungsentscheidungen über Mexiko 1995-1999

Mexiko wurde in allen untersuchten Jahren (wie auch in allen übrigen Jahren seit Bestehen des Zertifizierungsgesetzes) vollständig zertifiziert, obwohl die amerikanische Regierung in ihren Erklärungen alljährlich feststellte, dass Mexiko große Probleme in der Drogenbekämpfung habe. Diese würden jedoch durch positive Faktoren aufgewogen. Vor allem die Erklärungen der mexikanischen Regierung bezüglich ihres Willens, das Drogenproblem zu bekämpfen, wurden in den Bewertungen der USA gelobt.[487] Positiv wertete der amerikanische Präsident auch die zahlreichen Gesetzesinitiativen der mexikanischen Regierung, die Schaffung bilateraler Kooperationsverträge und -gremien und die Erfolge bei Beschlagnahmungen von Drogen und

---

486 Im INCSR 1996 heißt es: „The GOM [government of Mexico] recognizes that drug abuse, trafficking and production pose a serious threat to national sovereignty and to the health and well being of its populace."

487 Robert Gelbard erklärte 1996: „The test of the law is about whether the government of that country is cooperating with the United States, and unequivocally [in the case of Mexico] we believe that it is." U.S. Congress 1996, S. 7.

Verhaftungen von Drogenhändlern. Die Maßnahmen der Korruptionsbekämpfung – Massenentlassungen und Austausch von Polizei durch Militär –
wurden ebenfalls als positive Entwicklungen besonders hervorgehoben. [488]
Während die amerikanische Regierung Mexiko eine vollständige Kooperation bescheinigte, war diese Entscheidung im Kongress besonders in den Jahren
1996 und 1997 heftig umstritten. Robert Dole, Führer der Mehrheitspartei des
Senats, schrieb 1996 an Präsident Clinton:

> „The sad truth is that some Mexican officials are intentionally turning a blind eye to the
> growing power of the major Mexican drug cartels and to their increasing cooperation with the
> Colombian drug traffickers. If we are to be honest, we cannot credibly say that the govern-
> ment of Mexico has cooperated fully with the drug enforcement effort. "[489]

Besonders der Korruptionsskandal um den mexikanischen Drogenzar kurz vor
der Zertifizierungsentscheidung im März 1997 löste im Kongress Entrüstung
aus. 1998 kam die DEA in einer eigenen Bewertung der mexikanischen
Drogenpolitik zu dem Ergebnis, dass Mexiko nicht ausreichend mit den USA
kooperiert habe und deshalb nicht zertifiziert werden könne. Der Clinton-
Regierung wurde von ihren Kritikern vorgeworfen, Mexiko nicht nach den
Zertifizierungskriterien zu beurteilen, sondern andere außenpolitische,
innenpolitische und wirtschaftliche Interessen über die Entscheidung zu stellen.
Die *Washington Post* schrieb am Tag der Bekanntgabe der Zertifizierungs-
entscheidung 1996:

> „In recent years, neither the Clinton administration nor the Bush administration was prepared
> to take action against a neighbor to which they were seeking closer economic and cultural
> ties. Moreover, both administrations, in selling the North American Free Trade Agreement
> (NAFTA), portrayed the Mexican government as a model for the rest of Latin America"[490]

Trotz aller Kritik in den Medien und von Seiten der Legislative fand sich im
Kongress jedoch in keinem Jahr die notwendige Mehrheit, um die Entscheidung
des Präsidenten aufzuheben.

---

488 Vgl. die offiziellen Erklärungen zur Zertifizierungsentscheidung des US-Präsidenten in den
　　Jahren 1996-1998,USIA (04.03.1996); USIA (03.03.1997); INCSR 1998.
489 Brief von Robert J. Dole an Bill Clinton am 26.02.1996, zitiert in: Devroy / Thomas,
　　01.03.1996.
490 Devroy / Thomas 01.03.1996.

7.5.2.3. Der Erfolg der Zertifizierung im Fall Mexikos

Im Fall Mexikos kann lediglich die Wirkung der *Androhung* von Wirtschaftssanktionen als Mittel der Einflussnahme auf die Drogenpolitik untersucht werden, da die Sanktionsandrohung in keinem Jahr wahr gemacht wurde. Die Frage nach der wirtschaftlichen Schädigung kann daher nur hypothetisch beantwortet werden.

Das gegenseitige Beziehungs- und Abhängigkeitsgeflecht der USA und Mexikos ist weitaus dichter als im Falle Kolumbiens. In den bilateralen Beziehungen zwischen den USA und Kolumbien spielte im betrachteten Zeitraum die Drogenpolitik die zentrale Rolle, während sie im Verhältnis zwischen den USA und Mexiko nur ein Aspekt unter anderen wichtigen Themen der bilateralen Agenda war. Aufgrund der wirtschaftlichen Verflechtungen der beiden Staaten wäre im Falle einer Sanktionierung Mexikos sowohl für Mexiko als auch für die USA mit höheren Kosten zu rechnen als im Fall Kolumbiens. Die Haltung des Kongresses, der trotz tief greifender Kritik an der mexikanischen Drogenpolitik und der Bewertung durch den amerikanischen Präsidenten in keinem Jahr die erforderliche Mehrheit für die Aufhebung der Entscheidung zustande brachte, bekräftigt diese Annahme. Die Bedrohung der Geschäftsinteressen von amerikanischen Unternehmen bedeutete laut Coletta Youngers auch eine Gefährdung von Interessen vieler Kongressabgeordneter:

> „Wichtige Beitragszahler, sowohl für die republikanische als auch für die demokratische Partei, haben wirtschaftliche Interessen in Mexiko... und stellten sich seiner Dezertifizierung unerbittlich entgegen."[491]

Eine Sanktionierung Mexikos lief den Interessen der USA jedoch nicht nur aufgrund der möglichen Kosten für die eigene Wirtschaft zuwider. Eine Schädigung und Schwächung des ökonomischen Potentials des NAFTA-Partners hätte die gesamte Mexikopolitik der Administration Clinton umgekehrt, die in allen Bereichen auf eine ökonomische Stärkung Mexikos abzielte. Dies wird sowohl am NAFTA-Abschluss als auch an dem umfangreichen Hilfskredit zur Überwindung der Finanzkrise von 1994/1995 (Tequilakrise) deutlich. Ein hoher Regierungsbeamter der Clinton Administration erklärte 1997 bezüglich der kontinuierlichen Zertifizierung Mexikos gegenüber der Washington Post:

> „Whatever you do to Mexico, the next day when you wake up, there is still going to be 1,900 miles of border, immigration issues and the fact that they are a major trading partner."[492]

---

491 Youngers 1997 (Übersetzung: BM).

Auch Senator Robert Brennet drückte aus, dass die amerikanischen Interessen in Mexiko durch eine Dezertifizierung hochgradig gefährdet wären:

> „The certification is clearly a joke, if the purpose is to determine what is going on in Mexico. At the same time, I understand why it was done. (...) We can't de-certify Mexico. We have to lie about what is going on because our relationship with Mexico is so important that we can't let it go down the tubes. "[493]

Eine Sanktionsandrohung gegenüber Mexiko war demnach wenig glaubwürdig. Auch die Möglichkeit, Mexiko zu dezertifizieren, die Sanktionen jedoch aufgrund eines vitalen nationalen Interesses der USA aufzuheben, die 1996 vom Außenministerium und 1997 vom Kongress ins Auge gefasst wurde, nahm die Regierung letztlich nicht in Anspruch. Mexiko wehrte sich erheblich gegen einen *waiver*, der laut der mexikanischen Botschaft in Washington vom mexikanischen Volk als größere Demütigung als eine vollständige Dezertifizierung und als paternalistischer Akt des mächtigen Nachbarn USA aufgefasst worden wäre.[494] Aufgrund der starken nationalen Gefühle der mexikanischen Bevölkerung hätte dies der Regierung Zedillo auch innenpolitisch geschadet. Darüber hinaus hätte die symbolische Wirkung einer nicht vollständigen Zertifizierung Mexiko international stigmatisiert. Aufgrund der Einbindung Mexikos in die internationalen Handels- und Finanzmärkte und der hohen Abhängigkeit von ausländischer Finanzierung wären auch in diesem Fall von einem internationalen Reputationsverlust negative wirtschaftliche Konsequenzen zu erwarten gewesen. Dies verdeutlicht erneut die Bedeutung der symbolischen Wirkung einer Verweigerung der vollständigen Zertifizierung.

Es stellt sich die Frage, ob Mexiko trotz der dargestellten Einschränkungen des Drohpotentials des Zertifizierungsinstruments dennoch drogenpolitische Maßnahmen unternommen hat, die mit der Zertifizierung in Zusammenhang gebracht werden können. Aufgrund der geringen Glaubwürdigkeit der Sanktionierung scheint der kausale Zusammenhang zunächst weniger wahrscheinlich als im Fall Kolumbiens. Jedoch ist zu beobachten, dass viele drogenpolitische Maßnahmen Mexikos offenbar darauf ausgerichtet sind, die USA zufrieden zu stellen.

Die mexikanische Regierung hat in den untersuchten Jahren vor allem solche Maßnahmen getroffen, die ein gutes Bild ihrer Drogenpolitik abgeben. Als das ausschlaggebende Kriterium für die Zertifizierungsentscheidung gilt in der

---

492 Zitiert in: Thomas 1997.
493 Senator Robert Bennett bei einer Anhörung vor dem Senate Committee on Banking, Housing, and Urban Affairs am 28. März 1996. Zitiert in: Andreas 2000, S. 71.
494 Vgl. Joyce 1999, S. 216.

Praxis der politische Wille einer Regierung. Um die Zertifizierung glaubhaft zu machen, musste Mexiko demnach Maßnahmen treffen, die entweder einen Erfolg seiner drogenpolitischen Anstrengungen messbar belegten, wie z.B. ansteigende Zahlen für Verhaftungen und Beschlagnahmungen, oder solche, die ihren politischen Willen zur Drogenbekämpfung auf andere Weise sichtbar machen.

Mexiko setzte verstärkt auf eben solche Maßnahmen, beispielsweise auf die Ausweitung der Drogenfahndung, den verstärkten Einsatz des Militärs anstelle der als korrupt geltenden Polizei und die Gründung gemeinsamer Institutionen zur Drogenbekämpfung mit den USA. Die jährliche Initiierung neuer Gesetzespakete durch die Regierung, von denen letztlich nur wenige verabschiedet wurden, spricht ebenfalls für die Zielrichtung, mit diesen Aktivitäten amerikanische Forderungen zu beruhigen. Zudem demonstrierte die Regierung Zedillo ihren politischen Willen zur Drogenbekämpfung durch Erklärungen, in denen sie Drogen als größte nationale Bedrohung für Mexiko bezeichnete oder bekundete, das Korruptionsproblem mit allen Mitteln bekämpfen zu wollen. Die Übernahme amerikanischer Rhetorik wie die Bezeichnung von Drogen als nationale Bedrohung und Gefährdung für die Gesundheit der Bevölkerung bekräftigen dieses Argument der Visualisierung des politischen Willens, ebenso wie der Abschluss von bilateralen Kooperationsabkommen und -verträgen.

Ende der 1990er Jahre betrieb Mexiko in Hinblick auf seine Zertifizierung zunehmend intensives Lobbying in Washington und engagierte zu diesem Zweck professionelle Unternehmen. Dies weist zusätzlich darauf hin, dass die Zertifizierung das Handeln der mexikanischen Regierung beeinflusst hat.[495]

Im Fall Mexikos zielten die Zertifizierungsentscheidungen der amerikanischen Regierung in innenpolitischer Hinsicht darüber hinaus speziell auf den Kongress. Ein Sprecher der Clinton Administration erklärte 1999 die Bewertungskriterien für die Zertifizierungsentscheidung über Mexiko folgendermaßen: „This is not about what Mexico has done. This is about convincing the Hill that whatever Mexico has done is enough."[496]

7.5.2.4. Zusammenfassung und Bewertung

Mexiko hat in dem untersuchten Zeitraum einige drogenpolitische Maßnahmen ergriffen, die im Zertifizierungsgesetz gefordert werden. Demnach wurden einige unmittelbare Ziele der Zertifizierung auch im Falle Mexikos erreicht. Hier sind vor allem die Schwächung der großen Drogenkartelle aufgrund der

---

495 Vgl. Ebd.
496 Zitiert in Golden 14.02.1999, S. 6.

Verhaftungen von führenden Mitgliedern dieser Organisationen und die Verabschiedung einiger neuer Gesetze, wie beispielsweise des Geldwäschegesetzes, zu nennen. Darüber hinaus hat sich im betrachteten Zeitraum zwischen Mexiko und den USA ein großes Maß an bilateraler, teilweise institutionalisierter Kooperation auf höchster politischer Ebene in der Drogenpolitik entwickelt.

Welchen Anteil die Zertifizierungspolitik an der Motivation der drogenpolitischen Aktivitäten der mexikanischen Regierung hat, ist fraglich. Das Eingehen auf amerikanische Forderungen steht im Kontext allgemeiner Bemühungen der mexikanischen Regierung um gute Beziehungen zu seinem nördlichen Nachbarn, die sich wiederum aus der vor allem wirtschaftlichen Abhängigkeit Mexikos von den USA erklären lassen. Dennoch kann der Zertifizierungspolitik ein kausaler Anteil an den Handlungen Mexikos zugesprochen werden. Die Gestaltung der mexikanischen Drogenpolitik orientierte sich eindeutig an den amerikanischen Forderungen. Zudem stellt die Zertifizierung auf internationaler Ebene Öffentlichkeit her, und eine gute Reputation spielte für Mexiko in wirtschaftlicher Hinsicht eine besonders wichtige Rolle.

Die Androhung von Sanktionen gegenüber Mexiko im Rahmen des Zertifizierungsprozesses hat, selbst wenn diese Drohung nicht sehr glaubwürdig gewesen ist, einen gewissen *cross-firing* Effekt. Mexiko war und ist ein wichtiger Partner der USA: die bloße Existenz des Zertifizierungsinstruments belastet die Beziehungen beider Staaten, da Mexiko den Zertifizierungsprozess als unrechtmäßig zurückweist und als Hindernis für ein partnerschaftliches Verhältnis mit den USA ansieht.[497]

Die wiederholte vollständige Zertifizierung Mexikos trotz einiger Mängel in der Drogenpolitik kann für das Zertifizierungsinstrument insgesamt jedoch als ein Verlust an Glaubwürdigkeit gewertet werden. Die vorausgehende Analyse legt die Vermutung nahe, dass nicht die Qualität der Drogenpolitik eines Staates den Ausschlag für die Zertifizierungsentscheidung gibt, sondern die allgemeinen Beziehungen zu den USA und deren außenpolitische Interessen in einem Staat.[498] In dieser Hinsicht ist Mexiko kein Einzelfall. 1997 wurden Syrien und der Libanon von der *Majors List* gestrichen, nachdem Syrien zuvor in jedem Jahr dezertifiziert worden war. Joyce erklärt diese Maßnahme mit der Notwendigkeit für die USA, im Nahen Osten Unterstützung für einen eventuellen Luftangriff auf den Irak zu gewinnen.[499]

---

497 Vgl. Spencer / Amatangelo 2001, S.1; Andreas 2000, S. 70; Preston 26.02.1997, S. 1.
498 Zu diesem Schluss kommt auch Elizabeth Joyce: „Mexico's continued certification, despite its deeply flawed drug control system, tends to confirm the hypothesis that important and complex relations with the USA will guarantee certification." Joyce 1999, S. 212.
499 Joyce 1999, S. 207.

Obwohl die mexikanische Regierung zwischen 1995 und 1999 einige Forderungen der USA erfüllt hat, hat sich das Drogenproblem in Mexiko im gleichen Zeitraum nicht erkennbar abgeschwächt.[500] Peter Andreas weist auf die fehlende Wirksamkeit einiger von der mexikanischen Regierung getroffenen Maßnahmen in Hinblick auf die Beseitigung des Drogenhandels hin:

> „...the quantitative results - arrest and seizures made, crops eradicated, new laws passed, and bilateral agreements signed - have had little impact in significantly reducing smuggling...".[501]

In den Jahren 1995 bis 1999 können demnach keine substantiellen drogenpolitischen Erfolge nachgewiesen werden, die ursächlich dem Zertifizierungsgesetz zuzuordnen wären. Die große Bereitschaft der mexikanischen Regierung, auf dem Feld der Drogenpolitik ihren Willen zur Kooperation mit den USA zu demonstrieren, hat zwar zur Gründung zahlreicher gemeinsamer Institutionen und zu einigen spektakulären Maßnahmen wie der Militarisierung der Drogenbekämpfung geführt, das Problem des Drogenangebots und -transits wurde jedoch nicht geringer. Im Fall Mexikos liegt letztlich die Vermutung nahe, dass die Kosten einer Dezertifizierung für die USA so hoch gewesen wären (*shooting in the foot*), dass weder die Regierung noch der Kongress sie ernsthaft in Erwägung zogen.

7.6. Fazit

Die Bewertung der Effektivität des Zertifizierungsinstruments für die Drogenpolitik der USA ist problematisch. Die Analyse eröffnete verschiedene Messbarkeitsprobleme. Diese bestehen erstens für den Erfolg von Sanktionen, zweitens für den Anteil des Erfolgs an dem politischen Ergebnis, der tatsächlich den Sanktionen selbst zugeschrieben werden kann, drittens für den drogenpolitischen Fortschritt eines Landes und viertens für den politischen Willen einer Regierung zur Drogenbekämpfung in ihrem Land.

Zur Erfolgsmessung wurden als unmittelbare Ziele die von der amerikanischen Regierung artikulierten Forderungen und Bewertungskriterien im Zertifizierungsprozess untersucht. Dies waren u.a. die Verringerung des Drogenangebotes, die Korruptionsbekämpfung, die Schaffung von Gesetzen zur Eindämmung des Drogenhandels und die Ausweitung der Fahndung nach Drogen und

---

500 Vgl. Bericht von Benjamin F. Nelson vor dem Subcommittee on Criminal Justice, Drug Policy and Human Resources am 04.03.1999 (Nelson 1999).
501 Andreas 2000, S. 72.

Drogenhändlern. Weiterhin wurde für die Bewertung das mittelbare Ziel der Verringerung des Drogenangebotes in den USA herangezogen.

Im Fall der Zertifizierung Kolumbiens in den Jahren 1995 bis 1999 wurden einige Forderungen der USA, wie etwa die Ausweitung der Eradikationsmaßnahmen und die Schaffung schärferer Gesetze in Bezug auf den Drogenhandel, durchgesetzt. Auch die mexikanische Regierung hat im untersuchten Zeitraum ihren Willen zur Kooperation mit den USA im Bereich der Drogenpolitik durch verschiedene Maßnahmen demonstriert und einige Forderungen erfüllt. Wichtige Handlungen waren die Abschlüsse von zahlreichen Kooperationsverträgen und Gründungen gemeinsamer Institutionen zur drogenpolitischen Zusammenarbeit sowie die Bemühungen zur Beseitigung der Korruption durch den verstärkten Einsatz von militärischem Personal in der Drogenbekämpfung. Verschiedene Indizien machen einen kausalen Zusammenhang zwischen der Zertifizierungspolitik und den drogenpolitischen Aktivitäten der zertifizierten Staaten wahrscheinlich. Der Zertifizierung kann daher im Fall Kolumbiens und Mexikos als Instrument der Einflussnahme auf die Drogenpolitik des fremden Staates eine gewisse, wenn auch unterschiedlich wirkende Effektivität zugesprochen werden.

Als eine entscheidende Voraussetzung für die Durchsetzung der Forderungen der amerikanischen Regierung muss jedoch die generelle Asymmetrie im Machtverhältnis der USA zu jedem der beiden Staaten gesehen werden. Mittels der Zertifizierung kann diese Übermacht der USA kanalisiert und in konkreten Forderungen aktualisiert werden.

Im Ländervergleich Kolumbien – Mexiko lässt sich beobachten, dass neben dem unterschiedlichen Machtgefälle der beiden Länder zu den USA die bilateralen Interdependenzen und die sich daraus ergebenden Interessen die Anwendung des Zertifizierungsinstrumentes beeinflussen. Der rigorose Einsatz der Zertifizierung hängt offenbar auch vom jeweiligen Stellenwert ab, den die Drogenpolitik auf der bilateralen Agenda einnimmt.

Zudem ist zu beobachten, dass die amerikanische Regierung nicht unbedingt bereit ist, die Kosten der Wirtschaftssanktionen zur Durchsetzung ihrer drogenpolitischen Ziele im Ausland zu tragen. Dies zeigte vor allem das Beispiel Mexikos. Aus dieser Beobachtung lässt sich zudem schlussfolgern, dass der Drogenpolitik, trotz der Definition von Drogen als Bedrohung der nationalen Sicherheit, in der Außenpolitik der USA im Vergleich zu anderen – beispielsweise wirtschaftlichen – Interessen ein geringerer Stellenwert zukommt. Gefährdet eine entschiedene Anwendung der Zertifizierung solche wichtigeren außenpolitischen und außenwirtschaftlichen Interessen der USA, wird die Zertifizierung diesen offenbar untergeordnet.

Auch der Fall Kolumbiens zeigt, dass die Zertifizierungsentscheidung möglicherweise nicht nur an dem Bemühen einer Regierung festgemacht wird, die drogenpolitischen Ziele zu erreichen. Gibt die Qualität der Drogenpolitik eines Staates jedoch nicht den Ausschlag für die Zertifizierungsentscheidung, verliert dieses Instrument im Hinblick auf die Drogenpolitik an Glaubwürdigkeit. Unsicherheiten bei der Implementierung der Sanktionen oder die nachträgliche Aufhebung einiger Sanktionsmaßnahmen wie im Falle der Dezertifizierung Kolumbiens beeinträchtigen ebenfalls die Entschlossenheit des Einsatzes der Sanktionen und unterminieren damit nochmals die Glaubwürdigkeit dieses Instrumentes.

Das wirtschaftliche Schädigungspotential der Sanktionen im Fall einer Dezertifizierung wird bei der ausschließlichen Verhängung der obligatorischen Sanktionen vor allem von der Abhängigkeit eines Landes von der Auslandshilfe der USA beeinflusst. Werden auch die diskretionären Sanktionen eingesetzt, ist es bedeutsam, in welchem Maße die Wirtschaft des Ziellandes von der US-Wirtschaft abhängig ist. Auch wenn die wirtschaftlichen Nachteile, die sich für ein Land durch Reputationsverlust auf internationaler Ebene ergeben, schwer zu messen sind, legen die beiden Fallbeispiele die Vermutung nahe, dass die symbolische Degradierung eines Landes durch seine Dezertifizierung dem Zielland ebenfalls wirtschaftliche Nachteile bereiten. Dies setzt voraus, dass das Zielland in die internationalen Finanz- und Gütermärkte eingebunden ist. Ein derartiger Effekt besitzt umso größere Wirksamkeit, je bedeutender die internationale Finanzierung und der Außenhandel für die Wirtschaft des Ziellandes sind.

Es fällt auf, dass trotz des Erreichens einiger unmittelbarer Ziele die Drogenproduktion und der Drogentransit im betrachteten Zeitraum weder in Kolumbien noch in Mexiko verringert werden konnten. In Kolumbien weitete sich der Anbau von Drogenpflanzen trotz massiver Eradikationsmaßnahmen erheblich aus. Auch die Bekämpfung des Drogenhandels in Mexiko in diesem Zeitraum wird in Analysen als insgesamt ineffektiv bewertet. Das mittelbare Ziel der Zertifizierung, die Verringerung des Drogenangebotes und die Erhöhung der Preise für Drogen auf dem amerikanischen Markt, wurde ebenfalls nicht erreicht.

Die Tatsache, dass die Zertifizierung nicht erkennbar zum Erreichen dieser Ziele geführt hat, hat jedoch nicht zu bedeuten, dass allein dieses Instrument für die Misserfolge in der Drogenpolitik verantwortlich ist. Im Fall Kolumbiens führte vielmehr die Gesamtstrategie der repressiven angebotsorientierten Drogenpolitik, innerhalb derer die Zertifizierung einen Teilaspekt darstellt, eben nicht zur Verringerung des Gesamtangebotes an Drogen, sondern nur zu einer örtlichen Verlagerung der Anbaugebiete.

Zuletzt ist festzuhalten, dass der Akteurskreis, der die Sanktionen primär zu spüren bekommt und auch wirtschaftlich zu tragen hat, nicht dem illegalen Kreis der Drogenproduktion bzw. des Drogenhandels zugerechnet werden kann. Vielmehr treffen die Sanktionen die legale Wirtschaft. Die Sanktionspolitik setzt einen funktionierenden Staat voraus, in dem die Zivilgesellschaft eine wichtige Rolle spielt. Davon ist Kolumbien jedoch weit entfernt. In dem Maße wie die legale Wirtschaft unter den Sanktionen leidet, konterkarierten diese langfristig die Bekämpfung der Drogenwirtschaft, indem sie den Wechsel der Arbeitskräfte im Zielland von der legalen Wirtschaft auf die Drogenwirtschaft mit ihren ohnehin enormen Profiten fördern. Somit könnte die weitgehende Rückziehung der Sanktionen gegen Kolumbien auch von der Erwägung getragen worden sein, die ohnehin dürftigen Strukturen der legalen Wirtschaft nicht weiter zu schwächen.

Die Zertifizierung besitzt als Instrument zur Durchsetzung der amerikanischen Drogenpolitik im Ausland ein erkennbares Maß an Effektivität. Aufgrund der fehlenden Erfolge in Hinblick auf das mittelbare Ziel der angebotsorientierte Drogenpolitik stellt sich jedoch die Frage, ob die Gesamtstrategie der Angebotsorientierung einen dauerhaft wirksamen Lösungsansatz für das Drogenproblem in den USA darstellt.

In den amerikanischen Administrationen seit Clinton haben die marginalen Erfolge der Dezertifizierungsdrohung jedenfalls dazu geführt, dass drogenpolitische Maßnahmen in zwei Richtungen erweitert wurden: Sie sollten in Zukunft nicht mehr einem Land, sondern einer Region gegenüber ausgeführt werden und gleichzeitig verstärkten militärischen Druck implementieren.

Aufgrund unserer Analyse der Komplexität und Dynamik des kolumbianischen Konflikts ist leicht zu erkennen, dass diese regionalisierten und militarisierten drogenpolitischen Maßnahmen Wirkungen in anderen Bereichen entfalten mussten: hinsichtlich der politischen Stabilität der Staaten und der Legitimität ihrer Regierungen.

8. Militarisierung und Regionalisierung des Konflikts

8.1 Die Militarisierung des Konflikts: *Plan Colombia* und *Andean Regional Initiative*

Die geringen Erfolge der Zertifizierungspolitik haben insbesondere gezeigt, dass der Druck auf die kolumbianische Exekutive das Drogenproblem allein nicht lösen kann. Gesetze müssen nicht nur beschlossen, sondern auch durchgesetzt werden. Dies wurde ungeachtet der bedingten Erfolge des Zertifizierungsinstruments jedoch immer schwieriger angesichts der zunehmenden Verzahnung von Drogenökonomie, Aufständischen und paramilitärischen Gruppierungen, die den illegitimen bewaffneten Gruppen immer mehr Ressourcen verlieh und dem Drogengeschäft den notwendigen Schutz, um jenseits des schwindenden Staats zu prosperieren. Die Zerschlagung der Kartelle von Medellín Anfang der 1990er und Calí Mitte der 1990er Jahre, die unter nordamerikanischer Mitwirkung in Form von Zertifizierungsdruck, militärisch-polizeilicher Beratung und nachrichtendienstlichen Aktivitäten zustande kam, hat zudem lediglich zu einer Dezentralisierung der Drogenangebotsstruktur geführt, die sich für die nach der Gesetzmäßigkeit des *balloon*-Effekts erfolgenden territorialen Verlagerung des Kokaanbaus von Bolivien und Peru nach Kolumbien als überaus geeignet erwies. Mit dem unkontrollierbaren Wachstum illegitimer Gewaltakteure und organisierter Kriminalität erwuchs an geostrategisch bedeutsamer Stelle auf diese Weise ein Problem, das die nationale Sicherheit der Vereinigten Staaten nicht nur im Bezug auf das Drogenangebot tangierte. Die Formulierung außenpolitischer Interessen begann die vornehmlich innenpolitisch motivierte Zertifizierungspolitik zu verdrängen und der politische Diskurs zog neben der Drogendebatte zunehmend auch die Stabilität der Hemisphäre in Betracht.

Als der kolumbianische Präsident Andrés Pastrana anläßlich seines ersten offiziellen USA-Besuchs im Jahr 1998 seinen auf Vorschlag der Clinton-Regierung erarbeiteten *Plan Colombia* vorstellte, sah diese darin eine Möglichkeit, die eigene Politik von der symbolischen auf die instrumentelle Ebene zu transferieren, indem sie den Schwerpunkt der Kolumbienpolitik auf die

Stärkung der staatlichen Sicherheitskräfte legte, um Drogenhändler und Aufständische effektiv bekämpfen zu können.

In dem ursprünglichen Konzept des *Plan Colombia*, welches nicht sehr konkret definiert war, wurde als primäres Ziel die Befriedung des Bürgerkriegs genannt. Zunächst war er sogar Teil der Gespräche zwischen FARC und Regierung, die den Friedensverhandlungen vorausgingen. Pastrana sah den Plan als Chance für die Guerilla, sich aktiv an der Konzipierung und Umsetzung verschiedener Reformprojekte zu beteiligen, die parallel zu den Verhandlungen anlaufen sollten. Diese Projekte sollten dazu dienen, Investitionen für die am stärksten von der Gewalt betroffenen Regionen zu beschaffen, für die Kleinbauern Alternativen zum Kokaanbau zu entwickeln und Umweltschäden zu beheben.[502] Indem die Regierung der USA jedoch einen bedeutenden Teil der Finanzierung übernahm, richtete sie das Grundkonzept vor dem Hintergrund ihrer eigenen Prioritäten und der politischen Realität Kolumbiens jedoch deutlich stärker auf eine Intensivierung der Drogenbekämpfung aus. Durch die enge Beziehung zwischen Drogenindustrie und Guerilla gewann damit gleichzeitig der militärische Aspekt zunehmend an Gewicht.

In der endgültigen, in Zusammenarbeit mit dem *State Department* erarbeiteten Version des *Plan Colombia*, die im Jahr 2000 mit einer Laufzeit von sechs Jahren verabschiedet wurde, werden zehn Strategien genannt, durch deren Umsetzung die zentralen Probleme des Landes bekämpft werden sollen. Diese Strategien betreffen die Bereiche Wirtschaft, Finanzen, Frieden, Nationale Verteidigung, Rechtssprechung und Menschenrechte, Drogenbekämpfung, Alternative Entwicklung, Soziale Partizipation, Fortbildung und internationale Beziehungen.

Für die Implementation dieser Strategien wurden 7,5 Milliarden US-Dollar veranschlagt. Der amerikanische Kongress bewilligte im Jahr 2000 zunächst eine Summe von 1,3 Milliarden US-Dollar. Von den fehlenden 6,2 Milliarden US-Dollar sollten 4 Milliarden von der kolumbianischen Regierung aufgebracht werden, der Rest sollte, mit einem Appell an die "Internationale Gemeinschaft" auf andere Geberländer verteilt werden. Die Finanzierung gestaltete sich jedoch äußerst schwierig, da vor allem in Europa viele Regierungen eine sehr kritische Einstellung gegenüber dem *Plan Colombia* einnahmen. Lediglich Spanien und Norwegen sagten im Juli 2000 zu, den *Plan Colombia* mit 100 beziehungsweise 20 Millionen US-Dollar zu unterstützen.[503] Im April 2001 bewilligte die EU zwar 330 Millionen Euro Unterstützung für den Friedensprozess, untersagte aber explizit die Verwendung dieser Gelder für den *Plan Colombia*.

---

502 Vgl. Calderón 2001, S. 4-16.
503 Vgl. Tokatlián 2003.

Millionen US-Dollar	Bestimmung
403,70	Artillerie-Helikopter und Training von Antidrogen-Bataillonen der kolumbianischen Armee
132,30	US-Behörden (z.B. Zoll)
116,50	Militärstützpunkte (FOL's) in Ecuador, Aruba und Curação
115,60	Kolumbianische Nationalpolizei
113,00	Drogenbekämpfung, Radarinstallationen, Luftwaffe und Landepisten
93,00	Programme zur alternativen ökonomischen Entwicklung
65,50	Justizverwaltung
58,5	Alternativprogramme für den Drogenanbau und –handel
55,00	Drogenbekämpfung in den Andenländern
53,50	Menschenrechte
47,50	Flüchtlingshilfe
32,00	KMAY-Helikopter für die Andenländer
3,00	Friedensprozess

Tabelle 31: Aufteilung des US-Anteils zur Finanzierung des *Plan Colombia*[504]

Zum Teil als Konsequenz der weitgehenden Ablehnung des *Plan Colombia* wurde im Frühjahr 2001 von der Administration Bush die *Andean Regional Initiative* (ARI) initiiert und im Juli 2001 vom Kongress angenommen.[505] Die ARI wird weithin als Weiterführung des *Plan Colombia* unter einem anderen Namen angesehen. Allerdings legte sie in Anerkennung der zunehmenden Regionalisierung des Konflikts den Schwerpunkt stärker auf regionale Entwicklungen und bezieht die Nachbarstaaten in das Programm mit ein. Speziell auf die regionale Stabilität zielen in den Nachbarstaaten durchgeführte Maßnahmen wie die Eradikation von Drogenpflanzen, geheimdienstliche Aktivitäten zur Aufspürung von Guerillaführern, die Einrichtung von *forward operation locations* beziehungsweise *cooperative security locations* in Ecuador (vgl. folgendes Kapitel) und die militärische Ausbildung von Armeeangehörigen. Tokatlián vertritt die These, dass die USA über Zentralamerika hinaus ihr Imperium auf den südlichen Kontinent ausdehnen wollen. ARI diene in dieser imperialen Strategie dazu, die umliegenden Staaten

---

504 Datenquelle: APDH Ecuador.
505 Vgl. Storrs / Serafino 2001. Die ARI hat drei Ebenen: die Förderung und Unterstützung der Demokratie und der demokratischen Institutionen, die Förderung der nachhaltigen ökonomischen Entwicklung und Liberalisierung des Handels (ALCA) sowie die Reduktion des Angebots und der Einfuhr illegaler Drogen in die USA.

zu kaufen und abhängig zu machen (vgl. Tabelle 32). Er weist darauf hin, dass sich die Zahl der von den US ausgebildeten Militärs zwischen 2000 und 2003 von 13.800 auf 22.800 Mann nahezu verdoppelt hat, wobei davon rund 13.000 Kolumbianer sind und circa 75 Prozent der Trainierten aus den anderen Andenländern stammen. Das *Southern Command* hat darüber hinaus seine Präsenz auf dem Kontinent verstärkt. Es unterhält Basen in Guantánamo/Cuba, Fort Buchanan und Roosevelt Roads/Puerto Rico sowie Soto Cano/Honduras; außerdem hat es *forward operation locations* (die heute *cooperative security locations* heißen) in Manta/Ecuador, Reina Beatriz/Aruba; Hato Rey/Curacao und Comalapa/El Salvador. Das Radarnetzwerk der USA setzt sich zusammen aus drei festen Installationen in Peru, drei festen Installationen in Kolumbien sowie elf geheimen mobilen Einrichtungen in sechs Anden- und Karibikstaaten, die Antidrogeneinsätze unterstützten. Das *Southcom*, das durch die zentrale Rolle des Pentagon in der amerikanischen Politik sowie durch die zunehmende Destabilisierung des Andenraums immer weiter an Bedeutung gewinnt, sei ein offensives Instrument des amerikanischen Imperialismus. Diese Rolle würde durch die passive Haltung der südamerikanischen Staaten unterstützt und legitimiert.[506]

Land	2002	2003	2004 (request)
Kolumbien	373.900.000	597.300.000	573.000.000
Bolivien	130.700.000	133.400.000	128.800.000
Brasilien	20.000.000	22.200.000	32.200.000
Ecuador	46.860.000	54.500.000	71.400.000
Panama	13.700.000	13.400.000	20.800.000
Peru	195.700.000	176.200.000	159.000.000
Venezuela	5.500.000	2.600.000	5.500.000
Gesamt	**786.400.000**	**999.600.000**	**990.700.000**

Tabelle 32: Andean Regional Initiative (in US-Dollar)[507]

---

506 Vgl. Sobras para los buitres. El imperialismo estadounidense se despliega militarmente en América Latina (red volaire.net, 17.12.2004). Auch betrachtet Tokatlián den nach dem 11.09.2001 von der OAS wieder angerufenen TIAR (militärischer Beistandspakt der amerikanischen Staaten) als eine Möglichkeit der USA, eine Intervention in Kolumbien zu legitimieren (vgl. Tokatlián 2003, S. 189).

507 Datenquelle: CRS Report for Congress: Andean Regional Initiative (ARI): FY 2003 Supplemental and FY 2004 Assistance for Colombia and Neighbors, 2003, S. 39 – 41.

Die Implementierung des von den USA (mit 3,8 Mrd. Dollar zwischen 2000 und 2004) unterstützten *Plan Colombia* erfolgte in zwei Phasen. In der ersten Phase stand die Bekämpfung des Drogenanbaus durch chemische Besprühungen (Eradikation) im Vordergrund. Damit sollte nicht nur die Kokainproduktion verringert werden, sondern auch der Guerilla eine ihrer wichtigsten Einkommensquellen genommen werden. Einige Kritiker des *Plan Colombia* sehen in der Zerstörung der Kokafelder darüber hinaus eine planmäßige Strategie zur Vertreibung der Zivilbevölkerung und zur Auflösung der sozialen Basis der Guerilla.[508]

Die in kurzen Abständen im Sommer 2003 in Bogotá erfolgten Besuche von Verteidigungsminister Donald Rumsfeld, Außenminister Colin Powell, dem amerikanischen Antidrogenbeauftragten John Walters und US-Generalstabschef Richard Myers stellen den Beginn einer zweiten Phase des *Plan Colombia* dar, in welcher der Schwerpunkt nunmehr verstärkt auf direkten militärischen Maßnahmen gegen die Guerilla liegt. In dieser zweiten Phase unterstützt und berät die USA mit militärischen und nachrichtendienstlichen Mitteln die militärischen Offensiven der kolumbianischen Regierung mit dem Ziel, die Guerilla zu zerschlagen beziehungsweise an den Verhandlungstisch zu zwingen.[509] In diesem Rahmen erfolgte Mitte 2003 die Operation *Libertad Uno* in dem um Bogotá gelegenen Departament Cundinamarca und seit Beginn des Jahres 2004 der *Plan Patriota*, eine Militärkampagne, in der circa 18.000 Soldaten in die südlichen Guerillahochburgen in Guaviare, Meta, Caquetá und Putumayo vorstoßen.

Präsident Uribe sieht in der Stärkung des Militärapparats das zentrale Instrument zur Lösung der innenpolitischen Probleme. In seiner *Demokratische Verteidigungs- und Sicherheitspolitik* hat er das Verteidigungsbudgets um 33 Prozent auf einen BIP-Anteil von 3,5 Prozent aufgestockt; die Sicherheitskräfte auf insgesamt 350.000 Mann erhöht und einen Korps von 16.000 Bauernsoldaten eingerichtet. Ein wesentlicher Bestandteil seiner Sicherheitsstrategie ist außerdem ein Netzwerk von 1,5 bis 2 Millionen zivilen Informanten der Regierung zur Identifizierung von Kollaborateuren, das in Uribes erstem Amtsjahr zu einer Erhöhung der Verhaftungsrate um 167 Prozent führte.[510] Auf diese Weise soll vor allem in den ländlichen Regionen mit einem chronischen Mangel an Polizei- und Justizpersonal die öffentliche Sicherheit erhöht werden. Offizielle Zahlen zeigen in einigen Regionen tatsächlich eine Verringerung von Gewaltdelikten. Insgesamt jedoch haben sich die Fronten zwischen Streitkräften und Guerilla deutlich verschärft und vor allem in den an Ecuador und Venezuela gren-

---

508 Vgl. Lemos, Lucía: Base de Manta, ojos y oídos del Plan Colombia; Entrevista al Coronel Jorge Brito, in: Cántaro, N°33, November 2001, S.28-32.
509 Vgl. etwa http://elpais-cali.terra.com.co/paisonline/notas/Junio222003/A1022N1.html.
510 Vgl. International Crisis Group 2004, S. 3.

zenden Provinzen im Süden und Osten Kolumbiens wird intensiv und mit hohen Verlusten gekämpft. So konstatierte der Think Tank *Fundación Seguridad y Democracia*, wie oben bereits erwähnt, zwischen Januar und März 2006 insgesamt 555 bewaffnete Auseinandersetzungen, im Vergleich zu 466 im gleichen Zeitraum des Vorjahres.[511]

	1997	1998	1999	2000	2001	2002	2003	2004	2005	2006*
Militär und Polizei	88,6	112,5	308,8	765,4	242,8	401,9	621,0	555,1	643,3	602,6
Wirtschaft und Entwicklung	0	0,5	8,8	214,3	5,7	120,3	136,7	135,0	131,3	138,5
Gesamt	88,6	113,0	317,6	979,7	248,5	522,2	757,7	690,1	774,6	741,1

*Schätzung

Tabelle 33: US-Hilfe an Kolumbien insgesamt (in Millionen US-Dollar)[512]

8.2. Regionalisierung des Konflikts an der Peripherie

Der kolumbianische Konflikt ist auf vielfache Weise an die peripheren Regionen des Staatsterritoriums gebunden und streut über die Wirkmechanismen der offenen Bürgerkriegsökonomien (*balloon*-Effekt, Transport, Beschaffung chemischer Substanzen, grenzüberschreitende Erpressungen und Entführungsindustrie) Effekte über die Landesgrenzen hinaus.

Der *balloon*-Effekt ist auch derzeit wieder als Folge der aggressiven Eradikationskampagnen im Rahmen des *Plan Colombia* zu beobachten. So ist die Kokaanbaufläche in Kolumbien zwischen 2001 und 2004 zwar absolut zurückgegangen, doch hat sich der Markt in anderen Gebieten der Region Raum geschaffen und es ist lediglich eine Frage der Zeit, bis sich die Produktion vollständig in neue Regionen bzw. neue Länder verlagert. Auf mikroregionaler Ebene ist der Kokaanbau etwa in Nariño von rund 4.000 Hektar im Jahr 1999 auf rund 18.000 Hektar in 2003 in einem Zeitraum von vier Jahren um mehr als das Vierfache gestiegen.[513] Zudem entwickelten sich eine Reihe neuer Anbaugebiete innerhalb Kolumbiens, zum Beispiel in den Provinzen Vaupés, Urabá und Ca-

---

511 Vgl. International Crisis Group 2006, S. 22.
512 Datenquelle: Center for International Policy (vgl. auch Anhang).
513 Vgl. Tabelle 5.

sanare. Insgesamt hat die amerikanische Regierung im Jahr 2005 wieder einen absoluten Anstieg der Anbaufläche festgestellt. Regional ist ein Anstieg der Kokaanbaufläche vor allem auch in Bolivien zu beobachten. Hier hat sich die Kokaanbaufläche seit einem historischen Tief im Jahr 2000 von 14.600 Hektar auf 24.600 Hektar 2004 nahezu verdoppelt (siehe Anhang). Ein begrenzter Anbau wurde in den nördlichen Regionen Ecuadors, Venezuelas und Brasilien konstatiert.

Die damit scheinbar einhergehende Marginalisierung des Konflikts beruht auf der traditionellen Staatsferne der peripheren Gebiete, die zudem im nationalen Vergleich die geringsten Entwicklungsraten aufweisen.[514] Jenseits staatlicher Kontrolle findet sich hier viel Raum zum unbehinderten Anbau von Drogenpflanzen und zum Aufbau nichtstaatlicher Macht- und Handelsstrukturen. Voraussetzung für die Regionalisierung des Konflikts ist die geringe staatliche Kontrolle über die rund 6.000 Kilometer lange Grenze sowie über die 3.000 Kilometer lange Küste, die Kolumbien von seinen Nachbarn Ecuador, Peru, Brasilien, Venezuela und Panama trennen. Wie bereits zuvor dargelegt verlaufen die Landesgrenzen dabei überwiegend durch Urwald, Gebirge und Wüsten, nur dünn besiedelte Gebiete, die verkehrstechnisch kaum erschlossen und in weiten Teilen faktisch nicht zu kontrollieren sind. Ebenso schwierig gestaltet sich die Überwachung des weit verzweigten Flusssystems des Amazonas und der Darien-Region an der Grenze zu Panama sowie der Küstenstreifen in der Karibik und entlang des Pazifischen Ozeans. Diese Provinzen verfügen über nur wenig Mittel und Infrastruktur, weshalb sie die Grenzen nicht effektiv überwachen und sichern können. Nicht zuletzt trägt auch die weit verbreitete Korruption dazu bei, dass bewaffnete Gruppen, Schmuggler und Drogenhändler beinahe nach Belieben die Grenzen überqueren können.

Die einzelnen Grenzregionen haben für die Drogenökonomie und die politische Ausdehnung des Konflikts jeweils unterschiedliche Funktionen, die von den jeweiligen natürlichen und sozialen Gegebenheiten abhängen. Die unkontrollierbare, seit je durch Schmuggelrouten geprägte Grenze nach Panama bietet nach wie vor günstige Bedingungen für den größten Teil des illegalen Handels in Richtung Norden. Auch die kolumbianisch-brasilianische Grenze wird vornehmlich für den Waffen- und Drogenschmuggel genutzt, wobei die Zielrichtung der illegalen Güter hier eher Europa und die brasilianischen Städte sind.[515] Eine RAND-Studie aus dem Jahr 2003 untersuchte den Waffenschmuggel in der Region und identifizierte von Kolumbien nach nach Panama 37 Routen, nach

---

514 So liegt beispielsweise in den 12 Grenzregionen das Pro-Kopf-Einkommen um 23 Prozent unter dem Landesdurchschnitt (vgl. International Crisis Group 2004, S. 9).
515 Vgl. INCSR 2003.

Ecuador 26, nach Venezuela 21 und nach Brasilien 14 Waffentransportwege.[516]
Die Waffen werden häufig gegen Drogen getauscht, wobei die kolumbianische
Zeitung *El Tiempo* ein Tauschverhältnis von einer AK-47 gegen ein Kilogramm
Kokainsulfat angegeben hat.[517]

Während die brasilianische und die panamesische Grenze keine Voraussetzungen für das Überschwappen sozialer Konflikte auf der mikroregionalen
Ebene bieten, spielen soziale Fragen im Fall von Venezuela und Ecuador eine
immer bedeutendere Rolle. Beide Länder sind nach den Vereinigten Staaten die
Haupthandelspartner Kolumbiens (Ecuador hat Venezuela 2003 als zweitwich-
tigster Handelspartner abgelöst) und die regen Wirtschaftsbeziehungen spiegeln
sich im alltäglichen Ameisenverkehr der besiedelten Grenzabschnitte.

Die sowohl längste (2.050 Kilometer) als auch bevölkerungsreichste
Grenze verbindet Kolumbien mit Venezuela. Je nach Schätzung werden jährlich
100 bis 250 Tonnen Kokain über ein Netz von Straßen, Flüssen und Trampel-
pfaden nach Venezuela exportiert[518] und auf mindestens 21 Schmuggelpfaden
sollen von Venezuela aus Waffen nach Kolumbien gebracht werden (s.o.). Die
Grenze ist jedoch nicht nur durchlässig für den Transport illegaler Güter. Auch
illegale Akteure agieren zunehmend auf venezolanischem Territorium. Alle
wichtigen Quellen der kolumbianischen Kriegsökonomien, das Drogen- und das
Entführungsgeschäft ebenso wie die Besteuerung transnationaler Unternehmen
existieren in hohem Maße in den Grenzregionen und sind zunehmend auch jenseits der Grenze vertreten.

Die an Venezuela angrenzenden Provinzen sind besonders eng mit dem
Drogengeschäft verbunden. Die ersten Marihuanafelder wurden in den 1970er
Jahren auf der Guajira-Halbinsel in der Nordspitze des Subkontinents, durch die
die venezolanisch-kolumbianische Grenze verläuft, kultiviert. Hier wurden die
ersten klandestinen Fluglandebahnen zum Transport der Drogen nach Norden
errichtet. Seitdem hat sich der Koka- und Opiumanbau auf die übrigen östlichen
Provinzen ausgeweitet. Heute zählen sämtliche an Venezuela angrenzenden Departements zu den wichtigsten Kokaanbaugebieten Kolumbiens, Norte de Santander weist sogar die höchste Kokaanbaudichte des gesamten Staatsgebiets auf.
Das Ausmaß des Kokaanbaus auf venezolanischer Seite der Grenze ist unbe-
kannt. US-Behörden schätzen, dass in der Serranía de Perijá bisher circa 400 bis
600 Hektar Koka kultiviert werden.[519] Eine weitere Auswirkung der kolumbianischen Drogenökonomie auf Venezuela ist der angebliche Aufkauf weiter

---

516 Vgl. RAND 2003, S. 32.
517 Zitiert in: International Crisis Group 2004, S. 12.
518 Vgl. International Narcotics Control Strategy Report 2003.
519 Vgl. Ebd.

Landstriche fruchtbaren Bodens nahe des Maracaibo Sees im Nordwesten von Venezuela durch kolumbianische Drogenbarone.

Die Grenzregion wird zu einem erheblichen Teil von den illegalen Gewaltakteuren beherrscht, wobei die Paramilitärs im Norden dominieren und die FARC im Süden. Die südlichen Grenzabschnitte werden hauptsächlich von den FARC für den Drogenexport und den Waffenimport genutzt. Hier verlaufen die Handelswege durch die östlichen Regenwaldgebiete von Guainía, Vichada und Vaupés per Flugzeug oder per Schellboot über die Flüsse, wobei vor allem der Guaviare als Wasserweg für das in Meta und Guaviare angebaute Kokain bekannt ist.[520]

In der Nordhälfte der venezolanischen Grenze sind vornehmlich die AUC und das ELN verwurzelt. Die AUC kontrolliert weite Gebiete in La Guajira, Cesar und Norte de Santander und konnte hier - ungeachtet der laufenden Verhandlungen mit der Regierung - ihren Einfluss seit 2002/3 weiter ausdehnen. Ein Licht auf die Machtstruktur der AUC werfen die im Jahr 2004 erfolgten Verhaftungen der mit der AUC zusammenarbeitenden Bürgermeister von Cúcuta (Hauptstadt von Norte de Santander) und von Riohacha (Hauptstadt von La Guajira).[521] Auch das Entführungsgeschäft und die Erhebung von Steuern durch illegale Gruppen dehnen sich über die Grenze auf venezolanisches Territorium aus. In Interviews mit der kolumbianischen Presse äußerten etwa venezolanische Viehzüchter und Taxifahrer, regelmäßig Steuern an kolumbianische Paramilitärs zu zahlen. Die Paramilitärs agierten in den grenznahen Orten als Vollstrecker der Justiz, indem sie Delinquenten und Bauern, die sie der Kollaboration mit der Guerilla verdächtigten, erschössen.[522]

Mit Ecuador verbindet Kolumbien eine Grenze von insgesamt 586 km, über die circa 20 Prozent der Drogenexporte laufen. Nahezu die gesamte Grenze ist in den Händen nichtstaatlicher Gewaltakteure. Die FARC kontrollieren den größten Teil des Grenzgebiets in den ländlichen Zonen, während die AUC Macht über einen geringeren Teil der Kokaanbaugebiete – z.B. zwischen den Flüssen Mira und Mataje nahe der Pazifikküste – ausübt und einen Teil der größeren Ortschaften und der Transitwege in den Grenzprovinzen Putumayo und Nariño kontrolliert.[523] Nariño ist das größte Drogenanbaugebiet Kolumbiens und durch wenige Stunden grenzüberschreitenden Weges mit einer Reihe von

---

520 Vgl. International Crisis Group 2004, S. 5 f.
521 Vgl. Alcalde a la sombra?, in: Semana, 26.01.2005.
522 Vgl. Baig, José (BBC Mundo): Colombia / Venezuela: una frontera tensa, 26.01.2005, www.terra.com.co/actualidad/noticias_bbc/26-01-2005/nota219609.html.
523 Vgl. International Crisis Group 2004, S. 5.

nicht kontrollierten Pazifikhäfen zwischen Tumaco und Esmeraldas in Ecuador verbunden, von wo aus die Ware verschifft wird.[524]

8.3. Regionalisierung des Konflikts in den Zentren

Die Reaktion der Nachbarstaaten auf ihre zunehmende Involvierung in den kolumbianischen Konflikt ist unterschiedlich und im Wesentlichen abhängig von zwei Faktoren. Erstens vom Ausmaß der sozialen und wirtschaftlichen Folgen der Drogenökonomien auf die Gesellschaften und zweitens von ihrer Einstellung zum politischen Konflikt, bei dem sich als Gegenpole die den Drogen- bzw. Terroristenkrieg anführende USA zusammen mit der Aufstand bekämpfenden kolumbianischen Regierung einerseits und die Guerillabewegungen andererseits gegenüber stehen.

Die schwierigsten zwischenstaatlichen Beziehungen führt Kolumbien zu seinem östlichen Nachbarn Venezuela. Dabei hat die Regierung Chávez einerseits durchaus das Interesse, die Ausbreitung der Kriegsökonomien, d.h. das Eindringen bewaffneter Akteure und die drohende Verlagerung des Kokaanbaus auf venezolanisches Territorium zu verhindern. Andererseits jedoch verbindet sie mit den kolumbianischen Guerillaorganisationen das Ziel der kontinentalen Ausweitung sozialistischer Werte und die Ablehnung amerikanischer Hegemonialpolitik. Der politische Antagonismus zwischen dem Rechtspopulisten Uribe und dem Linkspopulisten Chávez entzündet sich an ihrer gegensätzlichen Haltung zu den beidseits der Grenze agierenden Guerillaorganisationen, die von Kolumbien und den USA als Terroristen definiert werden. Kolumbien beschuldigt Chávez seit langem, FARC- und ELN-Guerilleros Unterschlupf zu gewähren und die Errichtung von Guerilla-Lagern auf venezolanischem Territorium zu gestatten, die den illegitimen Kämpfern als Basis für Angriffe in den angrenzenden kolumbianischen Provinzen (vor allem Norte de Santander) dienen.[525]

Immer wieder kam es zu diplomatischen Spannungen zwischen Chávez und der Regierung Pastrana, etwa als sich Chávez im Jahr 2001 weigerte, den von Kolumbien der Flugzeugentführung beschuldigten ELN-Guerillero José Maria Ballestas auszuliefern. Aufsehen erregte auch die Teilnahme eines FARC-Mitglieds an einer Sitzung des venezolanischen Senats.[526] Seit Uribes

---

524 Vgl. ICG 2004, S. 11.
525 Vgl. El mundo contra las Farc, http://semana.terra.com.co/opencms/opencms/Semana/ articulo.html?id=68217, Februar 2003. Es gibt Gerüchte über ein Abkommen zwischen den FARC und Chávez, nach dem die FARC ihre Entführungen auf venezolanischem Boden im Austausch gegen die Möglichkeit, Venezuela als Rückzugsraum zu nutzen, eingestellt haben.
526 Vgl. El mundo contra las Farc, Februar 2003, http://semana.terra.com.co/ opencms/opencms/Semana/articulo.html?id=68217.

Terrorismusdiskurs hat sich die Frequenz diplomatischer Streitigkeiten allerdings erhöht – ein Trend, der sich solange nicht umkehrt, wie die Grenze zwischen beiden Staaten durchlässig und ihre Politik gegenüber den transnationalen Herausforderungen voneinander verschieden ist.[527] Ereignisse der letzten Jahre verdeutlichen dies.

Zum Beispiel verhafteten die venezolanischen Behörden im April 2004 über 100 Paramilitärs wegen der angeblichen Vorbereitung eines Putsches in Zusammenarbeit mit zwei venezolanischen Offizieren. Chávez beschuldigte sogar den kolumbianischen General Martín Orlando Careño, an den Umsturzplänen beteiligt gewesen zu sein.[528] Im September 2004 wurden in der ölreichen venezolanischen Provinz Apure nahe der Grenze zu Arauca ein Ingenieur der staatlichen Ölgesellschaft Pdvsa sowie fünf venezolanische Soldaten, die für Sicherheit zuständig waren, ermordet. Während die kolumbianische Regierung behauptete, Belege für die Urheberschaft der FARC zu haben, ließ Chávez die Zuschreibung der Verantwortung im Unklaren.

Die Festnahme des Kanzlers der FARC, Rodrigo Granda, im Dezember 2004 und die Aufdeckung der mit diesem Ereignis assoziierten Umstände führten schließlich zu einer diplomatischen Krise zwischen beiden Regierungen, in der Chávez seinen Botschafter zurückzog und die Aussetzung aller zwischenstaatlichen Verträge und Handelsbeziehungen anordnete. In diesem Fall beschuldigte Venezuela Kolumbien, seine Souveränität verletzt zu haben, da kolumbianische Agenten – unter Mittäterschaft venezolanischer Sicherheitsbeamter – den FARC-Kanzler Rodrigo Granda in Caracas festgenommen und nach Kolumbien entführt hätten. Die kolumbianischen Behörden behaupteten dagegen, Granda erst auf kolumbianischem Boden in der Grenzstadt Cúcuta festgenommen zu haben. Sie forderten von Chávez im Gegenzug, die FARC endlich als Terroristen zu definieren und ihnen gemäß internationalen Vereinbarungen den Aufenthalt auf venezolanischem Boden zu verweigern. In diesem Zusammenhang händigten sie der venezolanischen Regierung eine Liste mit den Namen von 10 hochrangigen Guerillaführern aus, die sich häufig und für lange Zeit

---

527 Dessen ungeachtet gibt es zwischen Venezuela und Kolumbien mehr als 30 institutionalisierte Konfliktlösungsmechanismen, von denen allerdings nur zwei dem Grenz- beziehungsweise Sicherheitsbereich gewidmet sind: Die erste ist die *Comisión Binacional Fronteriza* (*Combifron*), die von den Verteidigungsministerien beider Länder geführt werden, jedoch seit mehreren Jahren blockiert ist. Die zweite (*Mecanismo de Verificación de Incidentes*), eine Wahrheitskommission, die von beiden Staaten für die Aufklärung von Grenzübergriffen eingerichtet wurde, ist ebenfalls inaktiv (vgl. Cancilleres de Colombia y Venezuela se verán mañana por primera vez desde el inicio de la crisis, El Tiempo, 25.01.2005.)
528 International Crisis Group 2004, S. 20.

in Venezuela aufhielten, darunter der internationale Sprecher der FARC, Raúl Reyes und der Chef des ELN Gabino.[529]

Die Auseinandersetzungen um den Fall Granda brachten zudem ans Licht, dass Granda Anfang Dezember am „Zweiten bolivarischen Kongress der Völker" teilgenommen hatte, wobei die abgeordnete Organisatorin des Kongresses im Nachhinein betonte, sie habe Granda als Vertreter einer bewaffneten Bewegung die Teilnahme untersagt, dieser habe jedoch uneingeladen an der Veranstaltung partizipiert. Wenige Tage vor der Festnahme Grandas seien zudem vier verdeckte kolumbianische Ermittler, vermutlich auf der Suche nach Granda, in Venezuela verhaftet, jedoch nach drei Tagen wieder frei gelassen worden.

Im Gegensatz zu Venezuela ist Ecuador direkt in die Bekämpfung der so genannten *Narcoguerilla* eingebunden. Sie fungieren als Teil der *Hammer-Amboss*-Strategie, die darauf abzielt, die in den südlichen Provinzen Kolumbiens vertretenen FARC immer weiter in Richtung Süden zu drängen und an der ecuadorianischen Grenze abzufangen. Ecuador hat an seiner Nordgrenze über 8.000 Soldaten seines 60.000 Kämpfer zählenden Heeres konzentriert und stellt den USA Territorium für die FOL Manta als Basis für den Kampf gegen Drogen und Terrorismus zur Verfügung. Ecuador erhält von den direkt angrenzenden Staaten den höchsten Anteil der ARI (vgl. Tabelle 32) und ist zudem durch die dollarisierte Wirtschaft an die USA gebunden. Das traditionell eher linke Militär steht dem US-treuen Kurs der Regierung jedoch zunehmend skeptisch gegenüber. Michael Shifter weist auf Spannungen zwischen dem kolumbianischen und dem ecuadorianischen Militär und die seit dem Irakkrieg immer skeptischere Haltung der ecuadorianischen Bevölkerung gegenüber dem in Manta präsenten amerikanischen Militär hin.[530]

Auch an die Öffentlichkeit geratene verdeckte Operationen der kolumbianischen Behörden in Ecuador sorgen für Dissonanzen zwischen beiden Ländern. Beispielsweise hatten bereits vor Grandas Verhaftung in Venezuela im Dezember 2004 kolumbianische, ecuadorianische und amerikanische Behörden im August desselben Jahres in einer gemeinsamen Aktion versucht, Granda und weitere hochrangige FARC-Mitglieder in Ecuador festzunehmen. Dabei wurden auf einem ecuadorianischen Flughafen zwei mutmaßliche kolumbianische Guerilleros festgenommen, die sich schließlich als kolumbianische Agenten herausstellten. Dieser Zwischenfall provozierte ebenso eine offensichtliche diplomatische Verstimmung zwischen Kolumbien und Ecuador wie die Festnahme des Finanzchefs der FARC, Simon Trinidad, durch kolumbianische Behörden im Januar

---

529 Vgl. Colombia enteró a Caracas lista con los 10 jefes guerilleros que suelen viajar a ese país, El Tiempo, 20.01.2005.
530 Shifter 2004.

2004 in Ecuador. Auch hier beklagte sich die ecuadorianische Regierung über das unautorisierte Eindringen kolumbianischer Behörden in ecuadorianisches Staatsgebiet.[531]

Solche Vorfälle zeigen, in welchem Maß kolumbianische Nachbarstaaten von Exilanten und Botschaftern der Guerilla frequentiert werden und wie sich die zentrifugale Dynamik des kolumbianischen Konflikts auf die Beziehungen Kolumbiens zu seinen Nachbarn auswirkt. Die Ausbreitung von Kriegsökonomien und die grenzüberschreitenden Aktivitäten von Gewaltakteuren betreffen Staaten, die – trotz teilweise gegenteiliger Rhetorik – seit dem Scheitern der panamerikanischen Ideen Simón Bolívars weder gemeinsame noch konfligierende politische Interessen in signifikantem Maß geteilt haben. Dabei wird die zur Eindämmung erforderliche Kooperation der Exekutiven durch ein allgemeines zwischenstaatliches Misstrauen und politische Gegensätzlichkeiten behindert.

Dagegen besteht die Tendenz, die porösen und politisch bisher wenig bedeutenden Grenzen zu militarisieren. So hat Venezuela circa 30.000 Truppen an seiner Westgrenze stationiert und Ecuador an seiner (weitaus kürzeren) Nordgrenze bereits 8.000 Soldaten aufgestellt. Auch Panama, das vornehmlich durch den massiven Schmuggel in den Konflikt involviert ist, hat mit einer Militarisierung seiner Südgrenze reagiert. Ebenso führt Brasilien seit 2000 ein Programm zur militärischen und polizeilichen Sicherung seiner Grenze nach Kolumbien durch und weitet dieses seit 2003 auf die Grenzen nach Ecuador, Venezuela, Peru und Bolivien aus. Gleichzeitig ist die Regionalmacht im Süden in den letzten beiden Jahren mit den Regierungen der Nachbarstaaten zusammengekommen, um mögliche Kooperationen im Sicherheitsbereich zu diskutieren.[532] Auf die Beilegung des jüngsten Streits zwischen Kolumbien und Venezuela haben indes Cuba und die Vereinigten Staaten einen Einfluss gehabt. Der US-Botschafter hatte sich gleich zu Beginn der Krise energisch hinter Uribe gestellt und von Venezuela die Aufgabe seiner uneindeutigen Haltung gegenüber den FARC-Terroristen gefordert. Gleichzeitig könnten die Äußerungen der amerikanischen Außenministerin Rice, Venezuela müsse als negative Kraft in der Region unter besonderer Beobachtung stehen, Wirkung auf Chávez' Gesprächsbereitschaft gezeigt haben.[533] Die Bereitschaft Uribes, in dem Konflikt einzulenken, ist hingegen vor allem auf die Unterbrechung der Handelsbeziehungen durch Chávez und den darauf folgenden Druck kolumbianischer Unternehmer

---

531 Vgl. Lío Granda, Semana, 24.01.2005.
532 Vgl. INCSR 2003.
533 Vgl. Después de la tempestad...., Revista Cambio, 24.01.2005. Auf diese Replik antwortete Chávez auf dem Weltsozialforum Anfang Februar 2005 mit der Forderung, endlich etwas gegen die „negativste Kraft der Welt" zu unternehmen.

auf ihre Regierung zurückzuführen. Kolumbien exportiert jährlich Waren für 1,5 Milliarden US-Dollar nach Venezuela. Das Nachbarland ist damit nach den USA der zweitgrößte Absatzmarkt für kolumbianische Produkte. Castro überbrachte Chávez eine Botschaft Uribes, in der dieser erklärte, er würde er die öffentlich bekannt gewordenen Gegebenheiten untersuchen, damit sie, im Falle, dass sie Venezuela unpassend erschienen, sich in Zukunft nicht wiederholten.[534]

---

534 Vgl. Fidel Castro fue la pieza clave para resolver crisis entre Colombia y Venezuela, El Tiempo,
    30.01.2005.

9. Die Einbindung Ecuadors in die Regionalisierungs- und Militarisierungstendenzen

9.1. Einleitung

Ein besonders instruktives Beispiel für die parallele Transformation des kolumbianischen Konflikts durch zwischengesellschaftliche und zwischenstaatliche Regionalisierung einerseits sowie die von außen angestoßene Regionalisierung andererseits stellt Ecuador dar. Im Rahmen des *Plan Colombia* erhielt Ecuador im Jahr 2000 eine Unterstützung von 20 Millionen US-Dollar, wovon 12 Millionen für die Bekämpfung der Drogenindustrie und die übrigen acht Millionen für Programme alternativer Entwicklung bestimmt waren. Darüber hinaus wurden 61,3 Millionen US-Dollar für die Einrichtung einer Militärbasis in Manta bereitgestellt, die der Luftüberwachung im Rahmen der Drogenbekämpfung dient. Im Rahmen der *Andean Regional Initiative* wurden Ecuador weitere 76,48 Millionen US-Dollar Unterstützung durch die USA bewilligt, wovon 56,48 Millionen sozioökonomische Hilfe darstellen. Zu den Verwendungszwecken dieser Gelder gehören die Förderung der Entwicklung der Grenzregionen, Armutsbekämpfung, Justizreformen, Umweltprogramme, Drogenbekämpfung, Massnahmen zur Sicherung der Nordgrenze und die Verbesserung der Kontrolle von Wasser- und Luftwegen.

Als die USA den *Plan Colombia* billigten versicherten die ecuadorianische Regierung und ihre Streitkräfte, dass dies ein fremde Angelegenheit sei, welche Ecuador nicht weiter betreffen würde. Dennoch befürchtete die ecuadorianische Bevölkerung, dass der *Plan Colombia* durch seine einseitig militärische Ausrichtung gravierende Folgen für die gesamte Andenregion haben würde. Dies wurde beispielsweise bei einem Besuch Uribes in Quito im August 2003 deutlich. Während Uribe von ecuadorianischen Autoritäten gefeiert wurde, bekundeten Nichtregierungsorganisationen landesweit ihre Ablehnung des kolumbianischen Präsidenten und der mit seiner Person verbundenen Politik. In ganz Quito zeugten zu der Zeit Graffitis an den Häuserwänden mit Aufschriften wie *"No al Plan Colombia"* von dem Protest der Bevölkerung gegen die Pläne der Regierungen in Bogotá und Washington, Ecuador zu einer aktiveren Rolle in der Drogen- und Aufstandsbekämpfung zu drängen.

Die Befürchtungen der ecuadorianischen Bevölkerung waren begründet. In den vergangenen Jahren lässt sich eine wachsende Ausweitung des kolumbianischen Konfliktes auf die Nachbarländer beobachten, die seit der Einführung des *Plan Colombia* zunehmend offensichtlich wurde. Dabei lassen sich die Folgen des *Plan Colombia* und diejenigen der Regionalisierung des kolumbianischen Konflikts nur schwer voneinander trennen, da der *Plan Colombia* selbst ein Katalysator und Bestandteil des Konflikts ist.

Ecuador ist in vieler Hinsicht das am stärksten betroffene Nachbarland Kolumbiens. Dies ist vor allem auf seine geographische Lage zurückzuführen, denn Ecuador grenzt im Norden direkt an die kolumbianische Provinz Putumayo, in der die Guerilla stark vertreten und ein großer Teil der Kokainindustrie situiert ist. Ein weiterer Grund für die Verletzlichkeit Ecuadors besteht darin, dass das Land selbst enorme politische und ökonomische Probleme zu bewältigen hat. Innerhalb von neun Jahren mussten in Ecuador drei Präsidenten vorzeitig ihre Amtszeit beenden, zuletzt auch der im November 2002 gewählte Präsident Lucio Gutiérrez. Gutiérrez verzeichnete bereits nach den ersten Monaten seiner Amtszeit einen drastischen Rückgang seiner Popularität in der Bevölkerung und stand einer starken Opposition im Kongress und bei der Wirtschaftselite gegenüber. Nach anhaltenden öffentlichen Protesten und Demonstrationen in der Hauptstadt Quito wurde Gutiérrez im April 2005 von einer Sondersitzung des Nationalkongresses abgesetzt. Man warf ihm Korruption und Klientelismus sowie die Vernachlässigung seines Amtes vor. Der frühere Vizepräsident Alfredo Palacio soll die Regierungsgeschäfte nun bis zur Präsidentschaftswahl im Oktober 2006 weiterführen.[535] Auch unter der Palacios Übergangsregierung hält die politische Krise im Land an. Palacio hat auf die politischen Geschehnisse im Land kaum Einfluss und ist mit den angekündigten Reformen und der "Neugründung" Ecuadors gescheitert.[536]

Die Militarisierung und die Regionalisierung des kolumbianischen Konflikts wirken sich in Ecuador auf verschiedene Bereiche aus, die in komplexen Zusammenhängen zueinander stehen. Im Folgenden werden vier davon näher betrachtet: (1) die Aktivitäten der irregulären kolumbianischen Gruppen in den ecuadorianischen Grenzprovinzen, (2) die Flüchtlingsproblematik, (3) die militärischen Auswirkungen und (4) die Folgen der chemischen Besprühungen.

---

535 Vgl. EIU Country Report Ecuador, January 2006, S. 1.
536 Ecuador im Griff eines Indio-Aufstands. Protest gegen den Freihandel oder Umsturzversuch?, Neue Zürcher Zeitung vom 17. März 2006.

9.2. Informelle Beziehungen über die ecuadorianisch-kolumbianische Grenze

Ein besonders gravierendes Problem für Ecuador stellt die Sicherung der nördlichen Landesgrenze dar. Der kolumbianische Staat ist an 95 Prozent der 600 Kilometer langen Grenze zwischen Kolumbien und Ecuador nicht präsent, vielmehr herrschen dort die FARC, das ELN und die paramilitärischen AUC.[537] Die Absicherung der Grenze liegt daher fast ausschließlich in der Verantwortung der ecuadorianischen Streitkräfte und wird zusätzlich durch den militärischen Druck erschwert, den kolumbianische Truppen vom Norden aus auf die Guerilla ausüben.

9.2.1. Drogen- und Waffenhandel

Entlang der gemeinsamen Grenze existiert eine rege Kommunikation zwischen Ecuadorianern und Kolumbianern. Diese beruht einerseits auf familiären oder ethnisch-kulturellen Verbindungen, wie sie beispielsweise zwischen der Bevölkerung der Provinz Esmeraldas in Ecuador und derjenigen von Tumaco in Kolumbien bestehen. Andererseits unterhalten die Grenzbevölkerungen beider Staaten intensive legale und illegale Handelsbeziehungen.

Die informellen Wirtschaftsbeziehungen in der Grenzregion umfassen unter anderem den Handel und Schmuggel von Drogen, Waffen, Munition, Sprengstoff und anderen militärischen Ausrüstungsgegenständen. Schätzungsweise 50 Prozent aller Waffen und Explosiva der kolumbianischen bewaffneten Gruppen gelangen über Ecuador nach Kolumbien, während etwa 40 Prozent des in Kolumbien produzierten Kokains durch Ecuador aus dem Land geschmuggelt werden. Die Waffen stammen zum Teil aus Überresten des Ost-West-Konflikts, es gibt aber immer mehr Evidenz dafür, dass auch militärische Ausrüstung direkt aus den Nachbarländern nach Kolumbien geliefert wird.

In Ecuador wurden in den vergangenen Jahren von der Polizei mehrfach größere Waffentransporte beschlagnahmt. So fand die Polizei beispielsweise im August 2003 in Quito eine ganze LKW-Ladung mit Sprengstoff, Munition, Waffen und anderen militärischen Gerätschaften, die offensichtlich für die FARC bestimmt waren. Teile dieser Ladung stammten aus Lagern der ecuadorianischen Streitkräfte. In den Wochen nach dem Fund wurde aufgedeckt, dass

---

537 Gespräch mit Francisco Hidalgo, Centro de Estudios y Asesoria en Salud (CEAS), Quito, 03.09.2003.

eine Reihe ecuadorianischer Militärs in die Waffenlieferungen an die FARC verstrickt waren.

Im Zeitraum von 1992 bis 1999 wurden in Ecuador zudem 33.287 kg Kokainpaste, 4.911 kg Kokainbase, 316 kg Heroin und 35.525 kg Marihuana beschlagnahmt. Mehr als 16.000 Personen wurden im selben Zeitraum wegen Drogendelikten in Ecuador festgenommen, dabei handelte es sich bei 87 Prozent um Ecuadorianer.[538] Über sämtliche Grenzen Kolumbiens wird außerdem Kokainbase ins Land eingeführt, die aus dem Kokaanbau in anderen Ländern stammt und erst in Kolumbien zu Kokain weiterverarbeitet wird. Hinzu kommen die chemischen Vorprodukte, die für die Kokainproduktion benötigt werden, beispielsweise Benzin, allerdings sind diese Produkte fast alle legal erwerbbar und ihre Ein- oder Ausfuhr ist daher nicht gesetzeswidrig.

Die illegalen Güter werden in der Regel abseits der offiziellen Wege transportiert. Allein auf dem 176 Kilometer langen Landstrich, welcher die ecuadorianische Provinz Carchi mit der kolumbianischen Provinz Nariño verbindet, existieren 30 illegale Grenzübergänge. Die Polizei kennt diese Wege zwar, es ist jedoch unmöglich, sie alle kontinuierlich zu überwachen. Bisher werden nur sporadische Kontrollen zu verschiedenen Zeiten durchgeführt. Der Erfolg dieser Maßnahmen ist allerdings gering, da die Schmuggler von Anwohnern über Funk informiert werden, wenn Kontrollen stattfinden und die Grenze zu den entsprechenden Zeitpunkten gar nicht erst überqueren. Die effektive Kontrolle der Grenzen wird zudem durch die fehlende Zusammenarbeit zwischen Militär, Polizei und Grenzschutz behindert.

9.2.2. Präsenz der bewaffneten Gruppen und Anstieg der Gewalt

Die bewaffneten Gruppen nutzen die ecuadorianischen Provinzen an der Grenze zu Kolumbien traditionell als Rückzugsgebiet, in dem sie sich erholen und neu ausrüsten. Aus Studien der Streitkräfte Ecuadors und Kolumbiens geht hervor, dass fast 60 Prozent der ecuadorianischen Bevölkerung an der gemeinsamen Grenze Beziehungen zu den bewaffneten kolumbianischen Gruppen unterhalten. So erwerben FARC, ELN und AUC in Ecuador Stiefel, Uniformen, Lebensmittel, Chemikalien oder Waffen, besuchen Restaurants oder Bars und nehmen medizinische Leistungen in Anspruch.

Angehörige der FARC halten sich vor allem in der an Putumayo angrenzenden Provinz Sucumbíos auf. In den letzten Jahren haben die ecuadorianischen Streitkräfte dort mehrfach Trainingslager der FARC aufgedeckt und

---

538 Mantúfar 2003, S.211 ff.

zerstört. Im Jahr 2005 war beispielsweise die Existenz von mindestens zehn Camps der FARC an der ecuadorianischen Grenze bekannt. Das ELN ist in begrenztem Maße in Esmeraldas und in Carchi vertreten. Gruppen der AUC sollen unter anderem in Santo Domingo de los Colorados, Cotopaxi, Chimborazo, General Farfán, Cascales und Nueva Loja präsent sein, wo sie sich durch die Besteuerung von Farmern finanzieren, denen sie ihren Schutz vor Entführungen durch die kolumbianische Guerilla anbieten.

Abbildung 20: Die südwestlichen Provinzen Kolumbiens[539]

Nach Quellen des ecuadorianischen Militärs gibt es auch in einigen weiter von der Grenze entfernten Gebieten Hinweise auf die Anwesenheit von irregulären bewaffneten Gruppen aus Kolumbien, so beispielsweise in den Amazonasprovinzen Napo und Orellana, in Imbabura und selbst in Pichincha, der Provinz der Hauptstadt Quito.

---

539 Aus: www.disaster.info.desastres.net.

In der Vergangenheit bestand offenbar eine Art stillschweigendes Abkommen darüber, dass die ecuadorianischen Streitkräfte die Guerilla und Paramilitärs nicht belästigten, solange diese sich friedlich verhielten. Seit 1999 ist die Präsenz der bewaffneten Gruppen in Ecuador jedoch mit einem deutlichen Anstieg von Gewaltdelikten verbunden. Dies betrifft insbesondere die Grenzprovinzen Esmeraldas, Carchi und Sucumbíos, welche zu den Provinzen Ecuadors zählen, die die landesweit höchsten Mordraten aufweisen.[540]

Unmittelbar nach dem Abbruch der Verhandlungen zwischen FARC und kolumbianischer Regierung Anfang 2002 und dem darauf Eindringen kolumbianischer Truplpen in die entmilitarisierte Zone San Vicente del Caguán, die geografisch näher an Ecuador liegt als an Bogotá, kam es zu einer weiteren Verschärfung der Situation in Ecuador. In einem Bericht der *Washington Office on Latin America* vom Juni 2002 heißt es, Entführungen, Erpressungen, Autodiebstahl und Mord seien innerhalb von 18 Monaten stark angestiegen.[541]

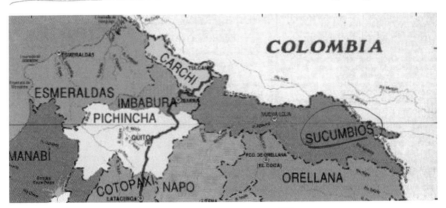

Abbildung 21: Die nördlichen Provinzen Ecuadors[542]

Insbesondere in Sucumbíos, der Provinz mit der höchsten Konzentration bewaffneter kolumbianischer Gruppierungen, hat die Gewalt seit der Einführung des *Plan Colombia* drastisch zugenommen. Lago Agrio, der größte Ort in Sucumbíos, wird sowohl von der Guerilla als auch von den Paramilitärs als Informationszentrale genutzt, wobei es häufig zu Konfrontationen zwischen Angehö-

---

540 Vgl. Ecumenical Human Rights Commission of Ecuador (CEDHU), Plan Colombia: it's Consequences in Ecuador, 16.03.2001.

541 Vgl. Edwards, Sandra (2002), Colombian Conflict impacts Ecuador, Washington Office on Latin America.

542 Vgl. www.mundoecuador.com.

rigen beider Gruppen auf ecuadorianischem Territorium kommt. Es gibt ausserdem Anzeichen dafür, dass sich die Institution des *sicariato*, des Auftragsmördertums, in den Norden Ecuadors ausbreitet.

Nach Informationen der Polizei erhöhte sich die Zahl der Mordopfer in Sucumbíos zwischen 1999 und 2000 um 364 Prozent und zwischen 2000 und 2001 um weitere 49 Prozent. Auch im ersten Halbjahr 2002 setzte sich diese Tendenz fort.[543] Insgesamt wurden im Jahr 2002 durchschnittlich 11,6 Morde pro Monat verübt.[544] In den Provinzen Carchi und Esmeraldas wurde im gleichen Zeitraum ein wesentlich geringerer Anstieg der Gewalt verzeichnet. Nach Statistiken der *Asamblea Permanente De Derechos Humanos* (APDH) war die Ursache von 81 Prozent aller Todesfälle in Sucumbíos zwischen Januar und September 2002 Mord, grösstenteils durch Schusswaffen verursacht. Gut sechzig Prozent der Opfer, die durch Schusswaffen ums Leben kamen, waren Ecuadorianer, knapp vierzig Prozent Kolumbianer.[545] Laut APDH handelt es sich bei einem grossen Teil der Mordfälle in Sucumbíos um die Begleichung von offenen Rechnungen unter den Mitgliedern der bewaffneten Gruppierungen. Hinzu kommen vereinzelte Morde an ecuadorianischen Farmern oder Angehörigen der indigenen Bevölkerung, die von den Paramilitärs verdächtigt wurden, mit der Guerilla zu sympathisieren. Mindestens in einem Fall wird auch von einem Massaker berichtet, dem sechs unschuldige ecuadorianische Zivilisten zum Opfer fielen.[546]

In vielen Fällen bleibt ungeklärt, ob Überfälle, Entführungen oder Diebstahl der AUC, den FARC oder der alltäglichen Delinquenz zuzuschreiben sind. Die Besorgnis und Angst der Bevölkerung in der Grenzregion hat außerdem zur Folge, dass über die Aktionen der kolumbianischen bewaffneten Gruppierungen viele Gerüchte kursieren, die teilweise ungeprüft von der Presse übernommen werden. Dieser Umstand wird zuweilen auch von ecuadorianischen Kriminellen ausgenutzt, die im Namen der bewaffneten Gruppen des Nachbarlandes agieren. So konnte beispielsweise nur bei fünf Prozent der Gewaltakte, die zwischen Ja-

---

543 Vgl. Asamblea Permanente De Derechos Humanos (APDH) de Ecuador, Estadísticas de situación en la provincia de sucumbíos, in: Bandera Blanca Nr. 2, S. 4; International Observatory for Peace (OIPAZ): Evaluation of the situation in the north of Ecuador: 2002 (www.GlobalAware.org) sowie Diagnóstico de la frontera Ecuador-Colombia, in: Comentario internacional, Nr. 4, II. Semester/2002, S. 213 f.
544 Vgl. OIPAZ 2002.
545 Vgl. APDH, Estadísticas de situación en la provincia de sucumbíos, in: Bandera Blanca Nr. 2, S. 5.
546 Vgl. APDH, Estadísticas de situación en la provincia de sucumbíos, in: Bandera Blanca Nr. 2, S. 4 sowie Gómez León, Orlando: "Paras" y "Guerros" en el Ecuador, Agencia Informativa Pachacámac, 18.09.02.

nuar und März 2003 in Esmeraldas verübt wurden, eindeutig eine Beteiligung von Kolumbianern nachgewiesen werden.[547]

Ecuadorianer sind nicht nur Opfer der Gewalt, sondern werden auch zunehmend selbst zu Akteuren des Konflikts. Nach Auskunft eines AUC-Mitglieds befanden sich im September 2002 zwischen 40 und 50 Ecuadorianer unter den kolumbianischen Paramilitärs, weitere 30 ecuadorianische Jugendliche wurden zum Zeitpunkt der Befragung für den Kampfeinsatz ausgebildet.[548] Der Präfekt von Carchi, General René Yandún, weist darauf hin, dass in Ecuador durchaus eine soziale Basis existiert, die von Guerillabewegungen und paramilitärischen Gruppierungen für eine aktive Beteiligung am bewaffneten Kampf mobilisiert werden könnte.[549] Als Anreiz dienen dabei ähnlich wie in Kolumbien weniger politische Ziele, als die Aussicht auf eine relativ gute Bezahlung, die Ausrüstung mit Waffen und die Zugehörigkeit zu einer mächtigen Gruppierung.

Im September 2002 verteilte ein Flugzeug der AUC in der Grenzregion Handzettel, auf denen die ecuadorianische Bevölkerung aufgefordert wurde, die Paramilitärs im Kampf gegen die FARC zu unterstützen. Für Hinweise über FARC-Mitglieder wurden Belohnungen ausgesetzt.[550]

In Santo Domingo, in der Provinz Pichincha, südlich von Quito, haben sich als Reaktion auf den Anstieg von Raubüberfällen und Entführungen ecuadorianische paramilitärische Gruppen gebildet. Unbestätigten Berichten zufolge soll die Polizei im Jahr 2000 ausserdem die Existenz einer Partnerorganisation der FARC in Ecuador festgestellt haben, die für ein Sprengstoffattentat in Guyaquil verantwortlich gemacht wird. Die sogenannten *Fuerzas Armadas Revolucionarias de Ecuador* (FARE) sollen demnach 400 Mitglieder haben und von den FARC trainiert und ausgerüstet worden sein.[551]

9.3. Entwicklung der Flüchtlingsproblematik

Die eskalierende Gewalt, Drohungen durch die bewaffneten Gruppen und die Zerstörung der Lebensgrundlage vieler Kleinbauern durch die chemischen Besprühungen von Kokafeldern führen jedes Jahr zur Vertreibung

---

547 Vgl. Observatorio Internacional por la Paz (OIPAZ), Boletín Abril 2003, www.iansa.org/documents/2003/observatorio-abril2003.pdf.

548 Vgl. Gómez León 2002.

549 Vgl. General René Yandún, Plan Colombia, América Latina en disputa, in: cántaro, Nr. 33, November 2001, S. 19-20.

550 Vgl. OIPAZ 2002.

551 Vgl. International Crisis Group 2003a, S. 9.

Hunderttausender Kolumbianer aus ihren Heimatorten. Nach Angaben des UN Hochkommissariats für Flüchtlinge (UNHCR) beläuft sich die Gesamtzahl der innerhalb Kolumbiens Vertriebenen auf ca. 2-3 Millionen, das ist die zweithöchste Zahl an Binnenflüchtlingen weltweit. Die kolumbianische NGO CODHES schätzt die intern Vertriebenen sogar auf 3,6 Millionen Menschen mit dem Hinweis, dass der größte Teil der Vertriebenen nicht offiziell registriert sei (vgl. auch Kapitel 4.5.).[552]

Auch Kolumbiens Nachbarländer verzeichnen in den letzten Jahren zwar einen Anstieg der Flüchtlingszahlen, jedoch hat der Zustrom von Vertriebenen nicht die Ausmaße angenommen, die nach der Einführung des *Plan Colombia* zunächst befürchtet wurden. Die *International Crisis Group* schätzt die Gesamtzahl von Kolumbianern, die zwischen 2000 und 2002 temporär oder permanent im Ausland Schutz vor der Gewalt gesucht haben, auf etwa 100.000.[553]

Für diejenigen Vertriebenen, welche die Landesgrenzen überqueren, ist Ecuador zunächst das Hauptzielland. Allein im Jahr 2003 wurden von UNHCR in Ecuador über 11.000 Asylanträge von Kolumbianern registriert. Viele der Antragsteller werden jedoch abgewiesen, bleiben illegal im Land, kehren zurück oder reisen in Drittländer weiter. Als permanentes Gastland stand Ecuador 2003 mit 6.248 offiziell anerkannten kolumbianischen Flüchtlingen erst an vierter Stelle, nach den USA (11.590), Costa Rica (8.266) und Kanada (6.689).

Innerhalb der Andenregion stellt Ecuador sowohl bei der Zahl der Asylsuchenden als auch bei der Zahl der langfristig im Land verbleibenden kolumbianischen Flüchtlinge das bei weitem am stärksten betroffene Land dar. So verzeichnete Ecuador 2003 mit 11.388 Fällen zehnmal so viele Asylbewerber wie Venezuela (1.345) und mehr als hundertmal so viele wie Peru (125) und Panama (unter 100). Die Zahl der Kolumbianer mit offiziellem Flüchtlingsstatus hat sich in Panama von 733 im Jahr 1999 auf 860 im Jahr 2003 nur unwesentlich erhöht und in Venezuela wurden bis 2004 insgesamt nur 47 Flüchtlinge offiziell anerkannt.

Ecuador ist somit das einzige Land in der Region, in dem seit 2000 eine drastische Erhöhung der Anzahl kolumbianischer Flüchtlinge und Asylbewerber festzustellen ist. Während die Zahl der Antragsteller bis 1999 jährlich nie mehr als 100 betrug, wurden im Jahr 2000 fast 1.600 Asylanträge von Kolumbianern registriert. Diese Zahl stieg innerhalb der folgenden zwei Jahre erneut um mehr als das vierfache auf 6.732 an und erreichte im Jahr 2003 mit 11,388 wiederum

---

552 UNHCR: The State of the World's Refugees: Human Displacement in the New Millennium, April 2006.
553 Vgl. International Crisis Group 2003b, S.16.

beinahe den doppelten Wert des Vorjahres. Von Anfang 2000 bis Mitte 2004 wurden insgesamt 27.190 Asylanträge gestellt.

	1999	2000	2001	2002	2003	2004
Ecuador	36	1.594	3.286	6.732	11.388	7.626
Venezuela	38	95	205	705	1.345	2.242
Peru	0	3	46	57	105	120
Panama	n.b.	n.b.	n.b.	n.b.	n.b.	328

Tabelle 34: Asylanträge von Kolumbianern in den Nachbarländern 1999 – 2004[554]

Die tatsächliche Zahl der aus ihrer Heimat geflohenen Kolumbianer die sich in Ecuador aufhalten dürfte noch deutlich höher liegen als die offiziellen Angaben, da der Großteil der Immigranten nicht registriert wird. Im Allgemeinen bringt die Beantragung des Flüchtlingsstatus mehr Risiken als Vorteile mit sich. So können hierdurch einerseits Familienangehörige gefährdet werden, die in Kolumbien geblieben sind, andererseits kann es auch den Betroffenen selbst Nachteile bringen, wenn sie bei der Rückkehr in ihr Heimatland als Vertriebene identifiziert werden. Hinzu kommt die Angst vor der Deportation. Organisationen wie das Observatorio International por la Paz (OIPAZ) gehen deshalb davon aus, dass "für jeden Kolumbianer, der sich in Ecuador als Flüchtling registrieren lässt, drei weitere illegal ins Land einreisen".[555]

Der Anteil der kolumbianischen Asylbewerber, die von den ecuadorianischen Behörden als Flüchtlinge anerkannt wurden, ist in den Jahren 2001 bis 2004 ständig gesunken. Während im Jahr 2001 noch 80 Prozent aller Entscheidungen zugunsten der Antragsteller ausfielen, waren es 2002 nur noch 57 Prozent, 2003 noch 43 Prozent und 2004 nur noch 37 Prozent (vgl. Tabelle 35).

---

554 Vgl. UNHCR Statistical Yearbooks.
555 OIPAZ 2002.

	2002	2003	2004
Neuanträge Offene Anträge aus dem Vorjahr	**6.732** 218	**11.388** 2.618	**7.626** 2.526
Entscheidungen angenommen abgelehnt	**2.764** 1.568 (57%) 1.196 (43%)	**7.638** 3.282 (43%) 4.356 (57%)	**6.672** 2.465 (37%) 4.207 (63%)
vorzeitig abgeschlossen	1.568	3.842	1.927
ungeklärt	2.618	2.526	1.553

Tabelle 35: In Ecuador registrierte Asylanträge von Kolumbianern (2002 bis 2004)[556]

In Ecuador stellt die Provinz Sucumbíos die Hauptauffangregion für die kolumbianischen Flüchtlinge dar, da sie direkt südlich von Putumayo in Ecuadors Amazonasgebiet liegt. Dies ist insofern problematisch, als Sucumbíos selbst durch ein hohes Maß an Unterentwicklung, Gewalt und Vertreibung (oftmals von Angehörigen der indigenen Bevölkerung) gezeichnet ist. Obwohl die Provinz zu den wichtigsten ecuadorianischen Zentren für die Ölproduktion zählt, hat Sucumbíos weder ein hinreichendes Trinkwasser- oder Abwassernetz, noch asphaltierte Strassen oder eine regelmässige Stromversorgung. Das Gesundheits- und das Bildungssystem sind mangelhaft und es herrscht eine hohe Arbeitslosigkeit bzw. Unterbeschäftigung. Sucumbíos ist daher denkbar schlecht auf die Versorgung der Flüchtlinge vorbereitet. Ähnliches gilt für die südlichere Provinz Orellana. Die Grenzregionen Carchi und Esmeraldas haben hingegen eine deutlich weiter entwickelte Infrastruktur. UNHCR hat in allen drei Grenzprovinzen Büros eingerichtet, in denen Kolumbianer Asyl beantragen können.

Die ecuadorianische Regierung hat gemeinsam mit der Kirche St. Michael von Sucumbíos (ISAMIS) und UNHCR einen Notplan entwickelt, der die Registration der Flüchtlinge, den Aufbau von Lagern und die Bereitstellung elementarer Güter und Dienstleistungen umfasst.[557] Die betroffenen Personen oder Familien erhalten Nahrungspakete, Unterkunft, freie medizinische Versorgung und Schulbildung, Küchengeräte und Schutz für eine Zeit von drei Monaten. Neben dem Auffanglager in Sucumbíos wurden zwei weitere Lager für kolumbianische Flüchtlinge eingerichtet, eines in Ibarra in der Provinz Imbabura und ein weiteres in San Lorenzo in der Provinz Esmeraldas. 60 Prozent der kolumbianischen Flüchtlinge halten sich in Ibarra und in der Grenzstadt Tulcán in der

---

556 Vgl. UNHCR Statistical Yearbooks.
557 Vgl. CEDHU 2001.

Provinz Carchi auf, die meisten anderen in Quito, Cuenca oder San Lorenzo. Ein Drittel von ihnen sind Kinder unter 18 Jahren.

Obwohl die erste Grundversorgung der täglich in Sucumbíos eintreffenden Flüchtlinge gewährleistet ist, gibt es von seiten der ecuadorianischen Regierung keine angemessenen Reaktionen auf die weiteren Probleme, mit denen sich die betroffenen Kolumbianer und die Bevölkerung der ecuadorianischen Grenzprovinzen konfrontiert sehen. Weder bei der Arbeits- und Wohnungssuche, noch im Gesundheits- und Bildungsbereich existieren Programme, welche die Eingliederung der Vertriebenen erleichtern.

Während der Phase der Antragsbearbeitung dürfen die Kolumbianer grundsätzlich nicht arbeiten. Aber auch nach Annahme ihrer Anträge bleiben viele Flüchtlinge ohne Tätigkeit. Das ist nicht nur auf die schwierige Lage des Arbeitsmarktes in Ecuador und vor allem in Sucumbíos zurückzuführen, sondern auch auf das schlechte Image, das der kolumbianischen Nation hier anhaftet. Nicht zuletzt trägt auch die Darstellung des kolumbianischen Konflikts in den ecuadorianischen Medien dazu bei, dass Kolumbianer bei vielen Ecuadorianern als grundsätzlich gewalttätig und kriminell gelten und befürchtet wird, dass die Flüchtlinge ihren Lebensunterhalt durch Diebstahl, Überfälle, Erpressungen, Entführungen und organisierte Kriminalität bestreiten würden. Entsprechend haben ecuadorianische Arbeitgeber und Vermieter oftmals Bedenken, Kolumbianern eine Anstellung oder Wohnung zu geben.[558] Zumeist bieten daher Kolumbianer ihre Arbeitskraft zu wesentlich geringeren Löhnen an als die Ortsansässigen, einige begnügen sich sogar mit Unterkunft und Verpflegung. Auch dies begünstigt Ressentiments, da die Ecuadorianer Gefahr laufen, Arbeit an die billigere Konkurrenz aus dem Norden zu verlieren.[559]

Es bleibt anzumerken, dass nur ein Bruchteil der Kolumbianer, die heute in Ecuador leben, als Flüchtlinge ins Land gekommen sind. Unter den Immigranten befinden sich auch viele Arbeiter, die von den höheren Löhnen in Ecuadors dollarisierter Wirtschaft angezogen werden. In anderen Fällen erfolgt die Ausreise nicht als unmittelbare Flucht vor der Gewalt, sondern als Reaktion auf die allgemeine Situation der Unsicherheit in Kolumbien. Über die Gesamtzahl der in Ecuador lebenden Kolumbianer existieren keine offiziellen Daten, die *Faculdad Latinoamericana de Ciencias Sociales* (FLACSO) und UNHCR schätzen ihre Zahl auf etwa 300 000.[560]

---

558 Vgl. OIPAZ 2002.
559 Vgl. OIPAZ 2003.
560 Rivera, Freddy (2003): Informe sobre desplazados y refugiados colombianos en el Ecuador, FLACSO-ACNUR, Quito.

9.4. Die Basis von Manta und die Militarisierung der Nordgrenze

9.4.1. Die Basis von Manta

Im November 1999 vereinbarten der damalige ecuadorianische Präsident Jamil Mahuad und die amerikanische Regierung die Einrichtung einer *Forward Operation Location* (FOL) in der Militärbasis von Manta. In dem Kooperationsabkommen vom 25.11.1999 gewährte Ecuador den USA die kostenlose Nutzung des Luftstützpunkts Eloy Alfaro, des Hafens von Manta und weiterer mit der Basis verbundenen Installationen. Den USA wurde darüber hinaus gestattet, den ecuadorianischen Luftraum zu durchfliegen. Für die Angestellten in der Militärbasis wurde ein juristischer Sonderstatus vereinbart, der dem von amerikanischen Botschaftsangestellten gleicht. Nicht permanent in Manta stationiertes Personal wurde befähigt, ohne Pässe oder Visa, sondern lediglich mit ihrer Identifikation als Amerikaner in Ecuador ein- und auszureisen. Ecuador erklärt in dem Abkommen seinen Verzicht auf jegliche Entschädigungen für mögliche Verletzungen oder Todesfälle von Personen oder für Schäden, Verlust oder Zerstörung von Regierungsgütern. Das Abkommen gilt zunächst für zehn Jahre und ist danach in Abständen von jeweils fünf Jahren erneuerbar.

Das schriftliche Übereinkommen, welches die rechtliche Grundlage für die Nutzung des Stützpunkts bildet, löste in Ecuador von Anfang an eine rege Kontroverse aus. Juristen betrachten den Vertrag als illegal, da er dem Kongreß nicht zur Abstimmung vorgelegt wurde, so wie es die ecuadorianische Verfassung vorsieht. Auch Bürgerrechtsgruppierungen haben die Legalität des Abkommens in Frage gestellt, eine Klage beim Verfassungsgericht wurde aber mit der Begründung abgewiesen, dass das Übereinkommen nicht unilateral gekündigt werden könne.[561]

Ungeachtet des öffentlichen Protests hat die ecuadorianische Regierung den USA in einem weiteren Abkommen vom Juni 2000 die gesamte Verwaltung der FOL übertragen und ihnen Operationen mit vier Großflugzeugen des Typs E03 Awacs und KC135, sowie mit vier mittelgroßen Flugzeugen gestattet. Die maximale Zahl amerikanischer Militärangehöriger wurde für normale Operationen von 250 auf 300 erhöht, die maximale Gesamtzahl Militärangehöriger in Manta auf 475 festgelegt. Weiterhin ist ecuadorianischen Offizieren der Mitflug in amerikanischen Flugzeugen untersagt worden, wobei sich Ecuador verpflichtete, die nordamerikanischen Flugzeuge genauso zu behandeln wie ecuadorianische Militärflugzeuge. Schließlich wurde der

---

561 Vgl. APDH: Cronología de la Base de Manta, in: Bandera Blanca Nr. 2, S. 3.

amerikanischen Regierung zugesagt, bei Bedarf neue Installationen, Strassen und öffentliche Dienste einzurichten.[562]

Zwar ist die Einrichtung der FOL in Manta nach Angaben Washingtons kein unmittelbarer Bestandteil des *Plan Colombia*, die Ziele sind jedoch grundsätzlich dieselben. Während der Schwerpunkt des *Plan Colombia* auf der Bekämpfung des Drogenanbaus innerhalb Kolumbiens liegt, soll die Luftüberwachung von Manta aus dazu beitragen, den Abtransport der Drogen auf Schiffen oder Kleinflugzeugen zu verhindern.[563]

Der Luftstützpunkt in der Küstenstadt Manta wurde bereits in den 1940er Jahren von der ecuadorianischen Kriegsmarine gebaut. Nach der Unterzeichnung des Kooperationsabkommens zur Nutzung des Stützpunkts investierten die USA über 60 Millionen US-Dollar um die Basis an ihre technischen Standards anzugleichen und die Sicherheitsvorkehrungen zu erhöhen.

Seit März 2002 ist die Firma DynCorp in Manta beschäftigt. Das Unternehmen wurde von der amerikanischen Regierung mit sämtlichen logistischen Aufgaben im Zusammenhang mit der Präsenz der amerikanischen Militärs in Ecuador und ihrem Einsatz bei der Drogenbekämpfung betraut. Im Jahr 2003 arbeiteten in der Basis 231 DynCorp Angestellte, von denen 64 aus den USA und 167 aus Ecuador stammten.

Die Nutzung des Luftstützpunkts durch das amerikanische Militär wird unter Ecuadorianern unterschiedlich bewertet. In Manta ansässige Geschäftsinhaber und Dienstleistungsunternehmen profitieren ökonomisch von der Anwesenheit der Amerikaner und ein Teil der Anwohner sieht in der Nähe der Basis einen Schutz vor der ausufernden Gewalt. Insgesamt überwiegen in Ecuador jedoch die Stimmen, die sich gegen diese Nutzung von Manta aussprechen und in der Präsenz der amerikanischen Militärs auf ecuadorianischem Territorium eine Verletzung der nationalen Souveränität sehen. Anlaß zur Kritik bieten auch die Ausnahmeregeln über die juristische Behandlung der Amerikaner in Ecuador. Zwar besitzen alle amerikanischen Angestellten, die in Manta arbeiten, ein legales Visum für ihren Aufenthalt, darüber hinaus genießen sie jedoch einen Sonderstatus, der sie der ecuadorianischen Gerichtsbarkeit entzieht. Die gesetzliche Grundlage hierfür findet sich in Artikel 7 des Kooperationsvertrags, in dem sich Ecuador verpflichtet, im Fall der vorübergehenden Festnahme eines Mitglieds des amerikanischen Personals oder dessen Angehöriger umgehend die amerikanischen Autoritäten zu informieren und ihnen die entsprechende Person

---

562 Vgl. Larrea, Marcelo: La base de manta: un enclave de los EEUU en el Ecuador, Adital, 2.08.2002.
563 Vgl. Lucas, Kintto: Estados Unidos aumentará su presencia militar en Manta, in: Llacta, Quito, 13.7.2001.

auszuliefern. Die Amerikaner in Manta können in Ecuador also nicht strafrechtlich belangt werden und sie genießen faktisch diplomatische Immunität.
Dieses Verfahren wurde in der Praxis schon mehrfach angewandt, so beispielsweise im Fall des Amerikaners Peter Karmilowicz, der im dringenden Verdacht stand, einen jungen Ecuadorianer ermordet zu haben und daraufhin unmittelbar den amerikanischen Behörden übergeben wurde.[564] Bei weniger gravierenden Straftaten werden die Amerikaner oftmals gar nicht belangt. So gibt es beispielsweise Berichte von einem Autounfall, der im Februar 2003 von einem betrunkenen DynCorp Angestellten verursacht wurde, bei dem aber keine Personen zu Schaden kamen. Die ecuadorianische Polizei sah von einer Festnahme ab.

Auch die übrigen Vertragsbedingungen über die Nutzung des Stützpunkts sind den USA gegenüber überaus großzügig. So bezahlen diese zwar die gesamten Kosten für den Ausbau des Stützpunkts, jedoch sieht das Übereinkommen keinerlei Miet- oder Steuerzahlungen der amerikanischen Regierung an Ecuador vor. Angesichts der prekären ökonomischen Lage des Landes, hatten viele Ecuadorianer auf bessere Konditionen gehofft. Stattdessen setzte sich in der Öffentlichkeit die Auffassung durch, dass der Stützpunkt während einer ökonomischen Krise "für nichts weggegeben wurde."[565]
Die Einwilligung Ecuadors in die Nutzung der Militärbasis durch die US-Streitkräfte wurde weithin als Beginn einer aktiven Teilnahme Ecuadors an der Politik des *Plan Colombia* wahrgenommen. Während die ecuadorianische Regierung zuvor über Jahre hinweg eine neutrale Haltung gegenüber den Konfliktparteien in Kolumbien demonstriert hatte, ist diese Position mit der Stationierung von amerikanischen Truppen in Manta und der zunehmenden Präsenz kolumbianischer bewaffneter Gruppen an der Nordgrenze nicht mehr aufrechtzuerhalten.

Adrian Bonilla von der *Facultad Latinoamericano de Ciencias Sociales* (FLACSO) betont, dass bereits die Luftaufklärung und die logistische Rückendeckung des Stützpunkts von Manta eine amerikanische Beteiligung an dem kolumbianischen Konflikt darstellt, auch wenn es nicht zu Kampfeinsätzen amerikanischer Truppen kommt. Ecuador wiederum übernimmt nach Ansicht von Bonilla eine "Mitverantwortung", weil es den USA die Nutzung der Basis von Manta ermöglicht.[566]
Die fortschreitende Beteiligung der ecuadorianischen Regierung an der Drogen- und Aufstandsbekämpfung hat die Besorgnis ausgelöst, dass Ecuador

---

564 Vgl. 64 empleados de DynCorp con imunidad en el país, El Comercio, 07.07.2003.
565 As U.S. Military settles in, some in Ecuador have doubts, New York Times, 29.12.2000.
566 Gespräch mit Adrián Bonilla, Facultad Latinoamericano de Ciencias Sociales (FLACSO), Quito, Ecuador, 2. September 2003.

und besonders Manta zum Objekt von Anschlägen der kolumbianischen Guerilla werden könnten. So bezeichnete etwa der linksgerichtete Kongressabgeordnete Antonio Posso den Stützpunkt in Manta im Dezember 2000 als "Provokation für alle irregularen Kräfte in Kolumbien."[567] Dem halten Unterstützer des Projekts entgegen, dass die Südwärtsbewegung des Konfliktzentrums in Kolumbien ohnehin zu einer Verschärfung von Gewalt und Kriminalität in Ecuador führe, unabhängig davon, ob US-Militär präsent sei oder nicht.

Die FARC haben in mehreren offiziellen Erklärungen versichert, dass sie nicht die Absicht hätten, außerhalb der kolumbianischen Grenzen militärische Operationen durchzuführen. Ebenfalls bestätigten Angehörige der ecuadorianischen Streitkräfte, es hätte bisher keine militärischen Aktivitäten der FARC in Ecuador gegeben.[568]

Oberst Jorge Brito von der *Grupo de Monitoreo de los impactos del Plan Colombia en el Ecuador* wies in einem Vortrag darauf hin, dass es für die FARC strategisch äußerst unklug wäre, sich in Ecuador einen weiteren Gegner und eine zusätzliche Kriegsfront zu schaffen. Nach Oberst Britos Einschätzung ist FARC-Kommandant Manuel Marulanda ein solch erfahrener Militär, dass ihm ein solcher Fehler nicht unterlaufen würde.[569]

Die strategische Lage der Basis von Manta in nur zwanzig Flugminuten Entfernung von der kolumbianischen Provinz Putumayo führt immer wieder zu Diskussionen darüber, ob Manta auch für direkte militärische Aktionen der USA von ecuadorianischem Territorium aus genutzt werden könnte. Die Option einer direkten amerikanischen Invervention wird beispielsweise von Ex-Coronel Fausto Cobo, dem früheren Direktor der *Escuela de Guerra* der ecuadorianischen Streitkräfte für möglich gehalten.[570] Im März 2002 bestätigte auch der ehemalige ecuadorianische Präsident Gustav Noboa, dass Manta möglicherweise eine Rolle bei der direkten Bekämpfung der FARC spiele.

Die technischen und militärischen Voraussetzungen für militärische Operationen sind in Manta zweifellos vorhanden. So wurde im Jahr 2001 die amerikanische Truppenstärke in Manta vervierfacht und es wurden hochmoderne Flugzeuge in die Militärbasis geliefert, die nicht nur in der Andenregion, sondern in ganz Südamerika zur Informationsbeschaffung und für militärische Operationen eingesetzt werden können.[571] Dennoch schließen Experten das Szenario

---

567 Vgl. As U.S. Military settles in, some in Ecuador have doubts, New York Times, 29.12.2000.
568 Vgl. OIPAZ 2002.
569 Vortrag von General Jorge Brito in dem Forum „El Plan Colombia II. Consecuencias de la política exterior de Uribe para Ecuador y la region", 16.09.03, FLACSO, Quito, Ecuador.
570 Vgl. Lucas, Kintto: Estados Unidos aumentará su presencia militar en Manta, in: Llacta, 13.07.2001.
571 General Vargas Pazzos weist darauf hin, dass in dem Übereinkommen zur US-Nutzung von Manta auch Flugzeuge des Typs Galaxy, C-130 und C-140 erwähnt werden, welche bis zu 300

einer von Manta ausgehenden direkten militärischen Intervention der USA in Kolumbien derzeit aus. Francisco Hidalgo von der CEAS betont, Manta würde ausschließlich zur Informationsbeschaffung und für Beobachtungsflüge genutzt.[572] In dem Kooperationsabkommen mit Ecuador verpflichten sich die USA dazu, den Luftstützpunkt ausschließlich für Antidrogen-Operationen zu nutzen. Im Ernstfall wäre Ecuador allerdings kaum in der Lage, die USA zur Einhaltung der Vertragsklauseln zu zwingen.

9.4.2. Militarisierung der Nordgrenze

Die ecuadorianischen Provinzen an der Grenze zu Kolumbien unterliegen seit der Beginn des *Plan Colombia* einem beispiellosen Militarisierungsprozess. Nach dem Ende des Grenzkonfliktes mit Peru im Jahr 1999 wurden Tausende Soldaten von der Grenze zu Peru an die kolumbianische Grenze versetzt, weitere Truppen wurden aus dem Landesinneren in die Nordprovinzen verlegt. Entlang der Grenze wurden zahlreiche zusätzliche Militärposten eingerichtet, die jeweils von 100 bis 250 Soldaten bewacht werden. Insgesamt sind zur Zeit etwa 8.000 bis 10.000 Angehörige der ecuadorianischen Streitkräfte an der Grenze stationiert, was angesichts der Gesamtgrösse der Armee von nur 60.000 Soldaten einen beachtlichen Anteil darstellt.

Trotz dieser enormen Erhöhung der Truppenstärke wird in Militärkreisen befürchtet, dass Ecuador die Kontrolle über gewisse Grenzgebiete gänzlich verlieren könnte. Hierzu gehört etwa die Region zwischen den Flüssen San Miguel und Putumayo in Sucumbíos, in der inzwischen doppelt so viele Kolumbianer leben wie Ecuadorianer. Ähnliche Risiken bestehen im Norden von Esmeraldas und in El Ángel/Tulcán.

Im April 2003 verabschiedete die Regierung Gutiérrez ein Dekret, das die gesamte Grenzregion zur Kriegszone erklärte und somit der direkten Entscheidungsgewalt der ecuadorianischen Streitkräfte unterstellte. Das Dekret ermöglicht es den Streitkräften, den Verkehr in der Zone soweit einzuschränken, dass nur noch Anwohnern das freie Passieren gestattet ist, während die Ein- und Ausfahrt von ortsfremden Fahrzeugen stark limitiert wird. Ein Zensus soll eine bes-

---

voll ausgerüstete Soldaten transportieren können, sowie 550 KW-Flugzeuge, in welchen ein gesamtes bewaffnetes Bataillon Platz hat. Nach der Übernahme des Stützpunkts durch die USA wurde zudem die Landepiste ausgebaut und verstärkt, was für die kleineren Überwachungsflugzeuge nicht notwendig gewesen wäre (vgl. Ponce, Alexis: Iniciativa Regional Andina: una estrategia integral para tiempos de guerra global, in: equipo nizkor, www.derechos.org/nizkor/colombia/doc/plan/ecuglob.html).
572 Gespräch mit Francisco Hidalgo.

sere Übersicht über die Aktivitäten der Bevölkerung in der Grenzzone liefern.[573] Zudem wurde beschlossen die Überwachung des Gebiets durch motorisierte Patrouillien, Hubschrauber und Flugzeuge stark auszuweiten und den Grenztruppen ein spezielles Anti-Guerilla Training zu geben.[574]

Mit der Militarisierung der Grenzregion reagiert die ecuadorianische Regierung zum einen auf die zunehmende Gewalt und Kriminalität in den nördlichen Provinzen, zum anderen aber auch auf den wachsenden Druck der Regierungen in Washington und Bogotá, welche von Ecuador eine aktivere Unterstützung bei der Bekämpfung der FARC fordern.

Die Rolle Ecuadors in der von Kolumbien und den USA verfolgten militärischen Strategie der Aufstandsbekämpfung wird häufig durch das Bild von Hammer und Amboß illustriert. Die ecuadorianischen Streitkräfte sollen als Amboß die nördliche Grenze blockieren, während die kolumbianischen Truppen die Guerilla immer weiter nach Süden treiben und so den Hammer darstellen, der von oben zuschlägt.[575]

9.5. Die Folgen der chemischen Besprühungen

Ein Schwerpunkt des Plan Colombia liegt auf der Zerstörung illegaler Drogenpflanzungen durch chemische Besprühungen. Obwohl die dabei verwendeten Chemikalien nachweislich zu Umweltschäden, der Zerstörung von Nutzpflanzen und zu Gesundheitsproblemen in der Bevölkerung führen, werden die Besprühungen unvermindert fortgesetzt. Präsident Uribe hatte erklärt, bis zum Ende seiner Amtszeit im Jahr 2006 (die inzwischen aufgrund einer seine Wiederwahl ermöglichende Verfassungsänderung bis 2010 verlängert ist) sämtliche Kokapflanzungen in Kolumbien zu vernichten. Obwohl die Eradikationen punktuell und kurzfristig durchaus erfolgreich waren, erscheint das Gesamtziel der Ausrottung oder auch nur der signifikanten Verminderung des Kokaanbaus heute ebenso unrealistisch wie je zuvor. Zwar konnten im Laufe von vier Jahren die chemischen Besprühungen die Kokapflanzungen etwa in Putumayo, einer Schwerpunktregion der Besprühungen, von 66.000 Hektar (2000) auf 4.400 Hektar (2004) reduzieren.[576] Jedoch hat dies, wie bereits ausführlich erläutert, im Endeffekt lediglich zu einer Verlagerung der Anbauflächen geführt. Doch

---

573 Vgl. Larrea, Marcelo: Ecuador y el Plan Colombia: fronteras de guerra, in: Adital, 18.08.2003.
574 Vgl. Edwards, Sandra (2002): Colombian Conflict impacts Ecuador, Washington Office on Latin America.
575 Vgl. Gespräch mit Francisco Hidalgo, siehe beispielsweise auch Lucas, Kintto: Estados Unidos aumentará su presencia militar en Manta, in: Llacta, Quito, 13.07.2001.
576 Vgl. UN Office on Drugs and Crime 2005, S. 8.

obschon diese Mechanismen bekannt sind, bleiben die Behörden zäh. So erklärte ein Analytiker aus dem Büro des Antidrogenzars im *State Department*: „There's a race, and you spray and they replant, you spray and they replant ... But at some point, they fall behind. They cannot replant as fast as we eradicate."[577]

Die Luftbesprühungen von Koka- und Mohnfeldern begannen bereits in den 90er Jahren, wurden aber seit Ende 2000 stark ausgeweitet. Nach Angaben der UN Office on Drugs and Crime wurden im Jahr 2001 über 94.000 Hektar Kokaanbaugebiete besprüht. In den Jahren 2002 bis 2004 betrug die besprühte Fläche jeweils zwischen 130.000 und 136.000 Hektar.[578]

Im Regelfall wird bei den Besprühungen die Chemikalie Glyphosat eingesetzt, ein Herbizit der toxischen Kategorie III. In Lateinamerika wird Glyphosat bereits seit 25 Jahren als Bestandteil des Produkts *Roundup* durch die Firma Monsanto vertrieben.[579] Die kolumbianische und amerikanische Regierung versichern, Glyphosat würde keinerlei ökologische Schäden anrichten. Vielmehr würde es auch bei der Produktion von Kaffee, Reis, Baumwolle, Mais, Hirse, Gerste und Sojabohnen eingesetzt und diene zur Unkrautvernichtung in Obst- und Zuckerrohrplantagen. Die Giftigkeit von Glyphosat ist laut amerikanischer Regierung geringer als diejenige von Speisesalz, Aspirin, Koffein oder Nikotin.[580]

Das in Kolumbien verwendete Produkt *Roundup Ultra* enthält jedoch weitere Chemikalien, die beispielsweise die Aufnahme von Glyphosat durch den Boden fördern und die Giftigkeit von reinem Glyphosat um das dreifache übersteigen. Die ebenfalls in *Roundup Ultra* enthaltenen Bestandteile *Cosmo Flux* und *Cosmo In-D* erhöhen die Wirksamkeit des Glyphosats. Anders als reines Glyphosat, das schnell abgebaut werden kann, ruft *Cosmo Flux* erhebliche ökologische Schäden hervor und macht die besprühten Agrarflächen für den Anbau mit anderen Produkten unbrauchbar.[581]

Nach Angaben des *National Narcotics Drugs Council* liegt die Glyphosatkonzentration bei den Besprühungen in Kolumbien weit über den gängigen Empfehlungen.[582] So wird der verwendete Chemikalienmix *Roundup Ultra* in

---

[577] Forero, Juan: Hide-and-Seek Among the Coca Leaves, in: New York Times, June 9, 2004.

578 Vgl. UN Office on Drugs and Crime 2005, S. 66.

579 Vgl. Lucas, Kintto: Ecuador: El Impacto del Plan Colombia, Tierraamérica 2000.

580 Vgl. Tobón y Tobón, Humberto: Las fumigaciones en Colombia, in: América Latina en Movimiento (alai), Nr. 372, 22.7.2003, S. 18.

581 Vgl. Tobón y Tobón, Humberto: Las fumigaciones en Colombia, in: América Latina en Movimiento (alai), Nr. 372, 22.7.2003, S. 19.

582 Nach Berechnungen verschiedener ecuadorianischer NGO's wird in Kolumbien insgesamt eine Glyphosatkonzentration von 26 Prozent statt der empfohlenen Konzentration von 1 Prozent

Kolumbien in einer Konzentration von 44 Prozent eingesetzt, während in der USA für die meisten Anwendungsfälle lediglich Konzentrationen zwischen 1,6 Prozent und 7,7 Prozent verwendet werden und die maximal erlaubte Konzentration bei 29 Prozent liegt. Die Hersteller des US-Labels empfehlen für die Anwendung bei Luftbesprühungen eine Menge von maximal 1 Liter Chemikalienmix pro *Acre* (= 4047 m²) Land, das entspricht etwa 2,5 Litern pro Hektar. In Kolumbien entlädt ein Flugzeug mit einem Fassungsvermögen von 300 Gallonen jedoch etwa 40 Liter Chemikalienmix pro Hektar, das entspricht einer effektiven Besprühung mit 23,4 Liter *Roundup Ultra* bzw. 10,3 Liter Glyphosat pro Hektar Land.[583]

In Kolumbien gingen in Folge der Besprühungen bei den Behörden allein im Jahr 2002 mehr als 6.500 Beschwerden über die Zerstörung von legalen Nutzpflanzen und über Gesundheitsprobleme der Bevölkerung ein. Zu den Betroffenen gehören vor allem indigene Gemeinden und Kleinbauern, welche den größten Anteil der Grenzbevölkerung ausmachen.

Die meisten Besprühungen wurden in der Provinz Putumayo durchgeführt, in der sich im Jahr 2000 noch 40 Prozent der gesamten Kokapflanzungen des Landes befanden.[584] Die Sprühflugzeuge drangen dabei mehrmals bis zu den Ufern des Grenzflusses San Miguel vor und traten bei ihren Wendemanövern in den ecuadorianischen Luftraum ein.[585]

Im Juli 2001 forderte die ecuadorianische Regierung Kolumbien auf, bei weiteren Besprühungen einen Abstand von mindestens zehn Kilometern von dem entlang der gemeinsamen Grenze verlaufenden Fluss San Miguel einzuhalten, damit das Glyphosat nicht durch den Wind auf ecuadorianisches Territorium getragen würde. Im Februar 2002 wurde das Thema auf einem binationalen Seminar mit kolumbianischen und ecuadorianischen Regierungsvertretern erneut zu Sprache gebracht. Die kolumbianische Delegation erklärte ihre Bereitschaft, bei künftigen Besprühungen eine Schutzzone zu berücksichtigen. Eine Untersuchungskommision, die im Anschluss an das Seminar gebildet wurde, um die Einhaltung der Vereinbarungen zu überprüfen, stellte jedoch fest, dass

---

verwendet (vgl. Report on Verification Mission: Impacts in Ecuador of fumigations in Putumayo as part of Plan Colombia, S. 3).

583 Vgl. Nivia – Rapalmira, Elsa: Aerial Fumigation over Illicit Crops Is Most Certainly Dangerous - Approaching the Issue, Conference The Wars in Colombia: Drugs, Guns and Oil, Hemispheric Institute of the Americas, University of California, Davis, 17.-19.05.2001.

584 Im Laufe von vier Jahren chemischer Besprühungen konnten die Kokapflanzungen in Putumayo von 66.000 Hektar (2000) auf 4.400 Hektar (2004) reduziert werden (vgl. UN Office on Drugs and Crime 2005, S. 8).

585 Vgl. Report on Verification Mission: Impacts in Ecuador of fumigations in Putumayo as part of Plan Colombia, S. 2.

auch im Jahr 2002 Besprühungen in unmittelbarer Nähe der ecuadorianischen Grenze durchgeführt wurden.

Nach Aussagen der Bewohner der Grenzregionen existieren zwei verschiedene Arten von Besprühungen, im ersten Fall handle es sich um eine weißliche Flüssigkeit, im zweiten Fall um ein braunes Pulver. Ecuadorianische Umweltorganisationen untersuchten daraufhin Pflanzen- und Bodenproben um festzustellen, ob bei den Besprühungen möglicherweise *Fusarium oxysporum* eingesetzt wurde. *Fusarium oxysporum* ist eine genveränderte Variante des Fusarium-Pilzes, die auch als *green agent* bekannt ist. Da dieser Pilz tödliche Mikrotoxine produzieren kann, gilt er als biologische Waffe. Gerade in der artenreichen Amazonasregion könnte die Verwendung von *Fusarium Oxysporum* verheerende, weil nicht kontrollierbare Folgen für Flora und Fauna haben. *Fusarium Oxysporum* kann über 20 Jahre leben, sich durch Wasser, Boden und Luft verbreiten und sich genetisch verändern.[586] Die amerikanische Regierung hatte *Fusarium oxysporum* ursprünglich für die Drogenbekämpfung im Rahmen des *Plan Colombia* vorgeschlagen und zunächst sogar finanzielle Mittel dafür bereitgestellt, jedoch wurde das Vorhaben aufgrund der eindringlichen Warnungen von wissenschaftlicher Seite wieder verworfen.[587] Die ecuadorianische Untersuchungskommission hat tatsächlich in sämtlichen Proben *Fusarium* nachgewiesen, wegen unzureichender technischer Ausstattung konnte sie jedoch nicht feststellen, um welche Spezies es sich dabei handelte.[588]

9.5.1. Gesundheitsprobleme

Die ersten Meldungen über Gesundheitsprobleme im Zusammenhang mit den Besprühungen im kolumbianischen Departement Nariño gelangten im Oktober 2000 an die Öffentlichkeit. So meldete die Zeitung *El Comercio*, in Mataje, einem Ort in der Provinz Esmeraldas, seien nach der ersten Besprühung 44 Personen erkrankt.[589] Weitere Meldungen erfolgten nach den Besprühungen im Dezember 2000, wobei diesmal vor allem die Provinz Sucumbíos betroffen war. Die zweite Phase der Besprühungen, die Ende Juli 2002 begann, hatte vergleichbare Auswirkungen. Vor allem in General Farfán und Pacayacu beklagten sich Bewohner über Haut- und Augenkrankheiten, Infektionen der Atemwege und Fieber. Unmittelbar nach den Besprühungen wiesen die

---

586 Vgl. Lucas, Kintto: Ecuador: El impacto del Plan Colombia, Tierraamérica 2000.
587 Vgl. Lucas, Kintto: Ecuador: El impacto del Plan Colombia, Tierraamérica 2000.
588 Vgl. Report on Verification Mission, S. 2, Lucas, Kintto: Ecuador: El impacto del Plan Colombia, Nueva Loja 2000.
589 El Comercio, Quito, 22.10.2000, Report on Verification Mission, S. 4.

Betroffenen Symptome auf, welche auf eine Überreizung des zentralen Nervensystems hindeuten. Hierzu gehören Kopfschmerzen, Schwindelgefühl, Übelkeit, Erbrechen, Magenschmerzen und allgemeines Schwächegefühl. Zusätzlich traten in vielen Fällen starke Irritationen von Augen und Haut auf.[590]

Im Oktober 2002 konstatierten medizinische Untersuchungen bei fast 20 Prozent der Grenzbevölkerung Hautausschlägen, die nach den Besprühungen zwischen Juli und September desselben Jahres aufgetreten waren. Auf der kolumbianischen Seite der Grenze wurden bei 40 Prozent der Bevölkerung Hautausschläge diagnostiziert.[591] Bei der Analyse von Blutproben einiger Bewohner der Grenzregionen wurde ausserdem festgestellt, dass diese durchschnittlich 17 Mal höhere Werte von Chromosomenschwäche aufwiesen als üblich. Eine solche Chromosomenschwäche bringt höhere Risiken für Krebs, Mutationen, Missbildungen und Fehlgeburten mit sich. Bisher richtete ssich die Untersuchung nur auf Einzelpersonen, daher konnten noch keine generellen Aussagen darüber getroffen werden, ob die Chromosomenschwäche mit den jüngsten Besprühungen zusammenhängt. Allerdings ist diese Möglichkeit in Betracht zu ziehen.[592] In einem Artikel der Zeitschrift *Bandera Blanca* berichten Anwohner der betroffenen Orte: "...besonders schwangere Frauen und Kinder leiden unter den Besprühungen, bekommen Ausschlag, Magenprobleme und Fieber." Als häufigste Gesundheitsprobleme, die nach den Besprühungen auftreten, werden Haut- und Augenprobleme, Magen-Darmkrankheiten und Erkrankungen der Atemwege genannt, darüber hinaus sollen mehrere Frauen Fehlgeburten gehabt haben.[593] Ein Bericht der *Comunicación Pro Derechos Humanos* weist darauf hin, dass viele Kinder seit Beginn der Besprühungen apathisch seien, ständig unter Müdigkeit litten und in der Schule einschliefen.[594]

Ecuadorianischen Medien haben sogar von berichtet, die auf die Besprühungen zurückzuführen seien. So heißt es in einem Artikel der Zeitschrift *Bandera Blanca*, vier Kinder und zwei Alte seien in General Farfán an den Folgen der Besprühungen gestorben.[595] Bisher ist jedoch kein einziger Fall bekannt, in denen der Zusammenhang des Todes eines Menschen mit den Besprühungen tatsächlich nachgewiesen werden konnte.

---

590 Vgl. Report on Verification Mission, S. 2.
591 Vgl. Tamayo G., Eduardo: Conflicto colombiano: Presiones por regionalización, Alai Nr. 374, 29.08.2003, S. 4 und S. 22.
592 Report on Verification Mission, S. 2.
593 Vgl. Agencia de Noticias Amazonía, 22.07.2003; Bandera Blanca Nr. 1, S. 13; OIPAZ 2002.
594 Vgl. Misión Internacional de Observadores en la Frontera Colombo-Ecuatoriana: Ecuador-Colombia: Testimonios desde la frontera nororiental, Quito, 01.02.2002.
595 Bandera Blanca Nr. 1, S. 8-9.

9.5.2. Landwirtschaft

Die Besprühungen haben in den Grenzregionen gravierende Auswirkungen auf die Landwirtschaft. So kam es insbesondere in der Provinz Sucumbíos nach Besprühungen im angrenzenden Putumayo zur Zerstörung von Nutzpflanzen und Bäumen, zum Tod und zur Krankheit von Nutztieren und zur Verschmutzung von Flüssen. Nach Aussagen von ecuadorianischen Bauern sind die verheerenden Wirkungen der Chemikalien fast unmittelbar nach den Besprühungen bemerkbar. Demnach sind beispielsweise bereits sechs Stunden nach jeder Besprühung ein Großteil aller in der Nähe liegenden Yukapflanzen verdorben.

Im Jahr 2001 wurde in Sucumbíos auf der Grundlage der Angaben von 188 Bauern im Büro des Ombudsmanns in Lago Agrio eine Auflistung der landwirtschaftlichen Verluste in den Gemeinden von General Farfán, Nueva Loja, Pacayacu, Dureno und Tarapoa erstellt. Demzufolge hatten die Besprühungen vom Dezember 2000 folgende Konsequenzen für die Landwirtschaft in Sucumbíos:

Nutzpflanzen	Zerstörte Pflanzungen in Hektar	Nutztiere	Anzahl toter Tiere
Kaffee	1.215	Fische	6.355
Weideland	785	Hühner	4.681
Bananen	182	Schweine	315
Reis	103	Rinder	188
Mais	87	Meerschweinchen	117
Kakao	79	Enten	73
Früchte	53	Hunde	49
Yuka	51	Pferde	43
Total	**2.560**	**Total**	**11.828**

Tabelle 36: Landwirtschaftliche Schäden in Sucumbíos/Ecuador 2001[596]

Die Besprühungen im Sommer 2002 führten ebenfalls zu gravierenden Verlusten in der landwirtschaftlichen Produktion, so fielen die Erträge von Mais, Kakao, Reis und Bananen derart, dass viele Bauern durch den Verkauf der Ernten nicht einmal ihre Investitionen decken konnten. Die ecuadorianischen Gemeinden La Playera Oriental und Chone 2 registrierten nach den

---

596 Datenquelle: Report on Verification Mission, Oktober 2002.

Besprühungen vom August und September 2002 folgende landwirtschaftliche Schäden:

Nutzpflanze	Ort Playera Oriental	Chone 2
Bananen	43	82
Weideland	97,6	57
Yuka	100	77
Früchte	92	60
Mais	100	100
Kaffee	84	41,5
Reis	100	100
Erdnüsse	100	100
Kakao	100	50

Tabelle 37: Zerstörte Nutzpflanzen in Ecuador im September 2002 (in %)[597]

Die Zerstörung der Ernten stellt eine ernsthafte Gefährdung für die Nahrungsversorgung der Bevölkerung dar. In einigen Orten der Grenzregion standen die Bewohner bereits am Rand einer Nahrungsmittelkrise und einer damit einhergehenden Zwangsumsiedlung. Die Ursache hierfür ist nicht nur die tatsächliche Zerstörung der Ernten, sondern auch die Angst der Bevölkerung vor der Verseuchung aller übrigen Agrarprodukte. So erklärte eine Frau gegenüber *Bandera Blanca*: "..keiner ißt mehr Früchte und Gemüse, aus Angst vor den Chemikalien."[598]

Die Situation der Bauern und ihrer Familien verschärft sich dadurch, dass sie von staatlicher Seite bislang weder medizinische Unterstützung noch Entschädigungen für ihre ökonomischen Verluste erhalten haben. Zum Beispiel fand trotz der kritischen Situation der Landwirtschaft in Sucumbíos nach den Besprühungen 2000 nicht ein einziger Besuch eines Regierungsvertreters statt, der sich vor Ort ein Bild von den Schäden gemacht hätte.[599]

Insgesamt stellt Ecuador zwar kein bedeutendes Produzentenland für Drogen dar. Mit Hilfe von Satellitenaufnahmen wurde der Kokaanbau in der Provinz Sucumbíos im Jahr 1998 auf nur 50 Hektar und Anfang 2001 auf etwas über 300 Hektar geschätzt. Die Größe der Pflanzungen steht damit in keinem Verhältnis zu den Dimensionen der Kokaproduktion in Kolumbien. Dennoch ist

---

597 Datenquelle: Report on Verification Mission, Oktober 2002.
598 Bandera Blanca Nr. 1, S. 9.
599 Forum: El Plan Colombia 2 - Consecuencias de la política exterior de Uribe para Ecuador y la región, 16.09.2003, FLACSO, siehe auch Report on Verification Mission 2002, S.4.

nicht auszuschließen, dass die Besprühungen in Putumayo aufgrund des *balloon*-Effekts langfristig zu einem Anstieg des Kokaanbaus in den nördlichen Provinzen Ecuadors führen.

9.6. Fazit

Durch den *Plan Colombia* wurde die bereits bestehende Tendenz zur Regionalisierung des kolumbianischen Konflikts weiter verstärkt. Dies macht sich in allen Nachbarländern Kolumbiens bemerkbar, durch seine geographische Lage in der unmittelbaren Nähe der kolumbianischen Provinz Putumayo ist Ecuador jedoch besonders stark von der Problematik betroffen.

Seit der Einführung des *Plan Colombia* verzeichnet Ecuador einen deutlich höheren Zustrom kolumbianischer Flüchtlinge und in den nördlichen Provinzen des Landes ist eine größere Präsenz der kolumbianischen bewaffneten Gruppen und ein Anstieg der Gewaltdelikte zu beobachten. Die chemischen Besprühungen von Koka- und Mohnfeldern im Süden Kolumbiens verursachen Umweltschäden und Gesundheitsprobleme bei der Bevölkerung in den Grenzregionen. Schließlich tragen die Präsenz amerikanischer Militärangehöriger im Luftstützpunkt von Manta und die fortschreitende Militarisierung der Nordgrenze dazu bei, dass Ecuador zunehmend in die Drogen- und Aufstandsbekämpfung mit einbezogen wird.

Die Analyse des Beispiels Ecuador macht deutlich, dass der beobachtete Regionalisierungsprozess des kolumbianischen Konflikts nicht einseitig als Auswirkung der innerstaatlichen kolumbianischen Probleme auf die Nachbarländer betrachtet werden kann. Vielmehr tragen die anderen Länder in der Region durch ihre eigene politische Instabilität, die aktive Teilnahme an Drogen- und Waffenhandel, die Verübung von Gewaltdelikten und die Unterstützung der bewaffneten Gruppen zur Intensivierung und Internationalisierung des Konflikts bei. Ecuadorianer, Panamaer, Venezuelaner und Peruaner sind nicht nur beim Transport der in Kolumbien produzierten Drogen ins Ausland, sondern auch bei der Versorgung der bewaffneten Gruppen mit Waffen, Munition und anderen Ausrüstungsgegenständen direkt beteiligt.

Entsprechend beschränkt sich auch die Politik des *Plan Colombia* nicht auf Kolumbien, sondern muss im übergeordneten Zusammenhang der amerikanischen Politik gegenüber der Andenregion gesehen werden. Die Drogenindustrie und die kolumbianische Guerilla bedrohen die regionale Stabilität und gefährden dadurch amerikanische Interessen, zu denen nicht zuletzt die Reichtümer an Wasser und Sauerstoff, die einzigartige Biodiversität und die reichen Ölvorkommen der Region zählen. Die *Asamblea Permanente de Derechos*

Humanos (APDH) bezeichnet die Andenstaaten und das Amazonasgebiet daher als Epizentren der neuen US-amerikanischen hegemonialen Strategien der ersten Hälfte des 21. Jahrhunderts.[600] Zwar stehen nach den Kriegen in Afghanistan und im Irak andere Regionen besonders im Blickfeld der Analysen internationaler Politik – und der amerikanischen Außenpolitik im Besonderen. Jedoch stellen die Herausforderungen aus Staatsschwäche, ja Staatszerfall und transnationalen Gewaltakteuren in Zentral- und Südamerika ein besonderes Problem für die USA dar. Mangelnde Umsicht mit diesen komplexen und dynamischen Problemen, die sehr unterschiedliche Herausforderungen in den Bereichen Sicherheit und Ökonomie stellen, könnte das inhärente eskalatorische Potential erst richtig freisetzen. Jedenfalls bieten weder Strategien der Sanktionierung noch der Militarisierung, weder Strategien der Isolierung noch der Regionalisierung bisher erfolgversprechende Lösungen.

---

600 Ponce, Alexis: La sociedad ecuatoriana y el Conflicto Regional Andino, in: Bandera Blanca Nr. 1, S. 3.

10. Schluss

Angesichts der komplexen Konfliktbeziehungen in Kolumbien, die inzwischen in den gesamten Andenraum abstrahlen und neben Venezuela, Bolivien, Peru und Ecuador auch die lateinamerikanische Großmacht Brasilien zu militärischen Maßnahmen an ihrer Nordgrenze veranlassten, stellt sich Beobachtern und Analytikern seit Jahren die Frage, wie diese scheinbar unlösbar ineinander verwobenen Prozesse doch zu einem guten Ausgang – der Eindämmung von privater und staatlicher Gewalt gleichermaßen – beeinflusst werden können.

In der vorliegenden Analyse haben wir die entscheidenden politischen und ökonomischen Prozesse identifiziert und von mehreren Blickwinkeln aus ihre sich gegenseitig dynamisierende Verzahnung dargestellt. Die komplexen Zusammenhänge der Entwicklungen von lokalen und regionalen Gewaltmärkten und Drogenökonomien, sowie dem zunehmenden Staatszerfall vor dem Hintergrund einer weiterhin bestehenden ideologischen Herausforderung des politischen Systems, das selbst zunehmend repressive Maßnahmen ergreift, verkomplizieren sich zusätzlich durch externe Einflüsse. Diese wirken – entgegen ihrer eigenen vorgeblichen Ambitionen – konfliktverschärfend und tragen auch zur regionalen Ausbreitung der Krisenprozesse bei.

Wie aus dieser Dynamik ein Wandel hin zu einem stabilen und demokratisch ausgestalteten sowie ökonomisch prosperierenden Kolumbien in einer ebenso geordneten Region angestoßen werden kann, ist die entscheidende politische Frage, zu der politikwissenschaftliche Analysen beitragen sollen.

Einige der breit diskutierten Antworten, die inzwischen politisches Handeln anleiten, können als weniger tauglich ausgeschlossen werden, weil sie jeweils nur an einzelnen, unterschiedlichen Stellen des Gesamtprozesses ansetzen und sich von einer Veränderung dieser jeweiligen zur Eskalationsdynamik beitragenden Prozesse ein Ende des gesamten Problemkreises erhoffen. Hinter derart gestalteten Vorschlägen verbirgt sich eine monokausale Erklärung des kolumbianischen Konfliktes – und dies beruht, wie in unserer Analyse gezeigt, auf einer unzureichenden und unterkomplexen Analyse. Deswegen wirken sie letztlich kontraproduktiv: mit der Absicht, den Konflikt zu lösen, tragen sie zu seiner Verschärfung bei.

Insbesondere die vom kolumbianischen Präsidenten Uribe verfolgte Strategie, den Konflikt mit den FARC vorrangig und konzentriert militärisch auszutragen, wie sie im *Plan Patriota* implementiert wird, kann zur Wiederherstellung des Gewaltmonopol des Staates und zur Stabilisierung des Landes nicht in einem Erfolg versprechenden Maß beitragen. Hierzu fehlen der kolumbianischen Regierung – selbst mit ausländischer Unterstützung – die erforderlichen Ressourcen. Weder die militärische Ausstattung noch der finanzielle Spielraum der kolumbianischen Regierung können eine solche Strategie tragen. Sie wäre jedoch selbst bei einer enormen Aufstockung der entsprechenden Haushaltsmittel und einer besseren Ausstattung der Sicherheitskräfte angesichts der finanziellen und organisatorischen Kraft der FARC alleine nicht in der Lage, effektive Staatlichkeit im gesamten kolumbianischen Gebiet zu organisieren. Denn dies erfordert den politischen Ausgleich der verfeindeten Gruppen ebenso wie eine sozio-ökonomische Entwicklungsperspektive insbesondere für die ruralen Gebiete, die anderenfalls weiterhin der Drogenökonomie zur Verfügung stehen werden.

Ein militärischer Sieg über die Guerilla würde augenscheinlich weder direkt zur Auflösung der Drogenökonomie führen noch selbstverständlich die staatliche Durchdringung des gesamten Territoriums bedeuten. Die Entwaffnung der Paramilitärs andererseits könnte – angesichts der inzwischen jahrelang verfestigten sozialen Konfliktbeziehungen in der kolumbianischen Gesellschaft – nicht das Ende der Gewalt zwischen den verfeindeten Gruppen, sondern möglicherweise kontraintendiert deren fragmentierende Intensivierung bedeuten. Die Zerschlagung bestehender organisierter Strukturen privater Gewalt bedeutet nicht notwendig deren Beseitigung, sondern kann in anderen Organisationsformen münden.

Eine international kontrollierte Legalisierung der Drogen schließlich würde über die Neugestaltung der externen Nachfrage zwar erheblichen Einfluss auf die Organisation der Drogenökonomie haben und wesentlich dazu beitragen, einigen privaten Gewaltakteuren die Ressourcen zu entziehen. Aber gleichzeitig wird eine solche Maßnahme nicht ausreichen, die Gesamtheit der entstandenen Gewaltmärkte, die über den Drogenhandel hinausreichen, verschwinden zu lassen. Ebenso wenig wären die Paradoxien der Partizipation auf diese Weise ausgeschaltet. Und schließlich greifen derartige Maßnahmen nicht in die sozioökonomischen Verhältnisse als Ursache der Gewaltausübung ein. Im Gegenteil wären aus einer Neuorganisation des Kokamarktes für die Betroffenen möglicherweise negative soziale und ökonomische Konsequenzen zu erwarten.

Unsere Schlussfolgerung, dass der kolumbianische Konflikt eine hohe Komplexität aufweist, führt uns am Ende der Analyse dazu, theoriegeleitet zumindest die grundsätzlichen Möglichkeiten seiner Lösung zu skizzieren. Allerdings führen diese, wenn die politische Organisation des Landes und das internationale Umfeld unverändert bleiben, in eine wenig aussichtsreiche Lage. Die Handlungsfähigkeiten der Akteure, die eine Aufrechterhaltung der schwachen Staatsstrukturen, der privatisierten Gewaltmärkte und der transnationalen Bürgerkriegsökonomie anstreben, übertreffen diejenigen, die den Konflikt gewaltsam beenden wollen. Auch deshalb ist die Strategie, die Guerilla militärisch schlagen zu wollen, zum Scheitern verurteilt.

Bei der Diskussion grundsätzlicher Lösungsmöglichkeiten haben wir Ansätze einer internationalen Mediation unberücksichtigt gelassen, weil hierfür derzeit keine ausreichenden und Erfolg versprechenden Voraussetzungen bestehen. Die günstigen Zeitpunkte eines unparteiischen – wenn auch nicht interesselosen – Eingreifens von außen wurden im Eskalationsverlauf bisher nicht genutzt, so dass derzeit eine Situation besteht, die eher von einer Zunahme der privaten und staatlichen Gewalt sowie des externen militärischen Eingreifens bestimmt ist. Darüber hinaus war die grundlegende Bedingung, dass die im Konflikt stehenden Akteure einer Mediation zustimmen und sich zumindest dem Prozess – wenn auch nicht notwendig dem Resultat – unterwerfen, bisher nicht gegeben. Damit scheidet als Konfliktlösungsmöglichkeit aus, dass es in absehbarer Zeit zwischen den verfeindeten Parteien einen irgendwie gearteten und von außen unterstützten Kompromiss geben könnte. Dies ist die eine Seite des kolumbianischen Dilemmas, die andere ist, dass keine der beiden Kriegsparteien – in die Geflechte der privaten Akteure auf den Gewaltmärkten verstrickt – derzeit in der Lage zu sein scheint, den Konflikt militärisch siegreich für sich entscheiden zu können.

Angesichts der relativen Stärke der verfeindeten Parteien ist keine Seite in der Lage, den Konflikt militärisch mittels der Durchsetzung der eigenen Position zu lösen. Das gilt einerseits für die Guerilla, insbesondere die FARC, die personell und organisatorisch stark, inzwischen über eine feste ökonomische Basis verfügen, um ihren Kampf weiterführen zu können. Gleichwohl scheint es wenig aussichtsreich, aus der relativen militärischen und ökonomischen Stärke heraus die Regierung stürzen und die Gewalt im Staat übernehmen zu können. Die auswärtige Anlehnungsmacht fehlt derzeit und kann politisch durch die privaten Drogenakteure nicht ersetzt werden. Im Gegenteil. Diese haben ein Interesse daran, den Konflikt aufrecht zu erhalten, weil sie politische und ökonomische Interessen an der Schwäche des Staates haben. Dies gilt analog für die Verbindungen der Regierung in die privaten Gewaltmärkte. Davon abgesehen reichen die Ressourcen der Regierung nicht aus, das Land mit effektiver Staatlichkeit zu durchdringen – wozu ja mehr als der punktuelle militärische Sieg gehören würde. Aber schon dieser scheint für die Regierungstruppen unerreichbar.

Auch die auswärtige Unterstützung, die die kolumbianische Regierung im Kampf gegen die Guerilla seit Jahren erhält, hat nicht in einem solchen Maß zu ihrer militärischen und polizeilichen Stärkung beitragen können, dass sie die Guerilla militärisch besiegen kann. Es hat nicht den Anschein, als wäre die Regierung Kolumbiens absehbar in der Lage, alleine das Gewaltmonopol wieder herzustellen. Dass die auswärtige Unterstützung ihrer Form und Konditionalität wegen zur Schwächung des kolumbianischen Staates sogar noch beiträgt, ist weiter oben deutlich dargestellt worden. Die FARC reagieren auf die militärischen Maßnahmen der Regierung, indem sie ihre Guerilla-Taktik anwendet und die umkämpften Gebiete verlässt. Sie stellt sich keinem Kampf, sondern zieht sich in andere, ebenfalls dem staatlichen Gewaltmonopol entzogene Gebiete zurück. Auf diese Weise kann sie zwar keinen militärischen Sieg über die Regierung erreichen, bleibt jedoch, da sie der Regierung die große militärische Auseinandersetzung verweigert, militärisch gleichwohl erfolgreich. Der militärische Maßstab für Erfolg und Misserfolg ist für die Regierung und die FARC unterschiedlich: die Regierung versucht, die militärische Auseinandersetzung zu gewinnen, und verliert, wenn ihr dies nicht gelingt. Die FARC sind darauf bedacht, nicht besiegt zu werden, und gewinnen, solange sie dies verhindern können. Auf diese vertrackte Weise bleiben die politischen Bedingungen für die Organisation von Gewaltmärkten bestehen, in denen sich private Akteure bewegen, die aus der Staatsschwäche Nutzen ziehen und deshalb an ihrer Konservierung interessiert sind.

So scheint weder die Möglichkeit zu bestehen, einen Kompromiss unter Vermeidung von Gewalt zu suchen, noch eine der streitigen Positionen mittels Gewalt durchzusetzen, wodurch die Optionen zur Konfliktlösung drastisch eingeschränkt sind. Um die Optionen zur Konfliktlösung zumindest theoriegeleitet zu diskutieren, muss die gesamte Komplexität des verschränkten Konflikts entfaltet werden. Eine akteurszentrierte Analyse ergibt vier Konfliktzusammenhänge:

- In einem ersten Konfliktzusammenhang stehen Regierung (und Paramilitärs) mit der diese politisch herausfordernden Guerilla um die Gestalt des politischen Systems Kolumbiens.
- In einem zweiten Konfliktzusammenhang stehen Regierung, Guerilla und Paramilitärs mit transnationalen Drogenunternehmen, die erst durch die Offenheit zum Weltmarkt die Drogenökonomie in Kolumbien ermöglichten.
- In einem dritten Konfliktzusammenhang stehen Regierung, Paramilitärs und Guerilla sowie der externe Akteur USA (und die von ihr beauftragten Privaten Militärunternehmen), die einen substantiellen Prozess der Aushöhlung des Gewaltmonopols und damit des Staatszerfalls betreiben.

- In einem vierten Konfliktzusammenhang stehen die den Gewaltmarkt konstituierenden Akteure mit den Regierungen der umliegenden Staaten, die durch Wanderungen der Anbaugebiete und Schmuggel betroffen sind oder als Rückzugsgebiet genutzt werden.

Diese vier Konfliktzusammenhänge werden wir im Kontext der weiteren konflikttheoretischen Differenzierung erweitern. Denn Kolumbien stellt eine offene Bürgerkriegsökonomie dar, wobei im Zentrum des Konfliktes der Staatszerfall und die Ausbildung von Gewaltmärkten stehen. Dieses Zentrum ist sowohl regional als auch transnational offen: regional durch davon ausgehende Destabilisierungseffekte, transnational durch die Drogenökonomie. Schließlich erhielt die Situation auch noch eine internationale Dimension durch die angebotsorientierte Drogenpolitik der USA, die in den letzten Jahren zunehmend militarisiert wurde, sowie die damit verschränkte Terrorismusbekämpfung. Entsprechend einer Differenzierung der Analyseebenen stellt sich die Konfliktkomplexität so dar:

Analyseebene	Hauptkonfliktlinie
Subnational	Ausbildung von Gewaltmärkten
National	Staatszerfall
Regional	Destabilisierungsprozesse
Transnational	Drogenökonomie
International	Angebotsorientierte, militarisierte Drogenpolitik und Terrorismusbekämpfung der USA

Tabelle 38: Differenzierung und Zuordnung von Analyseebenen und Konfliktlinien

Jede dieser Konfliktebenen erforderte eine spezifische konflikttheoretische Analyse, um geeignete Maßnahmen zum Umgang mit dem jeweiligen Konflikt erarbeiten zu können. Jedoch reicht diese Differenzierung nicht aus, sondern muss zusätzlich durch eine parallele Differenzierung der Sachbereiche vervollständigt werden.

Sachbereich	Innen	Außen
Herrschaft	Auseinandersetzung zwischen Guerilla und Regierung	Maßnahmen der USA, um die kolumbianische Regierung zu bestimmten Handlungen und zur Erlassung von Gesetzen zu zwingen
Sicherheit	Staatszerfall und Gewaltmärkte	Militärische Maßnahmen der USA
Wohlfahrt	Bürgerkriegsökonomien	Anti-Drogenpolitik der USA Entwicklungshilfe der EU

Tabelle 39: Differenzierung der Sachbereiche

Die beiden zuletzt entfalteten Dimensionen können nun verbunden werden, um die entscheidenden Probleme zu identifizieren. Eine derart angelegte Konfliktmatrix ermöglicht, die Komplexität der Situation in Kolumbien konflikttheoretisch zu differenzieren und dadurch einzelne Elemente der Situation zu identifizieren.

	Herrschaft innen	Herrschaft außen	Sicherheit innen	Sicherheit außen	Wohlfahrt innen	Wohlfahrt außen
Subnational	Konflikt zwischen Guerilla und Paramilitärs über territoriale Kontrolle	Unterstützung von Guerilla und Paramilitärs durch andere Staaten	Konflikt zwischen Regierung, Guerilla und Paramilitärs	Konflikt zwischen Guerilla bzw. Drogenakteuren und externen Streitkräften/Privaten Militärunternehmen	Konflikt zwischen bewaffneten Akteuren um Kontrolle von Ressourcen; wechselnde Koalitionen	Vernetzung der verschiedenen Gewaltakteure mit transnationaler Schattenwirtschaft
National	Konflikt Guerilla gegen Regierung	Konflikt zwischen Regierung und USA um Drogenpolitik	Konflikt zwischen staatlichen Behörden und nichtstaatlichen Gewaltakteuren	Grenzkonflikte	Konflikt zwischen Staat und nichtstaatlichen Akteuren um Extraktion von Ressourcen	Kontrolle des (illegalen) wirtschaftlichen Austauschs
Regional	Beteiligung von Bewegungen aus den Nachbarländern am kolumbianischen Konflikt	Konflikt zwischen *Bolivarianischer Bewegung* und USA mit kolumbianischer Regierung als Verbündetem	Interventionen von Nachbarstaaten	Vordringen nichtstaatlicher Gewaltakteure in die Nachbarstaaten	Konflikt mit Nachbarstaaten um Ressourcen	Kontrolle der transnationalen Akteure der Schattenökonomie
Transnational	Unterstützung von Guerilla und Paramilitärs durch transnationale Unternehmen	Antiterrorkrieg zwischen US-Regierung und FTOs (Foreign Terrorist Organizations)	Unterstützung privater Akteure durch externe ökonomische Akteure (Schattenökonomie)	Antiterrorkrieg zwischen US-Regierung und FTOs.	Konflikt zwischen Transnationalen Konzernen, PMFs und Guerilla	Effekte der Integration Kolumbiens in die transnationale Handelsordnung
International	Einmischung von Drittstaaten	Versuche der Gegenmachtbildung von südamerikanischen Staaten	Einmischung von Drittstaaten	Konflikte zwischen kolumbianischer Regierung und denen der Nachbarstaaten	Einfluss von Drittstaaten auf ökonomische Verteilung	Interesse der USA an Sicherung ihrer hegemonialen Stellung und der Ölquellen

Tabelle 40: Konfliktmatrix für Kolumbien

Für jeden dieser Konflikte können erstens widerstreitende handlungsleitende
Interessen festgestellt werden und zweitens die Beziehungszusammenhänge
beschrieben werden, die die Akteure miteinander verbinden. Beide Bedingungen müssen erfüllt sein, um einen anhaltenden Konflikt zu definieren. Ohne
widerstreitende handlungsleitende Interessen unterschiedlicher Akteure in
einem sie verbindenden Beziehungszusammenhang, existieren keine Konflikte.

An diese Analyse schließt sich entsprechend die Frage an, ob entweder die
widerstreitenden handlungsleitenden Interessen aufgegeben werden können –
weil die Interessen nicht weiter streitig oder zumindest für eine Seite nicht mehr
handlungsleitend sind – oder ob der Beziehungszusammenhang so verändert
werden kann, dass der Konflikt deeskaliert wird. Daran anschließend ließen sich
theoretisch begründete Erwartungen über den Fortgang der verschiedenen in-
nerkolumbianischen und regionalen Konflikte formulieren.

Da wir davon ausgehen, dass sich die widerstreitenden handlungsleitenden
Interessen der im Guerillakampf und der Drogenökonomie verbundenen Akteure nicht auflösen, sind nur Lösungsmöglichkeiten auf der Ebene des verregelten
Verhältnisses möglich. Bisherige Ansätze, in diese Zielrichtung politische Ini-
tiativen zu entfalten, trachteten nach der Anerkennung dieser Realitäten. Die
Bildung eines autonomen Gebietes unter Herrschaft der Guerilla führte in diese
Richtung. Möglicherweise gingen die Konzeptionen jedoch einerseits zu weit,
indem sie die durch Gewalt unterhöhlte Legitimität des kolumbianischen Staates
nicht wieder herstellen wollten. Andererseits blieben sie hinter den Erwartungen
der Akteure an einen politisch stabilen Einflussraum zurück. Überlegungen hinsichtlich eines föderal gegliederten kolumbianischen Staates könnten hier wei-
terführend sein. Sie stellen sich aber erst, wenn die negativ eskalierenden Einflüsse von außen kontrolliert werden könnten.

Eine derartige Zerlegung der komplexen kolumbianischen Lage, wie wir
dies hier unternommen haben, ist ein Zugang, der die miteinander verschränkten
Prozesse konfliktanalytisch zergliedert, um sie einzeln analysieren und ihre
Entwicklung prognostizieren zu können. Die Prozesse greifen real jedoch ineinander, so dass weiterhin ein zusammenhängendes Prozessmodell des Konfliktes
entwickelt werden muss. Denn die analytisch notwendige Zergliederung des
Konfliktes – mit der Absicht einzelne Teilkonflikte zu identifizieren und die sie
bestimmenden Interessen und sozio-politischen und ökonomischen Beziehungen
zu erkennen – muss das Ineinandergreifen der unterschiedlichen Teilkonflikte
bedenken. Ein Konflikt-Prozess-Modell für Kolumbien konstituiert sich nach
unserer Analyse aus folgenden Teilkonflikten, die wir in der vorangegangenen
Analyse detailliert dargestellt haben, so dass wir uns an dieser Stelle darauf beschränken können, sie zu benennen.

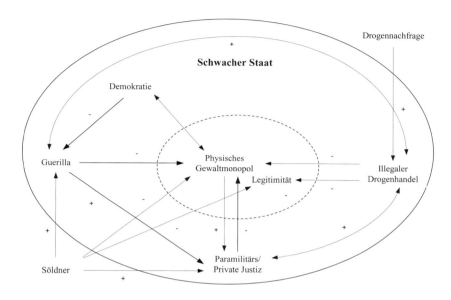

Abbildung 22: Konflikt-Prozess-Modell für Kolumbien

Das Schaubild verdeutlicht, dass der Prozess des Staatszerfalls aus drei unterschiedlichen Ursachen seine wesentliche Dynamik erfährt. Die historisch früheste ist die Herausforderung des Staates durch die Guerilla. Die kolumbianischen Staatsorgane hatten zu keinem Zeitpunkt das gesamte Staatsgebiet nachhaltig durchdrungen – hier erschließen sich interessante Parallelen zur Lage in Afghanistan – und waren nie im alleinigen Besitz des Gewaltmonopols. Der territoriale Zugriff und die Präsenz des kolumbianischen Staates nahmen in den letzten Jahrzehnten jedoch von diesem historischen Niveau aus stets noch weiter ab.

    Hierzu trug die auf externe Nachfrage stoßende Drogenökonomie nachhaltig bei, die nicht nur die ökonomischen Interessen der privaten Akteure an einer Kontrolle bestimmter Territorien erhöhte, sondern auch im weiteren Verlauf deren politische und legitimierende Präsenz in den jeweils beschützten Gebieten substantiierte. Auch wenn diese beiden Prozesse miteinander verbunden sind, so sind die Herausforderung der Regierung durch die Guerilla und durch die Akteure der Drogenökonomie nicht deckungsgleich und erfordern deshalb auch – wie wir es oben dargestellt haben – eine differenzierende konflikttheoretische Analyse. Teile der Guerilla (ebenso wie der Paramilitärs oder möglicherweise auch der Regierung) sind Akteure in der Drogenökonomie, aber nicht die gesamte Guerilla. Deshalb lassen sich schon an dieser Stelle zwei unterschiedliche Prozesse identifizieren, die auf die Schwäche und den Zerfall des kolumbianischen Staates einwirken.

Drittens kommen die Wirkmächte von außen – und hier fast ausschließlich der USA – hinzu, die einerseits die kolumbianische Gesetzgebung geprägt, teilweise diese sogar bestimmt haben, und andererseits direkt in die territoriale Auseinandersetzung eingreifen. Die USA haben seit den siebziger Jahren erheblichen Einfluss auf die Gesetzgebung in Kolumbien genommen und die Implementation des neuen Rechts direkt überwacht. Dies führte dazu, dass bestehende Verfahren in der Illegalität neu organisiert wurden, während die Legitimität und Akzeptanz des Staates weiter sank. Nachdem sichtbar wurde, dass die angestrengten Maßnahmen keineswegs dazu führten, den Drogenanbau und seinen Transport in die USA zu unterbinden, griffen die amerikanischen Regierungen direkt und über private Militärunternehmen in den kolumbianischen Konflikt ein. Auch dieses Eingreifen brachte die Drogenökonomie nicht an ihr Ende, sorgte aber weiterhin für eine Schwächung der staatlichen Institutionen.

Derzeit greifen alle drei unabhängig voneinander wirkenden, sich aber endogen verstärkenden Prozesse das Funktionieren und die Legitimität des kolumbianischen Staates an. Zerfallsprozesse öffnen dabei Spielräume zur Ausbildung von Gewaltmärkten, die direkt auf den Prozess des Staatszerfalls zurückwirken. Dass diese Gewaltmärkte über die externe Drogennachfrage und die Drogenökonomie eskalieren, ist nachdrücklich dargestellt worden. Sie wirken aber nicht nur auf den Prozess des Staatszerfalls direkt zurück, sondern tragen die destabilisierenden Prozesse in die angrenzenden Regionen und damit in die Nachbarstaaten. Die regionale Destabilisierung gilt wiederum als Legitimation für externes, militärisches Eingreifen. Ebenso wird dies durch die aus den Gewaltmärkten erfolgende Belieferung des transnationalen Drogenmarktes gerechtfertigt.

Nach der Darstellung des Konflikt-Prozess-Modells und der territorialen sowie sachbereichsspezifischen Differenzierung der Konfliktkomplexität können wir nun auf die vier identifizierten Konfliktzusammenhänge zurückkommen. Diese Konflikte werden um die Kontrolle des politischen Systems, die Kontrolle der Drogenökonomie, die Herstellung des Gewaltmonopols (in den Gewaltmärkten) und die regionalen Wirkungen geführt. Jeder Konfliktzusammenhang umfasst unterschiedliche Akteure, die in ihm auf vielfältige Weise verbunden sind. Wenn wir davon ausgehen, dass sich die handlungsleitenden

Interessen der Akteure in naher Zukunft nicht auflösen, kann eine Konfliktbearbeitung lediglich über die Veränderung des Beziehungszusammenhangs erreicht werden. Dabei können idealtypisch vier Umgestaltungen unterschieden werden. Erstens können die Beziehungen intensiviert werden und die Akteure in ein engeres Verhältnis zueinander bringen; zweitens können die Beziehungen gelockert werden; drittens kann der Beziehungszusammenhang ganz aufgelöst werden und viertens besteht die Möglichkeit, einzelne Akteure zu isolieren, also aus dem Beziehungszusammenhang herauszudrängen. Auf der Basis unserer vorangegangenen Analyse können wir nun die unterschiedlichen Modi der Änderung der kolumbianischen Konfliktzusammenhänge benennen.

Konfliktzusammenhang	Beteiligte Akteure	Erhöhung des Beziehungsgrades	Reduzierung des Beziehungsgrades	Auflösung des Beziehungszusammenhangs	Isolation eines Akteurs
Kontrolle des politischen Systems	Regierung; Guerilla; Paramilitärs	Einbeziehung von Guerilla und Paramilitärs in das politische System	Ausweisung autonomer Gebiete	Teilung des Landes	Ökonomische und politische Isolierung der Guerilla nach einem militärischen Sieg
Kontrolle der Drogenökonomie	Guerilla; Paramilitärs; transnationale Drogenunternehmen	Gemeinsamer Anbau, gemeinsame Veredelung, gemeinsamer Verkauf und Transport	Aufteilung der Anbaugebiete	Teilung der Anbau- und Absatzgebiete	Verdrängung eines oder mehrerer Akteure aus dem Drogenmarkt
Staatliches Gewaltmonopol (versus Gewaltmärkte)	Regierung; Guerilla; Paramilitärs; fremde Regierungen	Kooperation der Regierung mit Gewaltakteuren; Kooptierung von Paramilitärs	Auflösung des kolumbianischen Staates, Organisation als Marktgebilde	Teilung des Landes, Herstellung des jeweiligen Gewaltmonopols	Militärischer Sieg einer Konfliktpartei und Unterwerfung der anderen
Regionale Destabilisierung	Guerilla; Paramilitärs; regionale Akteure; Nachbarregierungen	Regionale zwischenstaatliche Institutionen: Grenzkontrollen; operative Kooperation; Auslieferungsabkommen	Autonome Grenzkontrollen einzelner Staaten	Die Andenstaaten schließen ihre Grenzen zueinander	Errichtung einer Mauer um Kolumbien durch die Nachbarstaaten

Tabelle 41: Analyse der wichtigen Konflikt-Beziehungszusammenhänge in Kolumbien und idealtypischer Veränderungen des Beziehungszusammenhangs

Institutionelle, also an der sozio-politischen Beziehung der Akteure und ihrer Verhaltenserwartung ansetzende Analysen der verwickelten kolumbianischen

Problemstränge verheißen derzeit jedoch keine Erfolg versprechenden
Lösungen.[601] Die Dynamik der unterschiedlichen Konflikte in Kolumbien weist
derzeit eher auf eine weitere Eskalation hin. Die Bedeutung der Andenregion als
wichtiger Lieferant für Energie in den Norden des Kontinents hat das Interesse
der USA für die Region nochmals geschärft und der Ausbau der Basis
Manta/Ecuador dokumentiert dies. Es ist deshalb nicht zu erwarten, dass der
Druck von außen auf die Entwicklung von Politik und Gesellschaft in
Kolumbien nachlassen wird. Die bisherigen kontraproduktiven Effekte werden
deshalb wohl weiter zunehmen und eine Wiederherstellung effektiver
kolumbianischer Staatlichkeit in absehbarer Zeit verhindern. Dies liegt im
Interesse einiger Akteure, die von außen in das kolumbianische Gebiet wirken.
Dann wäre der Staatszerfall in Kolumbien auf Dauer gestellt, weil er im
Interesse der beteiligten Akteure im Land und der in der Region engagierten
Mächte liegt.

Von außen jedenfalls könnte insbesondere über die veränderte politische
Organisation von Drogenmärkten sowie den Abzug privater Militärakteure aus
den kolumbianischen Gewaltmärkten auf die Entwicklung eingewirkt werden.
Sollten derartige Maßnahmen erkennbar sein, ließe sich ein Interesse der beteiligten Akteure an der Wiederherstellung des Staates erkennen. Anders gesagt:
solange die angebotsorientierte Drogenpolitik militärisch weitergeführt und der
Kampf gegen die Narcoguerilla mit privaten Militärfirmen fortgesetzt wird, besteht seitens der beteiligten Akteure wohl kein nachhaltiges Interesse an einem
handlungsfähigen kolumbianischen Staat. Der Zerfall von Staaten bietet Akteuren auf den sodann entstehenden Gewaltmärkten hinreichend Chancen der Res-
sourcenallokation, um das Interesse daran zu wecken, diesen Prozess in der Peripherie auf Dauer stellen zu wollen.

---

601 Dieser Bruch findet sich in vielen Analysen, wenn Zustandsbeschreibung und Handlungsemp-
   fehlungen weit auseinander fallen, so beispielsweise auch in: International Crisis Group
   (2005b): Colombia: Presidential Politics and Peace Prospects.

Anhang

Abbildung 23: Kolumbien

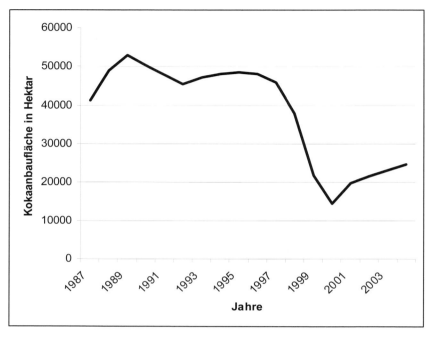

Abbildung 24: Kokaanbaufläche in Bolivien in Hektar[602]

---

602 Datenquellen: INCSR 1999 und INCSR 2005.

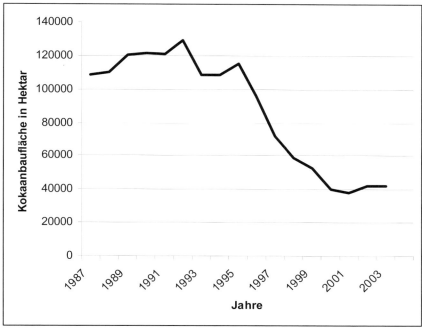

Abbildung 25: Kokaanbaufläche in Peru in Hektar[603]

---

603 Datenquellen: INCSR 1999 und INCSR 2005.

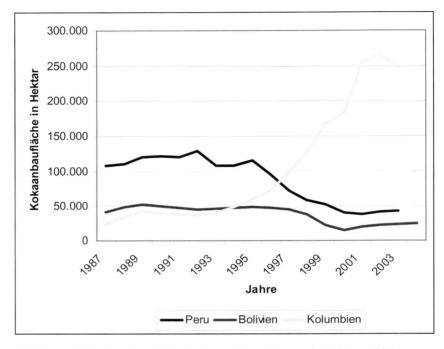

Abbildung 26: Kokaanbaufläche in Kolumbien, Peru und Bolivien 1887 - 2004[604]

---

604 Datenquellen: INCSR 1999 und INCSR 2005.

	2004	2003	2002	2001	2000	1999	1998	1997	1996
Coca									
Potential Harvest (ha)	—	113,850	144,450	169,800	136,200	122,500	101,800	79,500	67,200
Eradication (ha)	136,555	132,817	122,695	84,251	47,371	43,246	—	19,000	5,600
Estimated Cultivation (ha)	—	246,667	267,145	254,051	183,571	167,746	—	98,500	72,800
HCl: Potential (mt)	—	460	571	839	580	520	435	350	300
Opium									
Potential Harvest (ha)	—	—	—	6,500	7,500	7,500	6,100	6,600	6,300
Eradication (ha)	3,060	—	3,371	2,583	9,254	—	—	6,972	6,028
Estimated Cultivation (ha)	—	—	TBD	9,083	—	—	—	13,572	12,328
Seizures									
Heroin (mt)	.687	0.5	0.77	0.78	0.572	0.504	0.317	0.261	0.183
Opium (mt)	.835	—	0.11	0.002	—	0.183	0.100	0.120	0.036
Cannabis (mt)	—	126.1	76.9	36.6	46	65	69	136	235
Base/Basuco (mt)	28.3	31.1	30	26.70	—	9.00	29.30	10.00	17.50
Cocaine HCl (mt)	138.6	114.0	94	57.30	69.00	22.73	54.70	34.00	23.50
Total HCl/Base (mt)	164.9	145.1	124	80.00	69.00	31.73	84.00	44.00	41.00
Total Arrests	63,791	—	15,868	15,367	8,600	—	1,961	1,546	1,561

Tabelle 42: Drogenstatistiken Kolumbien 1995-2004[605]

---

605 Aus: INCSR 2005.

	2004	2003	2002	2001	2000	1999	1998	1997	1996
Coca									
Net Cultivation[1] (ha)	24,600	23,200	21,600	19,900[2]	14,600	21,800	38,000	45,800	48,100
Eradication (ha)	8,437	10,000	11,839	9,435	7,653	16,999	11,621	7,026	7,512
Leaf: Potential Harvest[3] (mt)		29,083	19,800	20,200	13,400	22,800	52,900	70,100	75,100
HCl: Potential (mt)	65	60	60	60	43	70	150	200	215
Seizures									
Coca Leaf (mt)	395	152	102	65.95	51.85	56.01	93.72	50.60	76.40
Coca Paste (mt)	—	—	—	—	—	—	—	0.008	—
Cocaine Base (mt)	8.2	6.4	4.7	3.95	4.54	5.48	6.20	6.57	6.78
Cocaine HCl (mt)	0.53	6.5	0.4	0.51	0.72	1.43	3.12	3.82	3.17
Combined HCl & Base (mt)	8.7	12.9	5.1	4.46	5.26	6.91	9.32	10.39	9.95
Agua Rica[4] (ltrs)	—	—	—	20,240	15,920	30,120	44,560	1,149	2,275
Arrests/Detentions	4,138	—	1,422	1,674	2,017	2,050	1,926	1,766	955
Labs Destroyed	—								
Cocaine HCl	4	2	2	1	2	1	1	1	7
Base	2,254	1,769	1,420	877	620	893	1,205	1,022	2,033

Tabelle 43: Drogenstatistiken Bolivien 1996-2004[606]

[1]The reported leaf-to-HCl conversion ratio is estimated to be 370 kilograms of leaf to one kilograms of cocaine HCl in the Chapare. In the Yungas, the reported ratio is 315:1.
[2]As of 06/01/2001.
[3]Most coca processors have eliminated the coca paste step in production.
[4]Agua Rica (AR) is a suspension of cocaine base in a weak acid solution. AR seizures first occurred in late 1991. According to DEA, 37 liters of AR equal one kilograms of cocaine base.

606 Aus: INCSR 2005.

	2004	2003	2002	2001	2000	1999	1998	1997	1996	1995
Coca										
Net Culti-vation (ha)	—	31,150	36,000	34,000	34,100	38,700	51,000	68,800	94,400	115,300
Eradication (ha)	10,339	11,313	7,000	3,900	6,200	13,800	7,825	3,462	1,259	0
Cultivation (ha)		42,463	42,000	37,900	40,200	52,500	58,825	72,262	95,659	115,300
Leaf (Po-tential Harvest) (ha)	—	—	52,700	52,600	60,975	69,200	95,600	130,600	174,700	183,600
HCl (Po-tential) (mt)	—	—	140	140	154	175	240	325	435	460
Seizures										
Coca Leaf (mt)	845	132.9	—	13.8	55.0	164.3	132.9	146.8	99.1	33.4
Coca Paste (mt)	—	—	—	—	—	—	—	—	—	—
Cocaine HCl (mt)	7.11	3.25	3.7	2.77	2.70	3.59	1.70	2.30	1.01	7.65
Cocaine Base (mt)	5.70	3.76	8.7	5.71	9.01	6.65	19.70	8.80	18.68	15.00
Total Cocaine (mt)	**12.81**	**7.01**	**12.4**	**8.48**	**11.70**	**10.24**	**21.40**	**11.10**	**19.69**	**22.65**
Heroin (mt)	0.912	.004	—	.004	.002	—	—	—	—	—
Aircraft (items)	0	0	0	1	2	—	—	11	7	22

Tabelle 44: Drogenstatistiken Peru 1995-2004[607]

---

607 Aus: INCSR 2005.

	2004	2003	2002	2001	2000	1999	1998	1997	1996
Arrests/Detentions	1,632	2,686	2,711	2,458	2,966	3,834	3,888	3,692	2,279
Labs Destroyed	0	0	0	4	0	2	2	0	1
Seizures									
Cocaine Base (mt)	1.37	.59	.87	1.26	1.60	.93	.690	1.605	.530
Cocaine HCl (mt)	2.95	5.79	10.49	10.83	1.72	9.24	10.770	2.160	9.800
Cocaine Total (mt)	4.320	6.380	11.360	12.090	3.320	10.170	11.460	3.765	10.330
Heroin (mt)	.27	.27	.35	.23	.11	.08	.053	.034	.070
Cannabis (mt)	.58	2.57	1.90	3.07	18.26	2.98	17.730	.022	.200

Tabelle 45: Drogenstatistiken Ecuador 1996-2004[608]

	2004*	2003	2002	2001	2000	1999	1998	1997	1996
Arrests/Detentions	-	2,187	2,711	3,069	2,616	6,630	7,531	5,379	-
Seizures									
Cocaine Total (mt)	19.07*	19.46**	17.79	14.18	15.17	13.10	8.60	16.18	7.20
Heroin (mt)	.276*	.364***	.56	.28	.13	.04	.04	.11	.07
Cannabis (mt)	5.115*	6.125	20.92	14.43	12.43	19.69	4.50	5.52	5.30

Tabelle 46: Drogenstatistiken Venezuela 1996-2004[609]

608 Aus: INCSR 2005.
609 Aus: INCSR 2005.

	2004	2003	2002	2001	2000	1999	1998	1997	1996	1995
Opium										
Potential Harvest (ha)	—	—	2,700	4,400	1,900	3,600	5,500	4,000	5,100	5,050
USG Estimated Impact (ha)	—	—	—	7,400	7,600	7,900	9,500	8,000	7,900	8,450
Eradication (ha)	14,575	—	19,157	19,115	15,300	15,469	17,449	17,732	14,671	15,389
Cultivation (ha)	—	—	—	11,800	9,500	11,500	15,000	12,000	13,000	13,500
Potential Yield (mt)	—	—	47	71	25	43	60	46	54	53
Seizures										
Opium (kg)	435	189	310	516	270	800	150	340	220	220
Heroin (kg)	270	165	282	269	268	258	120	115	363	203
Cocaine (mt)	25	20	12.6	30.0	18.3	33.5	22.6	34.9	23.6	22.2
Cannabis (mt)	1,838	2,019	1,633	1,839	1,619	1,459	1,062	1,038	1,015	780
Methamphetamine (kg)	590	652	457	400	555	358	96	39	172	496
Arrests										
Nationals	10,106	7,653	6,930	9,784	—	10,261	10,034	10,572	11,038	9,728
Foreigners	146	139	125	189	—	203	255	170	207	173
Total Arrests	*10,262*	*7,792*	*7,055*	*9,973*	—	*10,464*	*10,289*	*10,742*	*11,245*	*9,901*
Labs Destroyed	—	—	13	28	—	—	7	8	19	19

Tabelle 47: Drogenstatistiken Mexiko 1995-2004[610]

---

610 Aus: INCSR 2005.

U.S. Aid to Colombia Since 1997: Summary Tables

Military and Police Assistance Programs (millions of US-Dollar, numbers underlined and italicised are estimates taken by averaging previous two years)												
	1997	1998	1999	2000	2001	2002	2003	2004	2005	2006, estimate	2007, request	*2007, House version of foreign aid bill*
International Narcotics Control (INC) State Department-managed counter-drug arms transfers, training, and services	33.5	56.5	200.1	688.1	46.4	0	0	0	0	0	0	*16.2* (1)
"Andean Counterdrug Initiative" Basically the same as INC above, but separated out for the Andes	0	0	0	0	0	254.2	430.5	332.1	336.1	375.3	371.2 (1)	*384.0*
Foreign Military Financing (FMF) Grants for defense articles, training and services	30	0	0.4	0.0	4.5	0	17.1	98.5	99.2	89.1	90.0	*90.0*
International Military Education and Training (IMET) Training, usually not counter-drug	0	0.9	0.9	0.9	1.0	1.2	1.2	1.7	1.7	1.7	1.7	*1.7*
"Section 1004" Authority to use	10.3	11.8	35.9	68.7	190.2	119.1	165.0	122.0	200.0	*161.0*	*161.0*	*161.0*

the defense budget for some types of counter-drug aid												
"Section 1033" Authority to use the defense budget to provide riverine counter-drug aid to Colombia	0	2.2	13.5	7.2	Included with above							
Emergency Drawdowns Presidential authority to grant counter-drug equipment from U.S. arsenal	14.2	41.1	58	0	0	0	0	0	0	_0_	_0_	_0_
Antiterrorism Assistance (NADR/ATA) Grants for anti-terrorism defense articles, training and services	0	0	0	0	?	25.0	3.3	0	3.9	3.9	_3.9_	_3.9_
Small Arms / Light Weapons (NADR/SALW) Grants to assist in halting trafficking in small arms	0	0	0	0	0	0	0	0	0.2	0.2	_0.2_	_0.2_
Counter-Terror Fellowship Program (CTFP) Grants for training in counter-terrorism through a Defense Department program established in 2002	0	0	0	0	0	0	0.3	0.7	0.3	0.2	_0.3_	_0.3_
Center for Hemispheric	0	0	0	0.1	0.2	0	0.2	0.1	0.2	0.2	_0.2_	_0.2_

	1997	1998	1999	2000	2001	2002	2003	2004	2005	2006, estimate	2007, request	2007, House version
Defense Studies (CHDS) Grants for education in defense management at a Defense-Department school in Washington												
Excess Defense Articles (EDA) Authority to transfer "excess" equipment	0.1	0	0	0.4	0.5	2.4	3.4	0	0	_0_	_0_	_0_
Discretionary Funds from the Office of National Drug Control Policy	0.5	0	0	0	0	0	0	0	_0_	_0_	_0_	_0_
Subtotal	88.6	112.5	308.8	765.4	242.8	401.9	621.0	555.1	643.3	631.6	628.5	_657.5_

(1) includes an estimated $US16.15 million from the "Rule of Law" category of programs, which will likely pay for police aid programs. We will not have an exact figure until the State Department releases a more detailed budget breakdown in its *Congressional Budget Justification for International Narcotics and Law Enforcement Affairs,* which should be available online very shortly.

Economic and Social Assistance Programs (millions of US-Dollar)												
	1997	1998	1999	2000	2001	2002	2003	2004	2005	2006, estimate	2007, request	*2007, House version of foreign aid bill*
International Narcotics Control (INC) State Department-managed counter-drug arms transfers, training, and services	0	0.5	5.8	208.0	5.7	0	0	0	0	0	0	*10.0 (2)*
"Andean Counterdrug	0	0	0	0	0	120.3	136.7	135.0	131.3	138.5	135.0 (2)	*0*

Initiative" Basically the same as INC above, but separated out for the Andes												
Economic Support Funds (ESF) Transfers to the recipient government	0	0	3.0	4.0	0	0	0	0	0	0	0	*135.0*
P.L. 480 "Food for Peace" Humanitarian deliveries of food	0	0	0	2.3	0	0	0	0	0	0	0	*0*
Subtotal	**0**	**0.5**	**8.8**	**214.3**	**5.7**	**120.3**	**136.7**	**135.0**	**131.3**	**138.5**	**135.0**	*145.0*
Grand Total	**88.6**	**113.0**	**317.6**	**979.7**	**248.5**	**522.2**	**757.7**	**690.1**	**774.6**	**770.1**	**763.5**	*802.5*

2) This includes an estimated $US 10 million from the "Rule of Law" category of programs, which will likely pay for judicial reform programs. We will not have an exact figure until the State Department releases a more detailed budget breakdown in its *Congressional Budget Justification for International Narcotics and Law Enforcement Affairs,* which should be available online very shortly.

Literaturverzeichnis

Ein ausführliches und laufend aktualisiertes Literaturverzeichnis zum Thema befindet sich folgender Internetseite des Lehrstuhls für Internationale Politik und Außenpolitik der Universität Köln:

http://www.politik.uni-koeln.de/jaeger/forschung/colombia.html

Isacson, Adam: Peace – or "Paramilitarization?" Why a weak peace agreement with Colombian paramilitary groups may be worse than no agreement at all, International Policy Report, July 2005.

Akude, John Emeka (2005): Zwischen Wunschdenken und Ohnmacht: Der Anspruch der Afrikanischen Union auf Krisenmanagement in Afrika, in: Feuchtinger, Walter / Gerhard Hainzl (Hrsg.): Krisenherd Nordostafrika: Internationale oder afrikanische Verantwortung?, Baden-Baden.

Amatangelo, Gina (2001): Militarization of the U.S. Drug Control Program. In: Foreign Policy in Focus, Vol. 6, No.17, May 2001, Washington D.C.

Amatangelo, Gina/Garrido, Jane (2001): Certified Failure. Foreign Policy in Focus, März 2001.

Andreas, Peter (2000): Border Games: Policing The U.S.-Mexican Divide. Ithaca und London.

Ayoob, Mohammed (1995): The Third World Security Predicament: State making, regional conflict and the international system, Boulder, London.

Ayoob, Mohammed (1998): Subaltern Realism: International Relations Theory meets the Third World. In: Neuman, Stephanie G. (Hg.): International Relations Theory and the Third World. Houndmills, London, S. 31-54.

Azzellini, Dario (2002): Konfliktverschärfung durch Drogenökonomie. Der Krieg der Reichen gegen die Armen, in: Medico International 2002.

Bacchus, William I. (1997): The Price of American Foreign Policy. Congress, the Executive and International Affairs Funding. University Park, PA..

Baldwin, David A. (1985): Economic Statecraft. Princeton.

Baratta, Mario (Hrsg.)(2002): Der Fischer Weltalmanach 2003, Frankfurt am Main.

Barry, Tom/Honey, Martha (1999): Colombias Role in International Drug Industry. Foreign Policy in Focus, Vol.4, Nr.30, November 1999, aktualisiert Juni 2001.

Beckett, Katherine/Sasson, Theodore (1998): The Media and the Construction of the Drug Crisis in America. In: Jensen, Eric L./ Gerber, Jurg (Hrsg.), The New War on Drugs. Symbolic Politics and Criminal Justice Policy. Cincinnati, OH, S. 25-43.

Bejerano, Ana M. / Pizarro, Eduardo (2001): De la democrácia „restringida " a la democrácia „asediada": para entender la crisis de la democrácia en Colombia. Ponencia presentada para el seminario „Advances and Setbacks in the Third Wave of Democratization in Latin America".

Beke-Bramkamp, Ralf (1991): Die Drogenpolitik der USA, 1969- 1990. Unter besonderer Berücksichtigung ihrer Auswirkungen auf die Bundesrepublik Deutschland und den europäischen Entscheidungsprozeß. Münster.

Bellamy, Alex J. / McDonald, Matt (2002): 'The Utility of Human Security': Which Humans? What Security? A reply to Thomas & Tow. In: Security Dialogue, Vol. 33, No. 3, S. 373-377.

Bertram, Eva/Spencer, Bill (2000): Democratic Dilemmas in the U.S. War on Drugs in Latin America. In: Ethics and International Affairs, Case Studies Seires, 21. Carnegie Council on Ethics and International Affairs, New York.

Blumenthal, Hans (1999): Kolumbien, FES, Bonn.

Bowden, Mark (2003): Killing Pablo. Die Jagd auf Pablo Escobar, Kolumbiens Drogenbaron, Berlin.

Brown, Michael E. (Hg.) (1996): The International Dimensions of Internal Conflict. Cambridge, London.

Brownstein, Henry H (1998): The Drug-Violence Connection. Constructing Policy from Research Findings. In: Jensen, Eric L./ Gerber, Jurg (Hrsg.), The New War on Drugs. Symbolic Politics and Criminal Justice Policy. Cincinnati, OH, S. 59-70.

Bulmer- Thomas, Victor/Dunkerley, James (Hrsg.) (1999): The United States and Latin America. The New Agenda. Cambridge und London.

Buscaglia, Edgardo / Ratcliff, William (2001): War and Lack of Governance in Colombia. Narcos, Guerillas, and U.S. Policy, in: Essays in Public Policy, Nr. 107.

Buzan, Barry (1991): People, State and Fear, 2nd edition. New York.

Buzan, Barry (1997): Rethinking Security after the Cold War. In: Cooperation and Conflict, Vol. 32, No. 1, S. 5-28.

Buzan, Barry; Waever, Ole; de Wilde, Jaap (1998): Security: A new framework for analysis. Boulder, London.

Calderón, Ricardo Arías (2001): Der Plan Colombia im regionalen und globalen Zusammenhang, in: KAS-AI 3/01.

Callaghy, Thomas M.; Kassimir, Ronald; Latham, Robert (Hg.) (2001): Intervention and Transnationalism in Africa: Global-local networks of power. Cambridge.

Carey, Sabine (2003): Guerilla Warfare in Sub-Saharan Africa, 1970-1995. Paper presented at the ECPR Joint Sessions, Edinburgh, 28. März – 2. April 2003.

Chan, Steve/Drury, A. Cooper (2000): Sanctions as Economic Statecraft. An Overview. In: dies. (Hrsg.), Sanctions as Economic Statecraft. Theory and Practice. London, S. 1-16.

Chan, Steve/Drury, A. Cooper (Hrsg.) (2000): Sanctions as Economic Statecraft. Theory and Practice. London.

Chernick, Mark (2005): Analyzing Conflict, Democracy and Violence in Colombia, United Nations Development Programme / PNUD.

Chojnacki, Sven (2000): Anarchie und Ordnung. Stabilitätsrisiken und Wandel internationaler Ordnung durch innerstaatliche Gewalt und Staatenzerfall, Berlin.

Coffin, Phillip (2001): Coca Eradication. In: Foreign Policy in Focus, Vol. 6, No.7, Washington D.C., März.

Collier, David/ Steven Levitsky (1998): Democracia con adjetivo. Inovación conceptual en la investigación comparativa, in: Agora, Cuaderno de Estudios Políticos, Nr. 8,.

Collier, Paul / Elliott, V.L. / Hegre, Havard / Hoeffler, Anke / Reynal-Querol, Marta / Sambanis, Nicholas (2003): Breaking the Conflict Trap: Civil War and Development Policy. World Bank Policy Research Report, Washington D.C..

Cooper, Neil; Pugh, Michael (2003): Zur Transformation von Kriegsökonomien: Ein regionaler Ansatz. In: E+Z, Vol. 44, No. 12, S. 456-459.

Cortright, David/Lopez, Geroge A. (Hrsg.) (1995): Economic Sanctions. Panacea or Peacebuilding in a Post- Cold War World? Boulder.

Cox, Gary / Shugart, Matthew (1995): In the Absence of Vote Pooling: Nomination and Vote Allocation Errors in Colombia, Electoral Studies, 14 (4).

Daase, Christopher (1993a): Regionalisierung der Sicherheitspolitik – eine Einführung. In: ders.; Feske, Susanne; Moltmann, Bernhard; Schmid, Claudia (Hg.): Regionalisierung der Sicherheitspolitik: Tendenzen in den internationalen Beziehungen nach dem Ost-West-Konflikt. Baden-Baden, S. 67-88.

Daase, Christopher (1993b): Sicherheitspolitik und Vergesellschaftung: Ideen zur theoretischen Orientierung der Sicherheitspolitischen Forschung. In: ders. / Feske, Susanne / Moltmann, Bernhard / Schmid, Claudia (Hg.): Regionalisierung der Sicherheitspolitik: Tendenzen in den internationalen Beziehungen nach dem Ost-West-Konflikt. Baden-Baden, S. 39-66.

Dahl, Robert Alan (1971): Polyarchy. Participation and Opposition. New Haven/ London: Yale University Press.

Dellums, Ronald V. (1995), Foreword. In: Cortright, David/Lopez, George A. (Hrsg.), Economic Sanctions: Panacea or Peacebuilding in a Post- Cold War World? Boulder, S. vii- xii.

Deng, Francis M. / Kimaro, Sadikiel / Lyons, Terrence / Rothchild, Donald / Zartman, I. William (1996): Sovereignty as Responsibility: Conflict management in Africa. Washington D.C.

Deutsch, Karl W. (1966): Nationalism and Social Communication: An inquiry into the foundations of nationality, 2nd edition. Cambridge, London.

Dittgen, Herbert (1998): Amerikanische Demokratie und Weltpolitik. Außenpolitik in den Vereinigten Staaten. Paderborn (u.a.).

Domínguez, Jorge I. (1999): The US- Latin America Relations During the Cold War and its Aftermaths. In: Bulmer-Thomas, Victor/Dunkerley, James (Hrsg.), The United States and Latin America. The New Agenda. Cambridge und London, S. 33-50.

Drury, A. Cooper (2000), How and Whom the US President Sanctions. A Time-seires Cross-section Analysis of US Sanction Decisions and Characteristics. In: Chan, Steve/Drury, A. Cooper (Hrsg.), Sanctions as Economic Statecraft. Theory and Practice. London, S. 17- 36.

Dunkerley, James (1999): The United States and Latin America in the Long Run (1800-1945). In: Bulmer-Thomas, Victor/Dunkerley, James (Hrsg.), The United States and Latin America. The New Agenda. Cambridge und London, S. 3- 31.

Dunning, Thad/ Leslie Wirpsa (2004): Oil and the Political Economy of Conflict in Colombia and Beyond: A Linkages Approach, Berkeley, CA.

Echandía Castilla, Camilio (1999a): El conflicto armado y las manifestaciones de violencia en las regiones de Colombia, Bogotá.

Echandia Castilla, Camilo (1999b): El Conflicto y las Manifestaciones de Violencia en las Regiones de Colombia, Bogotá

Echandía Castilla, Camilo (2000): El conflicto armado colomiano en los anos noventa: cambios en las estrategias y efectos económicos. In. Revista Colombia International, Nr. 49/50, 2000.

Echeverry, Juan Carlos / Partow, Zeinab (1998): Por qué la justicia no responde al crimen? El caso de la cocaína en Colombia, in: Cárdenas, Mauricio / Steiner,Roberto (Hrsg.): Corrupción, Crimen y Justicia: una perspective económica, Bogotá.

Eland, Ivan (1995): Economic Sanctions as Tools of Foreign Policy. In: Cortright, David/Lopez, Geroge A. (Hrsg.), Economic Sanctions. Panacea or Peacebuilding in a Post- Cold War World? Boulder, S. 29- 42.

Elwert, Georg (1997): Gewaltmärkte: Beobachtungen zur Zweckrationalität der Gewalt. In: von Trotha, Trutz (Hg.): Soziologie der Gewalt. Sonderheft Nr. 37 der Kölner Zeitschrift für Soziologie und Sozialpsychologie. Opladen, S. 86-101.

Elwert, Georg (1998): Wie ethnisch sind Bürgerkriege? Der Irrglaube, daß Bürgerkriege kulturelle Wurzeln haben, in: E+Z - Entwicklung und Zusammenarbeit, Nr. 10, Oktober, S. 265-267.

Endres, Jürgen (2001): Kriegsökonomie und Persistenz innerstaatlicher Kriege, in AKUF: Das Kriegsgeschehen, Hamburg.

Friedrich-Ebert-Stiftung (1999): Illegale Drogen: Gesellschaftliche Bedrohung und politische Herausforderungen für Europa und Lateinamerika, Fachkonferenz am 13. Dezember 1999, Dialogreihe Entwicklungspolitik Nr. 13.

Forero, Edgar (2003): El Desplazamiento Interno Forzado en Colombia, Washington DC, September.

Freedom House (Ed.) (1998): Freedom in the World 1997/1998. The Annual Survey of Political Rights and Civil Liberties, 1997-1998, New York.

FRIENT Gruppe Friedensentwicklung (2004): Gewaltökonomie. Möglichkeiten und Grenzen entwicklungspolitischer Handlungsoptionen, Bonn.

Friesendorf, Cornelius (2001): Der internationale Drogenhandel als sicherheitspolitisches Risiko. Eine Erklärung der deutschen und US-amerikanischen Gegenstrategien. Münster.

Fundación Friedrich Ebert en Colombia (FESCOL), Mauricio Torres T. (2002): Congreso Nacional por la Salud en Colombia: experiencia de Movilización social por la Salud, Movimiento Nacional por la Salud y la Seguridad Social, http://www.fescol.org.co/vlibrary/default.htm.

Ganzel, Klaus Jürgen (2002): Neue Krieger, Neue Kämpfer?, Arbeitspapier Nr. 2/2002, Universität Hamburg – IPW.

Genschel, Philipp/ Schlichte, Klaus (1997): Wenn Kriege chronisch werden: Der Bürgerkrieg, in: Leviathan 25, S. 501-517.

Golden, Tim: In Drug War, America Barks but Fear of Bite Fades, 1998.

Goldstone, Jack A. / Gurr, Ted R. / Harff, Barbara / Levy, Marc A. / Marshall, Monty G. / Batesd, Robert H. / Epstein, David L. / Kahl, Colin H. (2000): State Failure Task Force Report: Phase III findings, 30. September 2000.

Guáqueta, Alexandra, 'The Colombian Conflict: Political and Economic Dimensions', in: Ballentine, Karen und Sherman, Jake (Hrsg.) (2003): The Political Economy of Armed Conflict. Beyond Greed and Grievance, International Peace Academy, Boulder/London, S. 73-106.

Haluani, Makram (1996): The Regional Dimensions of the Causes of Conflict: Latin America. In: van de Goor, Luc / Rupesinghe, Kumar / Sciarone, Paul (Hg.): Between Development and Destruction: An enquiry into the causes of conflict. Houndmills, London, S. 321-344.

Hartlyn, Jonathan/Dugas, John (1999): Colombia: The Politics of Violence and Democratic Transformation. In: Diamond, Larry (u.a.), Democracies in Developing Countries. Latin America. 2. Aufl., Boulder und London, S. 248- 307.

Helfrich-Bernal, Linda (2003): Kolumbien: Staatliche Dezentralisierung im Gewaltkonflikt – ein Schritt vor und zwei zurück. In: Bendel, Petra / Croissant, Aurel / Rüb, Friedbert W. (Hg.): Demokratie und Staatlichkeit: Systemwechsel zwischen Staatsreform und Staatskollaps. Opladen, S. 159-181.

Herrea, Wilson (2005): Tierras incautadas para la reforma agraria: restricciones y posibilidades, in: Revista Economía Colombiana No 309, Bogotá julio – agosto.

Holsti, Kalevi J. (1996): The State, War and the State of War. Cambridge.

Hübner, Emil (1993): Das politische System der USA. Eine Einführung. 3. Aufl., München.

Hufbauer, Gary Clyde/Schott, Jeffrey J./Elliott, Kimberly Ann (1990): Economic Sanctions Reconsidered. History and Current Policy. 2. Aufl., Institute for International Economics, Washington D.C.

Human Rights Watch (2003): Aprenderas a no llorar, New York.

IDPs in Colombia: a joint needs assessment by the ICRC and the World Food Programme, Genf, 22. April 2005.

International Crisis Group: Uribe's Reelection: Can the EU help Colombia develop a more balanced peace strategy? Latin America Report N°17, 8 June 2006.

International Crisis Group (2005a), War and Drugs in Colombia, Latin America Report N° 11, 27 January 2005.

International Crisis Group (2005b): Colombia: Presidential Politics and Peace Prospects, Latin America Report Nr. 14, 16.06.2005.

International Crisis Group (2004): Colombia's Borders: The Weak Link in Uribe's Security Policy, Latin America Report Nr. 9, 23.09.2004.

International Crisis Group (2003b): La Crisis Humanitaria en Colombia, Informe de América Latina Nr. 4, 09.07.2003.

International Crisis Group (2003a): Colombia y sus vecinos: los tentáculos de la inestabilidad, ICG Informe sobre América Latina, Nr. 3, 08.04.2003.

Isacson, Adam (2000): The Colombian Dilemma. In: International Policy Report, Center for International Policy, Washington D.C., Februar 2000.

Isacson, Adam (2005): Peace – or "Paramilitarization?" Why a weak peace agreement with Colombian paramilitary groups may be worse than no agreement at all, in: International Policy Report; Center for International Policy, Washington D.C., Juli 2005.

Janzen, Leslie N. /Patel, Alpa (2001): The Economic Impact of Non State Actors on National Failure – Colombia: A Case Study, Failed States-Konferenz, Florenz.

Jaramillo-Pérez, Juan/Franco-Cuervo, Beatriz (1999): Las elecciones presidenciales en Colombia 1998, in: Priess, Frank/ Tuesta Soldevilla, Fernando (Hrsg.):Campañas Electorales y Medios de Comunicación en América Latina, Buenos Aires.

Jean, Francois / Rufin, Jean-Christophe (Hrsg.) (1999) Ökonomie der Bürgerkriege, Hamburger Edition, Hamburg.

Jensen, Eric L./ Gerber, Jurg (1998): The Social Construction of the Drug Problem. An Historical Overview. In: dies. (Hrsg.), The New War on Drugs. Symbolic Politics and Criminal Justice Policy. Cincinnati, OH, S. 1-24.

Jentleson, Bruce W. (2000): Economic Sanctions and Post-Cold War Conflicts. Challenges for Theory and Politics. In: Stern Paul C, (Hrsg.), International Conflict Resolution After the Cold War. National Research Council, Washington D.C., S. 123- 177.

Joyce, Elizabeth (1999): Packaging Drugs. Certification and the Acquisition of Leverage. In: Bulmer- Thomas, Victor/Dunkerley, James (Hrsg.), The United States and Latin America. The New Agenda. Cambridge und London, S. 207- 225.

Kaldor, Mary (1999): New and Old Wars: Organized violence in a globalized world. Cambridge.

Kalmanovitz, Salomón (1999): Las Instituciones Colombianas en el Siglo XX. Banco de la Republica Colombia: Documentos escritos por los miembros de la Junta Directiva.

Kalyvas, Stathis N. (2001): „New" and „Old" Civil Wars: A valid distinction? In: World Politics, Vol. 54, No. 1, S. 99-118.

Keen, David (2000): Incentives and Disincentives for Violence, in: Berdal, Mats/ Malone, David M. (Hrsg.): Greed and Grievance. Economic Agendas in Civil Wars, Boulder – London.

Krause, Keith / Williams, Michael C. (Hg.) (1997): Critical Security Studies: Concepts and cases. London.

Krumwiede, Heinrich-W. (2000): Demokratie, Friedensprozesse und politische Gewalt. Der Fall Kolumbien aus einer zentralamerikanischen Vergleichsperspektive, in: Fischer/Krennerich 2000.

Kurtenbach, Sabine (2002): Durch mehr Krieg zum Frieden? Kolumbien vor Amtsantritt der Regierung Uribe, in: Brennpunkt Lateinamerika, Politik-Wirtschaft-Gesellschaft, Nr. 12, Hamburg.

Kurtenbach, Sabine (1998): Kolumbiens Demokratie - oder über den Zusammenhang von Gewalt und Politik, in: Lateinamerika. Analysen-Daten- Dokumente, Hamburg.

Kurtenbach, Sabine (1991b): Staatliche Organisation und Krieg in Lateinamerika. Ein historisch-struktureller Vergleich der Entwicklung in Kolumbien und Chile, Hamburg.

Kurtenbach, Sabine (1991): Kolumbiens stabile Instabilität. Demokratische Kontinuität, Klientelismus und politische Gewalt, in: Nolte, Detlef (Hrsg.): Lateinamerika im Umbruch?: Wirtschaftliche und politische Veränderungen ab der Wende von den 80er zu den 90er Jahren, S. 189-209.

Labrousse, Alain (1999): Kolumbien und Peru: politische Gewalt und Kriminalität, in: Francois Jean/ Jean-Christophe Rufin (Hg.): Ökonomie der Bürgerkriege, Hamburg: Hamburger Edition.

Ladrón de Guevara, Andrés D. et al.(2000): El Ejército Colombiano durante el período Samper: Paradojas de un proceso tendencialmente crítico. In: Revista Coöombiana International, Nr. 49/50.

Ladrón de Guevara, Andrés D. (1997): Dime con quien andas: las relaciones entre civiles y militares en la Colombia de los años noventa, in: Centro de Estudios sobre Desarrollo Económico, Universidad de los Andes, Documento de Trabajo N° 14, Bogotá.

Latham, Robert / Kassimir, Ronald / Callaghy, Thomas M. (2001): Introduction: Transboundary formations, intervention, order, and authority. In: dies. (Hg.): Intervention and Transnationalism in Africa: Global-local networks of power. Cambridge, S. 1-20.

Laute, Ulrich (2002): Die Kongresswahlen vom 10. März 2002, in: Welt-Report, Berichte aus den Auslandbüros der Konrad-Adenauer-Stiftung, Sankt Augustin.

Lessmann, Robert (2000): Amerikanisierung und Militarisierung: Die auswärtige Drogenpolitik der USA. In: Rudolf, Peter/Wilzewski, Jürgen (Hrsg.), Weltmacht ohne Gegener. Amerikanische Außenpolitik zu Beginn des 21. Jahrhunderts. 1. Aufl., Baden- Baden, S. 335- 362.

Lessmann, Robert (1996): Drogenökonomie und internationale Politik. Die Auswirkungen der Antidrogen-Politik der USA auf Bolivien und Kolumbien. Schriftenreihe des Instituts für Ibero-amerika-Kunde Hamburg, Bd 41. Frankfurt a. Main.

Lock, Peter (2004): Gewalt als Regulation: Zur Logik der Schattenglobalisierung, in: Kurtenbach, Sabine / Peter Lock (Hrsg.): Kriege als (Über)Lebenswelten. Schattenglobalisierung, Kriegsökonomien und Inseln der Zivilität, Bonn, S. 40-61.

Lopez, Geroge A/Cortright, David (1995): Economic Sanctions in Contemporary Global Relations. In: Dies. (Hrsg.), Economic Sanctions: Panacea or Peacebuilding in a Post- Cold War World? Boulder, S. 3- 17.

Maass, Beate F. (2003): Staatsschwäche und Kriegsökonomie als zentrale Faktoren der Persistenz des kolumbianischen Krieges. Kölner Arbeitspapiere zur internationalen Politik, No. 2/2003.

Mainwaring, Scott/ Brinks, Daniel/ Pérez-Liñán, Aníbal: Classifying Political Regimes in Latin America, 1945-1999, www.nd.edu/~kellogg/WPS/280.pdf.

Mair, Stefan (2002): Die Globalisierung privater Gewalt: Kriegsherren, Rebellen, Terroristen und organisierte Kriminalität. SWP-Studie S 10, Berlin.

Mantúfar, César (2003): El Ecuador entre el Plan Colombia y la Iniciativa Andina, in: Montúfar, César/ Whitfield, Teresa (Hrsg.): Turbulencia en los Andes y Plan Colombia, Centro Andino de Estudios Internacionales, Quito.

Marcella, Gabriel / Schulz, Donald (1999): Colombia's Three Wars: U.S. Strategy at the Crossroads, Carlisle.

Margraf, Britta (1999): Ein Jahrhundert Kolonialgeschichte geht zu Ende. Panama vor der Übernahme des Kanals. In: Matices, 23/1999, S. 5f.

Mason, Ann (2001): Colombian State Failure: The Global Context of Eroding Domestic Authority. Paper presented at the Conference on Failed States, Florenz.

Mason, Ann (2003): Colombia's Conflict and Theories of World Politics. SSRC Contemporary Conflicts Essay.

Maull, Hans W. (1991): Wirtschaftssanktionen als Instrument der Außenpolitik. In: Link, Werner/ Schütt-Wetschky, E./Schwan, Gesine (Hrsg.), Jahrbuch für Politik, 1991, Halbband 2. Baden-Baden, S. 341- 367.

McLean, Phillip (2002): Colombia: Failed, Failing or Just Weak? In: Washington Quarterly, Vol. 25, Nr. 3.

Merkel, Wolfgang/Croissant, Aurel (2000): Formale und informale Institutionen in defekten Demokratien, in: Politische Vierteljahresschrift XLI.

Mertins, Günther (2001): Aktionsräume von Guerilla und paramilitärischen Oranisationen: regionale und bevölkerungsgeographische Auswirkungen, in. Kurtenbach, Sabine (Hrsg.): Kolumbien zwischen Gewalteskalation und Friedenssuche. Möglichkeiten und Grenzen der Einflussnahme externer Akteure, Frankfurt am Main, S. 36-52.

Miller, Andrew (2001), Colombia in Crisis. In: Foreign Policy in Focus, Vol. 6, No. 20, Mai 2001, Washington D.C.

Millett, Richard L. (2002): Colombia's Conflicts: The spillover effects of a wider war. Carlisle: US Army War College Strategic Studies Institute, Oktober.

Musto, David F. (1987): The American Disease. Origins of Narcotic Control. 2. erweiterte Aufl., New York.

Nicholson, Michael (1998): Failing States, Failing Systems, Paper presented at the Conference on Failed States, West Lafayette.

Nivia-Rapalmira, Elsa (2001): Aerial Fumigation over Illicit Crops Is Most Certainly Dangerous - Approaching the Issue, Conference "The Wars in Colombia: Drugs, Guns and Oil", Hemispheric Institute of the Americas, University of California, Davis, Mayo 17-19.

Nolte, Detlef (2000): Ursachen und Folgen hoher Kriminalitätsraten und mangelnder Rechtssicherheit in Lateinamerika, in: Hirsch-Weber, Wolfgang / Nolte, Detlef (Hrsg.): Lateinamerika: ökonomische, soziale und politische Probleme im Zeitalter der Globalisierung, Hamburg.

Oquist, Paul (1980): Violence, Conflict and Politics in Colombia, New York.

Palacio, Marco/ Safford, Frank (2002): Colombia. Fragmented Land, Divided Society, New York.

Pastor, Robert A. (1997): The Clinton Administration and the Americas. Moving to the Rhythm of the Postwar World. In: Lieber, Robert J., Eagle adrift. American Foreign Policy at the End of the Century. New York (u.a.), S. 246- 270.

Pizarro Leongómez, Eduardo (2002): La Atomización Partidista en Colombia: el Fenómeno de las Micro-empresas Electorales, Working Paper 292, www.nd.edu/~kellogg/WPS/292.pdf.

Pizarro Leongómez, Eduardo/ Pachano, Simón: *Atomización y Regionalización Partidista: Colombia y Ecuador*, 2001, S. 7, unter: http://www.nd.edu/~kellogg/pdfs/pizapach.pdf.

Pizarro Leongómez, Eduardo (1999): Auf dem Wege zu einem Mehrparteiensystem? Die dritten Kräfte in Kolumbien, in: Sevilla, Rafael/ von Haldenweg, Christian/ Pizarro, Eduardo, (Hrsg.): Kolumbien, Land der Einsamkeit, Bad Honnef.

Polgreen, Lydia / Weiner, Tim (2004): Drug Traffickers Find Haiti a Hospitable Port. In: New York Times, 16. Mai 2004.

Pries, Ludger (2002): Transnationalisierung der sozialen Welt? In: Berliner Journal für Soziologie, Vol. 12, No. 2, S. 263-272.

Rabasa, Angel / Chalk, Peter (2001): Colombian Labyrinth: The Synergy of Drugs and Insurgency and Its Implications for Regional Stability. Santa Monica.

RAND National Defense Research Institute (2003): Arms Trafficking in Colombia.

Reid, Michael (2001): Colombia: Drugs, War and Democracy. In: The Economist, No. 27/2001, London.

Rennack, Dianne E./Shuey, Robert D. (1998): Economic Sanctions to Achieve U.S. Foreign Policy Goals. Discussion and Guide to Current Law. Aktualisiert am 05.06.1998. CRS Report for Congress 97-949 F, Washington D.C.

Richami, Nazih (2003): Sistemas de Guerra, La economía política del conflicto en Colombia, Bogotá.

Rotberg, Robert I. (2002): The New Nature of Nation-State Failure, in: Washington Quarterly, Vol.25, Nr. 3.

Rubio, Mauricio (2001): Violencia y conflicto en los noventa, in: Coyuntury Social, Nr. 22, Mai 2001.

Rudolf, Peter/Wilzewski, Jürgen (Hrsg.) (2000): Weltmacht ohne Gegner. Amerikanische Außenpolitik zu Beginn des 21. Jahrhunderts. 1. Aufl., Baden- Baden.

Rufin, Jean-Christophe (1999): Kriegswirtschaft in internen Konflikten. In: ders. / Jean, Francois (Hg.): Ökonomie der Bürgerkriege. Hamburg, S. 15-46.

Ryan, Kevin F. (1998): Globalizing the Problem. The United States and International Drug Control. In: Jensen, Eric L./Gerber, Jurg, The New War on Drugs. Symbolic Politics and Justice Policy. Cincinatti, OH, S. 141-156.

Sanford, Jonathan E. (1998): Foreign Assistance: An Overview of U.S. Aid Agencies and Programs. CRS Report for Congress 95-506 F, 18.04.1998. Washington D.C.

Scherr, Ed (1996): Critical Targets. In: Global Issues, USIA Electronic Journals, Vol. 1, Nr. 7, Juli 1996.

Schlichte, Klaus (2002): Gewinner und Verlierer, in: medico international (Hrsg.): Ungeheuer ist nur das Normale: Zur Ökonomie der „neuen" Kriege, Frankfurt a. Main.

Schlichte, Klaus (2004): Neue Kriege oder alte Thesen: Wirklichkeit und Repräsentation kriegerischer Gewalt in der Politikwissenschaft. Vortrag auf der Tagung "Neuere Kriegstheorien", DVPW-Sektion Politische Theorien und HSFK, 25.-27.3.2004.

Schmid, Claudia (1993): Regionalisierung der Sicherheitspolitik – eine Bilanz. In: dies. / Daase, Christopher / Feske, Susanne / Moltmann, Bernhard (Hg.): Regionalisierung der Sicherheitspolitik: Tendenzen in den internationalen Beziehungen nach dem Ost-West-Konflikt. Baden-Baden, S. 307-328.

Schumpeter, Joseph A. (1975): Capitalism, Socialism and Democracy, New York.

Serafino, Nina M. (1998): Colombia: The Problem of Illegal Narcotics and the U.S.-Colombian Relations. CRS Report for Congress 98-152F, 11.05.1998, Washington D.C..

Sevilla, Rafael / von Haldenwang, Christian / Pizarro, Eduardo (Hrsg) (1999): Kolumbien-Land der Einsamkeit? Bad Honnef.

Shifter, Michael (2004): Breakdown in the Andes, in: Foreign Affairs, September / October 2004.

Shifter, Michael (1999): Colombia on the Brink. There goes the Neighbourhood, in: Foreign Affairs, Volume 78, Nr. 4, Juli/August 1999.

Silva Rojas, Alonso (1998): Kolumbianische Krise und die Verfassungsreform von 1991, Tübingen.

SIPRI Yearbook (2001): Armaments, disarmament and international security. Oxford, New York.

Sollenberg, Margarta und Wallenstein (2001): Peter, Patterns of Major Armed Conflicts, 1990-2000, SIPRI Yearbook 2001, in: Ehrke, Michael, Zur politischen Ökonomie postnationalstaatlicher Konflikte, IPG 3/2002.

Spanger, Hans-Joachim (2002): Die Wiederkehr des Staates. Staatszerfall als wissenschaftliches und entwicklungspolitisches Problem, HSFK-Report 1/2002.

Spencer, Bill and Amatangelo, Gina (2001): Drug Certification. In: Foreign Policy in Focus, Vol.6,No.5, März 2001, Washington, D.C.

State Failure Task Force: Internal Wars and Failures of Governance 1955 – 2004, http://globalpolicy.gmu.edu/pitf/pitfpset.htm.

Steiner, Roberto (1999): Hooked on Drugs: Colombia- US Relations. In: Bulmer-Thomas, Victor/ Dunkerley, James (Hrsg.), The United States and Latin America. The New Agenda. Cambridge und London, S. 159-175.

Storrs, Larry K. / Serafino, Nina (2001): Andean Regional Initiative (ARI), FY2002 Assistance for Colombia and Neighbors, CRS Report for Congress, 14.12.2001.

Storrs, Larry K. (1998a): Mexico's Counter-Narcotics Efforts under Zedillo, December 1994 to March 1998. CRS Report for Congress, 98-161 F, 04.03.1998, Washington D.C.

Storrs, Larry K. (1998b): Mexican Drug Certification Issues: U.S. Congressional Action, 1986-1998. CRS Report for Congress, Congressional Research Service, The Library of Congress, 09.04.1998.

Tarnoff, Curt/Nowels, Larry (2001): Foreign Aid. An Introductory Overview of U.S. Programs and Policy. CRS Report for Congress, Washington D.C..

Thomas, Nicholas; Tow, William T. (2002b): Gaining Security by Trashing the State? A reply to Bellamy & McDonald. In: Security Dialogue, Vol. 33, No. 3, S. 379-382.

Thomas, Nicholas; Tow, William T.(2002a): The Utility of Human Security: Sovereignty and Humanitarian Intervention. In: Security Dialogue, Vol. 33, No. 2, S. 177-192.

Tokatlian, Juan Gabriel (2003): Colombia: más inseguridad humana, menos seguridad regional, in Rojas Aravena, Francisco / Moufida Goucha (Hrsg.): Seguridad humana, prevención de conflictos y paz en América Latina y el Caribe, Santiago de Chile: UNESCO/FLACSO.

Tokatlián, Juan Gabriel (1999): Die Beziehungen zwischen Kolumbien und den USA: Kurz vor dem Zusammenbruch oder Chance eines Neubeginns? In: Sevilla, Rafael/von Haldenwang, Christian/Pizarro, Eduardo (Hrsg.), Kolumbien - Land der Einsamkeit? Bad Honnef 1999, S. 143-151.

United Nations Development Programme (2005): Human Development Report 2005. International Cooperation at a Crossroads: Aid, Trade and Security in an Unequal World, New York.

United Nations Development Programme (2003): Informe Nacional de Desarrollo Humano para Colombia – 2003, El Conflicto, Callejón con Salida, Bogotá.

United Nations Office on Drugs and Crime (2005): Coca Cultivation in the Andean Region. A Survey of Bolivia, Colombia and Peru, June 2005.

U.S. Department of State: International Narcotics Control Strategy Reports, http://www.state.gov/p/inl/rls/nrcrpt/.

Valkysers, Martin (1999): Der Einsatz von Sanktionen als außen- und sicherheitspolitisches Instrument in der postkonfrontativen Periode. Universität der Bundeswehr München, Beiträge zur Internationalen Politik 19. München.

Vanhanen, Tatu (2003): Democratization : A comparative analysis of 170 countries. London: Routledge.

Vélez, Maria A. (2000): FARC-ELN. Evolución y Expansión Territorial, www.mindefense. org.co/conflicto_armado/subversion/historiasubversion.pdf.

Waldmann, Peter (1997): Veralltäglichung von Gewalt: Das Beispiel Kolumbien, in: von Trotha, Trutz (Hrsg.): Soziologie der Gewalt, Kölner Zeitschrift für Soziologie und Sozialpsychologie, Sonderheft 37, Opladen/Wiesbaden.

Waldmann, Peter (1999): Veralltäglichung von Gewalt – das Beispiel Kolumbien, in: Sevilla, Rafael/ von Haldenwang, Christian/ Pizarro, Eduardo (Hrsg.), Kolumbien – Land der Einsamkeit?, Bad Honnef, S. 259-281.

Weber, Max (1951): Soziologische Grundbegriffe, 1921, in: Gesammelte Aufsätze zur Wissenschaftslektüre, 2. Auflage, Tübingen

Weber, Max (1972): Wirtschaft und Gesellschaft, 5. erweiterte Auflage, Tübingen.

Wilzewski, Jürgen (2000), Demokratie und Außenpolitik. Friktionen zwischen Präsident und Kongreß. In: Rudolf, Peter/Wilzewski, Jürgen (Hrsg.), Weltmacht ohne Gegener. Amerikanische Außenpolitik zu Beginn des 21. Jahrhunderts. 1. Aufl. Baden- Baden, S. 38-61.

Worldbank / Colombia Country Management Unit, PREM Sector Management Unit, Latin America and the Caribbean, Colombia Poverty Report, Volume 1, March 2002.

Youngers, Coletta (1997): La Guerra Antidrogas: Estados Unidos sigue un camino equivocado. In: Guerra antidrogas, democracia, derechos humanos y militarización en América Latina. Gemeinsame Publikation von The Transnational Institute, Centro de Documentación e Información-Bolivia und Infopress Centroamericana, Guatemala.

Youngers, Coletta (1998): Waging War. US Policy Toward Colombia. Vortragsmanuskript für das Treffen der Latin American Studies Association, The Palmer House Hilton Hotel, Chicago, Illinois, 24.-26. September 1998.

Zartman, William (1995): Collapsed States: The Disintegration and Restoration of Legitimate Authority, Boulder.

Zinecker, Heidrun (2004): Drogenökonomie und Gewalt. Das Beispiel Kolumbien, HSFK-Report 5/2004.

Autorenhinweise

Prof. Dr. Thomas Jäger ist Inhaber des Lehrstuhls für Internationale Politik und Außenpolitik der Universität zu Köln.

Anna Daun, Diplom-Regionalwissenschaftlerin Lateinamerika, ist Wissenschaftliche Mitarbeiterin am Lehrstuhl für Internationale Politik und Außenpolitik der Universität zu Köln.

Daniel Lambach, Diplom-Politikwissenschaftler, ist Promotionsstipendiat und Lehrbeauftragter an der Universität zu Köln.

Carmen Lopera, Diplom-Regionalwissenschaftlerin Lateinamerika, ist Consultant in der Lateinamerika-Abteilung der GFA Consulting Group.

Bea Maass, Diplom-Regionalwissenschaftlerin Lateinamerika und Master of International Humanitarian Assistance, ist Programmadministratorin der Johanniter-Unfall-Hilfe in Sri Lanka.

Britta Margraf, Diplom-Regionalwissenschaftlerin Lateinamerika, ist Projektmanagerin für Public-Private-Partnership (PPP), Regionalbereich Asien und Lateinamerika, bei der Deutschen Gesellschaft für Technische Zusammenarbeit (GTZ).